GESICHTER DER NACHHALTIGKEIT

Alexandra Hildebrandt Hauke Schwiezer

GESICHTER DER NACHHALTIGKEIT

Inhalt

Vorwort	3
Gesichter der Nachhaltigkeit	11
Günther Bachmann	14
Kultur der Nachhaltigkeit	16
Roland Berger	24
Gut ist noch nicht gut genug	26
Paul Cvilak	32
Arbeit für Menschen mit Behinderung	34
Christina Dornack	40
Die Zukunft der Abfall- und Bioenergiewirtschaft	42
Jan A. Eggert	44
Verantwortlicher Handel	46
Franz Ehrnsperger	48
»Widerstand heißt für mich Herausforderung«	50
Konstanze Frischen	52
Social Entrepreneurs oder die Kraft guter Ideen	54
Stephan Frucht	60
Kultur ist die Photosynthese des Geistes	62
Katja Gehne	66
Nachhaltige Entwicklung im Recht	68
Jürgen Gietl	72
Achim Feige	74
GOOD Brands: Vom einfachen zum dreifachen Gewinn	76
Miriam Goos	82
Gesundheitsprävention und Stressmanagement durch Achtsamkeit	84
Elisa Heilmann	86
Nachhaltigkeit im Spannungsfeld von Strategie und Marketing	88
Michael Herberger	94
Nachhaltigkeit als Lebenseinstellung	96

Inhalt

Alexandra Hildebrandt	100
Die Dynamik des Möglichen	102
Claus Hipp	104
Nachhaltigkeit ist oberstes Gebot	106
Markus Hipp	108
Ilsabe von Campenhausen	110
Führungsverantwortung in einer globalisierten Welt	112
Christian Hiß	116
Nachhaltige Landwirtschaft	118
Frank Hoffmann	122
Behinderung als Begabung	124
Volker Homes	128
Claudia Marloh	130
Bewahrung der biologischen Vielfalt	132
Dietmar Hopp	134
Jugend stark machen	136
Henning Kagermann	140
Antriebskonzepte der Zukunft	142
Wolfgang Keck	146
Brief an meinen Vater	148
Wladimir Klitschko	150
Vitali Klitschko	152
Wladimir Klitschko: Nachhaltigkeit im Boxsport	153
Tatjana Kiel	156
Auf dem Weg zur Nachhaltigkeit: Der Klitschko-Markenpfad	158
Gesa Köberle	162
Nachhaltig für Sicherheit, Qualität und Umweltschutz	164

Inhalt

Franz Koch	166
Reiner Hengstmann	168
Sportlifestyle und Nachhaltigkeit	170
Stephan Kohler	178
Sicher, bezahlbar, nachhaltig – die Energieversorgung der Zukunft	180
Matthias Krieger	182
Nachhaltigkeit im Bauwesen und in der Architektur	184
Barbara Kux	186
Nachhaltigkeit als strategischer Erfolgsfaktor	188
Werner Landhäußer	192
Stefanie Kästle	194
Nachhaltige Gesamtkonzepte im Mittelstand	196
Achim Lohrie	200
Das Tchibo Mount Kenya-Project	202
Wolf Lüdge	206
Markenführung ist Menschenführung	208
Michael Mack	210
»Wir denken in Generationen, nicht in Quartalszahlen ...«	212
Max Maier	218
Nachhaltige Innovationen	220
Luis Neves	224
Heinz-Gerd Peters	226
Fortschritt und Wachstum müssen den Menschen dienen	228
Peter Nolden	230
Prüfer der Nachhaltigkeit	232
Marie-Christine Ostermann	234
Mein Herz schlägt für das Unternehmertum	236
Michael Otto	242
Nachhaltigkeit als Berufung	244

Inhalt

Norbert Pasternack und Antje Kühne — 248
Gesund. Nachhaltig. Lebenswert. — 250

Karin Pretzel — 256
Tue »Grünes« und sprich darüber — 258

Michael Radau — 260
Nachhaltige Wertschöpfung im Bio-Bereich — 262

Peter Ristic — 266
Genuss mit gutem Gewissen — 268

Jürgen Rösemeier-Buhmann — 272
Nachhaltige Kommunikation — 274

Rudolf X. Ruter — 276
Der Aufsichtsrat und nachhaltige Unternehmensführung — 278

Stefan Schaltegger — 282
»Können wir es uns leisten, nachhaltig zu wirtschaften?« — 284

Michaela Scheeg — 286
Nachhaltige Innovationen: sho:shee® — 288

Michael Scherer — 290
Christian Meier — 292
Nachhaltigkeit als Lebensphilosophie — 294

René Schmidpeter — 300
Management by Sustainability — 302

Holger J. Schmidt — 306
Unternehmen brauchen eine gelebte Kultur der Nachhaltigkeit — 308

Joachim Schü — 310
»Jede Strategie sollte nachhaltig sein« — 312

Stefan Schulze-Hausmann — 316
Wertschätzung ist Wertschöpfung — 318

Ursula Schwarzenbart — 320
Vom Wert der Vielfalt — 322

Inhalt

Hauke Schwiezer — 326
Beweger der Nachhaltigkeit — 328

Carsten Seeliger — 332
Nachhaltiger Tourismus — 334

Wolfgang Spiess-Knafl — 336
Neue Formen der Finanzierung von Sozialunternehmen — 338

René Sturm — 342
Mit grünen Ideen schwarze Zahlen schreiben — 344

Heiner Thorborg — 346
Generation CEO – Die Zukunft ist weiblich — 348

Christian Tidona — 352
Nachhaltige Zusammenarbeit zwischen Wissenschaft und Wirtschaft — 354

Michael Vogt — 358
Nachhaltige Lebensqualität »erfahren« — 360

Rose Volz-Schmidt — 362
wellcome – für das Abenteuer Familie — 364

Lars Wallrodt — 368
Das Dortmunder Modell — 370

Wolfgang Watzke — 372
Fußball – Mehr als ein 1:0! — 374

Angelika Werner — 376
Keine Lizenz zum Täuschen — 378

Markus Wirth — 380
Energiewende: Kollektives Nachsitzen für alle — 382

Tobias Wrzesinski — 384
»Wer oben ist, darf die unten nicht vergessen« — 386

Dieter Zetsche — 388
Erfolgsmotor Nachhaltigkeit — 390

Inhalt

Josef Zotter — 392
»Schau deinem Essen in die Augen« — 394

Theo Zwanziger — 404
Warum brauchen wir Nachhaltigkeit? — 406

Ashoka Deutschland und BMW Stiftung Herbert Quandt — 408
Gesichter zum nachhaltigen Inspirieren — 408

Kitty Kahane — 430

Winfried Rothermel — 432

Weiterführende Links — 434

Internetquellen — 435

Literaturverzeichnis — 435

Fotonachweise — 439

Über die Herausgeber — 440

Gesichter der Nachhaltigkeit

*Von Dr. Alexandra Hildebrandt
und Hauke Schwiezer*

Sie können die »Gesichter der Nachhaltigkeit« auf verschiedene Arten lesen: schnell vom Ende her, aus der Mitte oder langsam von vorn nach hinten, sodass viele denkwürdige Geschichten hinter den Gesichtern »aufgelesen« und verinnerlicht werden, was im besten Fall dazu führt, dass die eigene Gestaltungskraft angeregt wird. Dieses Buch ist daher auch so etwas wie ein Impulsgeber für eigene Inspirationen und Möglichkeiten, um auf das zu stoßen, was im Leben wesentlich ist: das Sein und nicht das Haben, das Wesen und nicht der Schein.

Mit unserem Buch möchten wir das kulturell tief verwurzelte Wort Nachhaltigkeit vor allem emotional begreifbar machen, indem wir es mit Menschen in Verbindung bringen, die ihm ein Gesicht geben. Binnen weniger Jahre wurde aus einem »gewachsenen« Leitbegriff des deutschen Forstwesens ein Wort mit vielen Bedeutungsinhalten, das spätestens mit der UN-Konferenz von Rio 1992 weltweit bekannt geworden ist. Auf die Historie und Definitionen wird in diesem Buch vielfach verwiesen, deshalb verzichten wir an dieser Stelle auf Wiederholungen und widmen uns dem, was bleibt und zeitlos ist: seinem Wesen und Charakter, der sich in menschlichen Haltungen spiegelt, die wir mit diesem Buch zeigen.

Die zunehmende Bedrohung unserer Lebensgrundlagen – Artensterben, Klimawandel, Ressourcenverknappung, Überfischung der Meere, Verknappung von Energieträgern – führen uns die Grenzen eines Wirtschaftssystems vor Augen, das auf unbegrenztes Wachstum und einen immer schnelleren Kreislauf von Geld, Gütern und Geist setzt. Gier und Korruption, die Zunahme an Armut und die Herausforderungen des demografischen Wandels zeigen, dass ein »Weiter so« nicht zu rechtfertigen ist. All das hat eine wachsende Instabilität zur Folge, was insgesamt zu einer gesellschaftlichen Orientierungslosigkeit und Verunsicherung führt. Die Beschäftigung mit Nachhaltigkeit als einem strategischen Konzept der Selbstbeschränkung bietet dafür einen wichtigen Anker.

Doch wer Nachhaltigkeit nur mit äußeren Faktoren in Verbindung bringt, begreift nicht, dass er auf die Fragen des Lebens nur antworten kann, wenn er auch für das eigene Leben nachhaltig Verantwortung übernimmt und es in Beziehung setzt zu dem, was in der Welt geschieht. Dafür braucht es vor allem Zeit, eingefahrene Verhaltensweisen zu überprüfen, Achtsamkeit und Stärke.

In diesem Buch stellen wir Menschen vor, die ihrem inneren Kompass folgen. Viele von ihnen empfinden die Trennung zwischen Beruf und Privatleben als Konstrukt. Das, was sie gern machen, tun sie mit Leidenschaft und Mut. Veränderungen gehen für sie mit Stehvermögen und Neubeginn einher. Leidenschaft gehört für sie zu einer gelungenen Biographie.

Vielfalt statt Einfalt ist ein prägendes Charakteristikum des Buches, das verschiedene Lebensentwürfe, Haltungen und Strategien miteinander verbindet. Dass dabei immer etwas zu wünschen übrig bleibt, versteht sich von selbst, zumal man immer nur das erblickt, was man schon weiß und versteht. Auch erheben wir keinen Anspruch auf Vollständigkeit und Geradlinigkeit. Vielmehr setzen wir auf die Kraft anschaulicher Beispiele, auf die nachhaltige Wirkung von Gesichtern und Geschichten, die unsere Identität prägen. Sie haben Bestand, weil sie komplexe Sachverhalte zeitlos, anschaulich und nachvollziehbar vermitteln.

So auch Heinrich Bölls »Anekdote zur Senkung der Arbeitsmoral« von 1963. Von ihr gehen nachhaltige Impulse aus, die damals wie heute von großer Tragweite und Aktualität sind – auch für dieses Buch. Sie bringt zum Ausdruck, wohin Wachstum und Beschleunigungskultur führen können:

In einer Hafenstadt liegt ein armer Fischer in seinem Boot und schläft. Ein Unternehmer, der gerade im Urlaub ist, fotografiert diese Szene und weckt den Fischer auf. Beiden kommen ins Gespräch und unterhalten sich über den Fischfang. Als der Unternehmer erfährt, dass der Fischer immer nur einmal am Tag ausfährt, ist sein unternehmerischer Ehrgeiz geweckt. Warum er nicht ein zweites oder gar drittes Mal ausfahre? Er könne seinen Fang damit verdoppeln oder sogar verdreifachen. Der Fischer versteht allerdings nicht, was ihm das bringt. »Sie würden sich spätestens in einem Jahr einen Motor kaufen können, in zwei Jahren ein zweites Boot, in drei oder vier Jahren vielleicht einen kleinen Kutter haben, mit zwei Booten und dem Kutter würden sie natürlich viel mehr fangen«, so der Unternehmer: »Sie würden ein kleines Kühlhaus bauen, vielleicht eine Räucherei, später eine Marinadenfabrik, mit einem eigenen Hubschrauber rundfliegen, die Fischschwärme ausmachen und ihren Kuttern per Funk Anweisungen geben.« Doch der Fischer fragt verständnislos: »Was dann?« – »Dann«, sagt der Unternehmer, »könnten Sie beruhigt hier im Hafen sitzen, in der Sonne dösen – und auf das herrliche Meer blicken.« Aber genau das tue er doch längst, antwortet der Fischer und fügt hinzu: »Nur Ihr Klicken hat mich dabei gestört.«

Das Beispiel zeigt auch, dass Nachhaltigkeit, Glück und Lebenssinn zusammengehören. Diese Botschaft zieht sich wie ein roter Faden durch das Buch. Die hier vorgestellten Menschen widmen sich alle – auf ihre ganz eigene Art – dem Suchen und Finden von Nachhaltigkeit in verschiedenen Lebensbereichen. Einige von ihnen sind noch am Anfang, andere wiederum sind bereits einen weiten Weg der Nachhaltigkeit gegangen – allen gemeinsam ist jedoch das, was sie innerlich bewegt: Sinn zu erfahren in dem, was sie tun, und Sinn zu stiften – im Leben und in der Gesellschaft. Sie denken auf Vorrat, handeln mit Augenmaß und gehen mit erstaunlicher Beharrlichkeit, Geduld und weltoffener Neugier ihren eigenen Weg. Sie kennen den Kompass ihres eigenen Lebens und wissen, was ihnen wirklich wichtig ist. Nur deshalb haben sie neben Mitteln und Möglichkeiten auch die Kraft zur Umsetzung.

Was sie noch ausmacht:
- die Demut, dass sie andere brauchen, um voranzukommen
- das Wissen, dass das Leben unvollkommen ist
- Aufrichtigkeit
- Bescheidenheit
- Gestaltungsverantwortung für das eigene Leben und das der Anderen.

Unser Anspruch ist es, allen Beteiligten und Themen des Buches mit der gleichen Aufmerksamkeit zu begegnen, was sich auch in der alphabetischen Anordnung der Beiträge zeigt. Zudem durchdringen sich sämtliche Themen wie Ernährung und Gesundheit, Handel und Konsum, Mobilität, Wirtschaft und Finanzen, Bauen und Architektur, Energie und Klima, Freizeit und Reisen, Sport und Kultur, Bildung und Innovation, Politik und Gesellschaft – es gibt auch keine Trennung von Nachhaltigkeit im Leben: Alles ist mit allem verbunden.

Der Titel »Gesichter der Nachhaltigkeit« enthält einiges der Intentionen, mit denen dieses Buch geschrieben wurde, denn wir fragten uns, weshalb es überhaupt möglich ist, dass sich nachhaltige Innovationen entwickeln können. Die Antwort: Weil ihre kreativsten Vertreter eine Vision haben, ein »Gesicht«, das ein Bild der Einbildungskraft ist. So erzählt schon die Bibel von den »Gesichten« der Propheten. »Innovation ist die Materialisierung einer Vision«, sagt die Künstlerin Stefanie Welk, denn sie startet als kraftvolle Vision einer Realität, die noch nicht eingetreten ist. Doch erst durch ihre Umsetzung wird sie zur Innovation: »Sie muss der Realität standhalten, sich in ihr materialisieren und sie so letztlich verändern.« Ist eine Vision stark genug, überwindet sie alle Widerstände, und es kommt zu einer sprunghaften Entwicklung.

Fast 80 Prozent der Top-Manager sind davon überzeugt, dass Nachhaltigkeit auch ein Motor für Innovationen ist, die vielfach mit den Bereichen Technik und Wirtschaft in Verbindung gebracht werden – unser Verständnis reicht allerdings weit in den gesellschaftlichen Bereich hinein. Eine Organisation, die Nachhaltigkeit als Innovationstreiber begreift und in ihre Strukturen und Prozesse integriert, wird von diesen Entwicklungen mit Sicherheit profitieren.

Innovationen setzen einen Fernblick voraus, ein Charakteristikum kreativer und außergewöhnlicher Gestalter, die für ihre Idee leben. Konkurrenz macht ihnen keine Angst, denn es geht ihnen nicht um Auseinander-setzen, sondern um Zusammen-setzen. Um in die Zukunft schauen zu können oder sie zu erahnen, müssen sie querdenken, die Ränder des Wissens suchen, weit über den eigenen Tellerrand blicken und zuweilen auch ins Unbekannte aufbrechen. Mit diesem Buch möchten wir zeigen, was möglich und wünschenswert ist: Best Practice im besten Sinne des Wortes. Wir bedanken uns bei allen, die mitgewirkt und dieses Buch durch ihr »Gesicht« bereichert haben.

Burgthann / Weinheim im November 2012

Aus Gründen besserer Lesbarkeit wurde auf geschlechtsbezogene Doppelnennungen verzichtet. Die verwendete männliche Form meint dabei stets Frauen und Männer.

Nachhaltigkeit heißt für mich, daß nur das, was sich bewährt, auch bleiben darf, hier und wo immer.

Günther Bachmann

Dr. Günther Bachmann, Jahrgang 1955, ist Generalsekretär des Rates für Nachhaltige Entwicklung (RNE), dessen Mitglieder die Bundeskanzlerin aus der Mitte der Gesellschaft beruft. Er berät die Bundesregierung im Hinblick auf die Nachhaltigkeitspolitik. Nach seinem Studium der Landschaftsplanung promovierte er mit einem Thema zum Bodenschutz an der Technischen Universität Berlin zum Dr.-Ing. Von 1983 bis 2001 war er im Umweltbundesamt zunächst für die Ökosystemforschung zuständig und bearbeitete später Grundsatzfragen der Ökologie und Bodenfunktionen. Zudem verantwortete Bachmann die Fachinhalte des im Jahr 2000 in Kraft getretenen Bundesbodenschutzgesetzes. 2011 wirkte er am Bericht der Ethikkommission zum Atomausstieg und zur Energiewende mit. Bachmann ist Mitherausgeber und Autor zahlreicher Veröffentlichungen und begleitet im Umfeld des RNE auch andere Initiativen wie die Vergabe des Deutschen Nachhaltigkeitspreises. Seit dessen Einrichtung unterstützt er das von Prof. Dr. Klaus Töpfer geleitete Institute for Advanced Sustainability Studies, Potsdam. Er ist Kurator der Allianz Umweltstiftung und Mitglied in wissenschaftlichen Gesellschaften zu Ökologie und Bodenkunde sowie in Umweltverbänden. Günther Bachmann ist Vater einer Tochter und lebt in Berlin.

Kultur der Nachhaltigkeit

Als Generalsekretär des 2001 gegründeten Rates für Nachhaltige Entwicklung haben Sie ein strategisch wichtiges Beratermandat für die Bundesregierung inne. Welche Wirkungen und Reaktionen sind und waren damit verbunden?
2001 argwöhnte die Öffentlichkeit überwiegend, die Einrichtung des RNE sei wohl nur grüne Tünche und kritisierte die Regierung, dass sie eine gesellschaftlich relevante Meinungsplattform wiederum ohne Parlamentsbeteiligung eingerichtet habe. Innerhalb der Regierung war die Nachhaltigkeitspolitik anfangs auch ohne großen Rückhalt. Natürlich ist sie heute immer noch entwicklungsfähig, auf hohem Niveau. Aber der Rückhalt der Arbeit des Nachhaltigkeitsrates in Gesellschaft und Wirtschaft ist größer geworden. In der Politik ist es gelungen, die Idee der Nachhaltigkeit mehr als zehn Jahre lang und während vier Regierungen auf der Top-Ebene zu halten. Der Bundestag hat sich wichtige eigene Strukturen geschaffen. Dennoch bleibt viel zu tun. Das alles spiegelt sich auf die eine oder andere Weise in meiner Arbeit. Aber dem Alltag merkt man das »Strategische« oft nicht so deutlich an. Und das ist gut so.

Als langjähriger Mitarbeiter des Umweltbundesamtes waren Sie schon zu einem sehr frühen Zeitpunkt mit der ökologischen Dimension der Nachhaltigkeit vertraut. Welche Bedeutung hat für Sie das so genannte Drei-Säulen-Modell?
Das ist eine Monster-Abstraktion, dieses Drei-Dimensionen-Bild. Es hat seinen Wert und ich bin optimistisch, dass es noch an Bedeutung gewinnen wird. Es hilft, die mitunter fast schon ritualisierten Lagerkämpfe »Wirtschaft versus Umwelt« abzubauen. Es macht definitiv Schluss mit der irreführenden Formel »Die-Schornsteine-müssen-rauchen-dann-erst-kommt-die-Umwelt« und ihrer aktuellen Variante »Umwelt muss jetzt mal eine Pause einlegen, wir brauchen Wachstum«. Aber dennoch, bei der Bestätigung, irgendjemand habe dieses dreidimensionale Managementkonzept »begriffen«, ist Vorsicht angezeigt. Denn dieses Mega-Wortwerk hat auch gravierende Tücken. Es verleitet zu Illusionen über den Konsens und führt manchmal auch zu Behäbigkeit unter denjenigen, die das Nachhaltigkeitsthema gut eingerichtet haben. Berichte schreiben, (gute!) Projekte machen, über Wachstum diskutieren – das ist alles natürlich gut und notwendig. Aber der Knoten platzt so nicht.

Was meinen Sie damit?
Zunächst einmal, keine Philippika oder Nestbeschmutzung. Aber ich plädiere für ein Mehr an Verwunderung und letztlich auch mehr Risikobereitschaft, neue Wege zu gehen. Denn jetzt läuft zwar vieles, aber ohne die nötige Wirkung. Die Gesellschaft diskutiert vehement über die Verteilung von Reichtum und über ein Grundeinkommen,

nicht aber über den Sinn der Arbeit und wie eigentlich die Lust darauf entsteht, mit der eigenen Arbeit für andere und anderswo Sinn zu machen. Die Energiewende ist ein anderes Beispiel. Sie droht mittlerweile ihrer eigenen Kraft beraubt zu werden, statt Möglichkeiten und Chancen zu suchen. Das Motto »Nachhaltiges Wirtschaften«, die Green Economy, klingt verführerisch einfach, aber dass es genau das überhaupt nicht ist, wird kaum angesprochen. Der individuelle Konsum verliert das rechte Maß, während die Supermarkt-Ketten mit ihren adretten Nachhaltigkeits-Inseln die Breite nicht erreichen. Das muss einem doch zu denken geben. Und diese Verwunderung (und auf ihr aufbauend, auch das Handeln, natürlich) ist nötig, um wirksam und glaubwürdig zu sein.

Müssen wir nicht angesichts der übergroßen Aufgabe mutlos werden? Wie vermeiden Sie das?
Auf Marktplätzen und Schulhöfen, in Vorstandsbüros und Hörsälen darf Nachhaltigkeit nicht nur als »wortwerkige« Großformel herüber kommen, die sich aus Großproblemen und der Agenda eines Mega-Regelwerkes legitimiert. Das geht schief. Wenn schon nicht Mutlosigkeit, dann ist es zumindest jedoch Zweifel, der beim Zuhörer aufkommen mag, ob das Ganze nicht doch eine Nummer zu groß sei. Stattdessen kann man für die gleiche große Geschichte aber auch Erstaunen, Neugier und Mut auslösen. Die Idee der Nachhaltigkeit zielt auf lange Zeiträume und Generationengerechtigkeit ab, und das allein ist schon abenteuerlich. Aber noch mehr spricht sie die Wahrhaftigkeit der Motive des eigenen Handelns an. Ganzheitliche Ansätze (wie Nachhaltigkeitsideen, Lebensführung und Gesundheit) zusammenzubringen, ist spannend und wird erst in Anfängen (meist noch zu wenig, wie ich an mir sehe) angegangen. Ein weiterer Aspekt ist, dass wir so etwas wie den Schrecken der Nachhaltigkeit an uns heranlassen und ihn nutzen sollten. Warum erschrecken wir nicht viel mehr darüber, wie wir in der Gesellschaft funktionieren und welches unser Teil davon ist, was sie tut? Vom Aufheizen der Atmosphäre über die Individualisierung des Gemeinsinns bis hin zu immer neuen Varianten der wohlstandsverzehrenden Geldmehrung. Ein Schreck kann heilsam sein. Wo er ausbleibt, ist die Heilung schwierig.

Was fehlt denn der Nachhaltigkeitspolitik Ihrer Meinung nach?
Oft fehlen ganz einfach der politische Wille zur Vision und der unternehmerische Wille zur Rationalität im gesamten, langfristigen Geschäftsfeld. Mitunter ist auch die wissenschaftliche Durchdringung von Themen unzureichend oder wissenschaftliche Ergebnisse, so sie vorliegen, werden nicht gut genug in Handlungsalternativen übersetzt. Aber es ist auch zu beobachten, dass der Nachhaltigkeitsgedanke zu oft wie eine oberflächliche Formel für die Lösung von Konflikten gehalten wird, während die aber erst dann möglicherweise (!) zu lösen sein werden, nachdem man die Ansprüche aus Ökologie, Wirtschaft und Sozialem sorgfältig ausgelotet hat. Die Zukunft der Welternährung und die geopolitische Jagd auf das, was an Rohstoffen noch übrig ist, erfordern solcherart neue Konzepte. Und selbst in Unternehmen mit nachhaltigen Geschäftsmodellen bleibt manch wichtiger strategischer Gedanke ungesagt und womöglich auch ungedacht. Die staatliche Haushalts- und Beschaffungspolitik ist von einer Musterrolle des nachhaltigen Wirtschaftens noch entfernt.

Noch einmal zurück zur Frage nach den ökologischen Grundlagen und ihrer Bedeutung für Ihre Arbeit ...

In der Tat, die umweltpolitische Praxis kann hilfreich sein. Sie erfordert ja in der Regel eine gute Kenntnis naturwissenschaftlicher Gegebenheiten, das Verständnis wirtschaftlicher Strukturen und dessen, was die Menschen daraus machen. Insofern fördert sie integratives Denken; allerdings nicht automatisch und überall. Aber umgekehrt gilt ziemlich zuverlässig, dass wenig Sinnvolles dort herauskommt, wo sich Umweltpolitik auf vorgeblich rein ökologische Konzepte beschränkt. Im Umweltbundesamt hatte ich mit dem Thema Böden zu tun, insbesondere waren rechtliche und technische Instrumente zur Abwehr von Gefahren aus Bodenbelastungen zu entwickeln, einschließlich von Grenzwerten für Mensch und Umwelt. Auch die Vorsorge vor dem Entstehen neuer Belastungen spielte eine Rolle. Da gibt es eine Vielfalt von Betroffenen, Verursachern und Nutzern: Vom Ackerbauern und Schweinezüchter zum Klärschlamm-Verwerter, über den Immobilienmanager und Stadtkämmerer, den Schrebergärtner oder Forstbesitzer zum Chemieunternehmer, Schrotthändler oder Tankstellenbesitzer, vom Bodenkundler, Biologen, Mediziner oder Toxikologen, Geowissenschaftler und Forstbotaniker bis hin zum Historiker, Juristen und Tontaubenschützen. Die galt es alle zu verstehen und in ein Regelwerk zum Schutz der Böden einzubinden. Kein schlechtes Training in Sachen Nachhaltigkeit.

Was motiviert Sie?

Mancher Missstand in Gesellschaft und Umwelt beleidigt ja schon beim ersten Blick das Selbstwertgefühl. Eine Rolle spielen auch die Sehnsucht nach Sinn und Erfolg und die Freude am Zusammenwirken mit anderen Menschen, auch der Stolz darauf, mit eigenen Kräften helfen zu können. Das gilt wohl mehr oder weniger allgemein, vermute ich. Mich motiviert natürlich auch die nahe Zusammenarbeit mit den Mitgliedern des Nachhaltigkeitsrates. Es ist spannend, mit Persönlichkeiten zusammenzuarbeiten, die zum Beispiel schon in der ersten Umweltkonferenz 1972 in Stockholm mitgewirkt haben, mit Gro Harlem Brundtland gearbeitet haben, Konzerne »gedreht« haben, ganze Branchen beeinflussen, Verbände leiten oder die als Minister Deutschland maßgeblich geprägt haben und auch weltweit eine wichtige Rolle spielten. Eine große Motivation war es auch, im April und Mai 2011 an der Seite von Prof. Dr. Klaus Töpfer den Bericht der Ethikkommission Sichere Energieversorgung zum Atomausstieg zu erarbeiten und die Energiewende voran zu bringen. Die nachhaltige Entwicklung hält aber noch einen weiteren Aspekt in petto, der nicht unerheblich ist, und das ist die Neugier. Mich interessiert, wie anders die Welt von morgen sein wird, weil ich sehe, wie stark sich die Welt und das Leben seither schon gewandelt haben. Jeden Zwanzigjährigen überraschen Sie doch heute mit der Information, dass die Post früher etwas mit dem Telefonieren zu tun hatte, und dass man in der Festnetzwelt Telefonapparate nicht einfach im Supermarkt kaufte. Das klingt ihm so fremd wie für mich die Wanderjahre meines Großvaters im Kaiserreich. Das macht mich neugierig. Wie sieht denn die Welt im Jahr 2050 aus? Mit verdoppelter Agrarproduktion? Mit drastisch reduziertem Ausstoß von Treibhausgasen? »Mitohne« seltenen Rohstoffen, deren Verbrauchsraten nicht bis 2050 reichen? In geschrumpfter Bevölkerung hier und neun Milliarden Menschen in der Welt, die alle (?) so konsumieren wie wir? Mit anderer Geopolitik? Und vor allem: Was tun wir? Was von dem, was wir heute machen, hat Bestand oder Bedeutung für später?

Sie meinen, der Nachhaltigkeitsbegriff sei bereits vielfach akzeptiert. Was veranlasst Sie zu dieser Aussage?
Die Erfahrung der letzten zehn Jahre.

Wirklich? Woran machen Sie das fest?
Der nachhaltige und sorgsame Umgang mit materiellen und finanziellen Ressourcen wird zunehmend als wichtige Stütze für die Zukunft angesehen. Das Versprechen, Wirtschaftswachstum löse alle Probleme, stößt dagegen auf immer mehr Zweifel. Die Menschen spüren, dass es grundsätzlichere Probleme gibt, die verdrängt und ungelöst bleiben, wenn wir so weitermachen wie bisher, dass die Alternativen zwischen Sehnsucht nach Wachstum und Ablehnung von Wachstum zu einfach ist. Dass letztlich beides eine Rolle hat und dass es auf das »Wie« ankommt. Sicher ist das alles ambivalent. Und sicher ist zu differenzieren zwischen Milieus und Bevölkerungsgruppen, und eine Trennlinie geht auch durch die Unternehmer-Landschaft. Aber insgesamt hat sich seit dem Beginn der Wirtschafts- und Finanzkrise etwas getan. Ich weiß aber auch: Die Nachfrage nach künstlich und mit umweltfeindlichen Mitteln gealterten Jeans ist ungebrochen. Und Jeans sind nur ein Beispiel, bei dem die Umweltkosten nicht in Rechnung gestellt werden und die Gesundheit der Arbeitenden nicht zählt. Ich weiß, wir konsumieren zu viel und vor allem zu viel vom Falschen. Aber auch das ist Realität: Firmen, die ehrliche Kosten bilanzieren, Menschen auf der Suche nach Alternativen aus regionaler und fairer Produktion. Das alles passiert gleichzeitig und ist ein komplizierter Prozess. Aber er hat auch eine einfache Seite: Es kommt auf jeden Einzelnen an. Diejenigen mit der größten Einsicht müssen sich am meisten bewähren. Lasten mögen teilbar sein, aber der eigene Anteil an Verantwortung ist es wohl kaum.

Treiber der Nachhaltigkeitsdebatte sind neben politischen Institutionen die Zivilgesellschaft, die Industrie, der Kapitalmarkt sowie die Wissenschaft & Forschung. Worauf lassen sich im Wesentlichen die Mängel an transdisziplinären Dialogen zurückführen, und wie könnten diese zukünftig behoben werden?
Der Wissenschaftsbetrieb honoriert heute durch Punktesysteme und das Zählen von Zitaten etc., dass immer tieferes Wissen über immer weniger hergestellt wird. Aber tatsächlich steigert die »Wissensgesellschaft« nicht nur die Menge des Wissens, sondern auch jene des Nicht-Wissens (tatsächlich muss letztere immer die erstgenannte überschreiten), und das wird erst im transdisziplinären Dialog sichtbar. Ein Gleichstellen des disziplinären Herausfindens mit dem Sichzurechtfinden (anderes Wort: Vertrauen) gilt heute noch oft als unbotmäßiger Angriff auf die klassische Wissenschaft. Aber es wird bald normal werden müssen, um eben diese klassischen wissenschaftlichen Projekte überhaupt arbeitsfähig zu machen, weil das Verhältnis von Wissen und Nicht-Wissen es erfordert. Wo zukünftig wissenschaftliche Leistung beurteilt und über Karrieren von Personen entschieden wird, muss auch die transdisziplinäre Leistung honoriert werden, nicht nur allein die

Superleistung im Labor. Diesen Impuls muss die Politik setzen. Einstweilen sollten mehr Gelegenheiten geschaffen werden, um Akademiker und praktische Wissenstreiber von außerhalb des Wissenschaftsbetriebes in Dialogen und gemeinsamen Arbeiten zusammenzubringen. Hierfür gibt es keine Grenzen.

Seit April 2002 hat Deutschland eine nationale Nachhaltigkeitsstrategie. Zum damaligen Zeitpunkt stand die Bundesregierung vor der Herausforderung, dass politische Interessen und parteipolitische Versprechen nicht zwingend in Einklang mit den geforderten Zielen der Nachhaltigkeitsstrategie standen. Wie begegnet der RNE diesem Zielkonflikt?
Wir setzen auf Prozesse, nicht auf Punktlösungen. Zielkonflikte muss man zuallererst aus jener Ecke herausholen, wo Konfliktgegner sie zur eigenen Profilierung nutzen, denn in dieser Ecke werden sie vertieft statt verstanden. Dieses Aus-der-Ecke-Herausholen versucht der Nachhaltigkeitsrat zu bewerkstelligen, weil Zielkonflikte zu wertvoll sind, als dass man sie oberflächlich glattbügelt oder sich in Lieblings-Gegnerschaften mumifizieren lässt. Auch hinter Blockade-Situationen stehen Menschen mit unterschiedlichen Motiven. Es ist eine gute Übung des Dialoges, die Position des (Meinungs-)Gegners so zu beschreiben, dass dieser sich zutreffend wiedergegeben fühlt. Das macht Gegensätze verständlich. Jeder Konsens beruht im Grunde darauf, dass man den Konflikt richtig versteht. Ein solcher Konsens ist das Ergebnis von Respekt vor der Position des Anderen. Eine Erfolgsgarantie gibt es nicht, aber dieser Weg kann funktionieren, egal ob es sich um die Bioenergie, die Kernenergie oder um Fiskalpolitik und Rentenformel dreht. Oft bedarf es spezifischer Verfahren und Methoden sowie einer sorgfältig erarbeiteten Wissensgrundlage.

Wie lässt sich erreichen, dass Nachhaltigkeit stärker operationalisierbar und damit weniger als weicher und beschreibender Begriff verstanden wird? Ist »weich« wirklich zutreffend? Ist »Demokratie« ein weicher Begriff? Auf der Welt gibt es viele, sehr unterschiedliche Formen von Demokratie, von lupenreiner bis zu funktionierender, direkter bis indirekter. Ist der Begriff Demokratie deshalb in Frage zu stellen? Ich glaube nicht. Der Begriff Nachhaltigkeit wird auf Dauer ein Diskurs-Begriff bleiben, und das ist gut so. Aber ganz unabhängig davon sollte er verstärkt praktisch eingesetzt werden. Für Unternehmen eignet sich dafür der Deutsche Nachhaltigkeitskodex. Für die öffentliche Hand erarbeitet das Beschaffungsamt im Bundesinnenministerium wichtige Impulse zur Nachhaltigkeit. Die Kennzeichnung von Waren und Wertschöpfungsketten mit nachvollziehbaren und verbürgten Angaben zur Nachhaltigkeit wird immer wichtiger. Am wichtigsten aber ist, dass Menschen nachhaltige Produkte konkret nachfragen und auch robust fragen, was genau drin ist, wo »Nachhaltigkeit« draufsteht: in ihrer Bank, in ihrem Sportstadion, bei ihrem Gemüsehändler, beim Griff in das Tiefkühl-Regal, beim Anprobieren von Jeans oder beim Buchen einer Urlaubsreise. Aber auch, wenn es in ihrer Stadt oder Gemeinde um die Ausweisung von Baugebieten geht und wenn ein Bürgermeister gewählt wird.

Was zeichnet für Sie eine erfolgreiche fiskalische Nachhaltigkeit aus?
Die Idee der Nachhaltigkeit bedeutet für Finanzmärkte und Staatsfinanzen, dass Haftung und Ri-

siko wieder verknüpft gehören. Ein Too-big-to-fail ist fatal. Staatliche Strategien zur fiskalischen Nachhaltigkeit müssten auch die übermäßig ungleiche Verteilung von Reichtum angehen, öffentliche Schuldenbremsen wirksam machen und die Strategien für nachhaltige Geldanlagen in saubere Technologien und Infrastruktur beinhalten. Ganz ähnlich wie bei Umweltthemen muss letztlich zunächst zählbar gemacht werden, was zu managen ist. Dabei kann man nicht einfach beim bisherigen »Maßstab für alles«, dem Bruttosozialprodukt, stehen bleiben. Leider jedoch hinkt die Umsetzung des Nachhaltigkeitsgedankens diesen Anforderungen hinterher und spielt eine noch viel zu geringe Rolle in der Finanz- und Wirtschaftspolitik.

Der Deutsche Nachhaltigkeitskodex beschreitet daher Neuland, indem er eine transparente Entscheidungsplattform für Stakeholder schafft, die den ökonomischen Wert eines Unternehmens beurteilen. Wir erwarten uns, dass Unternehmensleistungen zur Nachhaltigkeit dadurch auch in der Unternehmensbewertung stärker honoriert werden und sich dies schließlich auch fiskalisch niederschlägt. Das soll das nachhaltige Wirtschaften voranbringen.

Inwieweit kann es überhaupt gelingen, die heterogen ausgerichteten Interessen von Ländern, Städten und Kommunen zusammenzubringen, um Entscheidungen zur Nachhaltigkeit treffen zu können?
Augsburg unterscheidet sich von Anklam und Rostock von Rosenheim. Das ist gut so. Vielfalt ist im Kultur- und Naturerbe ein großer kultureller und politischer Wert. Diesen darf kein angeblicher Nachhaltigkeits-Konsens einebnen. Deutschlands Regionen haben trotz des wirtschaftlichen Gefälles ein insgesamt hohes Wohlstands- und Lebensniveau. International verglichen sind wir homogen. Das immer wieder zu betonen und aufzuzeigen ist wichtig, um zu gemeinsam getragenen, kreativ-vielfältigen Nachhaltigkeitsstrategien zu kommen. Dass das gelingen kann, zeigen die Oberbürgermeister wichtiger deutscher Städte mit ihrem Strategie-Dialog zur Nachhaltigkeit. Erstmals wird der Deutsche Nachhaltigkeitspreis im Dezember 2012 auch an Städte und Gemeinden vergeben. Nach fünf Jahren weitet sich die Initiative zur Vergabe des Deutschen Nachhaltigkeitspreises nun also aus (bisher war der Wettbewerb nur für Unternehmen geöffnet). Auch dies zeigt, dass die Städte und Gemeinden zunehmend den Anforderungen nachkommen, die aus ihrer Bürgerschaft gestellt werden.

Die Lehre des Carl von Carlowitz als originärer Begründer des Nachhaltigkeitsgedankens ist auf Wirken des RNE stärker und prominenter in die Wissenschaft und Lehre integriert worden. Prof. Dr. Wolfgang Haber, Prof. Dr. Carlo Jaeger und Frau Prof. Dr. Gesine Schwan sind in diesem Zusammenhang entsprechende Schlüsselfiguren.

Können Sie uns einen näheren Einblick in das »Carl-von-Carlowitz-Vorlesungskonzept« geben?
Es geht um Kultur. Von Carlowitz ging es im Grunde um Wissen und Entscheiden sowie Verhalten und Einstellung. Um Wälder durch deren nachhaltige Bewirtschaftung zu schützen, schrieb von Carlowitz, muss man etwas über Bäume wissen. Wer nur so viel entnehmen will wie nachwächst, wird sich fragen, wie viel überhaupt da ist. Eine nachhaltige Entwicklung hat also etwas mit Kenntnissen und Wissen über Bestand,

Wachstum und Wandel zu tun, um dann die langfristig tragfähigen Entscheidungen zu treffen. Das gilt für den Wald, Fischbestände und das Wasser ebenso wie für Unternehmen und das Wirtschaftswachstum. In der Vorlesungsreihe analysieren führende Wissenschaftler ihr Fach und ihren Zugang zur Nachhaltigkeit. Das wollen wir fortsetzen.

Die jüngsten politischen Empfehlungen des Rates fordern verbindliche Vorgaben zur Energieeffizienz, die Einführung von Stabilitätskriterien für Finanzmärkte, eine am Leitbild der Nachhaltigkeit orientierte Agrarwende und den Aufbau einer Kreislaufwirtschaft für strategische Rohstoffe: Wie sehen die weiteren, langfristigen Pläne des RNE aus?
Die genannten Themen bleiben auf der Tagesordnung. Wir erwarten den weiteren kritischen Meinungsaustausch mit der Bundesregierung. Die Energiewende bewegt uns weiter. Auch das Ergebnis der UN-Konferenz in Rio de Janeiro im Juni 2012 wird uns weiter beschäftigen. Wir werden uns fragen was eine Nachhaltigkeitskultur ausmacht und wie es auf europäischer Ebene mit der Nachhaltigkeitsstrategie weitergeht. Ferner spielt der Nachhaltigkeitskodex eine wichtige Rolle. Noch mehr Unternehmen sollten mitmachen und aufzeigen, wie ihre Nachhaltigkeitsbilanz aussieht. Der Nachhaltigkeitskodex ist zugleich so etwas wie eine Lernkurve für öffentliche Politik. Im Herbst 2012 rufen wir alle Stakeholder zur ersten gemeinsamen Zwischenbilanz. Uns geht es um die Stärkung und Fortentwicklung des nachhaltigen Wirtschaftens. Auch die Diskussion mit unabhängigen internationalen Experten steht auf der Tagesordnung. Sie sollen im kommenden Jahr einen weiteren Peer Review zur Nachhaltigkeitspolitik Deutschlands vorlegen. Nachdem ihre erste Bewertung vor vier Jahren große Beachtung fand, werden sie im kommenden Jahr viele Diskussionen schon während der Bearbeitungsphase auslösen, vermute ich. Die Bundeskanzlerin hat die aktuellen Mitglieder des Nachhaltigkeitsrates bis Juni 2013 berufen.

Das Konzept der Nachhaltigkeit fordert von uns allen, Entscheidungssysteme politischer und wirtschaftlicher Institutionen sowohl auf ökologischer als auch auf ökonomischer und sozialer Seite neu zu ordnen und Spielregeln neu zu finden. Das gilt sowohl auf globaler als auch auf nationaler Ebene. Das gilt für den Staat und die Wirtschaft ebenso wie für zivilgesellschaftliche Institutionen und die Wissenschaft. Es spricht viel dafür, dass weitere Impulse letztlich nur aus den praktischen Erfahrungen der Vorreiter kommen werden; dabei liegt eine große Verantwortung bei den Unternehmen mit erfolgreichem Nachhaltigkeitsengagement einerseits und der Zivilgesellschaft andererseits.

Günther Bachmann

Rat für Nachhaltige Entwicklung (RNE)

»Nachhaltigkeitspolitik soll eine wichtige Grundlage schaffen, um die Umwelt zu erhalten und die Lebensqualität, den sozialen Zusammenhalt in der Gesellschaft und die wirtschaftliche Entwicklung in einer integrierten Art und Weise sowohl in Deutschland als auch international voranzubringen. Ziel ist es dabei, eine ausgewogene und gerechte Balance zwischen den Bedürfnissen der heutigen Generation und den Lebensperspektiven künftiger Generationen zu finden.« (RNE)

Der Rat für Nachhaltige Entwicklung wurde erstmals im April 2001 von Bundeskanzler Gerhard Schröder berufen. Bundeskanzlerin Dr. Angela Merkel hat den Rat 2007 und 2010 wiederberufen und seither auch die nationale Nachhaltigkeitsstrategie fortgeschrieben. Regierung und Parlament haben entsprechende Gremien gebildet. Dem RNE gehören momentan 15 Personen des öffentlichen Lebens an.

Vorsitzende des Rates für Nachhaltige Entwicklung ist seit Februar 2012 Marlehn Thieme, die dem Rat bereits zuvor als Mitglied angehörte. Marlehn Thieme ist als Direktorin bei der Deutschen Bank für den Bereich Corporate Social Responsibility (CSR)/Corporate Citizenship verantwortlich. Seit 2008 ist sie Mitarbeitervertreterin im Aufsichtsrat der Deutsche Bank AG. Sie gehört dem Rat der Evangelischen Kirche in Deutschland (EKD) an; ihr ehrenamtliches Engagement umfasst außerdem die Mitgliedschaft im ZDF-Fernsehrat. Der RNE berät die deutsche Bundesregierung in Fragen der Nachhaltigkeit und entwickelt mit Beiträgen und Projekten die deutsche Nachhaltigkeitsstrategie fort. Alle Stellungnahmen und Vorschläge des RNE stehen der Öffentlichkeit auf der Internet-Seite des RNE zur Verfügung.

Regelmäßig veranstaltet der Rat eine Jahreskonferenz zur Nachhaltigkeit mit Beiträgen von Politikern, Nachhaltigkeitsexperten sowie einer Beteiligungsmöglichkeit der Öffentlichkeit. Ziel ist es, Nachhaltigkeit zu einem wichtigen öffentlichen Anliegen zu machen. Seine Geschäftsstelle ist in Berlin bei der Deutschen Gesellschaft für Internationale Zusammenarbeit (GIZ) angesiedelt.

Weitere Informationen: www.nachhaltigkeitsrat.de

Nachhaltigkeit heißt für mich, in und für die nachfolgenden Generationen investieren.

Roland Berger

Prof. Dr. h.c. Roland Berger ist Gründer und seit 2010 Honorary Chairman von Roland Berger Strategy Consultants, München. Er studierte Betriebswirtschaftslehre in München und Hamburg. Roland Berger Strategy Consultants zählt heute mit 51 Büros in 36 Ländern und 2.500 Mitarbeitern zu den Top 5 der weltweit größten Strategieberatungen und berät international führende Industrie- und Dienstleistungsunternehmen sowie öffentliche und Not-for-Profit Institutionen. Roland Berger ist Mitglied verschiedener Aufsichts- und Beiräte von nationalen und internationalen Unternehmen, Stiftungen und Organisationen, u. a. Fresenius SE & Co. KGaA, Bad Homburg (Vorsitzender des Prüfungsausschusses); Prime Office REIT-AG, München (Vorsitzender des Aufsichtsrats); RCS Mediagroup S.p.A., Mailand, Italien (Vice-President). Außerdem wurde er in zahlreiche Sachverständigenkommissionen verschiedener Bundes- sowie Landesregierungen berufen. Roland Berger ist Vorsitzender des Kuratoriums der von ihm privat mit einem Stiftungskapital von 50 Millionen Euro gegründeten Roland Berger Stiftung. Sie ist dem weltweiten Schutz der Menschenwürde und der Menschenrechte verpflichtet und vergibt jährlich den Roland Berger Preis für Menschenwürde. Zudem fördert sie deutschlandweit begabte und engagementbereite Kinder und Jugendliche aus sozial benachteiligten Familien auf ihrem Bildungsweg.

Gut ist noch nicht gut genug

Erst eine gerechte Verteilung der Bildungschancen macht Deutschland zukunftsfähig

»Soviel Welt als möglich in die eigene Person
zu verwandeln, ist im höheren Sinn des Wortes Leben.«
Wilhelm von Humboldt

Die Fakten

In Deutschland sind die Bildungschancen ungerecht verteilt. Das ist keine neue Erkenntnis, sondern wir haben es Schwarz auf Weiß seit der ersten internationalen Vergleichsstudie PISA 2000. Seitdem sind zahlreiche erziehungswissenschaftliche, ökonomische und soziologische Studien erschienen, die aus unterschiedlichen Perspektiven immer wieder zum gleichen ernüchternden Ergebnis kommen: Es gelingt uns nicht, die alarmierend enge Kopplung von Herkunft und Bildungserfolg aufzulösen.

Zwar schneidet Deutschland inzwischen besser ab, was Wissen und Können der Schülerinnen und Schüler angeht – eine durchaus positive Entwicklung in einem Zeitraum von 10 Jahren.[1] Doch von Bildungsgerechtigkeit kann nach wie vor keine Rede sein, denn noch immer bestehen von 100 Kindern aus einer Akademikerfamilie 71 das Abitur und nehmen ein Studium auf, von 100 Kindern aus einer Arbeiterfamilie sind es aber nur 24.[2] Nach einer Studie des Berlin Instituts verlieren wir durch diese soziale Schieflage deutschlandweit jährlich bis zu 90.000 junge Talente aus sozial benachteiligten Schichten, die als gebildete Bürger akademisch Verantwortung in unserer Gesellschaft übernehmen könnten.[3]

Unsere Verantwortung

Bildungsverlierer sind ein Armutszeugnis für unsere Gesellschaft. Wir müssen jedem jungen Menschen die Chance geben, das Beste aus seinen Begabungen zu machen. Unsere Verantwortung gegenüber der jungen Generation gebietet es, jedes Talent zu fördern, egal, welchen Geschlechts, welcher Hautfarbe, Nationalität, Religion, Sprache, Kultur oder sozialen Herkunft. Bildung ist ein Menschenrecht: Die Vereinten Nationen haben das in Artikel 26 der Allgemeinen Erklärung der Menschenrechte vom 10. Dezember 1948 aus-

---

1 *Zwischen der ersten (2000) und der dritten (2009) PISA-Studie hat Deutschland in der Lesekompetenz im OECD-Durchschnitt seine unterdurchschnittlichen Ergebnisse verbessern können und liegt im OECD-Mittelfeld, in Mathematik und Naturwissenschaften sogar deutlich über dem OECD-Durchschnitt (Quelle: Klieme e. a., PISA 2009 – Bilanz nach einem Jahrzehnt. Münster 2010).*

2 *19. Sozialerhebung des deutschen Studentenwerks 2009.*

3 *Berlin Institut für Bevölkerung und Entwicklung, Mehr Chancen für Schüler, 2011.*

drücklich so formuliert. Damit unterstreichen sie Bildung als die Grundlage eines selbstbestimmten Lebens in Würde und Freiheit.

Bildung lohnt sich

Bildung formt die individuelle Persönlichkeit. Bildung ist viel mehr als Wissen und Können. Sie entfaltet die Talente eines Menschen und versetzt ihn in die Lage, sich eine eigene Meinung zu bilden, zu urteilen, eigene Entscheidungen zu begründen, in Zusammenhängen zu denken und Probleme zu lösen. Wer gebildet ist, hat unsere historischen und kulturellen Wurzeln sowie Werte kennen gelernt, sich mit ihnen auseinandergesetzt und ist in der Lage, unsere Gesellschaft selbst mitzugestalten. Wer gebildet ist, kann Verantwortung übernehmen. Wer gebildet ist, hat Zeit seines Lebens Lust am Lernen.

Bildung ist der Schlüssel zu einer in sich gefestigten, überzeugenden Persönlichkeit. Bildung ist nach meinem Verständnis die Ressource der Zukunftsfähigkeit einer Gesellschaft.

Bildung lohnt sich auch aus ökonomischer Sicht. Sie zahlt sich buchstäblich aus: Die öffentlichen Erträge aus der Bildung sind nur in den Vereinigten Staaten höher als in Deutschland. Dem deutschen Steuerzahler, d.h. uns allen, entsteht durch eine männliche Arbeitskraft mit Tertiärabschluss über deren Lebensarbeitszeit ein Gewinn von 169.000 US-$, das ist der zweithöchste Nettoertrag für männliche Arbeitskräfte unter 25 OECD-Ländern mit vergleichbaren Daten.[4] Das Bildungsniveau wirkt sich auch auf andere Wohlstandsindikatoren aus: Gut gebildete Menschen sind gesünder, stärken den gesellschaftlichen Zusammenhalt und akzeptieren mehrheitlich eine demokratische und marktwirtschaftliche Ordnung.[5]

Dennoch scheinen wir wenig aus diesen Erkenntnissen zu lernen. »Deutschlands Beitrag zum weltweiten Pool an Talenten schrumpft rapide« konstatiert die OECD-Studie »Bildung auf einen Blick 2011«. In der Altersgruppe, die gerade aus dem Erwerbsleben ausscheidet, stellt Deutschland noch 6,3 Prozent des Angebots an hoch qualifizierten Kräften in den Industrieländern insgesamt. Bei den 25- bis 34-jährigen sind es nur noch 3,1 Prozent, damit hat sich der Anteil halbiert. Deutschland liegt mit einem Anteil der Hochschulabsolventen von 29 Prozent deutlich unter dem OECD-Durchschnitt, nämlich unter 27 OECD-Ländern nur auf Platz 23.[6] Dabei sind die Chancen für hoch qualifizierte Arbeitskräfte bei uns so gut wie noch nie zuvor, vor allem im technischen Sektor: Im Juni 2012 lag die Zahl der offenen Stellen für Ingenieure bei 88.600.[7]

Nicht länger reden, sondern handeln

Wenn wir die ungerechte Verteilung der Bildungschancen in den Griff bekommen wollen, dann müssen wir endlich handeln und aufhören, unsere jungen Talente zu vergeuden, weil wir sie nicht entdecken und nicht fördern. Wenn es uns in den

---

4 OECD: Bildung auf einen Blick 2011; weibliche Arbeitskräfte: 85.000 US-$, siebthöchster Nettoertrag unter den 25 OECD-Ländern mit vergleichbaren Daten.

5 INSM Initiative Neue Soziale Marktwirtschaft, Bildungsmonitor 2011.

6 OECD: Bildung auf einen Blick 2011.

7 VDI Ingenieurmonitor: Der Arbeitsmarkt für Ingenieure im Juni 2012.

nächsten Jahren nicht gelingt, wirkungsvolle Förderkonzepte für alle Kinder und Jugendlichen nicht nur theoretisch zu entwickeln, sondern sie auch praktisch umzusetzen, ihre Effizienz zu messen und sie ständig fortzuschreiben, dann steuern wir auf eine Bildungskatastrophe mit immensen sozialen und wirtschaftlichen Folgen zu. Wir setzen nicht nur unseren Wohlstand, sondern auch den Zusammenhalt unserer Gesellschaft aufs Spiel. Die Ampel unserer Zukunftsfähigkeit steht bereits auf Gelb.

Wir brauchen Ideen, Modelle und den Mut, neue Wege zu beschreiten. Das erfordert einen langen Atem, denn Investitionen in Bildung wirken nicht kurzfristig. Ein Kind, das heute geboren wird, kann in frühestens 18 Jahren ein Studium beginnen, in frühestens 23 Jahren einen akademischen Beruf ergreifen.

Der Schlüssel liegt in der möglichst frühen und individuellen Förderung für jedes Kind und jeden Jugendlichen, so unterschiedlich sie auch sein mögen. Nur so können sie einen Bildungsweg einschlagen, der ihrer Begabung entspricht. Unsere Schulen brauchen Partner bei dieser schwierigen Aufgabe, denn sie können nicht mehr selbstverständlich darauf vertrauen, dass die wichtigste soziale Erziehungsinstanz, die Familie, ihrer Aufgabe gerecht wird. Ein Kind, das sich sprachlich – und das nicht nur in Deutsch – nicht ausdrücken kann, das in einem Spannungsfeld zwischen verschiedenen Kulturen aufwächst, das niemanden hat, der es bei der Wahl der richtigen Schulform, der richtigen Lernstrategie, den korrekten Umgangsformen unterstützt, das noch nie im Theater oder Museum war, noch nie bei einer großen Sportveranstaltung – dieses Kind hat so viel schlechtere Voraussetzungen, in seiner Bildungslaufbahn erfolgreich zu sein, dass die Schule allein diese Nachteile nicht wettmachen kann.

Mein Beitrag zur Bildungsgerechtigkeit: Das Deutsche Schülerstipendium der Roland Berger Stiftung

Ich selber hatte das große Glück einer guten Bildung, hatte Eltern, die an mich geglaubt und mir eine positive, optimistische Lebenseinstellung mitgegeben haben. Mein beruflicher Erfolg und der Wohlstand, den ich mir mit den Jahren erwerben konnte, sind für mich heute Verpflichtung denjenigen gegenüber, die unter weniger günstigen Bedingungen ins Leben starten müssen. Nach dem Motto »You learn, you earn and you return« habe ich deshalb 2008 mit 50 Millionen Euro aus meinem Privatvermögen die Roland Berger Stiftung gegründet, die von Anfang an auf aktive Unterstützung begabter, engagementbereiter und leistungswilliger Kinder und Jugendlicher aus sozial benachteiligten Familien setzte. Für mich war klar, dass wir handeln müssen, denn wir haben ja kein Erkenntnis-, sondern ein Handlungsdefizit.

Seit 2008 vergibt die Roland Berger Stiftung deutschlandweit das Deutsche Schülerstipendium an Kinder und Jugendliche ab sechs Jahren. Bei der Talentsuche sind die Lehrer unsere wichtigsten Verbündeten, denn sie können am besten beurteilen, welches Kind vermutlich aufgrund ungünstiger Lebensumstände weit hinter seinen Potenzialen zurückbleiben wird. Nach einem erfolgreich durchlaufenen zweistufigen Bewerbungsverfahren unterstützen wir die Stipendiaten während ihrer gesamten Schulzeit. Gegenwärtig fördern wir 520 Kinder und Jugendliche aus über 30 Nationen in der ganzen Bundesrepublik – und es sollen noch viel mehr werden.

Sieben Alleinstellungsmerkmale zeichnen das Deutsche Schülerstipendium aus:
1. Es ist das bundesweite Förderprogramm für begabte, lernwillige und engagementbereite Schülerinnen und Schüler aus sozial benachteiligten Familien mit dem Ziel, die Stipendiaten zum Abitur zu führen und ihnen ein anschließendes Studium zu ermöglichen. Die Kinder und Jugendlichen sollen zu verantwortungs- und wertebewussten jungen Menschen heranwachsen, die Vorbilder für folgende Generationen sind.
2. Die Förderung beginnt bereits in der ersten Klasse der Grundschule und kann bis zum Abitur gewährt werden.
3. Für jeden Stipendiaten erarbeitet die Stiftung einen individuellen Förderplan, der ihn gezielt nach seinen Begabungen und Bedürfnissen unterstützt und der jährlich fortgeschrieben wird.
4. Herzstück des Programms sind die ehrenamtlichen Mentoren, die die Kinder und Jugendlichen als Mittler zwischen Elternhaus, Schule und Stiftung auf ihrem Weg zum Schulabschluss begleiten.
5. Im Mittelpunkt steht die 360 Grad-Förderung jedes einzelnen Stipendiaten, basierend auf den zentralen Begriffen »Wissen-Werte-Persönlichkeit«. Die Förderung erfolgt in zehn Lernbereichen, die mit sieben methodischen Formaten zum individuellen Förderplan kombiniert werden.
6. Die Roland Berger Stiftung kooperiert eng mit Landesregierungen, Schulbehörden und Schulen.
7. Das Deutsche Schülerstipendium wird von der Freien Universität Berlin wissenschaftlich begleitet und mit einem internen Diagnosesystem bewertet, sodass die Wirkung jeder einzelnen Bildungsmaßnahme eingeschätzt und weiterentwickelt werden kann.

Besonders wirksam erweist sich im Stipendium der individuelle Förderplan. Jeder unserer Stipendiaten hat seine eigene unverwechselbare Agenda, basierend auf einer genauen Stärken-Schwächen-Analyse. Fast alle Stipendiaten haben massiven Förderbedarf in Persönlichkeitsentwicklung und Werteorientierung, in kultureller Bildung, in Sprachkompetenz im Deutschen und im Gesellschafts- und Wirtschaftswissen. Aber auch das Wissen um die eigene Gesundheit sowie Freude am Sport sind bei den meisten Stipendiaten schwach ausgeprägt. Auch der individuelle Lerntyp findet Berücksichtigung. Sieben methodische Formate vom Einzelunterricht über das Gruppenseminar bis zum gemeinsamen Jahresprojekt stehen zur Verfügung.

Wichtige Partner für die Stiftung und gleichermaßen für die Schulen sind unsere Mentorinnen und Mentoren. Ihrem großartigen ehrenamtlichen Engagement gelten mein ganz besonderer Dank und mein hoher Respekt.

Warum ich optimistisch bleibe

Ich habe zu meiner großen Freude schon eine ganze Reihe tatkräftiger Unterstützer gefunden, die sich an den Kosten für das Deutsche Schülerstipendium beteiligen (zwischen 10.000 und 14.000 Euro pro Stipendiat und Jahr) und die sich intensiv für die Kinder und Jugendlichen einsetzen. Und ich versuche täglich, noch mehr Persönlichkeiten, Unternehmen und Stiftungen für die große Aufgabe der individuellen Talentförderung zu gewinnen.

Ich habe gelernt, wie immens wichtig es ist, dass wir die Bereitschaft zum Ehrenamt weiter fördern. Meine Vision ist, dass eines Tages jedes Kind, dessen Lebensumstände eine begabungsgerechte Förderung nicht zulassen, einen ehrenamtlichen Mentor hat, der die Eltern und die Lehrer in ihrer Erziehungsaufgabe mit unterstützt. Angesichts einer immer älter werdenden Gesellschaft bei immer weniger Kindern und Jugendlichen ist das schon rein zahlenmäßig machbar. Und eines vergessen wir doch bei allem Klagen über die demografische Entwicklung: Noch nie hatten wir so viele lebenserfahrene, in einer Demokratie aufgewachsene und beruflich erfolgreiche ältere Menschen. Warum sollten sie nicht ihre Erfahrungen, ihr Wissen und ihr Können an die kommende Generation weitergeben?

Bildungsgerechtigkeit ist das Ticket in unsere Zukunft

Deutschlands Zukunftsfähigkeit liegt in den klugen Köpfen unserer jungen Generation. Einen anderen – noch dazu nachwachsenden – Rohstoff haben wir nicht. Es ist jede Anstrengung wert, alles für die Förderung dieser viel versprechenden jungen Menschen zu tun. Das ist aufwendig, langwierig, teuer und emotional anstrengend, aber zu sehen, wie die Kinder sich zu positiv motivierten Persönlichkeiten entwickeln, lässt täglich alle Mühen vergessen.

Bildungsgerechtigkeit ist der Schlüssel zu Innovationsfähigkeit und Wohlstand. Bildungsgerechtigkeit ist das Ticket in die Zukunft unserer Gesellschaft, in der wir wie noch keine Gesellschaft vor uns bald 70 Jahre Frieden, Freiheit und Wohlstand genießen durften. Das grenzt fast an ein Wunder, betrachtet man die deutsche Geschichte. Es liegt in unser aller Verantwortung, das zu erhalten, denn diese Werte fallen nicht vom Himmel. Wir müssen – und können! – sie täglich neu erarbeiten.

Roland Berger Stiftung

Die Roland Berger Stiftung ist eine rechtsfähige öffentliche Stiftung des bürgerlichen Rechts mit Sitz in München. Sie wurde von Prof. Dr. h.c. Roland Berger am 27. März 2008 gegründet und ist mit einem Stiftungskapital von zunächst 50 Millionen Euro aus dem persönlichen Vermögen des Stifters dotiert. Die Stiftung verfügt über einen Vorstand und ein Kuratorium und verfolgt zwei Zwecke: Die Förderung von Bildung und Menschenwürde. Mit dem Deutschen Schülerstipendium fördert die Roland Berger Stiftung bundesweit begabte Kinder und Jugendliche aus sozial benachteiligten Familien. Derzeit werden 520 Stipendiaten unterstützt. Mit dem mit einer Million Euro dotierten Roland Berger Preis für Menschenwürde zeichnet die Stiftung Personen und Organisationen weltweit aus, die sich auf besondere Weise und erfolgreich für den Schutz der Menschenwürde und Menschenrechte einsetzen.
Weitere Informationen:
www.rolandbergerstiftung.org

Beispielgebend: Mit dem Deutschen Schülerstipendium zum Abitur

Die 13jährige Helia ist mit ihrer Familie erst vor drei Jahren aus dem Iran nach München gekommen. In nur kürzester Zeit lernte sie Deutsch, sodass sie jetzt die 6. Klasse eines Gymnasiums in München besucht und sehr gute Noten hat. Fragt man sie nach ihrem Berufswunsch, möchte sie Rechtsanwältin werden und sich für Menschenrechte einsetzen. Hasseb ist 12 Jahre alt und wurde auf der Flucht aus Afghanistan nach Deutschland von seinen Eltern getrennt. Er kam erst im vergangenen Jahr allein in München an und wurde in einem Heim untergebracht. Er geht auf die Mittelschule und kann wegen seiner guten Noten bereits im kommenden Jahr in die Realschule wechseln. Er will Computertechniker werden. Zwei Beispiele, die kennzeichnend für die 30 Münchner Roland Berger Stipendiaten sind: Alle 30 Kinder und Jugendlichen wissen sehr genau, was sie wollen: Abitur machen, studieren und anderen Menschen helfen, zum Beispiel als spätere Forscher, Ärzte, Lehrer oder eben Anwälte. Die stolzen und glücklichen Stipendiaten hatten die Mitglieder der Hauptjury bei den persönlichen Bewerbungsgesprächen im Februar 2012 von sich überzeugen können. Im Rahmen einer Festveranstaltung in der Pinakothek der Moderne wurden sie am 23. April 2012 in Anwesenheit von Staatsminister Dr. Ludwig Spaenle und Stifter Prof. Dr. h.c. Roland Berger offiziell in das Deutsche Schülerstipendium aufgenommen. Kultusminister Ludwig Spaenle lobte das Engagement der Stiftung: »Junge Menschen – unabhängig vom Elternhaus – bestmöglich zu fördern und auszubilden, ist ein zentrales Ziel des bayerischen Bildungswesens. Wir haben deshalb zahlreiche Maßnahmen zur individuellen Förderung der Kinder und Jugendlichen verstärkt. Ich bin der Roland Berger Stiftung sehr dankbar, dass sie dieses Anliegen mit dem Deutschen Schülerstipendium tatkräftig unterstützt und freue mich, dass weitere 30 junge Menschen dieses Angebot nutzen können.« Stifter Roland Berger machte den jungen Talenten Mut, ihren Weg unbeirrt weiter zu gehen: »Ich bin immer wieder persönlich begeistert von diesen optimistischen, neugierigen und wissenshungrigen jungen Menschen. Unserem Land gehen immer noch viel zu viele junge Talente verloren, weil die Herkunft und nicht die Begabung den Bildungsweg bestimmen. Dieser sozialen Schieflage müssen wir alle mit vereinten Kräften abhelfen.«

Information der Roland Berger Stiftung vom 23. April 2012

Nachhaltigkeit
heißt für mich, daß man auf wirtschaftlicher Basis Lösungen schafft, um gesellschaftliche Verantwortung voranzutreiben.

Paul Cvilak

Paul Cvilak, Jahrgang 1957, hat sich nach dem Studium der Betriebswirtschaftslehre in Mannheim beruflich auf den IT-Bereich, insbesondere auf das Leasing-Geschäft spezialisiert. Hier arbeitete er auch bei zahlreichen Großunternehmen. Er gründete AfB im Jahr 2004 und sah eine besondere Herausforderung darin, ein Unternehmen im Bereich der hochwertigen IT-Dienstleistungen aufzubauen, das sich konkurrenzfähig am Markt behaupten kann, dabei aber gesellschaftlichen Erfolg erzielt. Wachstum sollte auf Basis sozialer Verantwortung ermöglicht werden. Der Bedarf von großen Unternehmen und öffentlichen Einrichtungen nach hochwertigen Dienstleistungen im Austausch ihrer IT-Geräte und dem Wunsch nach professioneller, sicherer Datenlöschung war Paul Cvilak bekannt. Solche Arbeiten wurden aufgrund hoher Kosten häufig in Billiglohnländern erbracht. Die Datensicherheit und allgemein anerkannte Arbeits-Normen waren hier kaum gewährleistet. Zudem war Paul Cvilak stets bewusst, dass es in unserer Gesellschaft viele Menschen gibt, die aufgrund eines Handicaps keine berufliche Perspektive besitzen, obwohl sie durchaus leistungsbereit sind. In sozialer Hinsicht wollte er sich daher vor allem darauf konzentrieren, Menschen, die am ersten Arbeitsmarkt bis dato kaum eine Chance hatten, ins berufliche Leben zu integrieren. Weiterführende Informationen: www.afb-group.eu

Arbeit für Menschen mit Behinderung

Wie definieren Sie für sich den Begriff »Soziale Innovation«?
Der Begriff ist sicher weit dehnbar. Ich sehe die innovative Kraft im sozialen Bereich darin, dass man soziale Themen auf wirtschaftlicher Basis umsetzt und sie somit auch langfristig realisieren kann. Nur so ist garantiert, dass eine Innovation nachhaltig Mehrwert schafft.

Im badischen Ettlingen starteten Sie einen ersten Versuch, gebrauchte Computer von Mitarbeitern einer Behindertenwerkstätte unter fachlicher Anleitung aufarbeiten zu lassen. Wie funktionierte das in der Praxis?
Wir hatten ja selbst keine Erfahrung in der Beschäftigung von behinderten Mitarbeitern. Also haben wir gemeinsam mit der Caritas Werkstatt in Emmendingen eine Art Pilotprojekt gestartet um zu sehen, ob die Idee funktioniert, Menschen mit einem Handicap in die Aufbereitung und Datenlöschung gebrauchter IT-Geräte zu integrieren. Die Werkstätten waren mit dem nötigen Know-how ausgestattet und haben die persönliche Betreuung der Mitarbeiter sichergestellt. Schon nach kurzer Zeit konnten wir eine positive Bilanz ziehen und haben uns dazu entschieden, das ganze Konzept unter eigener Regie weiterzuentwickeln. Natürlich ist jeder Mensch unterschiedlich, das sind aber auch unsere Arbeitsprozesse, die es zu verrichten gibt. Wir mussten unsere Organisation nun mit der nötigen Infrastruktur und mit entsprechend qualifizierten Mitarbeitern ausstatten, die sich einerseits um die Betreuung der Mitarbeiter und sich außerdem um den eigentlichen Prozess der Aufbereitung und Löschung gebrauchter IT-Geräte kümmern. Damals waren wir sicher noch nicht so gut aufgestellt, wie wir es heute sind. Das gehört eben zur Entwicklung eines Unternehmens dazu, dass man auch aus Fehlern lernt und sich weiterentwickelt oder verbessert.

Entwickelte sich die Idee, AfB zu gründen, aufgrund der hohen Nachfrage? Wie sah das Konzept zu Beginn aus, und wer gehörte zu Ihren ersten Unterstützern?
Das war absolut so. Ich kannte mich in der IT-Branche, insbesondere im IT-Lifecycle-Prozess gut aus. Daher wusste ich um den Bedarf großer Unternehmen, ihre gebrauchte IT-Hardware hier vor Ort in Deutschland einer zertifizierten Datenlöschung zu unterziehen. Bis dato wurde das Thema aufgrund niedriger Kosten in Osteuropa umgesetzt. Ein Konzern kam damals aktiv auf mich zu und hat diese Dienstleistung bei mir angefragt. Also haben wir uns das AfB-Konzept überlegt, um hier am Wirtschaftsstandort Deutschland Arbeitsplätze zu schaffen und den Prozess gleichzeitig mit sozialem Mehrwert zu verbinden. Für uns war außerdem immer wichtig, dass sich das Modell wirtschaftlich auch langfristig trägt. Schon recht

schnell waren Unternehmen wie Vattenfall oder EnBW unsere Partner.

Welche Bedeutung hat nachhaltiges Wirtschaften für Ihren Unternehmenserfolg?
Für uns hat nachhaltiges Wirtschaften eine wirklich große Bedeutung. Natürlich versuchen wir unsere eigene Organisation und unsere Prozesse so aufzustellen, dass wir keinen negativen Einfluss auf unsere Umwelt und die Gesellschaft nehmen, sondern diese eher bereichern. Den eigentlichen Erfolg sehe ich darin, dass viele Unternehmen nach Möglichkeiten suchen, ihre Organisation nachhaltig auszurichten und erfolgreich CSR zu praktizieren. Man kann einen echten Trend zu nachhaltigem Wirtschaften erkennen. Für viele unserer Partnerunternehmen ist das ein wesentlicher Grund, sich für eine Kooperation mit AfB zu entscheiden, denn sie können auf diesem Weg notwendige Geschäftsprozesse mit sozialem und ökologischem Mehrwert verbinden. Wir müssen natürlich für einen sicheren Umgang mit den Unternehmensdaten und die revisionssichere Datenlöschung garantieren, dann gibt es für die meisten Firmen kaum einen Grund, warum sie nicht mit uns zusammenarbeiten sollten. Mit einigen Partnern haben wir bereits eine Nachhaltigkeitsbilanz unserer Partnerschaft erstellt. Manche Firmen überlassen uns mehrere Tausend Geräte pro Jahr. Wir kümmern uns um die Abholung, Datenlöschung und Aufbereitung bzw. um den Verkauf der Notebooks, PCs, Bildschirme oder Drucker. Die dadurch entstandenen Arbeitsplätze und die eingesparten natürlichen Ressourcen und Treibhausgase können unsere Kooperationspartner in ihrer eigenen Nachhaltigkeitsberichterstattung oder Öffentlichkeitsarbeit aufgreifen. Ein erfolgreiches CSR-Projekt, das die Firmen allein durch den Austausch ihrer nicht mehr benötigten IT-Geräte auf die Beine stellen, ohne zusätzlich zu investieren.

Wo steht AfB heute? Wie sieht Ihr Angebotsspektrum aus?
Wir sind wirklich stolz darauf, was wir in den letzten Jahren auf die Beine gestellt haben. AfB betreibt heute zehn Niederlassungen in Deutschland und Österreich, eine erste Niederlassung in Frankreich wird aktuell aufgebaut und wir planen weitere Standorte in Deutschland sowie in weiteren europäischen Ländern. Mittlerweile beschäftigt AfB rund 160 Mitarbeiter, 50 Prozent davon sind Menschen mit einer Behinderung. In allen Bereichen arbeiten Menschen mit und ohne Handicap solidarisch zusammen. Diese rasante Entwicklung verdanken wir zum einen unseren äußerst zuverlässigen und innovativen Mitarbeitern, aber vor allem unseren Partnerfirmen, die uns ihre gebrauchte IT-Hardware überlassen und teilweise seit Start der AfB mit uns zusammenarbeiten. Wenn sich große Unternehmen für eine Partnerschaft mit AfB entscheiden, richten wir im regionalen Umfeld einen neuen AfB-Standort ein, es entstehen Arbeitsplätze für Menschen mit Behinderung und sie stellen im direkten Umfeld gesellschaftliches Engagement unter Beweis. Auf der Business-Seite besteht unser Angebot hauptsächlich in der Unterstützung von Firmen beim Austausch ihrer Geräte und in der Löschung der an uns überlassenen Datenträger. Unser Prozess ist nach ISO 9001 vom TÜV zertifiziert und unser Datenlöschprozess ist zusätzlich von der DEKRA abgenommen. Neben Computern übernehmen wir neuerdings auch gebrauchte Mobiltelefone

und Smartphones und löschen die vorhandenen Daten ebenfalls mit zertifizierter Software. Für Unternehmen hat das Thema Datensicherheit in den vergangenen Jahren deutlich an Bedeutung gewonnen und wir sind hier ein absolut kompetenter Partner. Wir unterstützen die Firmen im Austausch ihrer Geräte, sodass diese keinen Aufwand beispielsweise beim Transport haben. In unserem eigens für AfB programmierten Warenwirtschaftssystem haben die Partnerfirmen dann per Web-Log-in Zugriff auf Löschberichte und den Bearbeitungsstatus ihrer Geräte. Die Mitarbeiter unserer Partnerfirmen können grundsätzlich zu besonders günstigen Konditionen in unserem Online-Shop oder in den Niederlassungen einkaufen. Nach Wunsch veranstalten wir so genannte Vor-Ort-Verkäufe auf dem Firmengelände der Partner. Im Kontakt zu unseren Kunden, die uns die aufbereiteten Geräte abkaufen, steht Service an oberster Stelle. Wir entwickeln unser Angebot stets weiter, installieren die Geräte nach Wunsch oder reparieren Geräte, auch wenn diese nicht bei uns gekauft wurden. Auch viele ältere Kunden oder Personen mit erhöhtem Beratungsbedarf kommen zu uns in die Shops, um sich ein Gerät genau erklären zu lassen. Nur mit einwandfreiem Service im Kontakt sowohl zu unseren Business-Partnern als auch zu unseren Privatkunden wird es uns gelingen, unser Ziel, 500 Arbeitsplätze einzurichten, auch zu realisieren.

Die Energieeffizienz alter Geräte ist bei weitem nicht so hoch wie die neuer Geräte. Wie beurteilen Sie dies?
Hier muss man sicherlich abwägen. Viele Leute sehen den Bereich Green IT rein unter dem Gesichtspunkt des Stromverbrauchs bei der Nutzung eines Geräts. Aber das ist nur die halbe Wahrheit, denn bei der Produktion neuer Geräte werden erhebliche Mengen an Treibhausgasen verursacht und knappe natürliche Ressourcen verbraucht, deren Abbau die Umwelt zusätzlich belastet. Es gibt Untersuchungen, die eindeutig belegen, dass die weitere Nutzung von Geräten im Vergleich zur Neuproduktion deutlich umweltschonender ist. Ich kann nicht sagen: »Ich mach ganz toll Green IT, indem ich alle alten Computer verschrotte, ganz viele neue einsetze und dabei Ressourcen verbrauche, die man nicht verbrauchen muss.« Unsere positive Wirkung in der Gesamtheit planen wir zukünftig an der TU Berlin zu untersuchen. Somit können wir unseren Partnern eine korrekte Bilanz zu CO_2- und Ressourceneinsparung offerieren.

Ihr Unternehmen ist eine gemeinnützige GmbH. Wie finanzieren Sie sich?
Im Grunde funktionieren wir wie ein typisches Wirtschaftsunternehmen. Wir finanzieren uns hauptsächlich über den Verkauf der aufbereiteten IT-Geräte. Wie andere Unternehmen, die Menschen mit einem Handicap beschäftigen, erhält auch AfB eine so genannte Integrationspauschale, die den Mehraufwand eines Unternehmens oder auch die Minderleistung behinderter Mitarbeiter im Vergleich zu nicht-behinderten Kollegen decken soll. Wir arbeiten mit den zuständigen Stellen hier sehr gut zusammen. Der große Unterschied, der die Gemeinnützigkeit ausmacht, liegt darin, dass wir unsere Gewinne in das Unternehmen, also in weitere Standorte und in unsere Infrastruktur, reinvestieren, sie aber nicht ausschütten dürfen.

Was sind zurzeit Ihre größten unternehmerischen Herausforderungen?

Unsere größte Herausforderung liegt immer darin, neue Standorte auf ein solides Fundament zu stellen. Wenn wir uns für die Umsetzung eines weiteren Standorts entscheiden, müssen wir zum einen die Finanzierung der neuen Räumlichkeiten und des Fuhrparks sowie die Löhne der Mitarbeiter garantieren können, die wir zusätzlich einstellen. Außerdem muss eine entsprechende Menge an Alt-Geräten gegeben sein, damit wir einen weiteren AfB-Standort eröffnen. Es ist besonders wichtig, dass wir starke Partner aus Öffentlichkeit und Wirtschaft für uns gewinnen, die unser Konzept in weitere große Firmen und Konzerne hineintragen. Es sind große Unternehmen, die uns durch eine Kooperationsvereinbarung weiterhelfen können.

Die Nachfrage von Unternehmen an einer Kooperation mit Ihnen wächst stetig. Was kennzeichnet eine solche Kooperation?

Die Zusammenarbeit mit den Firmen ist sehr vielfältiger Natur. In der Regel ist es so, dass die Firmen versprechen, uns über einen gewissen Zeitraum ihre gebrauchte IT-Hardware zur Verfügung zu stellen. Wir holen die Geräte mit eigenem Fuhrpark ab, führen je nach Wunsch des Partners eine mehrfache Datenlöschung durch und verkaufen die Geräte im Nachhinein mit einem Jahr Garantie. Es gibt Partner, die wünschen eine Datenlöschung auf dem Firmengelände. Andere wollen, dass ein Teil der Geräte für Spenden beispielsweise an Schulen oder Kindergärten zurückgehalten wird. Wir sind da flexibel und versuchen auf die Wünsche unserer Partner einzugehen.

Welchen Anteil haben verstärkte Medienberichterstattung und Weiterempfehlung an Ihrem unternehmerischen Erfolg?

Wir konnten in den letzten Jahren beobachten, dass das öffentliche Interesse an unserem Konzept enorm zugenommen hat. Es liegt wohl auch daran, dass wir verstärkt daran arbeiten, unsere Inhalte zu kommunizieren. Früher haben wir einfach unser Ding gemacht und fast vergessen, den dabei erzielten sozialen und ökologischen Erfolg auch in die Öffentlichkeit zu tragen. In der Anfangszeit mussten wir uns mit dem Aufbau unserer Organisation beschäftigen, da musste man sich auf das Wesentliche konzentrieren. In diesem Punkt haben wir uns sicher positiv weiterentwickelt. Unsere Partner empfehlen uns an andere Firmen weiter. Auszeichnungen für unser Geschäftsmodell, wie der Vision Award im Mai dieses Jahres, fördern natürlich die öffentliche Wahrnehmung für AfB und wir waren positiv überrascht, wie viele Firmen, die vorher nichts von uns wussten, nun auf uns zugekommen sind und mit uns zusammenarbeiten wollen. So erhoffen wir uns auch weiterhin die Unterstützung durch die Politik. Denn wenn ein Bürgermeister oder ein Ministerpräsident die vielfältigen Vorteile wie beispielsweise die Schaffung von Arbeitsplätzen für benachteiligte Menschen in der Region erkennt, dann kann die Politik nur Interesse daran haben, sich hier einzubringen, um das Konzept an die Firmen der Region zu empfehlen.

Sie beschäftigen Mitarbeiter mit und ohne Behinderungen. Auf welche fachlichen und menschlichen Qualifikationen achten Sie bei der Einstellung?

Im Grunde ist das wie bei jeder anderen Firma auch. Wir achten darauf, dass der Mitarbeiter zu der offenen Stelle passt und versuchen je nach Bedarf auf bestimmte Bedürfnisse der einzelnen Person einzugehen, um den Einstieg bei AfB einfach zu gestalten. Wir arbeiten hier eng mit den zuständigen Behörden zusammen und versuchen durch Praktika herauszufinden, ob ein Arbeitsverhältnis für beide Seiten passt. Unsere Betriebssozialarbeiter sind in diesen Prozess stark eingebunden, da jeder Mitarbeiter aufgrund seiner eventuell vorhandenen Einschränkung sich ganz unterschiedlich in den Abteilungen eingewöhnt. Sie wirken als eine Art Bindeglied zwischen den öffentlichen Stellen, den Mitarbeitern und der zu erledigenden Aufgabe in den Abteilungen. Uns ist es wichtig, dass unsere Mitarbeiter loyal und engagiert sind. Jeder eben nach seiner Möglichkeit.

Es gibt also Mitarbeiter mit unterschiedlich gearteten Behinderungen bei Ihnen?
Ja, wir beschäftigen Mitarbeiter mit körperlichen Einschränkungen oder psychischen Beeinträchtigungen. Die Aufgabenvielfalt bei AfB macht es uns einfach, Personen mit unterschiedlichen Fähigkeiten einzusetzen. Beispielsweise das Zerlegen defekter Geräte in ihre Bestandteile eignet sich sehr gut für Mitarbeiter, die einfachere Tätigkeiten vorziehen oder als Einstieg für ein Praktikum, um sich im Arbeitsprozess erst mal einzugewöhnen. Andere haben vielleicht eine rein körperliche Einschränkung, sind aber absolute Computerprofis, die man super im Reparaturbereich einsetzen kann. Viele, besonders junge Menschen sind sehr technik affin, bekommen aber aufgrund ihres Handicaps am ersten Arbeitsmarkt keine Chance, um eine Ausbildung im IT-Bereich zu absolvieren. Zwei unserer Mitarbeiter an unserem Standort in Düren haben dieses Problem erkannt und überlegt, wie man hier mit AfB eine Lösung vorantreiben könnte. Im September letzten Jahres starteten dann zwölf junge Menschen, die einst in einer Werkstatt für Menschen mit Behinderung gearbeitet hatten, ihre allgemein anerkannte Ausbildung zum Fachpraktiker für IT-Systemelektronik. Allein dem Engagement unserer Mitarbeiter, dem Landschaftsverband Rheinland und der IHK ist es zu verdanken, dass das Projekt erfolgreich umgesetzt wurde. Jeder der Auszubildenden hat eine andere Einschränkung, aber alle sind in der Lage, sich eine berufliche Grundlage für die Zukunft zu erarbeiten, wenn man ihnen den Weg ebnet.

An wie vielen Standorten sind Sie präsent?
Aktuell sind wir an 8 Standorten in Deutschland vertreten. Dazu gehören Ettlingen, Nürnberg, Essen, Köln, Unna, Düren, Berlin, Hannover, jeweils ein Standort in Österreich und seit diesem Jahr auch in Frankreich. Innerhalb Deutschlands planen wir schon kurzfristig die Erweiterung nach München und Hamburg. Langfristig sehen wir uns auch in weiteren EU-Ländern. Wir sind in diesem Punkt leicht skalierbar. Wenn wir Partner finden, die uns Geräte überlassen und wenn das entsprechende Potenzial an Geräterückläufern vorhanden ist, kommen wir mit einem weiteren Standort in 4 bis 6 Monaten überall hin.

Hat Innovationsmanagement für Ihr Unternehmen eine große Bedeutung?
Innovative Ideen und Impulse haben große Bedeutung. Hierin sehen wir auch absolut eine unserer Stärken. Unser Team informiert sich über neue Entwicklungen am Markt und wir greifen die Ideen unserer Mitarbeiter auf. Das kann vielfältiger Natur sein, ob es sich um Verbesserungen

innerhalb unseres Prozesses handelt, um eine neue Sparte wie die Rücknahme und Löschung von Handys oder um eine wissenschaftliche Untersuchung wie das Erstellen einer Öko-Bilanz über unseren Prozess. Wenn wir Potenzial sehen, um unser Geschäft weiterzuentwickeln, gehen wir gerne neue Wege.

Welche Vision verfolgen Sie mit AfB? Wo möchten Sie in fünf Jahren stehen?
Wir haben die Vision, 500 Arbeitsplätze im IT-Bereich für Menschen mit und ohne Behinderung anzubieten. Gemeinsam mit weiteren Partnern und zusätzlichen AfB-Niederlassungen wollen wir unserem Ziel bis dahin ein entscheidendes Stück näher kommen.

Weshalb ist für Sie die Beschäftigung mit Nachhaltigkeit immer auch ein privates Thema, das sich vom beruflichen Engagement nicht trennen lässt? Wie setzen Sie persönlich Nachhaltigkeit im täglichen Leben um? Achten Sie beim Kauf von Produkten und Dienstleistungen selbst darauf, ob diese nachhaltig sind?
Ich hebe mich da vom Durchschnitt sicher nicht wesentlich ab. Je mehr man sich mit der Thematik beschäftigt, verändert man sicher auch unbewusst sein Verhalten. Bei AfB haben wir jetzt gezielt eine CSR-Abteilung eingerichtet, die sich mit unserem eigenen Konsumverhalten innerhalb unserer Organisation beschäftigen wird, um Verbesserungen beim Kauf von Produkten zu prüfen.

Welches sind für Sie die Herausforderungen auf dem Weg zu einer nachhaltiger lebenden Gesellschaft?
Privatpersonen und Wirtschaftsakteure müssen sich bewusster werden, welche möglicherweise negativen Auswirkungen ihr Handeln auf die Gesellschaft und auf zukünftige Generationen hat.

Was zeichnet Ihre »Handschrift« aus? Was soll als Botschaft von Ihnen bleiben auf diesem Planeten?
Dass man die vorhandenen Möglichkeiten nutzt, um gesellschaftliche Verantwortung zu übernehmen.

Nachhaltigkeit heißt für mich, den nachfolgenden Generationen ausreichend Rohstoffe und eine saubere Umwelt zu übergeben.

Christina Dornack

Christina Dornack, Jahrgang 1970, studierte an der TU Dresden Wasserwirtschaft. Nach Beendigung des Studiums arbeitet sie zunächst als Planungsingenieurin, bis sie 1997 an das Institut für Siedlungs- und Industriewasserwirtschaft der TU Dresden zurückkehrte und ihre Promotion zum Thema: »Thermophile Vergärung von Mischsubstraten« verfasste. Anschließend war sie eineinhalb Jahre in der Verwaltung der TU Dresden u. a. für Zuarbeiten an die sächsische Hochschulentwicklungskommission zuständig. Nach der Geburt ihrer Tochter arbeitete sie von 2001 bis 2004 am Fraunhofer IKTS in Dresden und baute in der Arbeitsgruppe Umweltverfahrenstechnik den Bereich Bioabfallvergärung auf. Nach der Geburt ihres Sohnes kehrte Christina Dornack im Jahr 2004 an die TU Dresden zurück und arbeitete als Wissenschaftlerin am Lehrstuhl Abfallwirtschaft. Seit dem 1. Dezember 2010 hat sie die Juniorprofessur (mit Tenure Track) Abfall- und Bioenergiewirtschaft in der Fakultät Umweltwissenschaften und Verfahrenstechnik der BTU Cottbus inne. Ihr Forschungsfokus liegt im Bereich Bioabfallwirtschaft. Die Lehrtätigkeit erstreckt sich auf die Bereiche Abfallwirtschaft, Recycling, produktionsintegrierter Umweltschutz und Biokraftstoffherstellung. Weiterführende Informationen: www.tu-cottbus.de

Die Zukunft der Abfall- und Bioenergiewirtschaft

Status Quo und Analyse

Deutschland hat heute in der Abfallwirtschaft, im Recycling und in der Bioenergiewirtschaft einen hohen Stand der Wissenschaft und Technik erreicht. Im Bereich der Abfall- und Recyclingwirtschaft führt neben der Getrenntsammlung von Abfällen die moderne Aufbereitungstechnologie dazu, dass wir in der Lage sind, Wertstoffe, energiereiche Abfallbestandteile und organische Stoffe zu separieren und entsprechend zu verwerten. Wertstoffe können im Sekundärrohstoffmarkt als Ersatz für Primärrohstoffe eingesetzt werden. Im Bereich des Papier- und Glasrecyclings liegen die Quoten bereits über den geforderten Zahlen, die das neue Kreislaufwirtschaftsgesetz vorgibt. Damit sind diese beispielgebend für andere Fraktionen und Reststoffe. Aber diese Quoten sind nur ein Teil der Wahrheit. Im Bereich des Recyclings von einzelnen Stoffen, wie z. B. Aluminium erreichen wir nur Quoten von 35%; da haben wir ebenso erheblichen Entwicklungsbedarf wie bei den seltenen Stoffen wie Yttrium oder Scandium, deren Recyclingquoten unter einem Prozent liegen.

Im Bereich der Bioenergiewirtschaft leisten wir mit der thermischen Nutzung hochkalorischer organischer Abfälle und der Verwertung organischer Reststoffe in Biogasanlagen einen Beitrag zur Deckung des Energie- und Wärmebedarfs aus erneuerbaren Quellen. Es bestehen noch erhebliche Reserven zur Erzeugung erneuerbarer Energie aus Biogas aus organischen Abfällen. Mehr als 80% der Biobfälle werden ausschließlich kompostiert, wobei der energetische Gehalt dieser Reststoffe ungenutzt bleibt. Es muss sogar Energie eingesetzt werden, um den organischen Kohlenstoff in anorganisches klimaneutrales CO_2 und Wasser umzusetzen. Durch eine anaerobe Behandlungsstufe kann das energetische Potenzial der organischen Reststoffe genutzt und der in den Bioabfällen enthaltene organische Kohlenstoff zu Biogas fermentiert werden. Nähr- und Spurenstoffe bleiben im Gärrest enthalten, sodass dieser wieder in den natürlichen Stoffkreislauf zurückgeführt werden kann. Gärreste werden ebenso wie die Komposte aus Kompostierungsanlagen durch die Bundesgütegemeinschaft Kompost zertifiziert und sind äquivalent als Bodenverbesserer einsetzbar. In den letzten Jahren nimmt die Verwertung dieser organischen Reststoffe in Biogasanlagen stetig zu.

Zukunftsaussichten und -chancen

Bei der Nutzung von Stoffen und Materialien kommt es in Zukunft darauf an, diese effizient zu nutzen. Damit verbunden muss die Konstruktion von Gütern bereits die Verwertung nach dem Gebrauch einschließen und im Produkt realisiert werden. Es werden z. B. bei der Produktion elektronischer Waren trennbare Verbindungen eingesetzt, um die einzelnen Rohstoffe möglichst vollständig als Sekundärrohstoffe wiederverwenden zu können.

Im Bereich der Bioenergiewirtschaft wird es in den nächsten Jahren Veränderungen bei den Ausgangsstoffen für die Erzeugung von Bioenergie geben. Da die Herstellung von Biodiesel und Bioethanol eine Nutzungskonkurrenz mit Lebensmitteln hervorrufen kann und der Nachweis der Nachhaltigkeit bei der Biotreibstoffherstellung immer wieder in Frage gestellt wird, stellen vor allem kommunale und industrielle organische Abfälle und Reststoffe ein reelles Potenzial für die Erzeugung von Bioenergie dar.

Der Ausbau der abfallwirtschaftlichen Biogasanlagen ist auf die Förderung der energetischen Verwertung von biogenen Reststoffen, die in der Novellierung des EEG 2009 festgeschrieben wurde, zurückzuführen. Das wirtschaftlich erschließbare Potenzial der kommunalen Bioabfälle, der Abfälle aus Land- und Forstwirtschaft, der Reststoffe aus der Viehhaltung und die Nutzung von Landschaftspflegematerial beträgt ca. 50 % des technischen Potenzials. Mit deren Erschließung für die Biogaserzeugung kann der Flächenbedarf des Energiepflanzenanbaus substituiert werden. Auch wenn der Beitrag der verfügbaren Rest- und Abfallstoffe begrenzt ist, ist dessen weitere Erschließung ökologisch sinnvoll, da Stoffkreisläufe geschlossen und Ressourcen effizienter genutzt werden können.

Eine kurzfristige Nutzung unserer Ressourcen können wir uns auf Dauer nicht leisten. Die Abfallmengen, die wir produzieren, sind nach wie vor enorm, eine weitere Verminderung dieser ist wünschenswert und notwendig. Wir benutzen Mobiltelefone und Computer und benötigen für deren Herstellung Materialien, die wir selbst im Land nicht oder zu wenig haben. Wir sind also auf eine leistungsfähige Recyclingtechnologie angewiesen, um langfristig Rohstoffimporte zu reduzieren und auch bei hohen Rohstoffpreisen wettbewerbsfähig zu bleiben. Die Rückkopplung der Informationen aus dem Recyclingprozess in den Produktionsprozess ist zu intensivieren und entsprechend umzusetzen. Dieser Gedanke ist im Kreislaufwirtschaftsgesetz im Rahmen der Produktverantwortung verankert. In der Zusammenarbeit zwischen den Akteuren besteht aus meiner Sicht erhebliches Potenzial.

Die vordergründig monetäre Bewertung von Behandlungsverfahren für Abfälle und Reststoffe ist für innovative Ideen hinderlich. Wenn z. B. die Kommunen entscheiden, welches Verfahren zur Behandlung organischer Abfälle realisiert werden soll, liegt die Biogastechnologie aufgrund des höheren technischen Aufwandes meist auf dem zweiten Platz hinter der Kompostierung. Wenn die Menschen in den Entscheidungsprozess einbezogen werden, haben wir die Chance, durch Aufklärung oder Beteiligung für nachhaltige Technologien zu werben, diese zu etablieren und weiter zu verbessern. Die Aufklärungskampagnen können unkonventionell durchgeführt werden. So können wir die Menschen auf dem Weg zur Nachhaltigkeit mitnehmen.

Das Wissen um die Zusammenhänge zwischen Recycling, Ressourcenschonung und Reinhaltung der Umwelt, welches wir in den letzten Jahren erworben haben, möchte ich gern weitergeben. Adressaten sind in erster Linie die Studierenden. Ich freue mich über die steigende Zahl an Studierenden aus allen Teilen der Welt an meiner Universität. Die ausgebildeten Ingenieure und Wissenschaftler können dieses Wissen vor Ort anwenden, sodass angepasste Technologien realisiert werden, die langlebig und umweltfreundlich sind.

Nachhaltigkeit heißt für mich eine Integration von Ökologie und sozialer Dimension in das Geschäftsmodell von Handelsunternehmen.

Jan A. Eggert

Jan Eggert ist Hauptgeschäftsführer der Außenhandelsvereinigung des Deutschen Einzelhandels (AVE) in Köln und zugleich CEO der Business Social Compliance Initiative (BSCI) in Brüssel. Nach seinem Studium an den Universitäten Freiburg, Paris, Berlin und Köln hat Herr Eggert mehrere Jahre in deutschen Unternehmen in den Bereichen Organisation und Controlling gearbeitet. Von 1981 bis 1985 und von 1989 bis 2000 war er beim Bundesverband der Deutschen Industrie (BDI) im Bereich Außenwirtschaft tätig – zuerst als Referent, später als Leiter der Abteilung Außenwirtschaftspolitik. Von 1985 bis 1989 war Herr Eggert als Managing Director bei der Deutsch-Amerikanischen Handelskammer in Atlanta/Georgia tätig.
Weiterführende Informationen: www.ave-international.de, www.bsci-intl.org

Verantwortlicher Handel

Nachhaltigkeit heißt für mich eine gelungene Integration von Ökologie und sozialer Dimension in das Geschäftsmodell von Handelsunternehmen. Meines Erachtens kann es sich heute kein Handelsunternehmen mehr leisten, ohne Rücksicht auf die Einhaltung grundlegender Menschenrechte und anerkannter ökologischer Standards weltweit zu produzieren und seine Waren auf hiesigen Märkten anzubieten. Als Geschäftsführer der Außenhandelsvereinigung des Deutschen Einzelhandels (AVE) – eines Handelsverbandes, der die außenwirtschaftlichen Belange des deutschen EH vertritt – weiß ich jedoch auch, welche Herausforderung das für die Handelsunternehmen bedeutet.

Seit mehr als 15 Jahren beschäftigt sich die AVE mit der Verbesserung der Sozialstandards in der internationalen Lieferkette von Handelsunternehmen. Hierfür ist vor allem die Nähe zum Konsumenten und die damit verbundene Sensibilität für Kritik ausschlaggebend: Von der AVE-Erklärung zur Kinderarbeit im Jahr 1997, über den AVE-Verhaltenskodex 1999, das AVE-Sektorenmodell Sozialverantwortung 2002 bis hin zur Gründung der Business Social Compliance Initiative (BSCI) auf europäischer Ebene im Jahr 2003 hat sich die AVE dafür engagiert, die soziale Dimension der Nachhaltigkeit mit Leben zu erfüllen.

Inzwischen ist die BSCI mit Sitz in Brüssel die weltweit größte privatwirtschaftliche Initiative zur Verbesserung von Sozialstandards in der internationalen Lieferkette von Handelsunternehmen mit fast 1000 beteiligten Unternehmen. Deutsche Firmen machen heute mehr als die Hälfte der Mitglieder aus. Für die AVE bedeutet diese Expansion eine beachtliche Herausforderung. Gilt es doch, die heterogenen Interessen von Mitgliedsunternehmen unterschiedlicher Größe, Sortimente und Geschäftsformen angemessen zu berücksichtigen.

Transparenz und Glaubwürdigkeit waren für die BSCI und ihre Protagonisten schon immer die entscheidenden Kriterien. Externe Audits sowie eine enge Zusammenarbeit mit der US-amerikanischen Nichtregierungsorganisation Social Accountability International (SA 8000) waren von Anfang an wesentliche Elemente der BSCI. Diese Kooperation ist ein wichtiger Eckpfeiler für die Glaubwürdigkeit der BSCI. Kritikern sagen wir allerdings auch immer wieder, dass die BSCI mittlerweile weit mehr ist als eine Auditierungs-Initiative. Intensive Trainingsmaßnahmen für BSCI-Mitglieder und Lieferanten, die Sensibilisierung der Lieferanten für die auch unter wirtschaftlichen Aspekten wichtige Bedeutung einer guten Sozialperformance, die Entwicklung des Stakeholder-Dialogs im Rahmen von zahlreichen »Runden Tischen« in den Produktionsländern haben sich zu entscheidenden Elementen der BSCI entwickelt und ihre Wirkungskraft erhöht.

Die aktive Rolle der AVE im Rahmen des vor über zehn Jahren vom Bundesministerium für wirtschaftliche Zusammenarbeit und Entwicklung initiierten Runden Tisches Verhaltenskodizes, die Mitwirkung der AVE bei der Evaluierung von CSR durch das Bundesministerium für Arbeit und Soziales sowie die aktive Teilnahme von AVE/BSCI an zahlreichen Veranstaltung zum Thema soziale Verantwortung sind weitere Belege dafür, dass sich die BSCI als anerkannter Ansprechpartner und Ideengeber etabliert hat.

Zunehmend gewinnt beim Thema Nachhaltigkeit in der internationalen Lieferkette jedoch auch die ökologische Dimension an Bedeutung. Mit der wachsenden Industrialisierung von Entwicklungs- und Schwellenländern sind die Herausforderungen des Umweltschutzes auch in diesen Ländern unabweisbar geworden. Handelsunternehmen bietet sich zugleich die Chance, mit dazu beizutragen, dass Lieferanten in diesen Ländern die Umweltstandards in ihrer Produktion verbessern.

Um auch die ökologische Komponente in der internationalen Lieferkette zu berücksichtigen, wurde im Januar 2012 unter dem Schirm der AVE die Carbon Performance Improvement Initiative (CPI2) ins Leben gerufen. Ziel dieser Klimaschutzinitiative ist es, in der weltweiten Lieferkette von Importprodukten jährlich mehrere Millionen Tonnen CO_2 einzusparen. Erste Tests haben gezeigt, dass es bei den Produzenten in den Lieferländern erhebliche Potenziale gibt, um den Energieverbrauch und damit die CO_2-Emissionen zu senken. Dieses ist ein erster – wenn auch ein sehr dringender – Schritt zur Verbesserung der Umwelt in den Lieferländern und zugleich ein Beitrag zur Reduzierung des weltweiten CO_2-Ausstoßes. Weitere Problembereiche des Umweltschutzes wie die Verwendung von Wasser und das Recycling von Rohstoffen müssen folgen.

Es ist mir ein persönliches Anliegen, diese Entwicklung weiter aktiv mit zu gestalten und dafür zu werben, dass erfolgreiches nachhaltiges Wirtschaften nur möglich ist, wenn die sozialen und ökologischen Herausforderungen als ein Teil des Kerngeschäfts gesehen und einbezogen werden.

Nachhaltigkeit heißt für mich, mein Tun und Handeln heute so gestalten, dass für die nachfolgenden fünfzig und mehr Generationen genügend für ein gutes Leben übrig bleibt.

Franz Ehrnsperger

Dr. Franz Ehrnsperger ist Inhaber der Neumarkter Lammsbräu. Mit 24 Jahren stieg er in den elterlichen Betrieb ein, übernahm die Verkaufsabteilung und schrieb nebenbei an seiner Promotion. 1971 wurde er Geschäftsführender Gesellschafter. Der rund 400 Jahre alte Betrieb, der sich seit 1800 in Familienbesitz befindet, gehört zu den größten Bio-Brauereien Europas. 1984 wurden die ersten biologischen Brauverfahren erprobt; seit 1995 werden ausschließlich Bio-Getränke hergestellt. Neben Schankbier und Dunkel gibt es mittlerweile 16 weitere Sorten. Circa 65.000 Hektoliter werden jährlich verkauft, Hauptabsatzgebiet ist Bayern. Heute arbeiten rund 100 Bio-Bauern aus der Region mit 4000 Hektar ökologisch bewirtschafteter Fläche für die Neumarkter Brauerei. Die größte Bio-Brauerei Deutschlands hat ihren Umsatz im Jahr 2011 um 18 Prozent auf 13 Millionen Euro gesteigert. Generalbevollmächtigte ist seit 2008 Susanne Horn. Die Neumarkter Lammsbräu hat 2012 ihren 20. Nachhaltigkeitsbericht veröffentlicht. Zu den Auszeichnungen gehören unter anderem »Öko-Manager des Jahres« (1990), Deutscher Umweltpreis (2001), »Unternehmen für die Region« (2008) und 2011 belegte der Nachhaltigkeitsbericht der Lammsbräu den ersten Platz des IÖW/future-Ranking. Franz Ehrnsperger ist seit über vierzig Jahren verheiratet, hat drei Kinder und sechs Enkelkinder. Weiterführende Informationen: www.lammsbraeu.de.

»Widerstand heißt für mich Herausforderung«

»Ich wusste, ich kann nur überleben, wenn ich etwas Besseres mache als die anderen«, sagt Franz Ehrnsperger. Erste Versuche mit ökologischem Bier startete die Nürnberger Brauerei im Altstadthof (ein zur Neumarkter Lammsbräu gehörendes Tochterunternehmen) bereits 1984. Drei Jahre später bringen Ehrnsperger & Co. ihre ersten beiden Ökosorten auf den Markt. Sein nachhaltiges Unternehmenskonzept erschien damals geradezu visionär. »In den 80ern hat noch keiner vom Bio-Boom gesprochen. Es gab ein paar Naturkostläden, das war's.« Franz Ehrnsperger und seine Frau Hemma verbindet vor allem der tiefe Respekt vor dem Leben: »Wir sind der grundlegenden Überzeugung, dass sinnvolles und langfristig gesundes Wirtschaften nur im Einklang mit Natur und Schöpfung geschehen kann. Oberstes Gebot ist die Nachhaltigkeit in allen Dingen, die man tut – immer mit dem Ziel, dass auch noch unsere Nachkommen eine lebenswerte Umwelt vorfinden.«

Die gelernte Chemielaborantin absolvierte eine Ausbildung zur Ernährungsberaterin an der Universität Gießen und bildete sich in Richtung Therapie, Lebens- und Gesundheitsberatung weiter. Sie wollte nicht nur die Ehefrau an der Seite eines erfolgreichen Mannes sein und arbeitet deshalb in eigener Praxis. Zudem unterstützt sie jährlich den Mitarbeiter-Gesundheitstag der Brauerei: Hier werden allen Angestellten Angebote und Hinweise für gesunde Ernährung, richtige Lebensweise und sinnvolle Bewegung offeriert. »Wir wollen unseren Mitarbeitern mehr bieten als Arbeit und Einkommen. Im Prinzip eine Art zweites Zuhause, ein Umfeld, in dem sie sich wohl und verstanden fühlen.«

Die Wertschöpfungskette im Hause Lammsbräu ist komplett ökologisch: Die Abfüllanlagen sind lärmreduziert, die Etiketten schwermetallfrei, die Kälteanlage stromsparend. Sämtliche Korrespondenz wird auf Recyclingpapier geführt. Dennoch ist es ihm wichtig, immer wieder alles in Frage zu stellen und neu zu bewerten: »Außerdem investieren wir permanent in technische Ausstattung, Produktinnovationen sowie in Kontrollsysteme für eine stetig verbesserte Qualität. Wer nicht investiert, der stirbt!« So förderte er auch eine groß angelegte Studie, die er vor wenigen Jahren in Auftrag gab: Um die gesundheitsfördernden Eigenschaften seiner Biere nachzuweisen, ließ er seine beiden alkoholfreien Sorten testen. Unter Leitung des Lehrstuhls für Phytopathologie wurden an der Technischen Universität München umfangreiche Untersuchungen durchgeführt. Dort wurde festgestellt, dass die drei alkoholfreien Biere der Neumarkter Lammsbräu stark antioxydativ wirken und die körpereigene Immunabwehr unterstützen. Und das um ein Vielfaches mehr als beispielsweise ein probiotischer Joghurt.

Mit der Qualitätsgemeinschaft Biomineralwasser e.V. setzte Ehrnsperger weitere nachhaltige Zeichen: Ziel ist es, höchste Wasserqualität zu fördern, Sicherheit für den Verbraucher zu schaffen und gleichzeitig die Umwelt zu schützen. Mit dem dafür erstellten Kriterienkatalog für Biomineralwasser geht der Verein deutlich über die bestehenden gesetzlichen Anforderungen für »Natürliches Mineralwasser« hinaus. Mit präzisen Bestimmungen zur mikrobiologischen und chemischen Qualität, zu laufenden Produktanalysen, zur Beschaffenheit des Quellvorkommens, klaren Regeln zu Abfüllprozessen und Verpflichtungen zu ökologischem Engagement schafft die Qualitätsgemeinschaft eindeutige Kriterien für hochwertigste und sichere Wasserqualität. »Unerwünschte Inhaltsstoffe wie Hormone, Uran oder Acetaldehyd haben immer wieder für Beunruhigung gesorgt. Wir wollen die Welt des Wassers in der Tiefe schützen und ein Reinheitsgebot für Wasser definieren.« Auch die Verpackungsqualität im Sinne von Vorgaben zum Umweltschutz und möglichst geringer Beeinflussung des Wassers wird im Kriterienkatalog angesprochen.

Megatrends wie »Wasser plus Geschmack«, alkoholfreie Biere und Limonaden nutzt Lammsbräu mit entsprechenden Neuprodukten und verstärktem Marketing. Ein zentrales Thema wird daher weiterhin das Engagement für einen Biomineralwasser-Standard sein, der Verbraucher auf den ersten Blick besonders reines und umweltschonend gewonnenes Mineralwasser erkennen lässt. Das zeigt: »Nachhaltigkeit ist mehr als nur ein Modewort; hinter wohlklingenden Phrasen verbergen sich bei der Neumarkter Lammsbräu seit 20 Jahren harte Fakten und viel Engagement«, so Generalbevollmächtigte Susanne Horn.

Nachhaltigkeit heißt für mich, dass der Zauber großer Ideen über Generationen hinweg wirkt.

Konstanze Frischen

Konstanze Frischen ist Gründerin der Ashoka Deutschland gGmbH. Sie machte die Gesellschaft als Geschäftsführerin zu einem von Ashokas weltweit erfolgreichsten und innovativsten Länderbüros. 2008 wurde sie in den internationalen Vorstand berufen, wo sie u. a. für Europa zuständig ist. Konstanze Frischen hörte erstmals von Ashoka, als sie als FAZ-Redakteurin über sozialen Wandel recherchierte. Fasziniert von den Geschichten der Social Entrepreneurs wurde sie selbst zur Sozialunternehmerin. Die gebürtige Rheinländerin verbrachte als Jugendliche eine prägende Zeit in Costa Rica. Sie studierte Ethnologie in Heidelberg, an der School of Oriental and African Studies und der London School of Economics und recherchierte in südamerikanischen Großstädten und indischen Slums. Als Journalistin war sie für die Financial News von CNN International in London tätig und für DIE ZEIT in Hamburg; war Wirtschaftsredakteurin bei der FAZ und im Gründungsteam der Frankfurter Allgemeinen Sonntagszeitung. http://germany.ashoka.org

Social Entrepreneurs oder die Kraft guter Ideen

Vor gut 100 Jahren zeigte Maria Montessori, dass Kinder aus armem Elternhaus in der richtigen Umgebung zu kleinen Entdeckern und Forschern werden und sich voller Neugier der Welt zuwenden. In den siebziger Jahren erkannte Mohamad Yunus in Bangladesh, dass Arme entgegen landläufiger Meinungen kreditwürdig sind, mit einer Rückzahlungsrate von fast 100 Prozent. Vor weniger als zehn Jahren hatte Frank Hoffmann in Deutschland die Eingebung, dass die beste Brustkrebsvorsorge für junge Frauen nicht von Geräten oder Ärzten geleistet werden kann, sondern von blinden Frauen – die bildet er nun zu zertifizierten Tastuntersucherinnen aus.

Die Menschen hinter diesen durchschlagenden Ideen – die Gesichter der Nachhaltigkeit – nennen wir bei Ashoka »Social Entrepreneurs«, auf Deutsch hinlänglich gut übersetzt mit Sozialunternehmern: Es sind Frauen und Männer, die mit neuen Ansätzen Annahmen auf den Kopf stellen und innovative, funktionierende Lösungen für gesellschaftliche Probleme entwickeln. Vom Montessori-Prinzip profitieren inzwischen Millionen von Kindern rund um den Globus. Die Mikrokredit-Bewegung ist so populär geworden, dass kommerzielle Banken Fonds auflegen. Und Frank Hoffmann behebt nicht nur einen gesundheitspolitischen Missstand, sondern schafft für eine ganze benachteiligte Gruppe Zugang zum ersten Arbeitsmarkt.

Gegründet wurde Ashoka 1980 von Bill Drayton, der als Absolvent von Harvard, Yale und Oxford, mit einer Karriere als Unternehmer, Berater und Aktivist, Urheber des Terminus technicus Social Entrepreneur ist. Seitdem macht es sich die gemeinnützige Organisation zur Aufgabe, Sozialunternehmer in inzwischen 70 Ländern der Welt systematisch zu suchen und zu fördern – die erste und größte Netzwerkorganisation der Branche. 3000 Social Entrepreneurs rund um den Globus profitieren von Ashoka, darunter Mohamad Yunus und Frank Hoffmann, denn seit 2005 sind wir auch in Deutschland und Westeuropa fördernd aktiv. Manche dieser herausragenden Männer und Frauen sind in diesem Buch vorgestellt (Seite 409 bis Seite 429).

Ein Netzwerk aus 3000 Sozialunternehmern

Warum sich Ashoka auf Social Entrepreneurs konzentriert, ist schnell erklärt: Nichts hat mehr Wucht als eine gute Idee in den Händen eines Unternehmers. Diese Einsicht teilen wir mit Venture Capital Unternehmen, die ihre Investitionsentscheidungen davon abhängig machen, ob hinter der Geschäftsidee ein richtiger Unternehmer mit Herzblut steckt. Ashoka sucht Entrepreneure im sozialen Sektor – mit großen Ideen, die die Welt verbessern.

Wer gesellschaftliche Probleme nachhaltig lösen will, kann am Schreibtisch »Top-down« Interventionsprogramme designen und implementieren in der Hoffnung, dass die Menschen mitziehen. Oder er kann auf Unternehmer setzen, die die Welt beobachten, Ideen entwickeln, sie testen und »Bottom-up« entwickeln. Dieser Weg erscheint uns vielversprechender.

Von Ratten und Handyspielen: So einfach, so genial

Ein Beispiel nach dem anderen der 3000 Ashoka »Fellows« (so nennen wir die Sozialunternehmer, die wir aufnehmen und fördern) ist so spannend wie ermutigend: Bart Weetjens in Tansania bildet Ratten als zuverlässige Landminen-Detektoren aus, was den unschlagbaren Vorteil hat, dass die Züchtung der Tiere billig ist und die Menschen in den Dörfern sie selber einsetzen können, anstatt auf teure Minenexperten oder Geräte von Hilfsorganisationen warten zu müssen.

Albina Ruiz aus Peru wird dem Müll in Armenvierteln Herr, indem sie Slumbewohnern die Möglichkeit erschließt, kommunale Recycling- und Entsorgungsunternehmen zu gründen (Seite 422). Tri Mumpuni aus Indonesien befähigt die Bewohner entlegener Dörfer, gemeinsam Elektrizitätsbetriebe zu gründen, die über Mikrowasserkraftwerke Strom liefern (Seite 420). Hilmi Quraishi aus Indien nimmt Handys, um Bewohnern entlegener Regionen, die weder lesen noch schreiben können, aber ein Mobiltelefon haben, Gesundheitsinformationen zugänglich zu machen: Durch Handyspiele rund um Themen wie Hygiene, HIV-Aids-Prävention oder Kindergesundheit lernen die User quasi »nebenbei«. Rodrigo Baggio aus Brasilien nutzt die Affinität von Kindern zu Computern und Internet, und hat fast eine Million Kinder aus Slums in Schulen geholt und fit für den Beruf und ihr Leben gemacht. Thorkil Sonne aus Dänemark findet, dass Autisten entgegen der weitläufigen Meinung ideale Arbeitnehmer sein können: In bestimmten Berufen in der IT-Branche, etwa beim Eingeben großer Datenmengen, arbeiten sie schneller und fehlerfreier als andere. Und Rose Volz-Schmidt (Seite 362 bis 367) baut Netzwerke aus Freiwilligen auf, die jungen Familien in Städten die oft entfernt lebenden Verwandten ersetzten und ihnen helfen, ihren Alltag zu bewältigen.

Doch Sozialunternehmern zu helfen und zum Wachstum zu verhelfen, ist anspruchsvoller als es scheinen mag: Zunächst muss man sie finden – dazu haben wir einen mehrstufigen, harten Auswahlprozess entwickelt. Er zielt darauf ab, Menschen zu erkennen, deren Idee das beste Potenzial für großflächigen Wandel hat, zu einem Zeitpunkt, an dem sie mit ihrem Unterfangen noch in der Anfangsphase stecken. Auf 10 Millionen Einwohner, so die Faustregel, finden wir pro Jahr einen, der es durch unseren Auswahlprozess schafft.

Zweitens arbeiten Social Entrepreneurs – anders als ihre Kollegen aus der Wirtschaft – dort, wo es (noch) keinen »Markt« gibt, auf der Adam Smiths unsichtbare Hand automatisch einen Preis für ihre Produkte und Dienstleistungen erzielen würde. Wer bezahlte Maria Montessori dafür, dass arme Kinder eine Zukunftsperspektive bekamen? Wer hätte 1973, als Muhamad Yunus an den Start ging, geglaubt, dass es 10 Jahre später eine Grameen-Bank geben würde, die seit 1995 sogar unabhängig von Entwicklungsgeldern ist? Heute würde sich wahrscheinlich jeder wünschen, Maria Montessori oder Muhamad Yunus von Anfang an unterstützt zu haben, aber damals waren sie Querdenker, Außenseiter.

Wir lieben Querdenker!

»Wir alle lieben Querdenker – wenn sie seit mindestens 50 Jahren tot sind«, sagt der Psychologe Elliot Aronson. Denn sie erschüttern unser Weltbild. Ashoka und seine Unterstützer (siehe unten) sind ihnen dankbar. Wer obige Beispiele oder die Geschichten über Frank Hoffmann (Seite 122) und seine Kollegen in diesem Buch liest, wird schnell merken: Es geht Sozialunternehmern nicht um »Charity«. Es geht nicht um Einmal-Interventionen, die Empfänger in der Abhängigkeit verweilen lassen. Es geht darum, Schwächen in Stärken zu verwandeln und benachteiligten Menschen zu ermöglichen, ihre Expertise für das Wohl der Gesellschaft zu hebeln (Frank Hoffmann, Thorkil Sonne, Rodrigo Baggio).

Es geht darum, Ressourcen in der Gesellschaft zu mobilisieren und Strukturen aufzubauen, die helfen, wo Hilfe gebraucht wird (Rose Volz-Schmidt). Es geht darum, eine Gruppe von »Betroffenen« zu stärken und mit neuen Mitteln in die Lösung eines Problems aktiv einzubeziehen (Bart Weetjens, Hilmi Quraishi, Tri Mumpuni, Albina Ruiz). Von unseren Fellows haben wir gelernt, was jetzt unsere Vision ist: Jeder Mensch kann dazu beitragen, positiven gesellschaftlichen Wandel voranzutreiben: Everyone a Changemaker.

Es wäre schade, wenn Aronson Recht behielte und die Ideen dieser Menschen erst posthum Anerkennung finden würden. Daher fördert Ashoka Sozialunternehmer gezielt, früh und langfristig, damit ihre Erfindungen sich schnell verbreiten. Wer es durch unseren Auswahlprozess schafft, profitiert davon auf Dauer. Fellows im Frühstadium erhalten über drei Jahre ein Lebenshaltungsstipendium. Über den Zeitraum ihrer gesamten Schaffensperiode hinweg bieten binden wir sie ein in unser Netzwerk, schaffen Kontakte zu anderen Sozialunternehmern, zu Wirtschaft und Wissenschaft, geben Beratung, leisten durch Pro-bono-Partner juristische und strategische Unterstützung.

Gezielt gesellschaftliche Innovation fördern

Die Hebelwirkung ist enorm: dank des Stipendiums können die Sozialunternehmer endlich hundert Prozent ihrer Zeit und Kraft in die Ausbreitung ihrer Idee stecken, dank der Netzwerke an Professionalisierung und Skalierung arbeiten. Der Erfolg kann sich sehen lassen. 10 Jahre nach der Auswahl durch Ashoka arbeiten noch mehr als 90 Prozent der Fellows an ihrer Idee. Bis zu 50 Prozent schaffen es, die Gesetzeslage zu ändern. Und mehr als 90 Prozent stellen fest, dass ihre Idee sich unabhängig von ihnen verbreitet.

In Deutschland ging die Ashoka Deutschland gemeinnützige GmbH 2005 an den Start, hier wurde im selben Jahr der erste Fellow Westeuropas ausgewählt: Andreas Heinecke, der Gründer von »Dialog im Dunkeln«. Mit seinen Museen und Ausstellungen, in denen blinde Menschen Sehende durchs Dunkel führen und ihnen beibringen, die Welt mit anderen Augen zu begreifen, vermittelt er Begegnungen, baut Barrieren und Vorurteile zwischen »ich« und »anderem« ab, schafft Toleranz und Verständnis und integriert nebenbei blinde Menschen in den 1. Arbeitsmarkt.

Sieben Jahre später sind rund 40 weitere Fellows in Deutschland hinzugekommen, und Andreas Heinecke hat eine Wachstumskurve hingelegt, die wahrlich atemberaubend ist: 2011 allein gab es 17 internationale Zentren von Dialog im Dunkeln (von Seoul über Hyderabad und Johannesburg bis New York), er hat 700.000 Menschen auf vier Kontinenten erreicht und konzentriert sich nun vor allem auf Entwicklungsländer, wo ein Großteil aller behinderten Menschen leben. Mit »Dialog mit der Zeit« hat er ein ganz neues Format mitentwickelt, das gerade Premiere hatte, und das Verständnis und die Auseinandersetzung mit dem Thema Alter in den Vordergrund rückt.

Ein Verbund aus Unternehmern, Unternehmen und Stiftungen

Wer steckt hinter Ashoka? Mit einer Truppe von mehr als 150 unternehmerischen Vollzeit-Mitarbeitern weltweit, wird die Organisation mit Hauptsitz in Washington international gefördert von Unternehmerpersönlichkeiten, aber auch von Unternehmen aus Deutschland wie Boehringer Ingelheim oder SAP.

Für die Ashoka Deutschland gemeinnützige GmbH haben Unternehmerpersönlichkeiten und -Familien die Startfinanzierung gegeben. Sie sind als Privatpersonen im Ashoka-Support-Netzwerk (ASN) mit der Organisation und den Fellows verbunden. Viele leisten mehr als Geldgeben: Sie helfen den Fellows bei der Strategieentwicklung, gehen bei ihnen in den Beirat, knüpfen Kontakte, vermitteln Erfahrungen, bauen Brücken zur Wirtschaft.

In Deutschland bringt jeder Euro an Stipendien zehn Euro an Mitteln von Ashoka-Unterstützern für Fellows, und jeder Euro an Gehältern für das Ashoka-Team hebelt bis zu 20 Euro an Marktwert an Pro-bono-Leistungen.

Das Ashoka Support Netzwerk wächst stetig. Die Wirkungsanalysen unserer Fellows, das heißt den volkswirtschaftlichen Nutzen, den sie stiften, dokumentieren wir regelmäßig in unserem Jahresbericht; ihm liegt ein Social Reporting Standard zugrunde, den wir gemeinsam mit der Technischen Universität München, der Universität Hamburg und Partnern entwickelt haben. Mit unseren Partnern aus der Unternehmens- und Stiftungswelt (unter anderem die BMW Stiftung Herbert Quandt, Haniel, Boehringer Ingelheim, die Siemens Stiftung, die Robert Bosch Stiftung, der Generali Zukunftsfonds) arbeiten wir thematisch zusammen und suchen gezielt nach Sozialunternehmern in einem Feld (zum Beispiel Gesundheit) sowie den unterliegenden Mustern und Trends, die die Zukunft des Sektors bestimmen werden.

Und die Ashoka Jugendinitiative weckt die Begeisterung für soziales Unternehmertum und »Changemaking« unter Jugendlichen. In Zusammenarbeit mit anderen Organisationen hilft die Initiative Schulen, Jugendengagement nachhaltig zu fördern, verbessert die Rahmenbedingungen für Jugendengagement in Städten, unterstützt kreative Projektideen junger Menschen finanziell und mit Netzwerken, und lässt hochengagierte Jugendliche im »Think & Do Tank« innovative Konzepte für mehr Jugendbeteiligung entwickeln.

Es bleibt viel zu tun

In den vergangenen sieben Jahren ist Social Entrepreneurship in Deutschland angekommen. Das Thema wird wissenschaftlich begleitet, Sozialunternehmer zu werden, geben Schüler und Studenten als Karrierewunsch an. Und da die gesellschaftlichen Herausforderungen nicht abnehmen, findet Ashoka Jahr für Jahr neue Fellows.

Trotzdem aber bleibt viel zu tun. Thema Finanzierung von Sozialunternehmern: Noch zu oft bleiben Sozialunternehmer zwischen den Stühlen sitzen. »Zu unternehmerisch für den Sozialsektor, zu sozial für die Wirtschaft«, fehlen ihnen die richtigen Finanzierungsformen, die – wie Dr. Wolfgang Spiess-Knafl in seinem Beitrag darlegt (Seite 336 bis 341) – philanthropische Elemente genauso wie »Investments« umfassen und auf gesellschaftliche Wirkung ausgerichtet sein müssten.

Thema Talent: Während für Sozialunternehmer gut ausgebildete Spitzenkräfte oft nicht bezahlbar sind, stehen auf der anderen Seite Unternehmen, deren Mitarbeiter sich gern sinnvoll engagieren möchten, aber nicht wissen, wo und wie; gehen ältere Leute mit enormem Wissen und Fähigkeiten in den »Ruhestand«. Thema Jugend: zu oft noch wird Erfolg in der Schule allein akademisch definiert, anstatt Kinder in ihrem Selbstvertrauen zu stärken und ihnen die Möglichkeit zu geben, sich als »Changemaker« zu begreifen und in Eigeninitiative ihre Schule oder Umgebung zu gestalten.

Und schließlich liegen riesige Potenziale im Zusammenschluss zwischen Sozialunternehmern und Wirtschaft, wenn beide ihre Expertise zusammen bringen. Das berühmte Joint Venture zwischen Mohamad Yunus' Grameen und Danone – Kredite für Kleinstbauern, die damit Zucker oder Datteln anbauen oder Milchvieh halten; in einer Fabrik vor Ort wird aus den Rohstoffen mit Vitaminen angereicherter Joghurt hergestellt und schließlich zu Niedrigstpreisen in den Dörfern von Kleinhändlern vertrieben – zeigt, was entstehen kann, wenn Know-how, Assets und Distributionsnetzwerke aus »sozialem« und »Business«-Sektor zu einer Wertschöpfungskette zusammengebracht werden, die gleichzeitig gesellschaftliche und wirtschaftliche Zwecke verfolgt.

Auf die Wirkung kommt es an

Den Erfolg unserer Arbeit bemessen wir bei Ashoka nicht darin, wie groß Sozialunternehmer ihre Organisation machen, wie viel Mitarbeiter sie anstellen oder wie viel Geld sie mit ihrem Betrieb umsetzen. Unser Erfolg besteht darin, wie groß ihre Ideen werden und wie vielen Menschen davon profitieren. Der Unterschied ist fundamental, wird aber oft nicht verstanden.

Wie Duke-Professor Gregory Dees anschaulich beschrieben hat, gründete beispielsweise der Siegeszug der Hospiz-Bewegung in den sechziger Jahren in den Vereinigten Staaten nicht darauf, dass die Britin Dr. Cecily Saunders ihr Unternehmen hat wachsen lassen – in Wahrheit hat sie nie mehr als genau ein Hospiz gegründet, St. Christopher's in London. Ihr Erfolg bestand darin, dass sie an der Yale Universität zu unterrichten begann, Reden hielt, dass sie ihre Idee vermarktete, Lobbyarbeit betrieb, die Politik und den Gesundheitssektor überzeugte und Menschen anstiftete, es ihr gleich zu tun. Ähnlich bei Maria Montessori: Ihr bis heute andauernder Erfolg besteht darin, dass ihre Idee seit 100 Jahren Menschen begeistert, welche ihre Methode weitertragen – getrieben vom Wunsch, Kinder zu befähigen, sich selbstständig und selbstbewusst mit der Welt auseinanderzusetzen. Es gibt keinen Montessori Konzern, sondern ein weltweites, dezentrales Netzwerk.

Und unser eingangs erwähnter Fellow Frank

Hoffmann wird sicherlich auch nicht planen, in jedem Land der Welt eine Dependance aufzubauen. Aber er wird versuchen, so viel Mitstreiter um den Globus zu gewinnen wie möglich, die sein Modell kopieren. Jimmy Wales, Senior Fellow von Ashoka und Gründer von Wikipedia, zeigt mit seiner Online-Enzyklopädie, dass ein guter Ansatz das Begeisterungs- und Mitmachpotenzial von Menschen weltweit wecken kann, ohne dass ein jeder Beitragsschreiber finanziell motiviert werden muss.

Was ist das Fazit daraus? Die Nachhaltigkeit guter Ideen liegt in der Kraft der Idee selbst, die Welt zum Besseren zu verändern. Gute Ideen sind wie Viren – sie stecken die Menschen an.

Richtig kopieren – gut!

Selbst profitabel wirtschaftende Sozialunternehmer arbeiten daraufhin, dass ihre Idee von anderen kopiert wird. Beispiel Ashoka Fellow David Green. Er ermöglicht mit seinem sozialen Unternehmen Aurolab und den Aravind Hospitals, dass Millionen von Menschen in der Dritten Welt vor Blindheit gerettet werden. Ein Teil seines Businessmodels besteht darin, Graue-Star-Operationen für Arme in Entwicklungsländern kostengünstig durchzuführen, indem er unter anderem den Produktionspreis für dafür nötige Kunstlinsen drastisch senkt, weil er auf hohe Margen verzichtet, aber aufs Mengengeschäft setzt. Etwa 1,6 Millionen sehbehinderte arme Menschen erlangten dank seiner Idee allein in den vergangenen vier Jahren ihr Augenlicht wieder. Ob er nicht Angst habe, dass die großen Gesundheitsunternehmen der Branche seine Innovation kopieren würden, wurde er von Investoren bei einem seiner Pitches gefragt. »An dem Tag, an dem das passiert«, war David Greens Antwort, »an dem Tag habe ich gewonnen«. Die Tatsache, dass er danach glaubhaft darlegte, dass er in entlegenen Regionen in Entwicklungsländern auch dann noch einen komparativen Vorteil habe, machte auf die Investoren weniger Eindruck als jener Satz.

Nachhaltigkeit heißt für mich:
Begreifen – Bewahren – Bewegen

Stephan Frucht

Seit 2006 ist Dr. Stephan Frucht, Jahrgang 1972, Geschäftsführer des Kulturkreises der deutschen Wirtschaft im BDI. Sein Werdegang ist bis heute äußerst vielfältig. Nach dem Violin-Diplom an der Berliner Universität der Künste studierte der gebürtige Hannoveraner Dirigieren an der Hochschule für Musik »Hanns Eisler«. Parallel zu seiner künstlerischen Ausbildung studierte er Humanmedizin (Promotion 2002/HU Berlin). 2003 wurde Frucht Referent der CDU/CSU-Bundestagsfraktion in der Enquête-Kommission »Kultur in Deutschland«. Frucht ist Musiker, Autor- und Herausgeber zahlreicher CD-Produktionen. Als Dirigent sind von ihm bei Sony-Music viele Einspielungen erschienen, darunter Produktionen mit der Orchester-Akademie der Berliner Philharmoniker oder dem DSO Berlin. Zudem berät er Unternehmen, Stiftungen sowie kulturelle und politische Institutionen in künstlerischen bzw. kulturpolitischen Fragen. In der Gesellschaft zur Verwertung von Leistungsschutzrechten (GVL) ist er gewählter Vertreter der Dirigenten und künstlerischen Produzenten.

Kultur ist die Photosynthese des Geistes

Kultur ist Gesellschaft ist Wirtschaft

Die Idee gesellschaftlicher Verantwortung von Unternehmen resultiert aus der Erkenntnis, dass jedes Mitglied einer Gemeinschaft für den Erhalt und die Gestaltung der Gesellschaft mitverantwortlich ist. Unternehmen sind als juristische Personen ebenso mit Rechten und Pflichten ausgestattet wie natürliche Personen. Als Teil der Gesellschaft ist ihr wirtschaftliches Handeln also zugleich gesellschaftliches Handeln. Die zu Grunde liegende Annahme lässt sich auf eine Formel reduzieren: Das unternehmerische Tun beeinflusst die gesellschaftliche Entwicklung, welche ihrerseits wiederum wesentlich die Unternehmensentwicklung bestimmt. Im Zentrum der folgenden Überlegungen stehen dabei die Wirkungs- und Einflussmöglichkeiten der Wirtschaftsunternehmen auf die Gesellschaft.

Folgende Fragen sollten Unternehmen sich mit Blick auf ihren Erfolg zwingend stellen:
Was ist »die Gesellschaft«, was macht sie aus, und wie können Unternehmen zu ihrer positiven Entwicklung beitragen? Zunächst wird Gesellschaft allgemein verstanden als große Gruppe von Personen, welche auf einem abgegrenzten Raum, in einem System von wechselseitigen Fähigkeiten und Bedürfnissen leben und als eine soziale Einheit definiert werden.

Ein wichtiges konstituierendes Merkmal jenes sozialen Systems ist ihre Kultur. Kultur im weiten Sinne umfasst soziokulturelle, wirtschaftliche und ökologische Dimensionen. Die kulturellen Ressourcen stellen den Nährboden für eine handlungsfähige, innovative und zukunftsfähige Gesellschaft, die aktiv auf veränderte Umweltbedingungen reagieren und mit neuen sozialen Realitäten umgehen kann. Kultur ist also ein wesentlicher Grundpfeiler einer nachhaltigen Gesellschaft und als solcher von kritischer Bedeutung auch für die Entwicklung der Unternehmen.

Selbstverständnis und Notwendigkeit – Corporate Cultural Responsibility

Jedes Unternehmen ist entsprechend an einer positiven nachhaltigen Entwicklung der Gesellschaft interessiert. Im Ergebnis kann Nachhaltigkeit nicht ohne den kulturellen Faktor gedacht werden. Dieser Logik folgend, erscheint es nur konsequent, das kulturelle Umfeld zu achten und in dieses zu investieren. Eine Möglichkeit, einen positiven sozialen Mehrwert zu schaffen und die Qualität des Sozialen innerhalb der Gesellschaft zu stärken, ist die Förderung von Kunst und Kultur im engeren Sinne. Der Corporate Cultural Responsibility, kurz »CCR«-Ansatz, bietet in diesem Zusammenhang das Potenzial, proaktiv gesellschaftliche Entwicklungen zu fördern und zu fordern.

Bislang wurde Kulturförderung als Teil der gesellschaftlichen Verantwortung zu einem Großteil vom Staat getragen. Nicht zuletzt weil Kulturausgaben der öffentlichen Hand dem Gebot der Freiwilligkeit unterliegen, sind sie jedoch ein beliebter Kürzungsposten. Die Ausgaben für Kultur, die den Löwenanteil der Kulturausgaben schultern, sind in den Ländern und Kommunen in den letzten Jahren stark gekürzt worden. Diese bedauerliche Entwicklung hat die Notwendigkeit, aber auch Akzeptanz von CCR befeuert.

Unternehmen, die die enge Verzahnung von Wirtschaft, Kultur und Gesellschaft erkannt haben, sind bereit, Mitverantwortung für ihre Gemeinschaft und deren Kultur zu übernehmen. Sie investieren in eine nachhaltige Kulturlandschaft für eine überlebensfähige, kreative und antizipationsfähige Gesellschaft. Sie haben verstanden, dass ohne Kreativität keine wissenschaftlichen und technischen Innovationen, keine gesellschaftlichen Entwicklungs- und Veränderungsprozesse möglich sind und investieren, als Teil ihrer gesellschaftlichen Verantwortung, auch in Kultur. Viele Unternehmen leisten bereits als Mäzene, Stifter und Sponsoren einen wesentlichen Beitrag zum Kulturleben in Deutschland, wie zahlreiche Beispiele belegen.

Sie haben erkannt, dass Kunst und Kultur von selbst zur inneren Erneuerung beitragen. Kultur ist die Photosynthese des Geistes. Folglich investieren viele Unternehmen in kulturelle Projekte, von denen die wenigsten allerdings ausreichend bekannt sind. Unter anderen zeigen die mit dem Deutschen Kulturförderpreis ausgezeichneten Unternehmen die Vielfalt möglicher Inhalte und Kooperationsformen. Der Deutsche Kulturförderpreis wird jährlich vom Kulturkreis der deutschen Wirtschaft, dem Handelsblatt und der Süddeutschen Zeitung für herausragende unternehmerische Kulturförderung verliehen. Zu den Preisträgern zählt beispielsweise das Unternehmen ACO Severin Ahlmann GmbH & Co. KG, das mit dem Projekt »Kunstwerk Carlshütte« beweist, dass durch kluge Kooperationen mit öffentlichen und privaten Partnern aus einem alten Firmengelände ein florierendes Kunst- und Kulturzentrum entstehen kann. Ferner ermöglicht das theaterpädagogische Modellprojekt »Junges Theater im Delta« der BASF SE in Kooperation mit den großen Theatern der Region Kindern, frühzeitig Erfahrungen im Bereich Schauspiel und Inszenierung zu sammeln. Und schließlich sind es Unternehmen wie die Hoppen Innenausbau GmbH, die durch ihr persönliches Engagement und handwerkliches Können maßgeblich zum Erfolg einer Veranstaltung wie dem Niederrhein Musikfestival beitragen.

CCR – ein wirtschaftlicher Erfolgsfaktor

Solch gelungene Kulturarbeit zeugt nicht nur von hoher sozialer Intelligenz, sondern auch von kluger Standortpolitik. Die Attraktivität eines Standorts ist aufs engste verflochten mit seiner kulturellen Identität. Investitionen in Kunst und Kultur sind daher längst ein harter Standortfaktor und stellen – im Hinblick auf den »War for Talents« – de facto also auch einen wirtschaftlichen Wettbewerbsvorteil dar. Die durch den kulturellen Zugewinn gesteigerte Lebensqualität wirkt positiv auf die Attraktivität des dort ansässigen Unternehmens. Durch einen direkten Austausch zwischen Mitarbeitern und Künstlern können darüber hinaus die Kreativität und die soziale Kompetenz gesteigert und neue Kommunikations- und Kooperationswege beschritten werden. So wird ein wichtiger Beitrag zur positiven Entwicklung der Unternehmenskultur geleistet.

Kulturbewusstes Management kann mithin einen messbaren betriebswirtschaftlichen Nutzen erzeugen. Verantwortungsbewusste Unternehmen sind häufig langfristig erfolgreicher. Wie einige Studien belegen, bewirkt das gesellschaftliche Engagement eine Steigerung der Unternehmensreputation, welche Vertrauen und Wohlwollen in der Gesellschaft schafft und die die sogenannte »Licence to operate« stärkt. Insgesamt verbessert sich die Wettbewerbsposition des Unternehmens, sodass qualifizierte Mitarbeiter leichter zu gewinnen, zu binden und zu motivieren sind. Das Wirkungspotenzial von Kunst- und Kulturförderung ist variantenreich und kann durch bewusste Einbindung in die Unternehmensstrategie ein bedeutender betriebswirtschaftlicher Erfolgsfaktor sein. Ähnlich, wie die öffentliche Kulturförderung positive Auswirkungen auf einen Lebensstandort hat.

CCR erscheint als logische und wichtige Ausprägung von CSR, die es langfristig zu berücksichtigen gilt. Denn nur durch den Erhalt kultureller Vielfalt und der Pflege der kulturellen Landschaft kann eine fruchtbare Entwicklung erreicht und der Nährboden auch für nachhaltiges Wirtschaften geboten werden. »Verkümmerung der Kunst ist Verstümmelung des ganzen Menschentums, die auch im Bereiche des Lebensnotwendigen ihre verhängnisvollen Wirkungen zeigen würde.« Dieser Auszug aus der Präambel der Satzung des Kulturkreises von 1952 fasst die Relevanz des CCR Konzepts, lange vor dem Entstehen der Begrifflichkeit, pointiert zusammen.

Warum ethische Grundsätze und wirtschaftlicher Erfolg einander bedingen

Es muss sich ein Bewusstsein ausprägen (ich bevorzuge das Wort »ausprägen« gegenüber dem Wort »etablieren«, da bei vielen Unternehmen so ein positives Bewusstsein bereits existiert), dass wirtschaftliches Handeln nur auf dem Boden freiheitlicher und verantwortungsvoller Gesinnung erfolgreich sein kann. Langfristig kann eine Organisation – sei es ein Wirtschaftsbetrieb, ein Verein, ein Konzern, eine Stiftung oder auch eine Partei – nur existieren, wenn sie die Menschen mitnimmt, die sie umgeben.

Konkret heißt das: Ethische Grundsätze und wirtschaftlicher Erfolg bedingen einander. Es gibt zwar auch viele historische Gegenbeispiele, allerdings gehört es zu meiner festen Überzeugung, dass deren Scheitern nur eine Frage der Zeit ist. Jede Unternehmung, die ethisch-moralischen Prinzipien zuwider handelt, erzeugt einen immanenten Gegendruck, der negativ in die Organisation hineinwirkt. Ab einer gewissen Spannung ändert sich entweder das Unternehmen oder die gesellschaftlich-moralische Überzeugung. Da eine Gesellschaftsethik über einen unendlichen Zeitraum gesehen aber etwas Absolutes ist, führt der Irrweg einer nachhaltig unethischen Unternehmensführung automatisch mit der Zeit in den Ruin der Organisation. Dieser Prozess unterliegt einer einfachen Gleichung aus Kraft und Zeit. Hat der immanente Druck genügend Gegenkraft erzeugt, kommt es automatisch zur Entladung.

Abgesehen von dieser Gesetzmäßigkeit müssen präventiv regelmäßige Anstrengungen unternommen werden, damit ein Gleichgewicht zwischen unternehmerischer Freiheit und gesellschaftlicher Verantwortung geschaffen wird. Daher sind die Abteilungen »Corporate Social Responsibility« (CSR) in den Unternehmen wichtige Koordinationsstellen, die einerseits die Unternehmensstrategie vor Augen haben, gleichzeitig aber ein Ohr an der Stimmung im Betrieb und an der Unternehmensumwelt haben. Jenseits der Großunternehmen, die sich eine solche Abteilung leisten können, empfinde ich persönlich das Modell der »inhabergeführten« Unternehmen als besonders vorteilhaft.

Familienunternehmen, die über Generationen hinweg bestehen, besitzen sehr häufig eine besonders nahe Bindung an die Mitarbeiter und verhalten sich daher auch entsprechend verantwortungsbewusst. Sehr oft verkörpern solche Unternehmer die Identifikationsfigur einer Stadt oder Gemeinde. Als regionaler Arbeitgeber sind Unternehmerpersönlichkeiten und ihr Unternehmen oft noch wichtiger für die Bevölkerung als der ansässige Bürgermeister.

Aus: Die Andersmacher, hg. von Alexandra Hildebrandt und Jörg Howe. Bielefeld 2008.

Nachhaltigkeit heißt für mich,
ökonomische, soziale und ökologische Anliegen, Bedürfnisse und Anforderungen sinnvoll zu verknüpfen und aus trade-offs Win-Win-Situationen zu kreieren.

Katja Gehne

Dr. iur. Katja Gehne, Jahrgang 1973, Maître en Droit, studierte Jura und Politik in Marburg, Mannheim und Berlin mit dem Fokus auf Völker- und Europarecht sowie Rechts- und Staatstheorie. Über ein Masterprogramm an der Universität Sophia Antipolis in Nizza spezialisierte sie sich im Wirtschafts- und Entwicklungsvölkerrecht. Nach dem Studium arbeitete sie bei Wilmerhale in Berlin und begann mit ihrer Doktorarbeit »Nachhaltige Entwicklung als Rechtsprinzip«. Nach dem Zweiten Staatsexamen war sie für die Gesellschaft für Internationale Zusammenarbeit (GIZ) längere Zeit in Madagaskar im Team des Beraters des Wirtschafts- und Finanzministeriums tätig. Am World Trade Institute (WTI) in Bern war sie danach Teamleiterin eines Forschungsprojekts des Schweizer Nationalfonds (Themen: Nachhaltigkeit und Investitionsrecht, die Rolle privater Akteure im internationalen Recht). Beratungsprojekte für die Weltbank führten sie weiterhin nach Madagaskar, Benin und Marokko. Bei der BASF ist Katja Gehne heute als Nachhaltigkeitsverantwortliche der globalen Personalsteuerung u. a. für das Monitoring und Risikomanagement der weltweiten Einhaltung internationaler Arbeits- und Sozialstandards zuständig.

Nachhaltige Entwicklung im Recht

Inwiefern spielt Nachhaltige Entwicklung im Recht eine Rolle?

Der Begriff der Nachhaltigen Entwicklung findet sich in verschiedenen Bereichen des Rechts. Er ist in völkerrechtlichen Verträgen ebenso verankert (z. B. in der Präambel des Marrakesch Abkommens[1]) wie im Europarecht (z. B. Art. 11 AEUV[2]), in nationalen Verfassungen (z. B. Art. 2 der Schweizerischen Bundesverfassung) und in sektorspezifischen Regelungsbereichen (z. B. Naturschutzrecht, Planungsrecht, Wasserwirtschaftsrecht). Ist der Nachhaltigkeitsbegriff in einem Rechtstext verankert, gilt wie für jede andere rechtliche Vorgabe, dass die darin enthaltene Normaussage zu beachten und anzuwenden ist. Doch welche Normaussage transportiert die Maßgabe der Nachhaltigkeit? Und welche rechtliche Vorgabe steht dahinter?

Welcher normative Aussagegehalt ist dem Nachhaltigkeitskonzept im Recht zugrunde zu legen?

Der Begriff der Nachhaltigen Entwicklung, der heute die politische Debatte bestimmt, wurzelt in dem Nachhaltigkeitskonzept der Vereinten Nationen. Es liegt insofern nahe, dieses Verständnis von Nachhaltigkeit als das von der Staatengemeinschaft getragene zugrunde zu legen. Nachhaltige Entwicklung ist danach ein Leitbild, das eine gerechte und effiziente Steuerung interdependenter, sozialer, ökonomischer und ökologischer Belange mit Blick auf die Bedürfnisse heutiger und künftiger Generationen verlangt.

Spielt das Nachhaltigkeitskonzept in der rechtlichen Praxis eine Rolle?

Dieses Nachhaltigkeitsverständnis findet sich auch in der Rechtspraxis. Beispiele sind die Gabčíkovo-Nagymaros Entscheidung des Internationalen Gerichtshofs (IGH) oder die Entscheidung US-Shrimp des WTO-Appellate Body[3]. Im Fall Gabčíkovo-Nagymaros geht es um einen Konflikt zwischen Ungarn und der Slowakei über den für ein Staudammprojekt notwendigen Wasserschutz. Der IGH leitet hier aus dem Nachhaltigkeitskonzept die Pflicht der Staaten ab, sich auf der Grundlage international ankerkannter Umweltstandards auf eine angemessene Lösung der Umweltprobleme zu einigen.

Der Fall US-Shrimp betrifft eine von den USA erlassene Bestimmung für den schildkröten-

---

1 Das Marrakesch-Abkommen ist das Statut und Gründungsdokument der Welthandelsorganisation (World Trade Organisation, WTO), gleichzeitig das Abschlussdokument der Uruguay-Handelsrunde.

2 Der Vertrag über die Arbeitsweise der Europäischen Union (AEUV) gehört zum Primärrecht der EU. Der AEUV ist aus dem EWG-Vertrag von 1957 hervorgegangen, Änderungen erfolgten durch den Vertrag von Maastricht (EG-Vertrag, EGV), den Vertrag von Nizza und den Vertrag von Lissabon.

3 Die Berufungsinstanz des Streitschlichtungsorgans der Welthandelsorganisation WTO.

freundlichen Shrimpfang. Für die Beurteilung des Falles verweist der WTO-Appellate Body auf die Nachhaltigkeitsbestimmung im Marrakesch-Abkommen. Für deren Auslegung zieht er internationale Umweltstandards und weitere Prinzipien im Nachhaltigkeitskontext heran (z. B. Staatenkooperation).

Auf nationaler Ebene prüfen deutsche Verwaltungsgerichte auf der Grundlage gesetzlicher Nachhaltigkeitsbestimmungen, ob ökologische, soziale und wirtschaftliche Belange bei Planungsentscheidungen angemessen berücksichtigt wurden. So verlangt etwa § 1 Abs. 5 Satz 1 des Baugesetzbuches »... eine nachhaltige städtebauliche Entwicklung, die die sozialen, wirtschaftlichen und umweltschützenden Anforderungen auch in Verantwortung gegenüber künftigen Generationen miteinander in Einklang bringt«. Die Gerichte haben Prüfschemata entwickelt, mit deren Hilfe sie Ermessensfehler im Abwägungsvorgang und im Abwägungsergebnis prüfen.

Welche rechtliche Handlungsmaßgabe lässt sich mit dem Nachhaltigkeitskonzept verknüpfen?
Das Nachhaltigkeitskonzept, wie es international geprägt wurde, erfüllt die wesentlichen Anforderungen an die Anwendbarkeit einer Rechtsnorm. Es richtet sich an einen bestimmten Adressatenkreis und transportiert eine überprüfbare Verhaltensmaßgabe. Adressaten sind öffentliche und private Akteure mit Steuerungs- und Gestaltungsmacht über soziale Organisationsstrukturen. Eine überprüfbare Verhaltensnorm lässt sich ableiten, wenn man das Nachhaltigkeitskonzept als Optimierungsmaßgabe versteht. Als Prüfungsmaßstab hierfür gilt der Grundsatz der Verhältnismäßigkeit. Angewendet auf das Nachhaltigkeitskonzept ergeben sich hieraus: das Gebot, soziale, ökonomische und ökologische Belange einer Steuerungssituation zu ermitteln und einzubeziehen (Einbeziehungsgebot), die Pflicht zu erheben, welche Maßnahmen für die Erreichung eines Ziels geeignet sind (Effektivitätsgebot) und möglichst effizient trade-offs begegnen oder Synergien bilden (Effizienzgebot) sowie die Maßgabe abzuwägen, welche Optionen im Sinne intra- und intergenerationeller Gerechtigkeit angemessen sind (Wertabwägung). Die Erhebung und Einbeziehung sowie der effiziente und wertangemessene Umgang mit den Standards können von Gerichten je nach Prüfkompetenz überprüft werden.

Welche sozialen, ökologischen und ökonomischen Belange sind einzubeziehen und abzuwägen?
Hinter dem sozialen, ökonomischen und ökologischen Faktor wie auch der Maßgabe der Verantwortung für künftige Generationen stehen Prinzipien und Standards, die in diesem Kontext in der jeweiligen Rechtsordnung geprägt worden sind. Internationale Standards sollen dabei nach dem Brundtland-Konzept einen übergeordneten Rahmen bilden. Hierzu gehören Umweltstandards, Menschenrechte und andere Prinzipien aus dem Nachhaltigkeitskontext (z. B. Kooperations- und Partizipationsprinzip).

Welche Geltung und Bindungswirkung kann das Nachhaltigkeitskonzept im Recht haben?
Die Geltung und Bindungswirkung der Nachhaltigkeitsnorm hängt davon ab, mit welchem rechtlichen Status sie in einer Rechtsordnung verankert ist. Nicht jede Rechtsordnung oder Rechtsebene unterliegt der gleichen Rechtskontrolle. Dies wird an der Gabčíkovo-Nagymaros Entscheidung des

IGH deutlich: Da es sich bei der Slowakei und Ungarn um souveräne Staaten handelt, wird der IGH nicht vorgeben, welche Umweltschutzmaßnahme angemessen ist, sondern wird dies den Parteien überlassen. Gilt das Nachhaltigkeitskonzept als Zielbestimmung wie im WTO-Recht oder auch als Strukturprinzip einer Verfassung, bindet es die Rechtsetzung und Rechtsprechung. Es wird damit zu einer Art »Baustil« des Politik- und Rechtssystems, unterliegt dabei wegen der Gestaltungsfreiheit des Gesetzgebers aber ebenfalls einer geringen Kontrolldichte.

Das Nachhaltigkeitskonzept ließe sich auch als Menschenrecht konzipieren. Die Einhaltung der Zielvorgabe der Nachhaltigkeitseffizienz würde auf diese Weise an ein individuelles Recht des Bürgers gegen den Staat geknüpft, das als solches auch geltend gemacht werden könnte. Im einfachen Recht (z. B. Baurecht) kann das Nachhaltigkeitskonzept wegen der näheren Ausdifferenzierung der Regelungsbereiche einer weitergehenden Prüfungskompetenz der Gerichte unterliegen.

Woran scheitert die effektive Rechtsanwendung des Nachhaltigkeitskonzepts heute?

Es herrscht Unklarheit, welche Aussage mit dem Nachhaltigkeitskonzept im Recht verknüpft ist. Die Brundtland-Konzeption von Nachhaltigkeit wird vielfach als zu komplex angesehen, um als Rechtsnorm herangezogen werden zu können. Das Nachhaltigkeitskonzept lässt sich nicht ohne Weiteres in überkommene dogmatische Strukturen von Regeln und Prinzipien einordnen. Rechtsnormen werden überwiegend konzipiert als entweder Regeln, die eine konkrete Handlungsmaßgabe vorgeben oder als Prinzipien, die ein »Idealsollen« transportieren. Beides erschließt sich für das Nachhaltigkeitskonzept nicht auf den ersten Blick. Es sagt nichts darüber aus, welche Maßnahme konkret in einer Situation zu ergreifen ist, damit nachhaltig gehandelt wird. Es gibt auch kein unmittelbar verständliches Ziel vor, das angestrebt werden könnte (z. B. Umweltschutz).

Juristen gehen daher überwiegend davon aus, dass es sich bei dem Nachhaltigkeitskonzept um ein außerrechtliches Leitbild handelt. Rechtlich relevant seien lediglich Prinzipien, die im Kontext der Nachhaltigkeitsdebatte als Normvorgaben geprägt worden sind (z. B. das Vorsorge- oder Verursacherprinzip). Teilweise wird argumentiert, dass sich Rechtspraxis erst entwickeln müsse, damit Handlungsanforderungen des Nachhaltigkeitskonzepts deutlich werden. Einige plädieren dafür, Nachhaltigkeit im Recht auf den Umwelt- und Ressourcenschutz zu reduzieren. Dies sei die dringlichste Aussage und hinreichend klar, um als Rechtsnorm angewendet zu werden.

Die Ansätze werden der effektiven Anwendung des Nachhaltigkeitskonzepts im Recht nicht gerecht. Rechtspraxis kann sich kaum entwickeln, wenn ein Begriff nicht angewendet wird. Ein außerrechtliches Prinzip beachtet nicht die integrativ-zukunftsverantwortliche Aussage als Kern der Nachhaltigkeitsmaßgabe. Eine Reduzierung auf den Umwelt- und Ressourcenschutz ignoriert ebenfalls diesen zentralen normativen Aspekt von Nachhaltigkeit im Recht. Es geht gerade nicht um die Priorität von Umwelt, Wirtschaft oder Sozialem, sondern um die Maßgabe der konsequenten und langfristigen Wertschöpfung auf der Grundlage der Interdependenz der Nachhaltigkeitsfaktoren.

Welche Chancen und Herausforderungen sind mit einem Rechtsprinzip der Nachhaltigkeit verbunden?

Eine effektive Anwendung als Rechtsprinzip setzte die Maßgabe der Nachhaltigkeit durch. Ähnlich wie der Verhältnismäßigkeitsgrundsatz im deutschen Verfassungsrecht, der auf eine effektive Achtung der Grundrechte verpflichtet, könnte ein Nachhaltigkeitsgrundsatz dazu beitragen, die integrative Betrachtung von sozialen, ökonomischen und ökologischen Belangen zu erreichen. Die Klammer, die die Brundtland-Konzeption hierbei mit dem Maßstab der internationalen Standards schafft, entspräche zudem den Anforderungen eines politischen Mehrebenensystems (internationale, regionale, nationale, lokale Rechtsebene) im Zeitalter der Globalisierung.

Weiterhin besteht über die Anwendung von Prinzipien im Nachhaltigkeitskontext die Chance einer verbesserten Qualität und Effizienz des Rechts- und Ordnungssystems. Aus dem Prinzip der ökonomischen Effizienz als Teil des ökonomischen Nachhaltigkeitsfaktors lassen sich z.B. Leitlinien ableiten, die Kosten und Nutzen von Vorschriften im Ziel-Mittel Verhältnis betreffen. Das Risiko, das sich heute vielfach realisiert, liegt in einer willkürlichen Anwendung verschiedener Standards im Nachhaltigkeitskontext. Das Nachhaltigkeitskonzept erfordert eine konsequente und kohärente Umsetzung der aus dem Optimierungsgebot folgenden Handlungsmaßgaben, auch im Hinblick auf Rechtssicherheit.

Weitere Herausforderungen des Nachhaltigkeitskonzepts liegen in geeigneten Verfahren für eine entsprechende politische (z.B. parlamentarische) Entscheidungsfindung. Aus rechtlicher Perspektive geht es um den Umgang und die Interdependenz von Rechtsystemen, Rechtsicherheit sowie die Prüfkompetenz der Rechtsprechung auf verschiedenen Ebenen.

Was war Ihre persönliche Motivation, sich mit diesem Thema zu beschäftigen?

Welche Faktoren für die effiziente Organisation eines Gemeinwesens maßgeblich sind, um Menschenrechte, ökonomische Freiheit und Gerechtigkeit, gesellschaftlichen Frieden und Wohlergehen zu gewährleisten, gehören zu den für mich brennenden Fragestellungen, nicht zuletzt mit Blick auf die Herausforderungen des globalen Zeitalters. Das Recht, dessen Verständnis und Gestaltung spielen hier eine wichtige Rolle. Das Nachhaltigkeitskonzept ist als Governance-Ansatz besonders faszinierend. Es schärft den Blick für Zusammenhänge und Bedürfnisse und hat das Potenzial, Werte und Zugewinn zu kreieren, wo sonst trade-offs als gegeben hingenommen werden.

Was zeichnet Ihre Handschrift symbolisch aus? Und welche Botschaft soll sie auf diesem Planeten hinterlassen?

Symbolisch könnte für meinen Ansatz ein Muster aus der Chaos-Theorie stehen. Trotz der unendlichen Komplexität der verschiedenen Faktoren, die hier einfließen, gibt es doch eine Ordnung, die sich auf den Umgang hiermit bezieht, ein Muster, das für alle Zuammenhänge gilt, auch wenn diese unendlichen Möglichkeiten unterliegen. Dies transportiert die Botschaft, den Blick zu öffnen für die Interdependenz der Dinge, für eine transparente, informierte, verbindende und undogmatische Suche nach dem Mehrwert, der gegensätzliche Interessen, Kulturen und Haltungen vereint.

Nachhaltigkeit bedeutet für mich
Wertschätzung

Jürgen Gietl

Jürgen Gietl, Jahrgang 1970, ist Familienvater, Holzhausbewohner, passionierter Reiter, Referent, Dozent und Managing Partner bei der Managementberatung Brand:Trust in Nürnberg. Er ist ein Mann der Praxis. Nach seinem BWL-Studium generierte er sein Praxiswissen in verantwortlicher Position im strategischen Marketing und Vertrieb einer weltweit führenden B2B-Marke und setzt es seit über zehn Jahren erfolgreich in der Markenstrategieberatung um. Von seiner Herangehensweise, unternehmerische Spitzenleistungen in Marken zu verdichten, profitieren insbesondere Marken, deren Herausforderung in der Vermittlung der eigenen Spitzenleistungen an professionelle Einkäufer und Konsumenten liegt. Er hat sich ganz dem Aufbau und der Wahrung des guten Rufes der betreffenden Marke verschrieben. Er bzw. die Brand:Trust-Systematik machen die Marke zum Instrument für die Erwirtschaftung von profitablem Wachstum, die Erhöhung der Marketingeffizienz, die Minimierung der Markenmanagement-Risiken sowie für die Steigerung des Marken- und damit des Unternehmenswertes. Mittelständische Unternehmen, DAX-Konzerne und auch für ihre Nachhaltigkeit anerkannte Unternehmen gehören zu den Brand:Trust-Kunden. www.brand-trust.de

Nachhaltigkeit heißt für mich...

PEOPLE, PLANET and PROFIT!

Achim Feige

Achim Feige, Jahrgang 1968, beschäftigt sich seit über 15 Jahren leidenschaftlich mit den Themen Zukunftsentwicklung und Markenführung. Nach seiner Tätigkeit als Strategieberater und Zukunftsconsultant im Trendbüro von Matthias Horx war er als Mitglied des Executive Boards eines Online-Finanzdienstleisters maßgeblich am Aufbau eines völlig neuen Geschäftsmodells beteiligt. Achim Feige hat sich auf nachhaltige, zukunftsweisende Markenführung spezialisiert und den Begriff des »GOOD Business« geprägt. Damit meint er Geschäftsmodelle, die in dreierlei Hinsicht profitabel sind: Sie bieten Lösungen für bestehende Probleme, bewahren oder verbessern die Lebensgrundlagen für alle und werfen einen angemessenen ökonomischen Gewinn ab – People, Planet, Profit. Im deutschsprachigen Raum gehört Achim Feige zu den wenigen Top-Management-Beratern, die Markenstrategie mit Zukunftsforschung verknüpfen. Seit über zehn Jahren berät er als Executive Brand Consultant bei der Managementberatung Brand:Trust internationale Unternehmens- und Markenführer bei der Kreation attraktiver und außergewöhnlicher Marken für »People, Planet, Profit«. Der leidenschaftliche Leser ist Autor verschiedener Bücher zum Thema zukunftsorientierter Markenführung. Weitere Informationen: www.brand-trust.de

GOOD Brands:
Vom einfachen zum dreifachen Gewinn

Was hat Markenführung eigentlich mit Nachhaltigkeit zu tun? Geht es bei Marken nicht darum, Kunden möglichst verführerisch austauschbare Industrieprodukte feilzubieten, um einen hohen Gewinn und starkes Umsatzwachstum zu erzielen? Ein Widerspruch? Wir glauben nicht.

Unserer Überzeugung nach werden wir in den nächsten Jahren eine weitere industrielle Revolution erleben. Eine Ära, die – neben den unglaublichen Veränderungen in der Kommunikation der Menschen untereinander und den Veränderungen in der Arbeit in einer globalisierten Welt – eine weitere Revolution in der Vermarktung von Gütern und Dienstleistungen zur Folge haben wird. Nicht nur die Kommunikation mit Freunden wird umfassender und transparenter, auch die Kommunikation von Unternehmen von und zu Kunden erfindet sich gerade neu. Sprach man vor einigen Jahren im Zeitalter des Web 1.0 und 2.0 noch von dialogischer Kommunikation, so wandelt sich der Kundenkontakt zukünftig in eine Interaktion mit ungeahnter Erlebnisqualität.

Diese Entwicklung lässt befürchten, die Verführung der Kunden durch erlebbare Illusionen werde sogar noch zunehmen. Disney World immer und überall. Die Realität zeigt aber andere Auswirkungen dieser Marketingrevolution. Austauschbare oder mangelhafte Produkte in tollen Verpackungen, illusionäre Werbung und herkunftslose Angebote werden immer häufiger zurückgewiesen. Sowohl bei Produkten als auch bei Dienstleistungen sehnen sich immer mehr Menschen – egal in welcher Preisklasse sie einkaufen – nach Echtheit, Nähe, Herkunft und Zugehörigkeit.

Uns wird es dabei nicht Angst und Bange. Viele der Kunden in unserem Beratungsgeschäft sitzen geradezu auf Schatzkisten voll von echten Spitzenleistungen, die aus großer Kenntnis ihrer Erfinder erschaffen werden, häufig wettbewerbsüberlegen sind, nur leider viel zu wenig wertgeschätzt werden. Und zwar nicht nur von Kunden, sondern auch von Mitarbeitern. Und gerade für diese Unternehmen bieten die neuen Kommunikations- bzw. Interaktionsmöglichkeiten ungeahnte Potenziale. Denn wie eine von unserem Unternehmen in Zusammenarbeit mit dem ECC Handel veröffentlichte Studie zur digitalen Markenführung mit dem Titel »Beyond the Digital Hype« hervorgebracht hat, wollen Kunden eben nicht noch mehr Illusion und unechte Erlebnisse. Das bekommen sie ja in Cyber-Games und anderen Internetangeboten zur Genüge. Stattdessen möchten Menschen immer öfter wissen, wie die Produkte, die sie kaufen, wirklich entstehen. Warum sie wie und von wem erfunden und hergestellt werden, und warum sie wirklich so viel besser sind als günstigere Produkte.

Nachhaltige Markenführung hat für uns deshalb sehr viel mit Wertschätzung zu tun. Denn die angebotenen Produkte und Dienstleistungen unserer Kunden sind häufig um ein Vielfaches besser, als dies Kunden, Mitarbeiter und andere Anspruchsgruppen wahrnehmen. Besser für die Umwelt, besser für die Menschen, besser aus wirtschaftlicher Sicht und besser in ihrer Leistung oder im Nutzen für ihre Kunden. Nachhaltige Markenführung bedeutet für uns, dies über alle Interaktionsmöglichkeiten mit allen Anspruchsgruppen zum Ausdruck zu bringen und von den Kunden wirklich wertgeschätzt zu werden.

Was brauchen nachhaltig arbeitende Unternehmen dafür?

1. Echte Spitzenleistung ohne Kompromisse

Das ökologischste Bier würde keinen Erfolg haben, wenn es nicht auch echten Genuss mit sich bringt. Die Neumarkter Lammsbräu macht vor, wie man beides in unnachahmlicher Weise hinbekommt. Sie vermittelt ihren Kunden aber eben auch, dass diese Produkte das Ergebnis echter Leidenschaft der gesamten Wertschöpfungskette sind, dass sie eine Herkunft haben und mehr wert sind als Wettbewerbsprodukte.

2. Kundenpflege auf höchstem Niveau

Warum haben Fußballclubs eigentlich Fanbeauftragte und Unternehmen nicht? Es gibt wahrscheinlich wenig Kundengruppen, die die Angebote so uneingeschränkt wertschätzen und weiterempfehlen wie die wirklichen Fans. Idealerweise sollte man die Fans persönlich kennen und sie pflegen, um die Fangemeinschaft noch zu vergrößern. Wir sprechen hier übrigens nicht davon, bei Facebook auf den »Fan«-Button zu drücken und dann so zu tun, als wäre man ein Fan. Gemeinschaft bedeutet soziologisch, sich dieser Gruppe wirklich verpflichtet zu fühlen. Allerdings verlangen gerade Fans echte Nähe und exklusive oder aktuellere Informationen (man spricht dann auch gerne von Insidern). Sonst erzählen sie auch nichts weiter.

3. Mit Leidenschaft anders sein und anecken

Viele Unternehmen verhalten sich so, wie man es in der Branche irgendwann einmal gelernt hat. Nicht wenige sind stark damit beschäftigt, ihren Idealen oder den Vorgaben der Wettbewerber nachzueifern. Schade. Denn viele nachhaltige Marken sind ja gerade daraus entstanden, es anders zu versuchen als die herkömmlichen Hersteller und Anbieter. In einer Zeit der Sättigung beobachten wir aber immer wieder die Tendenz, es auch so zu tun wie der Wettbewerb. Das führt beispielsweise dazu, dass sämtliche Biomarken heute mehrheitlich mit der Farbe Grün als Markenfarbe auftreten. Auch wenn das eine Farbe ist, die sehr gut zu diesem Segment passt, dient sie nicht unbedingt der Differenzierung.

4. Prägnanz auf allen Ebenen

Die Bearbeitung der ersten drei Punkte schafft die Basis, die Besonderheiten des Unternehmens glasklar zum Ausdruck zu bringen. Verklausuliert um den heißen Brei herumzureden, ist dabei nicht förderlich. Nachhaltige Markenführung bedeutet in diesem Zusammenhang, nicht Politik zu betreiben, sondern eindeutig und sofort verständlich zu vermitteln, was glaubwürdig besser geleistet wird, als es der Wettbewerber kann und warum die eigene Marke deshalb so attraktiv ist. Nur wer etwas zu verbergen hat, das ökonomisch, ökologisch oder sozial doch nicht so gut wäre, braucht unklare Botschaften.

5. Konsistentes Kontaktpunkt-Design

Wo kann eine Marke überall erlebt werden? Ja klar, durch das Produkt. Vielleicht noch über den Vertriebsmitarbeiter. Aber dann? Unsere Beratungspraxis zeigt, dass selbst mittelständische Unternehmen tausende unterschiedliche Möglichkeiten haben, von Kunden, Lieferanten, Mitarbeitern oder Investoren erlebt zu werden. Nach Bearbeitung von Punkt 4, der Prägnanz auf allen Ebenen, muss sichergestellt werden, dass die Botschaften über die Spitzenleistungen des Unternehmens und der Marke in allen Kontaktpunkten zum Ausdruck kommen. Das ist der Weg zur gewünschten Wertschätzung. Und wenn Wert nicht geschätzt wird, wird er nicht genutzt! Dann leidet wieder eine der drei Säulen des umfassenden Nachhaltigkeitsverständnisses. Übrigens bewerten Kunden Leistung unbewusst schlechter, wenn sie in unterschiedlichen Kontaktpunkten mit der Marke unterschiedliche Erfahrungen machen. Diese Erfahrungen müssen noch nicht einmal negativ sein.

6. Konsequente Selbstähnlichkeit

Kaum einen anderen Punkt der Markenführung kann man so leicht mit einem Vergleich aus der Natur beschreiben. Irgendwann hat sich die Natur dazu entschieden, nicht jedes Jahr alles neu zu entwickeln. Wenn Bäume im Herbst Blätter verlieren, sehen diese im Frühjahr nicht völlig anders aus. Trotzdem ist eine Entwicklung zu erkennen, wenn man Bäume über einen langen Zeitraum beobachtet. Sie passen sich ihrem Umfeld an. Auch sehen Blätter einer Eiche immer aus wie die einer Eiche. Selbst wenn kein Blatt dem anderen gleicht. Nachhaltig geführte Marken orientieren sich an diesem Prinzip der Selbstähnlichkeit. Sie passen sich nicht laufend den Trends ihres Umfeldes an, dennoch entwickeln sie sich stetig weiter. Dies führt dazu, dass sie Kunden in gewisser Weise vertraut sind. Und da bekanntlich aus Vertrautheit Vertrauen entsteht, sind solche Marken gemeinhin erfolgreicher.

Spitzenleistungen, die gleichermaßen Gutes für die Gesellschaft, die Umwelt und die Wirtschaft nach sich ziehen, so zu vermitteln, dass diese vollumfänglich wertgeschätzt werden, ist eine Herkulesaufgabe. Wenn sich alle Mitarbeiter dieser Verantwortung bewusst sind und diese annehmen, kann es gelingen. Wie kann man diese Ziele erreichen? Mit einem neuen Denken.

Die GOOD Business Matrix als neuer Denkrahmen

Dieses neue Denken beginnt mit dem Verlassen unseres einseitigen BWL- und Marketing-Denkrahmens. Viel mehr sollten wir uns von Plato, Aristoteles, Karl Popper und Ken Wilber inspirieren lassen. Sie sind die Meister der »Theorie von Allem« und haben beschrieben, wie sich die Welt umfassend in den Dimensionen des »Schönen, Wahren und Guten« wahrnehmen und somit begreifen lässt: Wenn wir z. B. das integrale Denkmodell von Ken Wilber auf Unternehmen und

Marken übertragen, lässt sich jedes Unternehmen und jede Marke hervorragend in den vier Perspektiven – innen, außen, individuell und kollektiv – darstellen (siehe Grafik). Dieses Denkmodell liefert die Möglichkeit, mit ein paar gezielten Fragen auf einer DIN A4 Seite festzustellen, ob ein Unternehmen oder eine Marke »integriert« ist, d.h. ob sie tatsächlich in allen vier Perspektiven auf der gleichen Entwicklungsstufe steht. Die vier Quadranten geben zudem Aufschluss darüber, ob sich das Unternehmen oder die Marke kohärent verhält und bewusst gestaltet wird. Das Modell zeigt Entwicklungsunterschiede und Ungleichgewichte auf und ermöglicht dadurch, punktuell Maßnahmen zu ergreifen, um horizontale Gesundheit im Sinne einer gut funktionierenden, effizienten, effektiven und glaubwürdigen Marke zu entwickeln, die von innen nach außen gelebt und von außen nach innen als authentisch wahrgenommen wird. Wir unterscheiden dabei in drei aufeinander aufbauenden (!) Ebenen: traditionell, konventionell und GOOD Brand Level, der gerade heute entsteht.

Was zeichnet eine GOOD Brand aus?

Markenbewusstsein: Wofür ist die Marke jenseits des Geldverdienens gut?

GOOD Brands haben in ihrem Marken-Bewusstsein (oben links) immer einen Zweck jenseits des Geldverdienens und bieten klare Wertesysteme zur Identifikation an. Dieser kann gesellschaftlich »für eine bessere Welt«, wie bei WHOLEFOODS, motiviert sein oder der menschlichen Entwicklung dienen, wie es die kanadische Sportswear Marke Lululemon Athletica »for a healthier and happier

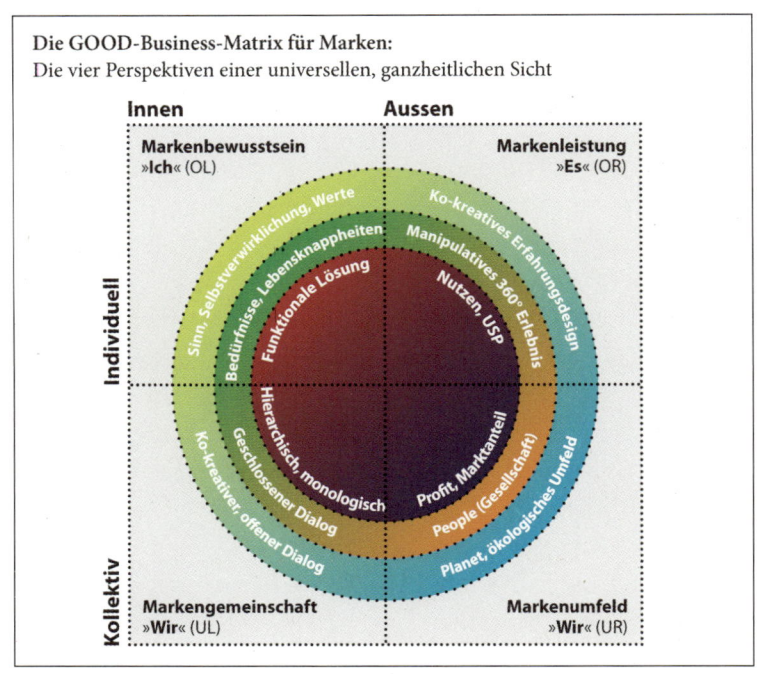

living« praktiziert. Warum machen wir ein Geschäft, und nicht was oder wie ist hier die Schlüsselfrage. Selbst in der Bankenlandschaft macht das Sinn. Das Beispiel Volksbanken/Raiffeisenbanken: Sie »verkaufen« keine Wertpapiere oder Konten, sondern sind ihren Mitgliedern verpflichtet, durch Hilfe zur Selbsthilfe ihren Wohlstand und ihre Selbstverwirklichung zu unterstützen und dabei die Region zu stärken. Das macht mehr Sinn und schafft mehr Wert als über Konditionen zu feilschen. Apple als weiteres Beispiel: Das Unternehmen sieht sich als Schnittstelle zwischen Technologie und Kunst, mit dessen Hilfe die Kunden ihr Leben kreativ gestalten können.

Markenleistung: Werte durch Spitzenleistung vermitteln

In der Markenleistung (oben rechts) wird nicht manipuliert oder dem Kunden etwas werbisch vorgemacht, sondern die Marke schmiegt sich dem Kunden über individualisierte Oberflächen, wie dem iPhone, an allen Kontaktpunkten an und macht die Markenleistungen und Werte individuell online wie offline erlebbar. Jeder Kontaktpunkt drückt die Werte des Unternehmens aus und erlaubt in der höchsten Form dem Kunden das Produkt oder das Serviceerlebnis ko-kreativ mitzugestalten. Markenversprechen und Leistung stehen im Einklang.

Markengemeinschaft: Werte vorleben, teilen und Zukunft im Dialog gestalten

Die Markengemeinschaft (unten links) ist kein hierarchisches, ängstlich PR-getriebenes Manipulationssystem alter Marketingschule, sondern versteht sich als offene Markengemeinschaft, in der die Kunden durch ihr Kaufverhalten passive und durch Weiterempfehlung aktive Markenbotschafter sind. Sie geben auf Plattformen, wie »Dell-Ideastorm«, Verbesserungsvorschläge oder gestalten in offenen Innovationsplattformen ganz neue Produktkonzepte. Intern leben die Führungskräfte die Mission, die Werte, als Vorbilder im Alltag vor und hängen diese nicht nur an die Wand.

Markenumfeld: Den dreifachen Gewinn erzielen

Die Wahrnehmung des Markenumfelds (unten rechts) ist eben nicht nur egoistisch auf Marktanteil und Profit getrimmt, sondern es werden weltzentriert die sozialen und ökologischen Konsequenzen des Handelns in das wirtschaftliche Handeln und in den Auftritt der Marke als Differentiator integriert und mit Leistungen und Kennzahlen hinterlegt. So gelingt es dem Unternehmen, in allen drei Dimensionen, »Profit« (Gewinn, Wachstum), People (Soziale Wertschöpfung) und »Planet« (Ökologische Weitsicht) Wert zu schaffen.

Ein Unternehmen bzw. eine Marke, die in diesen vier Perspektiven integer von innen nach außen agiert, ist eine anziehungsstarke und einzigartige GOOD Brand, die ökonomischen, sozialen und ökologischen Gewinn macht. Mehr als einen dreifachen Gewinn kann man nicht erwarten.

Warum es sich lohnt, »GOOD« zu sein:

Natürlich stellt sich die Frage, ob es sich lohnt, seine Marke nach diesen GOOD Business Prinzipien als GOOD Brand zu führen. Die Antwort ist einfach: JA!

Das integrierte sozial ökologische und ökonomische Denken spart Kosten, da die Rohstoffkosten der Wertschöpfungskette gesenkt werden;

das Unternehmen differenziert sich und schafft aus Kundensicht mehr Wert gegenüber nicht integrierten Anbietern. Durch eine starke mit Spitzenleistungen erlebte Unternehmens- oder Marken-Mission, d.h. einen Zweck jenseits des Geldverdienens, bekommt eine Marke eine authentische Ausstrahlung, stiftet Identität, zieht neben echten Fans, die besten Mitarbeiter an, die mehr und mehr Sinn und nicht nur Geld suchen. Eine solche Marke erzeugt nicht nur einfachen, sondern dreifachen Gewinn. Das Unternehmen fördert darüber hinaus das gesellschaftliche Umfeld, ausgehend von den Kunden und Mitarbeitern, ermöglicht Entwicklungschancen zukünftiger Generationen durch die ökologische Besonnenheit und die Leistungen und es erzielt dafür einen angemessenen ökonomischen Gewinn. Das ist der dreifache Gewinn.

Illusions- und werbegetriebene Marken als Verlierer

Alle diese unternehmerischen Erfolgsfaktoren sprechen für einen Wandel zum GOOD Business Unternehmen und für die Schaffung einer GOOD Brand. Verlierer werden diejenigen sein, die diesen gesellschaftlichen Wandel ignorieren oder durch pure Werbung die Illusion erwecken, sie würden nach diesen Prinzipien handeln.

Entscheidern, die sich inspiriert fühlen und eine GOOD Brand schaffen wollen, empfehlen wir mit folgender Frage zu beginnen: »Für was ist meine Marke, mein Unternehmen jenseits des Geldverdienens gut, und was ist ihr Anliegen?« Von dort aus entsteht wie automatisch ein neues Denken, welches neue Werte- und Wertschöpfung, Sinn und Lust auf Wandel, gutes Tun und gutes Geld verdienen integriert.

Nachhaltigkeit heißt für mich,
die eigenen körperlichen und mentalen
Ressourcen verantwortungsvoll zu nutzen,
damit wir ein gesundes und leistungsfähiges
Leben genießen können.

Miriam Goos

Dr. med. Miriam Goos, Jahrgang 1977, ist Neurologin und leitet in Unternehmen Seminare zu den Themen Stressmanagement und Resilienztraining. Nach Medizinstudium und Promotion an den Universitäten Hamburg, St. Gallen und Kings College in London 2003 arbeitete sie am Universitätsklinikum Göttingen. Während dieser Tätigkeit registrierte sie in der Notaufnahme und auf der Intensivstation eine drastisch steigende Anzahl von Patienten mit stressbedingten Erkrankungen. Auch der Krankheitsverlauf erschien ihr besorgniserregend. Wenn die Beschwerden so weit fortgeschritten waren, dass die Patienten eine Klinik aufsuchten, war eine vollständige Heilung sehr zeitintensiv und selten. Sobald die Menschen in ihr altes Umfeld zurückkehrten, zeigten sich bereits nach kurzer Zeit ähnliche Symptome. Professionelle und ärztlich fundierte Unterstützung müssen ihrer Meinung nach präventiv eingesetzt werden, bevor die Menschen unter den ersten Symptomen leiden. Parallel zu ihrer klinischen Arbeit forschte Miriam Goos in den Jahren 2004 bis 2010 im Bereich der Neurobiologie. Die Erkenntnisse aus der Neuroplastizität und die Reaktionen des Gehirns auf kontinuierlichen Stress bilden den Kernpfeiler für das von ihr entwickelte Resilienztraining.

Gesundheitsprävention und Stressmanagement durch Achtsamkeit

»Tu Deinem Leib etwas Gutes,
damit die Seele Lust hat, darin zu wohnen!«
Teresa von Ávila

Ich war schon immer fasziniert von unserem menschlichen Körper. Bereits als Kind stellte ich mir immer wieder vor, wie genau in dieser Sekunde Millionen von hochkomplexen Abläufen in meinem Körper stattfanden und das ganze System regelten: Hormone, Nervenzellen, die feuern, Blutzellen, die Nährstoffe und Sauerstoff durch den gesamten Organismus transportieren.

Im Studium entdeckte ich schnell meine Leidenschaft für das Gehirn. Doch bereits nach einigen Jahren im klinischen Alltag erfuhr ich eine immense Enttäuschung. Ich musste feststellen, dass die Patienten, die unsere Notfallambulanz stürmten, längst nicht mehr primär unter den typischen neurologischen Erkrankungen litten. Sie zeigten zwar die gleichen Symptome wie Kopfschmerzen, Rückenschmerzen, Schwindel und Schlafstörungen, aber in der überwiegenden Anzahl der Fälle konnten wir keine organische krankhafte Störung des Körpers als Ursache der Beschwerden finden. Ich stellte mir die Frage, was hier eigentlich vor sich ging? Warum haben wir als eine der größten neurologischen Kliniken Deutschlands so einen drastischen Zulauf an Patienten mit stressbedingten Erkrankungen?

Die Zahl psychischer Erkrankungen hat sich im Zeitraum 2000 bis 2010 nahezu verdoppelt, während alle anderen Krankheitsursachen auf einem ähnlichen Niveau verblieben sind. »Stress und stressinduzierte Erkrankungen werden im Jahr 2020 die häufigste Krankheitsursache weltweit sein«, schreibt die Weltgesundheitsorganisation (WHO) in einer Studie schon 1998.

In der Notaufnahme habe ich genau diese Entwicklung hautnah miterlebt. Und eines Tages hatte ich ein Schlüsselerlebnis, wonach ich meine Laufbahn änderte und die Uni-Klinik verließ:

Es kam eine junge ambitionierte Eventmanagerin zu mir in die Ambulanz, die plötzlich bei einem Meeting bewusstlos auf dem Boden zusammengebrochen war. Ich untersuchte sie mit aufwendigen diagnostischen Verfahren und konnte trotz allem keine Ursache für ihr Leiden finden. Ihr Zustand verschlechterte sich dennoch in den folgenden Wochen. Die Kopfschmerzen wurden täglich stärker und sie wurde unerwartet von Schwindelanfällen übermannt. Zunehmend verlor sie das Gefühl im linken Unterarm und auf der linken Wange. Nachdem alle Untersuchungen keine organische Ursache zeigten, kamen wir zu dem Schluss, dass nur eine psychosomatische Ursache in Frage kam.

In den folgenden Jahren kam sie jedoch immer wieder zu mir. Obwohl sich die Beschwerden leicht gebessert hatten, fand die Patientin nie wieder in ihr altes Leben zurück. Sie erreichte auch nach langjähriger Behandlung nicht mehr als maximal 50 Prozent ihrer alten Leistungsfähigkeit.

In mir löste diese Patientin Zweifel am üblichen medizinischen Umgang mit psychosomatischen Erkrankungen aus. Denn die Ursache für ihr Leiden war eine sehr hohe Belastung im Beruf in Kombination mit ihrem Unvermögen, darauf einen adäquaten Umgang zu entwickeln. Da sie sich selbst ein Scheitern im Beruf nicht eingestehen konnte, übernahm dies ihr Körper für sie.

Mich erschütterte es zutiefst, zu sehen, wie schnell und tief ein Mensch fallen kann, wenn er nicht rechtzeitig reagiert, sobald sein Leben aus dem Ruder läuft. Die ersten Anzeichen wie ein Zucken am Auge oder ein Ohrgeräusch werden häufig nicht als erstes Warnsignal ernst genommen und so werden die Reaktionen des Körpers schnell drastischer.

Nach diesem Erlebnis entschloss ich mich, meiner Überzeugung zu folgen und zu einem früheren Zeitpunkt anzusetzen. Seitdem beschäftige ich mich mit Gesundheitsprävention und Stressmanagement durch Achtsamkeit. Und zwar nicht mehr in einer medizinischen Klinik. Nein, direkt dort, wo alles beginnt: an den verschiedenen Arbeitsplätzen der Menschen. Dort, wo wir den größten Einfluss auf den weiteren Verlauf haben.

Dabei ist das Wichtigste, dass die Menschen rechtzeitig lernen, bewusst die Verantwortung für die Signale ihres Körpers zu übernehmen. Dass sie darauf achten, wie sich der Körper fühlt und seine Meldungen honorieren. Wenn die Menschen gesund werden oder an ihrer persönlichen Entwicklung arbeiten möchten, müssen sie lernen, den Körper wahrzunehmen und wissen, welches seine Möglichkeiten sind und wo seine Grenzen liegen. Der einzige Weg, dies herauszufinden, ist, ihn achtsam über längere Zeit hinweg zu beobachten. Genau das macht Nachhaltigkeit aus. Die Verantwortung für seinen Körper rechtzeitig selbst zu übernehmen und ihn achtsam mit seinen Bedürfnissen und Grenzen zu erfahren und würdevoll zu behandeln.

In diesem Punkt sehe ich auch die Nachhaltigkeit in Bezug auf unser gesamtes Gesundheitssystem. Die Kosten, die in aufwendige Untersuchungen der Patienten mit psychosomatischen Erkrankungen fließen, sollten sinnvoll in ein rechtzeitiges Gesundheitstraining investiert werden, das vor allem auch langfristig in den Arbeitsalltag integriert werden muss. Nur so kann eine optimale Nutzung unserer menschlichen Ressourcen garantiert werden.

Viele wissenschaftliche Studien konnten in den letzten Jahren belegen, welchen immensen Einfluss ein adäquates Training hier hat. Nicht nur bei psychosomatischen Patienten, sondern sogar bei organisch Erkrankten wie Asthma-, HIV- und Schlaganfallpatienten führte das Training zu einer stark erhöhten Leistungsfähigkeit und dadurch auch deutlich verbesserten Lebensqualität. Der Körper sollte nicht weiterhin als reiner Nutzgegenstand betrachtet werden. Wir sollten lernen, eine Faszination und liebevolle Wertschätzung für unseren eigenen Körper zu entwickeln. Wir können ihn nicht wie ein defektes Auto in die Reparatur bringen, wenn er nicht mehr arbeitet. Wir müssen beginnen, ihn als unseren wichtigsten Partner im Leben zu betrachten. Dann können wir uns sowohl in guten als auch glücklicherweise ebenso in schwierigen Zeiten auf ihn verlassen.

Nachhaltigkeit heißt für mich...
die Diskrepanz zwischen kurzfristiger Marketing –
und langfristiger Strategieperspektive
zu überwinden.

Elisa Heilmann

Elisa Heilmann, Jahrgang 1980, studierte Wirtschafts- und Sozialwissenschaften an der TU Dortmund mit den Schwerpunkten Unternehmensführung, Marketing & Controlling. Für ihre Diplomarbeit zum Thema »Sustainability Management: im Spannungsfeld zwischen Strategie & Marketing« wurde sie mit dem 1. Preis des ThyssenKrupp Awards for Excellence 2008 ausgezeichnet. Nach Abschluss des Studiums arbeitete sie für das Nachhaltigkeitscenter bei BASF SE in Ludwigshafen. Zu ihren Hauptaufgaben gehörten vor allem die strategische Entwicklung und Umsetzung wertschöpfungskettenübergreifender Nachhaltigkeitsprojekte für Kunden. Heute fokussiert Frau Heilmann sich auf die Investorenlandschaft. Als »Manager Corporate Sustainability Relations« gehören sowohl die erfolgreiche Positionierung der BASF im internationalen Markt für nachhaltige Kapitalanlagen und in global führenden Nachhaltigkeitsratings als auch die integrierte Nachhaltigkeitsberichterstattung zu ihren Aufgabenbereichen. Auch steht für sie stets die übergeordnete Frage der Messbarkeit unternehmerischer Nachhaltigkeit anhand gezielter Leistungsindikatoren im Fokus ihrer Tätigkeit.

Nachhaltigkeit im Spannungsfeld von Strategie und Marketing

Wie kamen Sie auf das Thema Ihrer Diplomarbeit, die mit dem 1. Preis des ThyssenKrupp Award for Excellence ausgezeichnet wurde?
Das Thema meiner Diplomarbeit war im Kern eine Symbiose aus bereits theoretisch durchdrungenen Inhalten während des Studiums und meines ureigenen Interesses, das Thema Nachhaltigkeit als neues Managementparadigma mit bereits bestehenden Disziplinen der Strategie- und Marketinglehre in Verbindung zu setzen und diese dreidimensionale Perspektive sowohl theoretisch als auch praktisch zu beleuchten. Die Frage, inwieweit das Thema Nachhaltigkeit wirklich als eine strategische Managementphilosophie oder eher als Greenwashing- und damit Marketing-Maßnahme innerhalb eines Unternehmens begriffen wird, steht latent im Fokus der Wirtschaft und der Öffentlichkeit und ist mitunter dafür verantwortlich, dass das Thema Nachhaltigkeit oftmals in seiner unternehmerischen Bedeutung unterschätzt und lediglich als kurzfristige Modeerscheinung verstanden wird.

Nach welchen Kriterien wurde die Auszeichnung vergeben und was bedeutet Ihnen dieser Preis?
Der ThyssenKrupp Award for Excellence bewertet Diplomarbeiten hinsichtlich der Praxisrelevanz, der Originalität und des hohen wissenschaftlichen Niveaus. Teilnahmeberechtigt sind jährlich alle Studierenden der Wirtschafts- und Sozialwissenschaftlichen Fakultät der TU Dortmund, die ihr Studium innerhalb der Regelstudienzeit beenden. Die Idee, meine Diplomarbeit für den Preis zu nominieren und damit am Auswahlprozess teilzunehmen, hatten mein Universitätsprofessor Dr. em. Martin K. Welge sowie meine Betreuerin Dr. Anja Schulz des Lehrstuhls Unternehmensführung an der TU Dortmund. Dass ich den 1. Platz belegt habe, ist für mich eine besondere Wertschätzung meiner Diplomarbeit und steht damit für mich für einen erfolgreichen und runden Abschluss meines Studiums. Die Kriterien, die der Preis zugrunde legt, halte ich für sehr umfassend und besonders, da eben nicht nur der hohe wissenschaftliche Anspruch, sondern auch der so entscheidende Praxisbezug in den Vordergrund der Betrachtung gestellt werden.

Was ist die Kernbotschaft Ihrer Diplomarbeit?
Meine Diplomarbeit beschäftigt sich mit der übergeordneten Frage, welche Kriterien für ein strategisch verankertes Nachhaltigkeitsmanagement in Unternehmen abseits von Marketing-Aktivitäten erforderlich sind, um Nachhaltigkeit als Managementparadigma begreifen zu können. Demzufolge hat sich ein unternehmerisches Nachhaltigkeitsmanagement sowohl auf der normativen (Unternehmensvision, -leitbild, -politik, -kultur), der strategischen (Strategieformulierung- und bewertung) und schließlich der operativen Management-

ebene (Kommunikation und Controlling) zu entfalten. Im Rahmen meiner Diplomarbeit wurden zahlreiche Ansätze herausgearbeitet, die allesamt im Kern darauf abzielen sowohl nach innen als auch nach außen ein authentisches Nachhaltigkeitsmanagement praktizieren und umsetzen zu können. Kernbotschaft dabei ist, dass ein unternehmerisches Nachhaltigkeitsmanagement und ein strategisches Management einander bedingen und »Hand in Hand gehen«; ein unternehmerisches Nachhaltigkeitsmanagement und ein Marketing-Management mit ausschließlichem Fokus auf kurzfristige kommunikationsbezogene Aktivitäten sich hingegen auszuschließen.

Elisa Heilmann
Im Spannungsfeld von Strategie und Marketing. Anspruch und Wirklichkeit – eine Untersuchung

Ein gezieltes, unternehmerisches Nachhaltigkeitsmanagement kann sowohl strategisch, als auch marketingpolitisch umgesetzt werden. Das Spannungsfeld »Nachhaltigkeit zwischen Strategie und Marketing« geht auf die Herausforderung zurück, dass der Nachhaltigkeitsbegriff sowohl im gesellschaftlichen als auch im unternehmenspolitischen Kontext recht inflationär gebraucht wird. Auch impliziert er im letzteren Falle unterschiedliche Prozesse und Managementsysteme- bzw. strukturen im Hinblick auf eine Strategie- und/oder Marketingausgestaltung. Nachhaltigkeit als übergeordnetes Querschnittsthema fließt in sämtliche Funktionsbereiche eines Unternehmens ein und ist daher integraler Bestandteil unternehmerischer Entscheidungsprozesse in F&E, Produktion, Beschaffung, Personal und Organisation. Dies impliziert die Notwendigkeit, dass das Thema Nachhaltigkeit fest in der zentralen Strategie eines Unternehmens verankert sein muss, um von dort aus in einem iterativen Top-Down-Prozess in Form konkreter Ziel- und Maßnahmenbündel innerhalb des Unternehmens umgesetzt werden zu können.

Aber nicht nur die organisatorische Verankerung der Nachhaltigkeit ist von elementarer Bedeutung, sondern vor allem die sich anschließenden Management- und Reportingprozesse entscheiden maßgeblich über das Erfolgspotenzial eines unternehmerischen Nachhaltigkeitsmanagements. Zentrale Fragestellung in diesem Kontext ist also, welche grundsätzlichen Management- und Strategiekonzepte und damit verbundenen Aktivitäten ein Unternehmen forcieren sollte. Diese müssen stets an den Erwartungen der Stakeholder orientiert sein, denn ein Unternehmen kann nur dann langfristig erfolgreich am Markt bestehen und seine Licence-to-operate sichern, wenn es die heterogen ausgerichteten Stakeholderbedürfnisse entsprechend adressiert. In diesem Zuge gilt es, dass nicht primär Risikominimierungs-, sondern vor allem auch Geschäftsförderungsziele im Vordergrund stehen, denn mit Nachhaltigkeit lassen sich Wachstums- und Innovationspotenziale generieren.

Doch wie genau sieht dies in der unternehmerischen Praxis aus und wie gelingt es Unternehmen, ihr Nachhaltigkeitsengagement als ureigene

Managementphilosophie und nicht als kurzfristige Modeerscheinung und Marketinginstrument zu begreifen? Was also macht Nachhaltigkeit bei Strategie- und bei Marketingorientierung aus? Wie ist das Spannungsfeld zu beurteilen und lässt es sich gegebenenfalls auflösen?

Verknüpfung Nachhaltigkeit und Strategie

Zunächst liegt der Verknüpfungspunkt einer nachhaltigkeitsorientierten Unternehmensführung einerseits und dem strategischen Management andererseits im ursprünglichen Nachhaltigkeitsverständnis begründet. Im betriebswirtschaftlichen Sinn geht es darum, den gegenwärtigen Herausforderungen der Produktion und Vermarktung von Produkten unter Einbezug ökologischer und sozialer Aspekte zu begegnen, mit dem übergeordneten Ziel der Sicherung der Zukunftsfähigkeit des Unternehmens. Hier ist die erste Gemeinsamkeit zum strategischen Management erkennbar, denn dieses verfolgt ebenfalls das Ziel, die richtige Positionierung in den relevanten Umweltbereichen zur Wahrung seiner Zweckerfüllung sicherzustellen. Ein strategisches Management erscheint ohne Einbezug des Nachhaltigkeitsgedankens kaum möglich. Dabei ist es unerheblich, um welche Dimension der Nachhaltigkeit es sich handelt. Um strategische und damit langfristige Maßnahmenbündel umsetzen zu können, müssen diese an den Prinzipien der Nachhaltigkeit ausgerichtet werden. Demzufolge müssen sich zunächst die Unternehmensführung als auch alle nachgelagerten Hierarchieebenen den Nachhaltigkeitspostulaten verpflichtet fühlen und diese proaktiv in ihr Handeln aufnehmen. Eine derartige Unternehmenskultur, die nachhaltigkeitsorientierte Wertvorstellungen umfasst, legt den Grundstein, um ein daran anlehnendes Unternehmensleitbild formulieren zu können. Auf Basis von Umwelt- und Unternehmensanalysen als integrale Bestandteile des strategischen Managementprozesses können gezielte Implikationen abgeleitet werden. Die Umweltanalyse, die nach Faktoren sucht, die einen mittelbaren und/oder unmittelbaren Einfluss auf die Unternehmensführung ausüben können, spielt in diesem Zusammenhang eine entscheidende Rolle, weil sie genau die Handlungsfelder des Nachhaltigkeitsmanagements und die damit einhergehenden Nachhaltigkeitsdimensionen adressiert. Auch eine Unternehmensanalyse muss sich damit beschäftigen, inwieweit unternehmensintern entsprechende Ressourcen und Potenziale zur Umsetzung des Nachhaltigkeitsmanagements bestehen. Im Rahmen der Strategieauswahl und -bewertung können Nachhaltigkeitsthemen sowohl auf der Unternehmensgesamtebene als auch der Geschäftsbereichs- und Funktionalebene mittels nachhaltigkeitsorientierter Strategiekonzepte implementiert werden. In der Strategieimplementierungsphase muss sodann eine Anpassung sämtlicher auf die Nachhaltigkeitsziele ausgerichteter Erfolgsfaktoren erfolgen. Dies kann durch Einweisungen, Schulungen und Weiterbildungsmöglichkeiten aller Hierarchieebenen des Unternehmens erreicht werden.

Verknüpfung Nachhaltigkeit und Marketing

Was den Zusammenhang zwischen einem Nachhaltigkeits- und einem Marketing-Management anbelangt, so gilt analog zu dem strategischen

Managementprozess, dass Nachhaltigkeitsaspekte hier gezielt integriert werden. Allerdings ist dieser deutlich von dem des Marketing-Managements abzugrenzen. Zunächst bilden Marketing und Nachhaltigkeit dahingehend einen gemeinsamen Gegenstandsbereich, als dass beide Disziplinen sich mit der grundsätzlichen Frage beschäftigen, wie Menschen ihre Bedürfnisse befriedigen können. Das Nachhaltigkeitspostulat beinhaltet die Forderung nach intra- und intergenerativer Gerechtigkeit; das Marketing hingegen leitet entsprechende Handlungspläne ab. Das Marketing-Management steht vor allem aufgrund seiner kurzfristig zu initiierenden Maßnahmenpläne in einem erkennbaren Widerspruch zu den (Heraus-)Forderungen eines Nachhaltigkeitsmanagements. Eine Kurzfristsicht ist nicht mit nachhaltigkeitsorientierten Aktivitäten vereinbar und impliziert kaum identische Handlungserfordernisse. Um ein Nachhaltigkeitsmanagement adäquat implementieren zu können, ist eine strategische Ausrichtung unerlässlich. Dieser kann das Marketing im notwendigen Umfang kaum nachkommen. Hintergrund dieser kurzfristigen Ausrichtung sind vor allem die Generierung eines Kundennutzens und die Umsetzung von Maßnahmen zur Verbesserung des Unternehmensimages als wesentliche Marketingziele. Auch ist ersichtlich, dass Bemühungen des Marketings, nachhaltigkeitsbezogene Aspekte in ihr Handeln mit aufzunehmen, ebenfalls nicht den Nachhaltigkeitsanforderungen entsprechen. Ökologie- oder nachhaltigkeitsorientierte Marketing-Mix-Konzepte nehmen Nachhaltigkeitsaspekte bisweilen zwar additiv mit auf, ihnen mangelt es jedoch im Wesentlichen an neuen Herangehensweisen bzw. Erkenntnissen mit explizitem, normativem Nachhaltigkeitsbezug.

Verknüpfung Nachhaltigkeit, Strategie und Marketing

»Nachhaltigkeit im Spannungsfeld von Strategie und Marketing«: auf Seiten der Gemeinsamkeiten kristallisiert sich heraus, dass sowohl das strategische Management als auch das Marketing-Management nachhaltigkeitsorientierte Aspekte integrieren. Vom Ansatz her erfüllen beide Disziplinen das grundlegende Nachhaltigkeitspostulat der Bedürfnisbefriedigung auch zukünftiger Generationen. Ein Nachhaltigkeitsmanagement und strategisches Management bedingen einander, sodass Nachhaltigkeitsentscheidungen stets eine strategische Ausrichtung zur Folge haben. Ein strategisches Management konzentriert sich eher auf die nachhaltige Unternehmenssicherung, welche einen Handlungsrahmen für sämtliche zu initiierenden Nachhaltigkeitsmaßnahmenpläne bereitstellt. Es gibt kein »Entweder-oder«, sondern nur ein »Sowohl-als-auch«. Konsequenterweise gilt umgekehrt auch: Ein Verzicht auf ein Nachhaltigkeitsmanagement macht streng genommen ein strategisches Management entbehrlich. Was jedoch die grundsätzlichen Unterschiede anbelangt, lässt sich sowohl eine sehr unterschiedliche Zielgruppenansprache (Stakeholder- vs. Shareholder-Perspektive) als auch eine ungleiche Gewichtung der drei Nachhaltigkeitsdimensionen feststellen. So ist es beispielsweise fraglich, wenn internationale Standortentscheidungen im Zuge der Globalisierung ausschließlich unter ökonomischen Gesichtspunkten getroffen und ökologische Folgewirkungen nicht oder nur unzureichend berücksichtigt werden. Marktanteilserhöhungen, die primär unter Marketing-Aspekten durchgesetzt werden, unterliegen der Gefahr, Fehlinvestitionen zu tätigen und die langfristige und damit nachhaltige Unternehmenssicherung zu gefährden. So können preispolitische Entscheidungen, die aus Marketingperspektive sinnvoll erscheinen, im Spannungsfeld von strategischen und nachhaltigkeitsbezogenen Erfordernissen stehen. Unmittelbare Ad-hoc-Entscheidungen, so wie sie im Marketing täglich getroffen werden müssen, sind nicht grundsätzlich mit den Forderungen der Nachhaltigkeit verträglich. Ein Beispiel ist das Greenwashing als kommunikationspolitisches Marketinginstrument, das primär auf kurzfristige Ertragssteigerungen zur Aufwertung der Unternehmensreputation und des -images abzielt. Demgegenüber ermöglicht die strategische Orientierung ein zielführendes Strategiebündel mit explizitem Nachhaltigkeitsbezug formulieren und implementieren zu können. Allerdings ist im Bereich des strategischen Managements das Einflusspotenzial der Shareholder auf das unternehmerische Handeln zu beachten. Ein zu starkes oder gar ausschließliches Engagement finanzmarktorientierter Shareholder innerhalb eines Unternehmens führt zu einer systematischen Vernachlässigung des für das Nachhaltigkeitsmanagement unerlässlichen Stakeholder-Ansatzes. Ein Nachhaltigkeitsmanagement kann mit einem Marathon assoziiert werden, bei dem Start- oder Etappenerfolge nicht über den Gesamtsieg entscheiden. Ein langfristiger Erfolg nachhaltigen Engagements kann nur dann sichergestellt werden, wenn die gesamte Strecke nicht aus den Augen verloren wird. Ein Langstreckenläufer kann eher Marathonsieger werden als ein Kurzstreckenläufer. Diesem Gedanken folgend lässt sich bei einem Nachhaltigkeitsmanagement von einem »Green-thinking«, bei einem strategischen Management von einem »Green-acting« und bei einem Marketing-Management von einem »Greenwashing« sprechen.

Fazit und Lösungsansätze

Wie kann nun dieser Herausforderung begegnet werden und lässt sich das Spannungsfeld auflösen? Diese Frage ist vor allem vor dem Hintergrund der Unternehmensstruktur und -führung zu betrachten. Diversifizierte, weltweit operierende Großunternehmen haben die Komplexität der Durchsetzung von Strategien auf die operative Ebene zu gewährleisten. Die unternehmensweite Kommunikation zur Durchsetzung des Nachhaltigkeitsmanagements muss bestehende Hierarchieblockaden überwinden, um alle Mitarbeiter des Unternehmens zur aktiven Umsetzung zu motivieren. Auch stellen sich besondere Anforderungen an die oberste Führungsebene der Unternehmen. Ein häufiger Wechsel der Führungspersönlichkeiten erschwert die Verfolgung eines gezielten Nachhaltigkeitsmanagements außerordentlich. Führungskräfte müssen in ihrem unternehmerischen Denken und Handeln weg vom Kurzfrist- hin zu einem Langfristkapitalismus. Es ist dringend erforderlich, dass diese sich über die Tragfähigkeit ihres Handelns in unternehmerischer Vision bewusster werden und deutlicher wird, dass sie mit ihren Entscheidungen die Zukunft maßgeblich mitgestalten. Zudem muss sich die Erfolgsbeteiligung des Managements nicht nur an Renditezielen orientieren, sondern der nachhaltige Unternehmenserfolg muss der ausschlaggebende Entlohnungsbestandteil sein. Eine Kopplung der Vorstandsvergütung an transparente Nachhaltigkeitsziele ist ein geeignetes Instrument, um das Management zu incentivieren, Nachhaltigkeit als Prioritätsthema auf die Vorstandagenden zu bringen. Die Vergütung sollte an Triebfedern für langfristige Wertsteigerungspotenziale und nicht primär an den Verlauf des Aktienkurses geknüpft sein. Auch sollten gewisse Anteile eines in einem Geschäftsjahr erwirtschafteten Umsatzes gezielt in Nachhaltigkeitsprojekte investiert werden. Ein fixes, jährliches Nachhaltigkeitsbudget ermöglicht entsprechend erforderliche Innovationen, die oftmals vielleicht keine Quick-Wins, in der langen Frist jedoch ökonomische Vorteile und Gewinnsteigerungen generieren können. Auch bildet eine kooperative Zusammenarbeit unter dem Mantel verstärkter finanzieller Abhängigkeiten zwischen Vorstand und Aufsichtsrat die Basis für ein verbindliches und langfristig erfolgreiches Nachhaltigkeitsengagement. Zur überzeugenden externen Kommunikation der Ernsthaftigkeit des Nachhaltigkeitsmanagements gehört, dass Nachhaltigkeitsaktivitäten einen direkten Bezug zum Kerngeschäft haben. Finden Nachhaltigkeitsziele und -themen lediglich einen Einzug in Randaktivitäten, ist die Glaubwürdigkeit beschädigt. Um einem Nachhaltigkeitsmanagement gerecht zu werden und schwerpunktmäßige kommunikationspolitische Marketing-Aktivitäten vermeiden zu können, ist eine fundierte, nachhaltigkeitsorientierte Marketing-Ausbildung in Theorie und Praxis notwendig. Vor allem müssen Marketing-Entscheidungen seitens des Nachhaltigkeitsmanagements im Hinblick auf ihre Operationalisierung und Wirtschaftlichkeit dargestellt werden, um eine Überprüfbarkeit der Nachhaltigkeitszielsetzungen gewährleisten zu können. Hierzu ist nicht nur die unternehmensinterne organisatorische Verankerung, sondern auch die Einbeziehung der Überprüfung durch externe, unabhängige Dritte notwendig. Voraussetzung für den Erfolg ist ein hoher Grad an Verpflichtung für alle Beteiligten. Aber nicht nur bei Unternehmen, sondern vor allem bei Akteuren des Kapitalmarktes muss angesetzt werden: Pensionsfonds, Versicherungen und Investmentfonds müssen langfristiger ausgerichtet sein und zu einer entsprechend längeren Haltedauer und damit geringeren Volatilität im Markt führen.

Das Shared-Value-Prinzip, bei dem es darum geht, wirtschaftlichen mit sozialem und ökologischem Wert derart zu verknüpfen, dass für alle beteiligten Partner monetarisierbare Vorteile und (Mehr-)Werte entstehen, ist ein wesentlicher Schritt in die richtige Richtung. So können mit innovativen Technologien und Managementansätzen Kostenvorteile realisiert und Produktivitätssteigerungen generiert werden.

Derartig aktiv verfolgte Ansätze würden das beschriebene Spannungsfeld mildern, aber nicht auflösen. In dem Maße, wie die derzeitige Bedeutung der Rendite-Orientierung der Finanzmärkte in Theorie und Praxis unverändert fortbesteht, wird sich auch keine signifikante Veränderung des Spannungsverhältnisses ergeben.

Nachhaltigkeit heißt für mich:
Seinem Gewissen zu folgen!

Michael Herberger

Michael Herberger, Jahrgang 1971, geboren und aufgewachsen in Mannheim. Er ist Diplom-Biologe mit Hauptfach Molekularbiologie und studierte an der Universität Heidelberg. Herberger ist Mitbegründer der »Söhne Mannheims« sowie deren Produzent, Musikalischer Leiter, Komponist und bis 2012 Keyboarder der SM-Liveband. Weiterhin ist Michael Herberger Geschäftsführender Gesellschafter der Firma »Naidoo-Herberger-Produktion«, die in Mannheim einen Komplex mit zehn Tonstudios betreibt und den Großteil der Musik rund um Xavier Naidoo produziert. Er ist zweifacher Echo-Gewinner und erhielt mehrfache Gold- und Platinauszeichnungen für verschiedene CD-Produktionen. Der von ihm mitgegründete Mannheimer Verein »Aufwind« unterstützt und fördert seit Jahren Grundschulkinder im sozialen Brennpunkt Mannheim Neckarstadt-West. Michael Herberger ist Urgroßneffe des ehemaligen Bundestrainers Sepp Herberger und Mitglied im Kuratorium der gleichnamigen DFB-Stiftung sowie Aufsichtsratmitglied der Popakademie Baden-Württemberg.
Weiterführende Informationen:
www.naidoo-herberger.de, www.aufwind-mannheim.de

Nachhaltigkeit als Lebenseinstellung

Warum braucht Nachhaltigkeit Kultur?
Ich denke, dass es gar keinen Lebensbereich gibt, der keine Kultur braucht. Kultur ist als breit gefasster Begriff in jedem Lebensbereich nicht nur wichtig, sondern essentiell. Welcher Lebensbereich braucht keine Kultur? Sogar beim Essen braucht man Kultur, Esskultur.

Was bedeutet für Sie Nachhaltigkeit in der Musikbranche?
Sie bedeutet für mich, dass Zusagen eingehalten werden, auch wenn es mal Visionen und Beharrlichkeit braucht, um an einem Projekt festzuhalten. Unsere Branche ist sehr kurzlebig geworden, nicht erst seit den Casting-Shows, sondern auch durch den steigenden Druck. Die Abverkaufszahlen sinken stetig, dadurch ist der Druck höher, und umso schwieriger ist es dann auch, an Projekten festzuhalten, obwohl sie anfangs erst mal Geld kosten. Nachhaltigkeit ist gefragt, weil textlich und musikalisch gehaltvolle Projekte in aller Regel nicht sofort funktionieren. Sie brauchen eine gewisse Beharrlichkeit – nur dann funktioniert es.

Wann ist Musik für Sie »unaufrichtig«?
Wenn sie nicht mehr authentisch ist.

Gibt es für Sie in der Musik moralische oder geschmackliche Grenzen?
Die moralischen Grenzen definieren sich automatisch, indem ich die Freiheit des anderen einschränke (Anmerkung der Redaktion: Zitat Rosa Luxemburg). Da ist Musik nicht anders als das respektvolle Verhalten, von dem wir im menschlichen Umgang ausgehen sollten. Weshalb ist Kreativität ein wesentlicher Faktor für die Weiterentwicklung der Gesellschaft? Weil sich diese Ressource nicht verbraucht? Die Gesellschaft entwickelt sich meiner Meinung nach ausschließlich durch Kreativität weiter. Durch monotone Stagnation sicher nicht.

Gehört das Zweifeln dazu, um die eigenen Talente zu entdecken und zu fördern?
Nein. Im künstlerischen Bereich ist es eine Mischung aus dem Bewusstsein zu wissen, wer man als Person und wer man musikalisch ist. Das ist wichtig, um sich authentisch ausdrücken zu können. Trotzdem sollte man ein gewisses Maß an »Nicht-Beratungsresistenz« besitzen. Dies gibt jemandem wie mir, der ja produziert, die Möglichkeit, einen Künstler doch noch die letzten 10 Prozent zu führen, um so sein Potenzial voll entfalten zu können.

Muss ein Musiker Grenzen überschreiten, Risiken eingehen und bereit sein, auch einmal zu schei-

tern, um seiner Rolle als Künstler gerecht zu werden?
Das trifft meiner Meinung nach auf jeden Menschen zu. Das ist keine künstlerspezifische Sache.

Stimmen Sie der Aussage zu, dass, wer nicht an seine Vision glaubt, sie auch nicht realisieren wird?
Ja, uneingeschränkt!

Ist Ihre größte Vision gegenwärtig die Planung eines Zentrums für Musik- und TV-Showproduktionen auf den Flächen der früheren Taylor Kaserne in Mannheim?
Jein. Meine Vision ist eigentlich eher die, dass ich Menschen mit kreativen Potenzialen zusammenbringen möchte aus verschiedenen Sparten. Nicht nur aus der eigentlichen Kreativ- und schon gar nicht nur aus der Musikbranche. Dazu gehören sicherlich der Bereich Nachhaltigkeit mit Social Entrepreneurs oder auch die von der Stadt Mannheim angedachte Ingenieursmeile. Mir geht es vorrangig darum, kreativen Menschen einen Ort zu bieten, an dem sie leben und arbeiten wollen. Wo sie Ideen austauschen und möglichst viele neue Geschäftsfelder entstehen können.

Wie optimistisch sind Sie, dass diese Vision Wirklichkeit wird?
Ich verweise auf die obige Antwort bezüglich der Realisierung einer Vision. (lacht).

Was bedeutet Ihnen die Arbeit im Kuratorium der DFB-Stiftung Sepp Herberger?
Die Arbeit verbindet so viele meiner Interessen! Deshalb ist sie für mich auch etwas ganz Besonderes. Meine Eltern waren beide berufstätig, und ich habe viel Zeit bei meinen Großeltern verbracht. Mein Großvater ist ein glühender Verehrer von Sepp Herberger gewesen, obwohl er das so offen nie gesagt hätte. Er kannte ihn gut und hat immer viel von und über ihn erzählt. Das ist die eine familiäre Seite. Dazu kommt natürlich, dass ich einfach schon immer ein Fussballfan war. Zudem sind mir soziales Engagement und Nachhaltigkeit sehr wichtig. Deswegen ist es schön, diesen dritten Aspekt auch noch mit in der Stiftung zu sehen.

Welche Projekte liegen Ihnen darüber hinaus am Herzen?
Ich bin der Überzeugung, dass man über die Nachhaltigkeit die soziale Kompetenz eines Menschen definieren kann. Um diese Einstellung zu leben, haben wir in unserer Stadt ein Projekt aus der Taufe gehoben, welches genau die Bedürfnisse abdeckt, die in unserer Stadt auffällig waren. Im »Aufwind Mannheim e.V.« fördern wir 25 sozial benachteiligte Grundschulkinder über die gesamte Grundschulzeit von vier Jahren. Den Bedarf vor Ort haben wir vor dem Start ermittelt und bündeln unsere gesamte Energie in diesem Projekt. Wir sind jetzt nach fünf Jahren sehr glücklich darüber, dass das Projekt so wunderbar funktioniert und schon so viele Früchte trägt.

Wie sieht die Betreuung der Kinder und Jugendlichen bei Aufwind Mannheim genau aus?
Die Kinder kommen in aller Regel aus sehr schwierigen familiären Verhältnissen. Es gibt auf der einen Seite zum Beispiel Mittagessen und Hausaufgabenbetreuung, sprich schulische Förderung. Wichtig ist uns aber auch, Freizeitaktivitäten zu unterstützen, die die Kinder in der Familie nie bekämen. Dazu gehört die Angliederung an Sport-

vereine wie z. B. Fußball. Zudem lernen die Jungen und Mädchen bei uns schwimmen oder auch so vermeintliche Kleinigkeiten wie Zahnpflege: Wir hatten Kinder, die sich die ersten sechs Jahre ihres Lebens noch nie die Zähne geputzt hatten. Da muss man ganz tief ansetzen und nicht denken, dass wir hier in jedem Fall die nächste Elite heranbilden. Vielmehr gibt es riesige Defizite, die wir erst mal versuchen auszugleichen. Umso mehr freut es mich dann aber natürlich, dass wir nach vier Jahren Förderung auch Kinder dabei haben, die, als sie zu uns kamen, noch kein Wort Deutsch sprachen und jetzt erfolgreich im Gymnasium untergebracht sind.

Wie finanzieren Sie Aufwind Mannheim e.V.?
Die ersten Jahre haben wir das mehr oder weniger komplett selbst finanziert. Inzwischen konnten wir durch die zunehmende Wahrnehmung in der Öffentlichkeit immer mehr Spenden bekommen. Seit zwei Jahren ist es so, dass über den RTL-Spendenmarathon für fünf Jahre die Grundsicherung des Betriebes glücklicherweise gewährleistet ist. Inzwischen sind wir auch ein offizielles RTL-Kinderhaus.

Stellen Sie fest, dass Ihr Engagement für Aufwind Mannheim Vorbildfunktion hat?
Was mir viel wichtiger ist als das, ist die Tatsache, dass in dem Stadtteil, in dem Aufwind beheimatet ist, die Menschen anfangen, sich für den Verein zu interessieren und sich dort mehr und mehr ehrenamtlich engagieren. Ich muss aber ganz ehrlich gestehen, dass ich mich noch mehr über die Menschen freue, die wir als staatliche Institution eigentlich gar nicht erreichen würden – die Eltern der Kinder, die wir betreuen oder die Verwandten oder Bekannten der Eltern. Es haben sich z. B. Frauenkreise bei uns gebildet, die über unsere Struktur hinweg, dem Stadtteil mehr Stabilität geben, weil sich die Frauen gegenseitig helfen. Das ist für mich das wirklich Schöne und Nachhaltige. Wir sind inzwischen verwurzelt in diesem Stadtteil.

Weshalb ist die Beschäftigung mit Nachhaltigkeit immer auch ein privates Thema, das sich vom beruflichen Engagement nicht trennen lässt? Wie setzen Sie persönlich Nachhaltigkeit im täglichen Leben um?
Ich finde es zwar schön, dass es jetzt immer mehr zum Thema wird. Für mich jedoch war und ist es eine Lebenseinstellung, die sich nie geändert hat. Ich habe nie für mich den Beschluss gefasst, jetzt bin ich nachhaltig, sondern für mich war das einfach so. Dies spielt natürlich auch ungemein in mein christliches Weltbild rein. Man kann unmöglich fundamentierter Christ sein wie ich und nicht nachhaltig denken und handeln. Das schließt sich aus!

Achten Sie beim Kauf von Produkten und Dienstleistungen selbst darauf, ob diese nachhaltig sind?
Ja, ganz eindeutig. Ich finde allerdings, dass man kein Dogma draus machen muss. Aber es kommt schon vor, dass ich den örtlichen Bioladen darauf hinweise, dass eben Plastikflaschen nicht nachhaltig sind. Ich bin aber gerne bereit, etwas mehr Geld zu bezahlen, um dort einkaufen zu gehen.

Wie wichtig werden nachhaltige Produkte und Dienstleistungen in den nächsten Jahren für den wirtschaftlichen Erfolg von Unternehmen werden?
Ich glaube, dass die Unternehmen bei der verän-

derten Werteentwicklung in der Gesellschaft gar keine Wahl haben werden, sich diesem Thema nicht nur zu nähern, sondern sich diesem auch anzupassen, weil früher oder später, wenn sie das nicht tun, keiner mehr ihre Produkte und Dienstleistungen in Anspruch nehmen wird.

Nehmen Sie eine Werteentwicklung in der Gesellschaft war oder einfach nur eine größere Transparenz durch Social Media?
Ja, eindeutig, ich nehme unabhängig von der eindeutig gestiegenen Transparenz wahr, dass Werte immer wichtiger werden. Das hatte mit der Biowelle angefangen, den für mich ersten wahrnehmbaren Impuls von Nachhaltigkeit in den letzten zehn, fünfzehn Jahren. Durch die Finanzkrise reden jetzt sogar Bankvorstände von Nachhaltigkeit. Auch die veränderte Einstellung der jetzigen Elterngeneration, vor allem der jungen Väter zur Familie selbst, ist eine neue, wichtige Entwicklung. Als ich Kind war, hatte Familie bei weitem nicht diesen Stellenwert, wie sie es heute hat für junge Eltern. Während meiner Kindheit in den 1970er und 80er Jahren wurde der erfolgreiche Jungunternehmer »Yuppie« geboren. Das Wirtschaftswunder klang noch nach. Die Karriere war in der Lebensplanung immens wichtig. Wenn man sich mal betrachtet, wie z.B. das Thema Burnout heutzutage thematisiert wird … das wäre vor 20 Jahren undenkbar gewesen. Jetzt ist es in Ordnung, wenn man sich, obwohl man vielleicht seine Karriere aufgibt, umorientiert und eben auf andere Werte besinnt. Da tut sich einiges in unserer Gesellschaft. Ich hoffe, wir sind mit dieser Entwicklung noch lange nicht am Ende.

Was sind für Sie die Herausforderungen auf dem Weg zu einer nachhaltigen Gesellschaft?
Wir müssen aufpassen, dass wir uns nicht an der Nase herumführen lassen von Menschen, die es damit nicht ernst meinen, sondern nur wieder damit Geld machen wollen und dies ins Gegenteil verkehren. Also mit Nachhaltigkeit Geld machen, ohne an dem Kern des Themas Nachhaltigkeit eigentlich Interesse zu haben.

Was zeichnet Ihre »Handschrift« aus? Was soll als Botschaft von ihr bleiben auf diesem Planeten?
Hier möchte ich die Bibel zitieren: »Liebe Deinen Nächsten wie Dich selbst.« Das mag profan klingen, bringt aber meine Einstellung ziemlich genau auf den Punkt.

Nachhaltigkeit ist für mich das, was bleibt, wenn alles andere nicht mehr hält – unzerstörbar und lebendig.

Alexandra Hildebrandt

Dr. Alexandra Hildebrandt, Jahrgang 1970, ist spezialisiert auf die Positionierung nachhaltiger Unternehmen und Organisationen, ihrer Leistungen, Produkte und ihrer Kommunikation. Vom Präsidium des Deutschen Fußball-Bundes (DFB) wurde sie 2010 in die DFB-Kommission Nachhaltigkeit berufen. Sie studierte Literaturwissenschaft, Psychologie und Buchwissenschaft an der Universität Erlangen-Nürnberg und promovierte an der Universität Bamberg. Anschließend war sie viele Jahre in oberen Führungspositionen der Wirtschaft tätig. Bis 2009 arbeitete sie als Leiterin Gesellschaftspolitik und Kommunikation bei der KarstadtQuelle AG (Arcandor). Alexandra Hildebrandt ist Gründerin der Initiative »Verantwortung tragen«, einem Hilfsfond für regionale Nachhaltigkeitsprojekte der DFB-Stiftung Egidius Braun und Mitinitiatorin der Burgthanner Dialoge. Sie ist Herausgeberin und Autorin zahlreicher Sachbücher und von über 300 Fachbeiträgen. Zuletzt erschienen: »Welche Zeiten, in denen wir leben. Was erfolgreiches Unternehmertum ausmacht« (2010).
Weiterführende Informationen: www.verantwortungtragen.net
www.dfb-stiftung-egidius-braun.de, www.burgthanner-dialoge.de

Die Dynamik des Möglichen

In Ihrer beruflichen Laufbahn ist das Thema Verantwortung ein treuer Begleiter. Was verbinden Sie persönlich mit diesem Begriff?

Vor allem eine solide Wertebasis, die im Einklang mit dem eigenen Gewissen steht. Wesentlich ist dabei das Prinzip Eigenverantwortung: Dahinter steht das Bild des selbstbestimmten Menschen, der sich aus eigener Überzeugung Werten verpflichtet fühlt und lieber selbst handelt, bevor er sich »behandeln« lässt. Mit dem Begriff Verantwortung verbinde ich deshalb vor allem aktive Verantwortung für andere und für die eigene Lebensgestaltung – und nicht, in die Verantwortung »gezogen« werden. Zuweilen verweisen Menschen darauf, weisungsgebunden zu sein. Die Last der Entscheidung wird dann auf viele Schultern verteilt, um sie in der Unverbindlichkeit der Gruppe bequem abzulegen. Doch das entschuldigt nichts, denn Verantwortung reicht über die eigene Aufgabe hinaus, die einem unmittelbar zugewiesen ist. Wer sich seiner Verantwortung bewusst wird und den Mut hat, sich zu bekennen, erfährt sich selbst als Lebensgestalter und nicht Verwalter. Verantwortung ist eine Haltung und ein Lebensgefühl: »Ich tue es!« Es geht darum, das eigene Tun nicht als Last, sondern als Lust zu empfinden – auch in schwierigen Zeiten.

Sie haben die Initiative »Verantwortung tragen« ins Leben gerufen. Was konkret steckt dahinter?

Sie entstand zunächst im Umfeld der Arcandor AG, wo ich bis zur Konzerninsolvenz die Gesellschaftspolitik leitete. Sympathieträger war ein kleiner Teddy. Globale Verantwortung wurde durch ihn greifbar und anschaulich. Er erinnerte auch daran, schonend mit den endlichen Dingen umzugehen. Symbolhaft dafür stand auch die limitierte Auflage. Zudem wurden die in Handarbeit hergestellten Sammlerteddys nicht verschenkt. Behalten durfte sie nur, wer sich mit einer entsprechenden Aussage zur persönlichen Verantwortung bekannte und danach handelte. Damit wurde ein allgemeines Thema auf eine Ebene geholt, die einen persönlichen Bezug hat. Beteiligt haben sich unter anderem Eva-Luise Köhler, Brigitte Mohn, Wolfgang Hölker, Prof. Heribert Meffert, Graf Faber-Castell, Günther Beckstein, Andreas Köpke, Oliver Kahn und Günter Netzer. Ebenso namhafte Aufsichtsräte und Geschäftsführer, aber auch Menschen des Alltags, die auf ihre Weise verantwortlich handeln.

Inwiefern war das Projekt selbst der Nachhaltigkeit verpflichtet?

Es wurde aus den Tantiemen meines Buches »Die Andersmacher« (2008) finanziert, in dem Querdenker und Lebensunternehmer vorgestellt wurden, die nachhaltig handeln. Auch die Teddys wurden von den Tantiemen, die ins Unternehmen als Auftraggeber geflossen sind, gekauft. Durch die Insolvenz hatten wir allerdings keinen Zugriff mehr auf die Honorare. Doch erklärten sich viele Menschen bereit, ehrenamtlich ihre Leistungen zur Verfügung zu stellen.

Was hielt diese Initiative nachhaltig am Leben und wohin entwickelt sie sich?
Beharrlichkeit, Mut, Kreativität, Einzelinitiative und Unternehmergeist waren dafür wesentliche Voraussetzungen. »Mit der Strömung gehen« heißt es nach Art des Zen: Machbares anpacken, mit realistischen Zielen beginnen, nach begeisterungsfähigen Mitstreitern Ausschau halten statt nach widerstrebenden Bremsern. Inzwischen ist die Initiative ein Hilfsfond für regionale Nachhaltigkeitsprojekte innerhalb der DFB-Stiftung Egidius Braun. Dem Engagement der Geschäftsführung ist es zu verdanken, dass die Strukturen hier professionell verankert sind. Die weitere inhaltliche Ausrichtung wird derzeit gemeinsam weiterentwickelt.

Inwiefern hat Sie die Konzerninsolvenz geprägt – und weshalb sind Sie trotz dieser Erfahrung dem Nachhaltigkeitsthema treu geblieben?
Wenn Sie alles, was Sie tun, immer auch zu Ihrer persönlichen Sache machen, dann hängen Sinn, Hoffnung und Zuversicht nicht an einem System, das sich von heute auf morgen ändern kann oder plötzlich nicht mehr da ist. Es gibt noch einen unberührbaren Kern außerhalb davon, der Kraft und Zuversicht gibt, aus allem etwas zu machen und Krisenzeiten besser zu bewältigen. Da ich niemals etwas »managen« wollte, sondern Freude am Unternehmertum hatte, war es für mich leichter, mit dieser Herausforderung umzugehen.

Wie sehen Sie Ihre Rolle als Nachhaltigkeitsbeauftragte in der DFB-Kommission Nachhaltigkeit?
Als Impulsgeberin und Grenzgängerin. Anspruch des Gremiums ist es, durch fachlichen Dialog und durch konkrete Aktivitäten zur Weiterentwicklung des Nachhaltigkeitsthemas bis zum Bundestag 2013 beizutragen. In engem Austausch mit den Verantwortlichen des Hauptamts sollte es Ziel sein, Programme und Maßnahmen zu entwickeln sowie Steuerungsgrößen zu definieren. Erst wenn diese in die Zielsysteme des Verbandes integriert sind, zeigt sich der wahre Stellenwert des Themas.

In welchen Organisationsstrukturen und –kulturen kann Nachhaltigkeitsmanagement am besten gedeihen?
Großorganisationen haben in der Regel stärkere Hierarchien, mehrstufige Managementstrukturen und Abläufe, was sie zuweilen langsamer oder unbeweglich machen. Andererseits haben sie eine gewaltige Hebelwirkung und Umsetzungskraft aufgrund der eigenen Größe. Das Konservative ist hier in der Regel eine Grundhaltung, im Sinne von Bewahren. Kleinere Organisationseinheiten sind offener, flexibler, innovativer und vernetzter. Von ihnen lässt sich lernen, dass in einem wirklichen Entwicklungsprozess die Selbstorganisation aller beteiligten Akteure ein zentrales Element ist. Für die Entwicklung kooperativer Systeme sind jedoch beide Ansätze wichtig, weil Beständigkeit und Kontinuität neben Kreativität, Flexibilität und Diversität wichtige Faktoren einer nachhaltigen Gesellschaft sind. Dabei ist es wichtig, das Richtige weiter zu verfolgen, aber gleichzeitig verantwortungsvoll, kreativ und offen für den Wandel zu bleiben.

Nachhaltig heißt für mich
das Leben für die kommenden
Generationen lebens und
lebenswert zu erhalten.

Claus Hipp

Prof. Dr. Claus Hipp trat 1964 in den Betrieb seines Vaters in Pfaffenhofen an der Ilm ein und übernahm 1967 dessen Leitung. Als ehemaliger Vorsitzender des Umweltausschusses der DIHK, Ehrenpräsident des VDWRF (Verband der deutschen Wirtschaft in der russischen Föderation), Ehrenpräsident der DIHK für München und Oberbayern sowie als Gründungsmitglied der Naturallianz gilt Claus Hipp als profilierter Repräsentant der deutschen Wirtschaft. Bekannt wurde er unter anderem auch als aktiver Turnierreiter. Seit den 70er Jahren folgte er seinem künstlerischen Talent unter seinem Taufnamen Nikolaus Hipp. Seine Werke sind international in vielen Sammlungen und Museen vertreten. Seit 2001 ist er Professor für nichtgegenständliche Malerei an der Staatlichen Kunstakademie Tiflis (Georgien) und hält Vorlesungen an der wirtschaftswissenschaftlichen Fakultät der Staatlichen Universität Tiflis und der Universität Eichstätt-Ingolstadt. Auf seine Initiative entstand in Zusammenarbeit mit dem Symphonieorchester des Bayerischen Rundfunks 2008 das jährlich stattfindende Kammermusik-Festival »ErstKlassik am Sarnersee«. Hipp ist der Schirmherr der Veranstaltung. Die Marke HiPP steht für Premium-Babynahrung in Bio-Qualität ebenso wie für einen nachhaltigen und verantwortungsbewussten Umgang mit der Natur. Weiterführende Informationen: www.hipp.de

Nachhaltigkeit ist oberstes Gebot

»Wer hohe Türme bauen will,
muss lange beim Fundament verweilen.«
Anton Bruckner

Das Fundament meiner Ideen, Haltungen und Überzeugungen liegt für mich in christlichen Werten. Respekt vor den Mitmenschen und der Schöpfung sind die Momente, die Inhalt und Form meines unternehmerischen Wirkens prägen. Auf dieser Basis messe ich auch unser Engagement für nachhaltiges Wirtschaften. Priorität hat für mich, dass »Nachhaltigkeit« nicht auf eine Marketingidee reduziert werden darf, was leider immer häufiger der Fall ist.

Für mich verkörpert der nachhaltige Ansatz eine Voraussetzung und eine Methode um Lebensqualität und Zukunftsfähigkeit für uns alle, vor allem aber für die nachfolgenden Generationen zu erhalten. Insofern handelt es sich um ein ethisches Gebot. Der Mensch muss im Mittelpunkt stehen ebenso wie die Erhaltung unserer Lebensgrundlagen durch ressourcenschonenden Umgang mit der Umwelt. Unternehmerisch bedeutet das, über Quartalsergebnisse hinauszudenken und nachhaltige Werte aufzubauen, statt sich nur kurzfristig am Gewinn zu orientieren. Wichtig ist ebenso, dass unseren Ideen auch Taten folgen, dass wir alles daran setzen – notfalls auch gegen den Strom – eigene Werte zu schaffen.

Alles beginnt mit der ethischen Haltung eines ehrbaren Kaufmanns. Die Qualität muss stimmen und ist oberstes Gebot. Natürlich können Maßnahmen, die Kosten verursachen und nicht unbedingt kurzfristigen Erfolg garantieren, in inhabergeführten Unternehmen leichter durchgesetzt werden, als dort, wo Investoren das Sagen haben. Auch in solchen Betrieben ist das Management sicherlich von Anstand und Wohlverhalten geprägt, aber der Druck wird immens groß, wenn der Aktienkurs sich nicht entsprechend entwickelt. Wir haben heute das Problem, dass die Preise vielfach stark unter Druck geraten. Die Verbraucher freut das natürlich zunächst, aber bei näherem Hinsehen entspricht die Herstellungsweise dieser »günstigen« Lebensmittel wahrscheinlich nicht den Vorstellungen davon, wie die Menschen heute und auch noch morgen leben und sich ernähren möchten. Dabei haben die Verbraucher großen Einfluss: Vielfach können sie durch ihre Kaufentscheidung eine nachhaltigere Veränderung ihrer Lebenswelt bewirken als durch ein Kreuzchen auf dem Wahlzettel.

Der Gedanke, im Einklang mit der Natur und im Respekt vor der Schöpfung zu handeln, war für mich schon vor fünfzig Jahren Ausgangspunkt, biologisch erzeugte Rohstoffe zu verarbeiten. Inspiriert von Dr. Hans Müller versuchte ich im Unternehmen seinen Gedanken eines gesunden Bodens als Grundlage gesunder Ernährung und einer nachhaltigen Landwirtschaft in die Tat umzusetzen – gegen eine agrarindustrielle Politik und Wirtschaft, die nur auf Masse und Preis ausgerichtet war. Der Erfolg wurde aktuell durch repräsentative Umfragen von 2011 und 2012 belegt, aus denen HiPP als nachhaltigstes Unternehmen Deutschlands hervorgeht. HiPP hat sich bereits 1995 als erster großer Lebensmittelhersteller in Europa nach dem EG-Öko-Audit (EMAS) validieren lassen und betreibt seitdem konsequenten Umweltschutz. Auch mit dem seit 1999 verankerten »Ethik-Management«, das klare Regeln für den Umgang mit Mitarbeitern, Kunden, Lieferanten, Staat, Gesellschaft und Umwelt formuliert, hat unser Unternehmen damals einen für Deutschlands Wirtschaft neuen Weg eingeschlagen.

HiPP integriert nachhaltige Prinzipien in Managementprozessen und in der gesamten Wertschöpfungskette. Was als Vision und Experiment begonnen hat, ist heute unbestrittener Qualitätsstandard: höchste Produktqualität durch Rohstoffgewinnung aus organisch-biologischem Landbau, verlässliche und faire Partnerschaft in einem festen Netz von Vertragserzeugern, modernste Lebensmitteltechnologie, strenge Rückstandsanalytik sowie Schutz der Umwelt und der biologischen Vielfalt unter verstärktem Einsatz nachwachsender Rohstoffe.

Der Natur und unseren jungen Verbrauchern zuliebe, beziehen wir sie aus biologischem Anbau. Als einer der größten internationalen Bio-Verarbeiter schützen wir auf diese Weise den Boden vor Kunstdüngern und Pestiziden und erhalten die gewünschte Premiumqualität. Um das Klima zu schonen, nutzen wir Sonne, Wasser und Bio-Masse als regenerative Energiequellen und recyclen 97 Prozent aller Abfälle. So mindern wir stetig unseren Verbrauch und konnten unsere spezifische Primärenergie in den letzten 10 Jahren um fast 90 Prozent senken. In Deutschland, Österreich und Ungarn arbeiten wir bereits CO_2-neutral, unter anderem indem wir uns für ein Klimaschutzprojekt in Ägypten engagieren, bei dem Humus zur landwirtschaftlichen Urbarmachung der Wüste genutzt wird. Dieser umfassende Einsatz erneuerbarer Energien wurde 2011 mit dem »Deutschen Solarpreis« ausgezeichnet. Darauf sind wir stolz, ebenso wie auf ein besonderes Projekt zum Schutz der biologischen Vielfalt: den HiPP-Musterhof, der Erzeugern anschaulich vermitteln soll, wie Nachhaltigkeit, Bodenfruchtbarkeit und Schutz der biologischen Vielfalt im landwirtschaftlichen Alltag umgesetzt werden können.

Nicht zuletzt hat unser ganzheitliches Nachhaltigkeitsmanagement auch soziale Ziele. Der ethische und faire Umgang mit Mitarbeitern, Lieferanten, Partnern und Kunden ist dabei ein ganz besonderes Anliegen. Mit dem Ethik-Management möchte das Unternehmen dem in der Gesellschaft zu beobachtenden zunehmenden Werteverfall und Vertrauensverlust begegnen.

Die nachhaltige Unternehmensführung geht bei HiPP nicht nur von der Geschäftsleitung aus: Die Mitarbeiter sind fundamentaler Teil der Unternehmenskultur und tragen den Gedanken der Nachhaltigkeit aktiv mit. Systematische Schulungen unterstützen diesen Prozess. Vielfältige soziale Leistungen, allen voran flexible familienfreundliche Teilzeitmodelle und eine gesunde Verpflegung im Bio-Betriebsrestaurant, motivieren zusätzlich. Dabei zahlen sich manche investitions- und arbeitsintensive Maßnahmen absehbar erst in der Zukunft aus. Aber um diese Zukunft auch für kommende Generationen lebens- und liebenswert zu erhalten, sollten wir heute keinen Aufwand scheuen.

Nachhaltigkeit heißt für mich: weniger ist mehr!

Markus Hipp

Markus Hipp, Jahrgang 1968, studierte Philosophie und Katholische Theologie in München. Nach seinem Examen war er zwei Jahre als Dozent für Germanistik und Philosophie an den Universitäten Budweis und Brünn in der Tschechischen Republik tätig, woran sich Berufsstationen im Vertriebs- und Verlagswesen in München und Augsburg anschlossen. 1998 kam er als Assistent der Geschäftsführung zur Robert Bosch Stiftung nach Stuttgart. Im Jahr 2000 wurde er dort stellvertretender Leiter des Bereichs Mittel- und Osteuropa, bevor ihn die Robert Bosch Stiftung 2002 mit dem Aufbau ihres Berliner Büros betraute, das er bis August 2006 leitete. Seit September 2006 ist er geschäftsführender Vorstand der BMW Stiftung Herbert Quandt. Der verheiratete Vater von vier Kindern wirkt neben seiner beruflichen Tätigkeit für die BMW Stiftung ehrenamtlich auch in Gremien anderer Organisationen mit. Er ist Mitglied im Beirat des Bundesverbandes Deutscher Stiftungen in Berlin, im Kuratorium der Breuninger-Stiftung gGmbH, im ehrenamtlichen Vorstand der Stiftung Paretz sowie Gründungsvorstand und Mitglied bei MitOst e.V., einem Verein für Sprach- und Kulturaustausch in Mittel-, Ost- und Südosteuropa. Seit 2008 ist Markus Hipp Mitglied des Gemeinderats von Ketzin, Brandenburg. 2011 wurde er Vorstandsmitglied der European Venture Philanthropy Association (EVPA). www.bmw-stiftung.de

Nachhaltigkeit heißt für mich, dass meine Kinder und Enkel die gleichen Chancen auf ein glückliches Leben in einer lebenswerten Umwelt haben wie ich selbst.

Ilsabe von Campenhausen

Ilsabe von Campenhausen, geboren 1973, schloss ihr Germanistik- und Geschichtsstudium mit einem deutschen Magister und einer französischen Maîtrise ab und studierte zusätzlich zwei Jahre Mandarin in Suzhou (V. R. China). Vier Jahre hat sie in der Entwicklungshilfeorganisation Deutsche Stiftung Weltbevölkerung, die reproduktive Gesundheit in Afrika und Asien fördert, in Hannover gearbeitet und dann als Vize-Direktorin das Berlin-Institut für Bevölkerung und Entwicklung mit aufgebaut. Nach mehr als sieben Jahren im Ausland machte sich die verheiratete Mutter von drei Kindern mit einer Beratung für interkulturelle Kommunikation selbstständig, bevor sie 2009 zur BMW Stiftung Herbert Quandt kam. Hier verantwortet sie die Organisation der Young Leaders Foren, mit denen Führungspersönlichkeiten aus aller Welt ins Engagement für das Gemeinwohl geführt werden.
www.bmw-stiftung.de

Führungsverantwortung in einer globalisierten Welt

Was ist die Aufgabe der BMW Stiftung Herbert Quandt? Welche Vision haben Sie?
Hipp: Die BMW Stiftung ist der Ansicht, den komplexen gesellschaftlichen Herausforderungen unserer Zeit durch einen länder- und sektorenübergreifenden Dialog und multiple Partnerschaften begegnen zu können. Wir sind überzeugt, dass die Gestaltung einer aktiven, kreativen, durch gesellschaftlichen Zusammenhalt und soziale Innovationen geprägten Gesellschaft gelingen kann, wenn jeder Einzelne Verantwortung für das Allgemeinwohl übernimmt und seine Kompetenzen und Fähigkeiten für den sozialen Wandel einsetzt. Wir sehen uns als effektive und innovative Plattform, die durch ihren Beitrag zu dieser Vision soziale Innovationen und den gesellschaftlichen Zusammenhalt fördert.

Wenn Ihr Ziel der gesellschaftliche Wandel ist – welche Herausforderungen und Chancen sind damit verbunden?
von Campenhausen: Gesellschaftlicher Wandel braucht neue Narrative – um dem Gefühl der Ohnmacht angesichts riesiger Herausforderungen wie beim Klima, der Demografie oder der weltweiten Armut den Glauben an die Möglichkeit entgegenzusetzen, selbst positiv Einfluss nehmen zu können. Dann lässt sich Wandel auch positiv gestalten.

Welche Ziele verfolgen Sie mit dem Netzwerk Young Leaders?
Hipp: In unserer Arbeit mit Young Leaders wollen wir Führungspersönlichkeiten weltweit für ihre Verantwortung gegenüber dem Gemeinwohl sensibilisieren. Wir wollen ihnen die Hebel sichtbar machen, die sie durch ihre individuellen Kompetenzen, Erfahrungen und Netzwerke für einen Beitrag zu positivem Wandel in den Händen halten.

von Campenhausen: Außerdem wollen wir Brücken bauen, um die Vielfalt dieser Möglichkeiten für das Gemeinwohl fruchtbar zum Einsatz zu bringen – jeder soll das einbringen, was er am besten kann, wodurch in der Summe die größte Wirkung erzielt wird.

Nach welchen Auswahlkriterien berufen Sie Young Leaders?
Von Campenhausen: Als Young Leader bezeichnen wir die Personen, die an einem unserer weltweiten Young Leaders Foren teilgenommen haben. Voraussetzung dafür ist, selbst eine Führungsposition innezuhaben und zwischen 30 und 45 Jahre alt zu sein. Vielfalt der Nationalitäten und berufliche Qualifikationen sind dabei für uns ein hoher Anspruch, um Räume zu öffnen für Inspiration, Kooperationen und für ganz neue Ideen.

Beobachten Sie eine positive Persönlichkeitsentwicklung der jungen Führungskräfte, die an Young Leaders Foren teilgenommen haben?
Hipp: Alle Young Leaders werden durch unsere Foren einmal weit aus ihrer Komfortzone gelockt und im Zusammenspiel mit anderen nationalen und beruflichen Kulturen tief in die Auseinandersetzung mit ihrer eigenen Führungsverantwortung geführt. Dies führt bei den meisten Teilnehmern zu neuem Nachdenken über die Rolle im eigenen Umfeld, weckt Neugier und öffnet den Geist für neue Themen und Fragen.

von Campenhausen: Dabei ist es wichtig zu verstehen, dass ein Beitrag zu sozialer Verantwortung nicht heißt, sein Leben grundlegend zu ändern, sondern dass man aktiv darüber nachdenkt, welchen Wandel man selbst gestalten kann und will.

Wie verstehen Sie den Begriff »Soziale Innovationen«?
von Campenhausen: Soziale Innovation ist eine direkte und etwas missverständliche Übersetzung des englischen Begriffs »social innovation«, der korrekter mit »gesellschaftlicher Innovation« übersetzt werden müsste. Wir verstehen darunter neue Ansätze, die positiven Wandel in der Gesellschaft bewirken. Dies gilt für alle Handlungsfelder, also sowohl für die Wirtschaft, den Staat als auch die Zivilgesellschaft, in denen sie entstehen oder in denen sie Wirkung erzielen.

Welchen Zusammenhang gibt es zwischen Nachhaltigkeit und Sozialen Innovationen?
Hipp: Um unsere Gesellschaften nachhaltig zu gestalten, sie im sozialen, ökologischen und wirtschaftlichen Sinne so umzuwandeln, dass auch künftige Generationen sich darin entfalten können, bedarf es neuer Lösungsansätze, also sozialer Innovationen auf allen Gebieten. Soziale Innovationen schaffen wichtige Voraussetzungen dafür, unsere Gesellschaften auf nachhaltige Grundlagen zu stellen.

Weshalb tun sich viele Unternehmen so schwer, das Thema Nachhaltigkeit zu leben und substanziell in ihr Wirtschaften zu integrieren?
Hipp: Unser Wirtschaftssystem beruht auf kurzen Zyklen und auf Anreizen, die den Verbrauch gemeinschaftlicher Ressourcen bislang nicht abbilden. Interessant ist, wie mittelständische Familienunternehmen, die nicht in Quartalsberichten, sondern in Generationen denken, den Gedanken der Nachhaltigkeit oft schon lange verinnerlicht und in ihre Kernstrategie aufgenommen haben, um auch den Enkeln noch ein erfolgreiches Unternehmen vererben zu können. Der Anreiz zum Denken in langen Zeiträumen fehlt in unserem jetzigen System.

Aus welchen Gründen sollten Unternehmer, nachhaltig orientierte Unternehmensvertreter und Investoren verstärkt in den Bereich soziale Innovation Zeit, Emotion und Geld investieren?
von Campenhausen: Die Gründe sind natürlich vielfältig: Investitionen in soziale Innovation ermöglichen den Erhalt unserer natürlichen Lebensgrundlagen, einer friedlichen Gesellschaft, die freiheitliche Entfaltung individueller Begabungen – all das klingt schnell sehr pathetisch, ist aber deswegen nicht weniger wahr. Die Erfahrung zeigt aber auch, dass die Menschen, die sich für einen guten Zweck engagieren, glücklicher und sinnerfüllter leben.

Lassen sich gesellschaftliche Probleme unternehmerisch lösen? Weshalb stößt die Politik hier an ihre Grenzen?

Hipp: Nicht alle gesellschaftlichen Lösungen sind als Geschäftsmodell denkbar – aber was wir grade in Deutschland benötigen, ist mehr unternehmerische Haltung, also die Bereitschaft, im eigenen Handlungsrahmen Risiken einzugehen und Gestaltungsspielräume voll auszuschöpfen, anstatt sich auf ausgetretenen Pfaden an Altbewährtem festzuhalten. Eine solche unternehmerische Haltung braucht es nicht nur in der Wirtschaft und Zivilgesellschaft, sondern auch bei Verantwortungsträgern im Staat, bei Verwaltungsbeamten ebenso wie bei Bürgermeistern, um Innovation zu ermöglichen und neue Kräfte des Wandels freizusetzen. Die Politik kann hierfür nur den Rahmen setzen, indem sie Spielräume erweitert und Gestaltungsfreiheit gewährt.

Was würden Sie im Bereich Nachhaltigkeit/Soziale Innovationen gerne ändern?

Hipp: Ganz praktisch brauchen wir mehr philanthropische Investitionen in Organisationen als immer nur in Projekte oder gar nur Pilotprojekte. Anstatt dass jeder Wohltäter das Rad neu erfinden will, brauchen wir viel mehr freie Mittel über längere Zeiträume, die gute Ideen wachsen lassen.

von Campenhausen: Und wenn dazu noch eine Kultur entsteht, in der es selbstverständlich ist, dass jeder das ihm Mögliche tut, um eine lebenswerte Umwelt und Gesellschaft zu schaffen oder zu erhalten, wäre viel gewonnen. Das geht bei täglichen Konsumentscheidungen los und kann bis zu aktivem Engagement für ein Anliegen oder eine gemeinnützige Organisation gehen – und auch dort reicht das Spektrum vom Streichen der Kita bis zu professioneller Strategieberatung oder dem Programmieren einer Website.

Welche Organisationen helfen Interessierten weiter, wenn sie sich über soziale Innovationen informieren bzw. diese unterstützen möchten?

Hipp: Eine der besten Organisationen, die soziale Innovationen identifiziert und soziale Innovatoren fördert, ist die Organisation Ashoka, die weltweit agiert und langjährige Erfahrung mitbringt.

Um sich persönlich pro bono einzubringen, gibt es zahlreiche Organisationen in Deutschland, die hier Angebote machen, nicht zuletzt die Freiwilligenagenturen. Die BMW Stiftung arbeitet derzeit an einem Konzept, diese verschiedenen Angebote besser zu vernetzen und professionell Angebot und Nachfrage von pro bono Services aufeinander abzustimmen, um damit für beide Seiten die größte Wirkung zu erzielen.

Welche Leuchtturm-Projekte von sozialen Innovatoren gibt es weltweit?

Hipp: Ein Beispiel von sozialer Innovation ist die indische Organisation Magic Bus. Magic Bus arbeitet mit den ärmsten Slum-Kindern in verschiedenen Städten Indiens, um sie durch professionelles Fußballtraining in einem mehr als 10-jährigen Curriculum zu selbstbewussten und selbstverantwortlichen Persönlichkeiten zu bilden. Die engmaschige Auswertung aller Entwicklungsdaten dieser Kinder beweist, welch positiven Effekt diese Arbeit auf die Gesundheit, den Bildungsstand, die Rolle der Mädchen und Frauen in den Gemeinden und auf den Erfolg am Arbeitsmarkt hat. Magic Bus will bis 2014 mit seinen Programmen eine Million Kinder in Indien erreichen.

von Campenhausen: Positive Beispiele aus Deutschland wären Wellcome, ein Social Franchise Unternehmen, das an rund 200 Standorten in Deutschland junge Familien in den ersten Wochen und Monaten nach der Geburt eines Kindes unterstützt; oder die Generationsbrücke Deutschland, in der langfristige Beziehungen zwischen Kindern und Altenheimbewohnern aufgebaut werden, die sich für beide Seiten positiv auf die persönliche Entwicklung auswirken.

Welche Rolle spielt Nachhaltigkeit für Sie privat?
Hipp: Da wir beide zu Hause viele Kinder haben, heißt Nachhaltigkeit für uns in erster Linie, Zukunftsfähigkeit für die nächsten Generationen. Hierfür braucht es Mut, Unternehmergeist und Innovation, die sich über das Verstehen der Probleme hinaus in wirksames Handeln übersetzen.

von Campenhausen: Nachhaltigkeit heißt aber auch, dass Strukturen solchem Handeln Raum geben, dass Anreizsysteme so angepasst werden, dass Nachhaltigkeit auch umgesetzt werden kann und dass Innovationen und Veränderungen schnell weite Verbreitung finden können. Hierfür braucht es eine breite Unterstützung aller gesellschaftlichen Kräfte.

Was zeichnet Ihre persönliche »Handschrift« aus? Was soll als Botschaft von ihr bleiben auf diesem Planeten?
von Campenhausen: Meine Hoffnung ist, dass wir mit unserer Arbeit Menschen inspirieren und zusammenbringen, die gemeinsam mehr bewirken, dass sie neue Energien für Engagement freisetzen und damit nachhaltig positive Veränderungen bewirken.

Hipp: Meine persönliche Handschrift? Wider den Zynismus. Es lohnt sich, sich für eine bessere Welt einzusetzen. Was soll davon auf diesem Planeten bleiben? Pragmatischer Optimismus.

Nachhaltigkeit heißt für mich, richtig zu rechnen.

Christian Hiß

Christian Hiß, Jahrgang 1961, ist aufgewachsen auf einem der ersten Bioshöfe Deutschlands in der Nähe von Freiburg im Breisgau. Als gelernter Gärtnermeister gründete er im Alter von 21 Jahren eine eigene Bio-Gemüsegärtnerei, die er bis 2006 erfolgreich als Familienbetrieb mit Mitarbeitern führte. Im Jahre 2006 gründete er mit seinem Betriebsvermögen die Regionalwert AG Bürgeraktiengesellschaft in der Region Freiburg, die er seither als geschäftsführender Vorstand leitet. Auf der Grundstruktur der Aktiengesellschaft wird ein Netzwerk von Unternehmen der regionalen Biobranche finanziert und aufgebaut. Mit einer speziellen Wirkungsanalyse wird der soziale und ökologische Mehrwert des Investments gemessen und den Aktionären im Geschäftsbericht vermittelt. Im Frühjahr 2011 beendete er sein Studium Master of Social Banking and Social Finance mit dem Thema »Nachhaltigkeit im Geschäftsbericht landwirtschaftlicher Betriebe«. Sein spezielles Wissensgebiet ist die Erweiterung der Finanzbuchhaltung an die soziale und ökologische Unternehmensproduktivität. Christian Hiß wurde ausgezeichnet vom Rat für Nachhaltige Entwicklung als »Social Entrepreneur der Nachhaltigkeit 2009« und von der Schwab-Foundation als »Social Entrepreneur des Jahres 2011«. Weiterführende Informationen: www.regionalwert-ag.de

Nachhaltige Landwirtschaft

Sie haben Ihre Kindheit auf einem der ersten Biohöfe Deutschlands im Breisgau verbracht. Inwiefern hat Sie dies für das gesamte Leben »nachhaltig« geprägt?
Meine Eltern haben 1952 ihren Betrieb auf die ökologische Wirtschaftsweise umgestellt. Damals gab es noch keine hundert Bio-Betriebe in Deutschland, heute sind es ja mehrere tausend. Es war eine Einzelleistung der Eltern aus ihrer Fähigkeit des Prozessdenkens heraus abzuleiten, wohin die Entwicklung gehen muss und wird. Sie waren Pioniere. Heute ist der Bio-Landbau gesellschaftlich etabliert, allseits bekannt und man hat viele Anschauungsbeispiele und kann mitmachen, es liegen viele Erkenntnisse über die Vor- und Nachteile vor.

Dieses aus eigenen Maßstäben heraus zu entwickeln von Kindheit an mitzuerleben, hat bei mir die Fähigkeit hinterlassen, aus der Zukunft heraus zu denken und zu handeln.

2006 gründeten Sie in der Nähe von Freiburg die Regionalwert AG als eine Bürger-Aktiengesellschaft. Wie kamen Sie zum ungewöhnlichen Ansatz, Landwirtschaft mit Aktien zusammenzubringen? Welche Herausforderungen waren damit verbunden?
Ich habe lange darüber nachgedacht und mit anderen viel darüber beraten, welche Gesellschaftsform für die Idee der bürgerfinanzierten Land- und Regionalwirtschaft passen würde. Die Aktiengesellschaft blieb bei der Abwägung von Vor- und Nachteilen übrig. Es sind einige Punkte, die den Ausschlag gaben: die Nichtkündbarkeit der Anteile gegenüber der Gesellschaft selbst, die einfache Handhabbarkeit der Übertragung von Anteilen, die Mithaftung der Investoren und die Möglichkeit eine größere Zahl von Interessierten aufzunehmen. Die Hauptherausforderung war und ist, den formal hohen Anspruch der Aktiengesellschaft ins Verhältnis zum realen Geschäft zu setzen. Es ist eine gewisse Größe erforderlich, um die Form der AG zu rechtfertigen.

Weshalb hat Sie die Gründung einer Aktiengesellschaft gerade »angezogen« und nicht abgeschreckt? Wird sie doch vielfach auch mit Negativattributen wie Gier in Verbindung gebracht.
Die Gier kann ja vielerlei Ziele verfolgen, sie verliert ihren Schrecken, wenn man sie auf ökologische und soziale Werte focusiert, denn diese brauchen wir dringend, da kann die Gier nicht groß genug sein. Gerade in der Landwirtschaft zeigt sich die Diskrepanz zwischen finanzwirtschaftlicher und sozial-ökologischer Wertentwicklung enorm. Die aktuelle betriebwirtschaftliche Rechnung, die eine direkte Auswirkung auf die Betriebsentwicklung hat, verändert die Kulturlandschaft und viele andere Parameter negativ. Es geht aber nicht darum, das Geld zu negieren,

sondern die Rechnung anders aufzustellen. Öko-Systemleistungen haben ihren Preis und müssen künftig einkalkuliert werden, genauso wie die Schäden, die durch die falsche Rechnung ausgelöst werden. Würden die vielen Leistungen der Landwirtschaft an den öffentlichen Gütern der Natur und der Gesellschaft gewissenhaft eingerechnet und bilanziert werden, gäbe es ein anderes Preisgefüge. Heute ist es noch so, dass derjenige Unternehmer, der am geschicktesten die noch billigen oder gar kostenfreien Ressourcen, wie zum Beispiel die Bodenfruchtbarkeit oder die biologische Vielfalt, ausbeutet, als der bessere Unternehmer gilt.

Bisher wird so gerne die Ökologie gegen die Ökonomie ausgespielt und der ökologisch Orientierte als Idealist verunglimpft. Das ist ein Irrtum, denn der ursprüngliche Ökonomiebegriff beinhaltete die Ökologie, die Trennung ist falsch und gefährlich. Ich glaube sogar, dass es umgekehrt ist und dass die derzeitige allgemeine Auffassung vom Wirtschaften idealistisch ist. Denn sie folgt einem Ideal dem das reale Gegenbild fehlt bzw. einer Realität, die mit Gewalt gezwungen wird, einem Ideal, zu folgen, einer falschen betriebswirtschaftlichen Rechnung. Ich bin der Überzeugung, dass ökologisch orientierte Unternehmer die Realität realistischer einschätzen und damit die eigentlichen Realisten sind.

Welche Vorteile hat eine Aktiengesellschaft gegenüber einer Genossenschaft, die Sie auch hätten gründen können?
Ich sah keinen Vorteil in einer Genossenschaft und nur, weil sie den Anschein hat, dass sie besser passen würde, war für mich kein Grund sie anzuwenden. Ich sah keine Genossenschaft weit und breit, die mich in ihrer Leistung zur Zukunftsfähigkeit beeindruckt hätte. Ein wesentlicher Vorteil der AG ist, dass man näher an die Anleger als Verantwortung tragende Individuen rankommt, bei der Genossenschaft gibt es Schutzeinrichtungen wie den Genossenschaftsverband.

Was verstehen Sie in diesem Zusammenhang unter »Wohlstand« und »Kapital«?
Klar ist, Kapital ist mehr als Geld, also Finanzkapital. Natur- und Sozialkapital werden in der Nennung von Kapital immer unterschlagen und doch sind sie die Grundlage allen Wirtschaftens. Aber wir gehen damit um, als wären sie unendlich und umsonst zu haben, das ist eben der große Irrtum unserer Zeit. Die Konsequenzen dieser Ignoranz bekommen wir immer stärker zu spüren.

Die Regionalwert AG leistet wichtige Beiträge zur Lösung von Nachfolgeproblemen auf Höfen und gegen den Kapitalmangel von Landwirten. Welche konkreten Angebote eröffnet die AG welchen Zielgruppen?
Gerade in der Landwirtschaft haben es Existenzgründer enorm schwer an das viele Kapital zu kommen, das sie benötigen in den ersten Jahren. In Deutschland gilt immer noch der klassische Familienbetrieb mit der innerfamiliären Hofübergabe als der einzige Typ der Unternehmensgründung und dies, obwohl viele Betriebe aufhören zu existieren, weil die junge Generation den Beruf nicht ausüben will und etwa zwei Drittel derjenigen, die den Hof der Eltern doch übernehmen, dies unter dem Druck der Tradition tun.

Wir brauchen einen offeneren Umgang mit den Betriebsübergaben. Viele junge Menschen, die keinen Hof geerbt haben, aber die nach der Ausbildung sich gerne selbstständig machen wollen, brauchen unsere Unterstützung. Die Regionalwert AG hilft dabei, Existenzgründungen zu finanzieren und berät die jungen Menschen.

Wie sieht die Wirkungskette aus? Und wie ist der Stand der Verbreitung? In welchen Regionen sind Sie bereits angekommen?
Zunächst bauen wir in der Region Freiburg die ganze Wertschöpfungskette der ökologischen Ernährungswirtschaft auf, alle Stufen vom Acker bis auf den Teller sollen mehrfach vertreten sein. Wenn wir es schaffen, dass alle Betriebe geschickt zusammenarbeiten, dann wird für alle Beteiligten, ob Aktionär oder Partnerunternehmen, ein Mehrwert herauskommen, der auch ein finanziell interessantes Ergebnis liefert. Wir sind dabei, das Konzept in andere Regionen zu übertragen: Im Münchner Raum wurde bereits eine Regionalwert AG gegründet.

Sie arbeiten daran, dass die Bilanzierungsmethode für landwirtschaftliche Betriebe verändert wird. Warum?
Ich bin der festen Überzeugung, dass die gegenwärtige Bilanzierungsmethode unvollständig ist und zu falschen Geschäftsergebnissen führt. Die Externalisierung der letzten Jahrzehnte macht uns enorm zu schaffen, die Kulturlandschaft verändert sich unvorteilhaft und die Ressourcen werden abgebaut, anstatt aufgebaut. Ich sehe in der Art der Buchhaltung die Ursache dafür. Die betriebswirtschaftliche Abstraktionsmethode für die landwirtschaftlichen Betriebe wurde aus der Industrie übernommen mit den negativen Folgen der industrialisierten Landwirtschaft. Ich meine, die Buchhaltung als Instrument muss auf Internalisierung statt auf Externalisierung ausgerichtet werden, dann würde mit einer nachhaltigen Landwirtschaft Geld verdient werden können, was der sicherste Garant für eine nachhaltende Wirtschaftsweise wäre.

Die Buchhaltung bezeichnen Sie als »DNA eines Wirtschaftsunternehmens« – weshalb plädieren Sie dafür, dass sie in Zusammensetzung und Aufbau geändert werden muss, wenn sich die Wirtschaft ändern soll?
Der Vergleich der Buchhaltung, genauer des Kontenrahmens eines Unternehmens, mit der DNA, also Erbinformation eines lebendigen Organismus, stammt aus meiner Zeit, als ich noch Pflanzenzüchter war.

Die DNA einer Pflanze beinhaltet alle relevanten Informationen, die sie braucht, um die äußere Ausprägung hervorzubringen. Sie greift sozusagen auf die archivierten Informationen in ihrem Inneren zurück und bringt sie über komplizierte Regelmechanismen aus der starren Abstraktion in die lebendige Form, den Phänotyp, wie die Pflanzenzüchter sagen. Aber die Pflanze sammelt im Laufe ihres Lebens alle Informationen und gibt sie in die DNA zurück, um sie der nächsten und übernächsten Generation wieder zur Verfügung zu stellen. Würde sie das nicht können, würde die Spezies nicht überleben.

Ich sehe eine Parallelität zwischen der DNA einer Pflanze als abstrahierendem Informationskörper und der Buchhaltung eines Unternehmens, denn jeder Unternehmer nutzt die Daten der Buchhaltung bzw. der Bilanz zur Unternehmenssteuerung. Es besteht ein ständiger Fluss zwischen der Abstraktionsebene der Bilanz und dem Phänotyp, also der äußeren Erscheinung des

Unternehmens. Die Daten stammen aus der Vergangenheit, sie werden aber für die Zukunft verwendet.

Nun kommt der spannende Teil des Gedankens: Sind die Daten der Buchhaltung unvollständig und das sind sie durch die permanente Externalisierung, dann trifft der Unternehmer die Entscheidungen auf falscher Datenbasis. Es ist so, als würde die Pflanze permanent wichtige Informationen nicht in ihre Abstraktionsebene aufnehmen. Ein fataler Fehler, der mittelfristig ihre Existenz kostet, weil sie nicht auf sich verändernde Rahmenbedingungen reagieren kann. Die Konsequenz davon ist, dass die Natur korrigierend eingreift, in der Wirtschaft ebenso wie in der Lebenswelt der Pflanzen. Die Schäden an der Umwelt, an der Gesellschaft wie auch an den einzelnen Menschen durch das falsche Wirtschaften wird in wenigen Jahrzehnten den Typ des gegenwärtigen Unternehmens vergehen lassen. Das heißt, wir müssen schnell die DNA der Wirtschaftsunternehmen an die veränderten Verhältnisse anpassen, das heißt, eine Buchhaltung entwerfen, die internalisiert und alle Tatsachen des Unternehmensgeschehens in die Abstraktionsebene bringen, sodass die Betriebe eine umfassende Datenbasis haben.

Weshalb ist für Sie derjenige Unternehmer, der nachhaltig wirtschaftet, der »Dumme«?
Weil er Leistungen erbringt, die nicht honoriert werden und weil er den Mitbewerbern gegenüber geschäftlich schlechter wegkommt. In unserer Gesellschaft mit der gängigen Auffassung vom Wirtschaften spielt der (unvollständige) Bilanzabschluss die erste Geige. Daran wird Erfolg und Misserfolg gemessen, andere Parameter sind nachrangig. In zukünftige Bewertungen des Geschäftserfolgs müssen soziale und ökologische Parameter mit einbezogen werden. Leistungen zur Nachhaltigkeit müssen finanziell honoriert werden.

Was sind für Sie die Herausforderungen auf dem Weg zu einer nachhaltigen Gesellschaft?
Die Hauptherausforderung ist die Abwendung der durch Krisen ausgelösten, ungeordneten Zustände durch die Vernunft. Ich bin aber dabei, die Hoffnung aufzugeben, das alte Denkmuster ist zu stark, ich glaube, die Zeit reicht uns nicht.

Was zeichnet Ihre »Handschrift« aus? Was soll als Botschaft von ihr bleiben auf diesem Planeten?
Ich bin bescheidener, ich denke und handle für die paar Quadratmeter, für die ich die Verantwortung übernommen habe, nicht für den Planeten. Das berühmte Bild des blauen Planeten, die Ikone der Umweltbewegung, war ein marketingtechnischer Missgriff, weil es die Begreifbarkeit unmöglich macht und die Handlungsfähigkeit des Einzelnen lähmt. Es ist ein Unterschied, ob man eine Statistik über die Zahl verhungerter Kinder liest oder ob das eigene Kind verhungert.

Nachhaltigkeit heißt für mich, Zukunft mit Zukunft zu erfinden – und umzusetzen!

Frank Hoffmann

Dr. med. Frank Hoffmann, Jahrgang 1959, wurde in Duisburg geboren. Hochschulreife 1978, Studium der Humanmedizin an der Universität Düsseldorf, Juni 1985 Approbation als Arzt. September 1985 bis Januar 1987 wehrpflichtiger Arzt. Februar 1987 bis September 1993 Assistenzarzt an der Frauenklinik des Evangelisches Krankenhauses Oberhausen (Professor Dr. R. Goebel). Mai 1992 Facharztprüfung. Februar 1990 Promotion. Oktober 1993 Niederlassung als Frauenarzt in Duisburg-Walsum, Aufbau der größten gynäkologisch-fachärztlichen Gemeinschaftspraxis der Region unter der Bezeichnung »Praxis für Frauen®« (neun Fachärzte an sieben Standorten im Stadtgebiet Duisburg) und der »Praxis für Frauen Service GbR«. Tätigkeiten im Fortbildungsausschuss der Ärztekammer sowie im Qualitätszirkel der Frauenärzte in Duisburg. Seit 2005 Entwicklung eines neuen Tätigkeitsfeldes für blinde Frauen als spezialisierte »Medizinische Tastuntersucherinnen MTU«, unter dem Namen »discovering hands®« geschützt. Seit November 2010 Ashoka-Fellow. Seit Dezember 2011 Geschäftsführer der discovering hands gUG (haftungsbeschränkt). Umfangreiche Reise-, Organisations- und Vortragstätigkeiten in dieser Funktion. Verheiratet mit der Heilpraktikerin Christine Hoffmann, zwei erwachsene Kinder, wohnt in Mülheim an der Ruhr. Weiterführende Informationen: www.discovering-hands.de

Behinderung als Begabung

Blinde verbessern mit ihrem Tastsinn die Brustkrebsfrüherkennung

Die weibliche Brust – ein Sinnbild der Weiblichkeit ohnegleichen! Es wundert nicht, dass die bösartige Erkrankung dieses Organs besonders viel Ängste hervorruft: Bei der Diagnose Brustkrebs ist es nicht nur die Angst um das Leben, sondern auch die Angst vor der Zerstörung der weiblichen Attraktivität, die Frauen oft genug einen Bogen um das Thema Brustkrebsfrüherkennung machen lässt. Leider – denn gerade hier bestehen die größten Heilungschancen dann, wenn der Knoten in der Brust in einem noch frühen Stadium gefunden wird.

Als Frauenarzt war ich überrascht, wie viele Frauen angaben, sich selbst nie abzutasten. »Ich habe Angst etwas zu finden« und »Das macht mich nur unsicher« waren die häufigsten Antworten. Dabei ist die Selbstuntersuchung neben der ärztlichen Tastuntersuchung ein wichtiger Teil der Früherkennungsmaßnahmen. Was nun, wenn eine Frau den normalen Tasteindruck ihrer Brust gar nicht kennt und nur auf die »klinische Brustuntersuchung« vertraut? Diese ist dann im Routinefall die einzige Früherkennungsmaßnahme überhaupt, jedenfalls für Frauen unter 50 (erst ab dem 50. Lebensjahr wird den Versicherten die Teilnahme am Mammographie-Screening ermöglicht) und dann, wenn keine Risikofaktoren vorliegen. Erst bei einer Auffälligkeit können weitere diagnostische Maßnahmen veranlasst werden.

Oft genug ist aber diese Brustuntersuchung belastet durch den im Alltagsbetrieb herrschenden Zeitdruck und so wundert es nicht, dass ein hierbei entdeckter Tumor oft bereits eine Größe von ein bis zwei Zentimeter hat. Die Rahmenbedingungen für eine optimale Brusttastuntersuchung sind dabei einfach zu definieren: genug Zeit, ein systematischer Untersuchungsablauf und die bestmögliche Tastfähigkeit des Untersuchenden.

Blinde trainieren infolge Wegfalls des Gesichtssinns andere sensorische Qualitäten intensiv; besonders ihr Tastsinn ist optimal ausgebildet. Meine im Prinzip einfache, aber folgenreiche Idee war daher, blinde Menschen zu Tastuntersuchern auszubilden – warum nicht aus einer Behinderung eine Begabung machen und sie zum Wohle der Patientin in der Brustkrebsfrüherkennung einsetzen?

Aus der Idee wurde ein Plan, der ab 2006 in Zusammenarbeit mit dem Landschaftsverband Rheinland, der Ärztekammer Nordrhein, dem Berufsförderungswerk für Blinde und Sehbehinderte in Düren und der Universitätsfrauenklinik Essen in die Tat umgesetzt wurde. In einem zweijährigen Projektansatz entstand das völlig neue Tätigkeitsfeld der »Medizinischen Tastuntersucherin«, abgekürzt »MTU«, das von Anfang an auf großes Interesse der Öffentlichkeit stieß. Inzwischen haben über 20 Frauen mit großem Engagement die Ausbildung zur MTU abgeschlossen.

Nach einem mehrtätigen Assessment, welches neben den grundsätzlichen Tastfähigkeiten soziale Kompetenz, Merkfähigkeit und Kommunikationsfähigkeiten überprüft, werden sie in einem neunmonatigen Lehrgang mit allem vertraut gemacht, was man zur Brust und ihren Erkrankungen wissen muss, und das auf fachlich hohem Niveau. Erforderlich ist das nicht nur, um der MTU später mit dem Arzt eine Kommunikation »auf Augenhöhe« zu ermöglichen, sondern auch, damit sie den von ihnen untersuchten Frauen zu allen Fragen der Brustgesundheit Rede und Antwort stehen kann. Natürlich steht das Erlernen der »KBU-B«, der von discovering hands® entwickelten klinischen Brustuntersuchung durch Blinde, ganz im Vordergrund, die mit Hilfe eines eigens hierfür entwickelten und patentierten selbstklebenden Orientierungsstreifens durchgeführt wird: Fünf längsverlaufende Streifen werden parallel so im Brustbereich angebracht, dass sie jede Brust in zwei Zonen teilen, die nacheinander untersucht werden.

Das Streifensystem erlaubt es auch, einen einmal entdeckten Tastbefund quadratzentimetergenau wiederauffindbar zu machen. Das ist in der Kommunikation mit dem Arzt, mit der die MTU obligat zusammenarbeitet, von großer Bedeutung. Per Definition üben die Medizinischen Tastuntersucherinnen eine ärztliche Hilfstätigkeit aus, denn die Verantwortung für das Ergebnis der Untersuchung als auch die Entscheidung, wie ein Tastbefund weiter abgeklärt wird, liegt beim Arzt. Daher sind MTU bevorzugt in Frauenarztpraxen oder Kliniken eingestellt.

Hier arbeiten sie sehr effizient: Erste Analysen haben gezeigt, dass MTU in einem direkten Vergleich mehr und deutlich kleinere Gewebeveränderungen ertasten konnten als die Ärzte. Damit ist diese bereits an 17 deutschen Praxen und Kliniken etablierte innovative Vorsorgemethode allerdings noch nicht im Markt verankert: Alle bisherigen Fördergelder (auch die, die ab 2009 in einem zweiten Projektschritt die Qualifizierung der Berufsförderungswerke in Halle, Nürnberg und Mainz für die MTU-Ausbildung erlaubten) waren der Umsetzung der Ausbildung, nicht aber der Markteinführung der Methode gewidmet.

Auch das beste neue Verfahren muss allerdings vermittelt werden: Neben der Rekrutierung neuer Ausbildungskandidatinnen müssen weitere interessierte Arztpraxen angesprochen werden, die Öffentlichkeit erwartet weitere Informationen, Krankenkassen müssen gewonnen werden, die Kosten für die Untersuchung ihrer Mitglieder zu übernehmen (für gut 4.4 Millionen Versicherte ist das bereits der Fall).

Bedeutsam ist auch die Pflege und Weiterentwicklung der Methodik an sich sowie eine weitere wissenschaftliche Absicherung: Hierzu stehen uns seit 2012 zweckgebundene Stiftungsgelder zur Verfügung, mit denen in den nächsten zwei Jahren eine prospektive Studie umgesetzt wird.

Eine hohe Priorität hat für uns die Entwicklung eines ausbildungs- und berufsbegleitenden Unterstützungsprogramms für Medizinische Tastuntersucherinnen, das nicht nur bei der Bewältigung »ganz normaler« Hürden wie der Beantragung von Hilfsmitteln und Fördergeldern hilfreich ist, sondern besonders auch bei psychisch belastenden Phasen im Arbeitsalltag, wie sie beispielsweise entstehen, wenn eine MTU die fortschreitende Brustkrebserkrankung oder sogar den Tod einer Patientin für sich verarbeiten muss. Trotz aller guter Vorbereitung auf die Tätigkeit und aller Professionalität sind die Medizinischen Tastuntersucherinnen hier sicher ungeschützter, weil sie sich auf einer menschlichen Ebene tatsächlich intensiver ihren Patientinnen nähern als das üblicherweise im Gesundheitssektor geschieht.

Nicht zu vergessen ist, dass sich auch für die Patientinnen, die die Medizinische Tastuntersuchung in Anspruch nehmen, eine völlig neue Untersuchungserfahrung ergibt: Gut dreißig Minuten steht ihr eine qualifizierte Diagnostikerin zur Verfügung, die sich, gut vorbereitet durch ein intensives Kommunikationstraining, einfühlsam ganz allein mit ihr beschäftigt – eine positive Erfahrung, die im modernen Praxisbetrieb nicht mehr so oft vorkommt. Nicht nur die Tastuntersuchung an sich, sondern auch die im Gespräch mit der MTU geklärten Fragen der Patientin zum Thema Brustgesundheit werden als wertvoller und oft entlastender Bestandteil des diagnostischen Prozesses wertgeschätzt.

Nicht unerheblich ist dabei auch ein anderer Gesichtspunkt: Frauen, die ihren Körper nicht oder nicht mehr attraktiv finden, haben häufig Hemmungen, sich einer körperlichen Untersuchung zu unterziehen; im schlimmsten Fall nehmen sie deshalb an Vorsorgeuntersuchungen gar nicht erst teil. Zur Medizinischen Tastuntersuchung gehen sie jedoch ganz ohne Schamgefühl, da die MTU »sie ja nicht sieht«.

Ein Charakteristikum von discovering hands® sei in diesem Zusammenhang auch genannt: das hohe Maß an persönlichem Engagement der Tastuntersucherinnen für die Sache selbst, die sie damit wirklich zu »ihrer« Sache machen und allein hierdurch einen wichtigen Beitrag zur Nachhaltigkeit des Systems leisten.

Soziale Fragen unserer Gesellschaft kannten bisher häufig nur folgende Antworten: Öffentliche Wohlfahrt oder privates meist spendenfinanziertes Engagement. Beide Bereiche sind auch in Zukunft unverzichtbar zur Lösung vieler sozialer Probleme.

Seit einigen Jahren setzt sich aber auch in Deutschland das Bewusstsein dafür durch, dass hier unternehmerische Instrumente zum Einsatz kommen könnten. Wesentlicher Unterschied dieser Sozialunternehmen im Vergleich mit Non-Profit-Unternehmen ist jedoch, dass sie mit dem eingesetzten Kapital nicht monetäre Rendite, sondern soziale Effekte generieren. Social Entrepreneurship ist inzwischen ein wirtschaftswissenschaftlich, sozialpolitisch und zunehmend öffentlich diskutiertes Thema.

Es lag nahe, die anstehenden Aufgaben von discovering hands® sozialunternehmerisch anzugehen – für mich tatsächlich ein gewagter Schritt, die gewohnte und sichere Berufsumgebung einer etablierten fachärztlichen Praxis zu verlassen und mich diesem für mich völlig neuen Aufgabenfeld zu stellen. Eine Unterstützung dabei war meine Ernennung zum deutschem Ashoka-Fellow Ende 2010 sowie das große Interesse der beteiligten Menschen.

Nach vielen fachlich gut beratenen Vorüberlegungen wurde am 27. Dezember 2011 die »discovering hands® gemeinnützige UG (haftungsbeschränkt)« gegründet, die nun die jetzt marktreife Vision der Nutzung einer »Behinderung« als Begabung zum Wohle der Gesundheit in den Markt trägt – zunächst in Deutschland, später aber auch international: Konkrete Planungen hierfür gibt es für Österreich und Rumänien, Anfragen bestehen aus der Schweiz und Irland. Wesentliche Aufgabe dieser Gesellschaft wird zukünftig neben der Verbreitung der Vision ihrer Gründer die Organisation der wissenschaftlichen Begleitung sowie die Weiterentwicklung des Ausbildungscurriculums sein.

In Kürze wird die Gründung der discovering hands® Service GmbH erfolgen, deren Aufgabe die Betreuung des operativen Geschäfts ist. Hierzu gehören unter anderem die Organisation der Produktion und des Verkaufs der Orientierungsstreifen, das komplette Marketing, die Betreuung der Praxen, die eine MTU eingestellt haben sowie die Pflege und der Ausbau der vertraglichen Vereinbarungen mit den Krankenkassen.

discovering hands® versteht sich als professionelles gemeinnütziges Unternehmen mit einer sozialen Vision. Es wird marktwirtschaftlich organisiert und gewinnorientiert geführt. Der erzielte Gewinn wird dabei ausschließlich in den weiteren Ausbau des Geschäfts investiert. Die sozialunternehmerische Wirkungskette sieht damit so aus: discovering hands® rekrutiert Blinde und Anstellungspraxen als spätere Arbeitgeber, organisiert die Ausbildung nach eigenem Curriculum an einer der qualifizierten Einrichtungen und bietet eine spezifische Begleitung der MTU im Arbeitsalltag an. Die im Rahmen der Untersuchungstätigkeit als Verbrauchsmaterialien eingesetzten Orientierungsstreifen werden von discovering hands® produziert und verkauft. Der Verkaufserlös fließt wiederum dem sich so selbstverstärkenden operativen Geschäftsfeld zu.

Als Ergebnis produziert der Prozess gleich mehrere positive soziale Ergebnisse: Menschen mit Behinderung steht ein Arbeitsbereich zur Verfügung, den sie ausfüllen, nicht obwohl, sondern weil sie behindert sind; Frauen bekommen durch den gezielten Einsatz dieser Begabung eine bessere Chance auf Heilung oder Erhalt ihrer Gesundheit; der Blick auf »Behinderung« als auch das Bewusstsein für ein aktives »Brustgesundheitsverhalten« wird positiv verändert.

Mein Anliegen ist es, diesen drei positiven Botschaften mit discovering hands® in Deutschland wie in der Welt eine nachhaltige Grundlage zu schaffen.

Die Idee hinter discovering hands® hat bis heute zahlreiche Preise und Auszeichnungen erhalten wie z. B. zuletzt den Sonderpreis des deutschen Innovationspreises im Gesundheitswesen 2011 und wird wie schon seit Beginn des Projektes auch weiterhin umfassend medial begleitet. Seit Mitte 2012 baut discovering hands® zudem eine enge Kooperation mit der internationalen Brustkrebs-Kampagne »pink ribbon®« auf.

Die Geschäftsidee ist weltweit einmalig – Wettbewerber gibt es in diesem Bereich bisher nicht, obwohl es jedem Sozialunternehmer eine Freude wäre, möglichst oft erfolgreich kopiert zu werden. Auf diese Weise würde sich der soziale Erfolg umso schneller im Markt bemerkbar machen.

Es bleibt meinem Team und mir vorerst noch viel zu tun. Wir sind indes sicher, in der Umsetzung weiter erfolgreich zu sein: Dhomes ie Idee ist einfach zu bestechend und der soziale Effekt einfach zu naheliegend. Medizinische Tastuntersucherinnen als (schicksalsgewollte) Tastspezialistinnen werden in dieser Welt, in der weder der Verlust des Augenlichtes noch die Brustkrebserkrankung abschließend besiegt sein werden, ihren nachhaltigen Platz finden – der Anfang ist gemacht!

Nachhaltigkeit heißt für mich, wenn es dem Menschen gelingt, im Einklang mit der Natur zu leben und den unersetzbaren Wert der Vielfalt an Arten und Lebensräumen anzuerkennen.

Volker Homes

Volker Homes, Jahrgang 1969, ist Diplom Biologe. Er studierte an der Philipps-Universität in Marburg und an der Technischen Universität in München Biologie, internationalen Naturschutz und Geographie. Nach mehreren Auslandsaufenthalten in Kanada, Lateinamerika und Afrika entschied er sich für den internationalen Naturschutz als Schwerpunkt seines Studienabschlusses. Die Diplomarbeit entstand an den letzten Wildflusslandschaften der Nordalpen an der Oberen Isar. Nach dem Studium arbeitete Homes in der angewandten Forschung im Naturschutz in Agrarlandschaften Süddeutschlands. 1998 kam er zum WWF Deutschland, bei dem er heute den Bereich Artenschutz und TRAFFIC leitet. Neben dem Schutz bedrohter Tiere wie Tiger, Elefanten und Wale steht dabei der Erhalt von Arten durch Ansätze der nachhaltigen Nutzung im Vordergrund. Zum Beispiel entwickelte der WWF zusammen mit anderen ein Zertifikat FairWild, das die Nachhaltigkeit in der Nutzung von Medizinalpflanzen weltweit belegt. In seiner Freizeit reist er gern mit seiner Familie. Homes ist verheiratet, hat eine Tochter und einen Sohn und wohnt in Berlin.
Weiterführende Informationen: www.wwf.org, www.wwf.de, www.fairwild.org

Nachhaltigkeit ist für mich, wenn Menschen mit gutem Beispiel vorangehen. Das kann auch eine Bewegung auslösen und andere begeistern, mitzumachen.

Claudia Marloh

Claudia Marloh, Jahrgang 1963, ist Major Donor Managerin des WWF Deutschland. Sie hat den Bereich Großspenden-Management für den WWF aufgebaut. Zuvor war sie Director Corporate Finance für die M. M. Warburg Bank in Hamburg und Vorstand der Janosch Film & Medien AG. Sie hat eine Agentur für Finanzkommunikation und Investor Relations geleitet und war Chefredakteurin sowie Herausgeberin von Finanzfachpublikationen. Mit ihrer langjährigen Erfahrung im Umgang mit vermögenden Privatkunden, institutionellen Investoren und mittelständischen Unternehmen begeistert sie heute Menschen für wertvolle Projekte zum Schutz der Natur. Sie engagiert sich ehrenamtlich im Bereich der Kunst, der Musik und der Kirche. Sie hat an der WHU Otto Beisheim School of Management in Koblenz Unternehmensführung und an der Universität Hamburg Psychologie studiert. Weiterführende Informationen: www.wwf.org, www.wwf.de, www.fairwild.org

Bewahrung der biologischen Vielfalt

Was inspiriert Sie, für den WWF zu arbeiten?
Die bisherigen Erfolge und der konstruktive Ansatz, ohne Scheuklappen und Berührungsängste nach Lösungen zu suchen. Und dass in vielen Teilen der Erde hochqualifizierte Kollegen am selben Thema arbeiten.

Was ist für Sie die wichtigste Spezies auf der Erde?
Der Mensch. Aber er muss noch beweisen, dass er wirklich die »Krone der Schöpfung« ist. Es ist die Vielfalt, die die Schönheit unseres Planeten ausmacht. Ich denke dabei nicht nur an Tiger oder Eisbären, sondern genauso an Honigbienen, Regenwürmer, Moschustiere und Nacktmulle.

Die von Menschen verursachte Aussterberate ist mindestens 1.000 bis 10.000 mal höher als die natürliche Aussterberate. Haben wir da überhaupt noch eine Chance?
Ja, wir haben eine Chance, die Zerstörung zu stoppen. So wurden auf Borneo in einem vom WWF wiederaufgeforsteten Gebiet in Nord Ulu Segama Ende September 2011 erstmals wieder mehrere Orang-Utans beim Bau von Nestern gesichtet. Dort, im Herzen von Borneo, wurde auf unsere Initiative ein Netz von Schutzgebieten mit der Größe Großbritanniens eingerichtet. Allerdings geht die Bedrohung des Regenwaldes durch Plantagen und illegalen Einschlag weiter. Wir können uns noch nicht zurücklehnen.

Zum ersten Mal bedroht eine einzelne Art, der Mensch, einen großen Teil der natürlichen Vielfalt. Wie überzeugen Sie die Menschen, dass diese Form des Wirtschaftens nicht nachhaltig ist?
Überzeugt sind im Grunde alle. Die Herausforderung besteht darin, den Schritt vom Bewusstsein zur Verhaltensänderung zu machen. Für viele scheint zu gelten: »Der Wegweiser geht den Weg nicht selbst.« Das müssen wir ändern.

Was bedeutet der Tiger für Sie?
Der Tiger steht am Ende einer langen Nahrungskette. Er spielt als großer Beutegreifer eine wichtige Rolle im biologischen Gleichgewicht. Darüber hinaus hat er eine hohe Symbolkraft. Wenn wir es nicht einmal schaffen sollten, den Lebensraum dieser faszinierenden Katze zu erhalten, um wie viel schwieriger wird es dann für so unscheinbare Lebewesen wie das Saola Wildrind oder den Zagros Molch?

Ist der Tiger denn noch zu retten?
Die Zerstörung der Heimat des Tigers und die Wilderei sind nach wie vor die schlimmsten Bedrohungsfaktoren. Illegal werden für traditionelle chinesische Medizin noch immer Unsummen für alle Körperteile des Tigers bezahlt. Von den Barthaaren bis zu den Knochen landet alles in fragwürdigen Produkten. Allerdings haben mit 13 Regierungen mehr als je zuvor auf dem Tiger-Gipfel

2010 in St. Petersburg entschieden: Die Zahl der Großkatzen muss von heute 3.200 Tieren bis 2022 wieder verdoppelt werden. Dafür stellen diese Länder gemeinsam mit dem WWF mehr als 300 Millionen Euro zur Verfügung.

Warum hat die Wilderei in Afrika und Asien in den letzten Jahren wieder zugenommen?

Hier regelt die Nachfrage den Schwarzmarkt. Nashorn ist inzwischen teurer als Gold: Schmuggler kassieren pro Horn mehr als 50.000 Euro. In Vietnam mit seiner wachsenden Oberschicht ist der Aberglaube, das Horn helfe gegen Krebs, tief verwurzelt. Neben der Bekämpfung der Wilderei muss viel Aufklärungsarbeit geleistet werden.

In Zentralafrika werden immer mehr Elefanten wegen ihres Elfenbeins getötet. Wie ist dieses weltweite Problem zu lösen?

Der Kampf gegen die Wilderei kann international gewonnen werden. Das Washingtoner Artenschutzübereinkommen, das den Handel mit bedrohten Arten regelt, ist ein gutes Beispiel. Keine der dort gelisteten Tier- und Pflanzenarten sind bislang ausgestorben. Allerdings muss die Strafverfolgung effizienter werden. Wilderei gehört auf eine Stufe mit Terrorismus und Drogenhandel. Diese Verbrechen destabilisieren ganze Staaten.

Was kann der Tourismus für den Artenschutz tun?

Mit Whale Watching wird mittlerweile mehr Geld verdient als mit dem Abschlachten der Meeressäuger. Die Menschen in Afrika schützen deshalb ihre Menschenaffen, weil sie über Reisende daran verdienen. Ein gut verwalteter Tourismus kann einen wichtigen Beitrag zum Erhalt der Natur leisten. Dieses Konzept lebt davon, das es laufend überprüft und verbessert wird.

Verstehen unsere Kinder genug von der Natur?

Die Artenkenntnis ist bei Schulkindern seit 25 Jahren viel zu gering. In der Lehreraus- und Weiterbildung spielt Artenschutz bisher keine Rolle. Das ändern wir gerade. Mit der Goethe-Universität Frankfurt am Main Didaktik der Biowissenschaften und der Heraeus Bildungsstiftung haben wir in den letzten beiden Jahren den Artenschutz-Koffer entwickelt. Dieser enthält ein komplettes Unterrichtsprogramm für die Sekundarstufe I sowie vom Zoll sichergestellte Asservate. Der Koffer wird ab 2013 in einer Auflage von 150 Stück produziert. Er erfreut sich bei Lehrern und Schülern bereits jetzt einer regen Nachfrage. Dr. Michael Otto hat 100 davon gestiftet. Für weitere Koffer suchen wir Förderer, die in die Bildung investieren möchten und die Produktionskosten von 800 Euro pro Stück übernehmen.

Nachhaltigkeit heißt für mich Kinder und Jugendliche fit fürs Leben zu machen.

Dietmar Hopp

Dietmar Hopp wurde 1940 in Heidelberg geboren. Nach Abitur und Wehrdienst studierte er an der Universität Karlsruhe (TU) Nachrichtentechnik (Informatik). 1965 schloss er sein Studium als Diplom-Ingenieur ab. Seine Karriere begann 1966 als Systemberater bei IBM in Mannheim. Gemeinsam mit vier ehemaligen IBM Kollegen gründete Hopp 1972 die heutige Firma SAP AG. 1988 erfolgte der Börsengang. Dietmar Hopp wurde im Oktober desselben Jahres Vorstandsvorsitzender des Unternehmens. Ab 1997 war er gemeinsam mit Hasso Plattner Vorstandssprecher der SAP. Zuletzt war Dietmar Hopp von 1998 bis Mai 2005 als Aufsichtsratsmitglied der SAP AG tätig. 1995 gründete er die gemeinnützige Dietmar Hopp Stiftung. Seit seinem Rückzug aus dem Tagesgeschäft der SAP ist Dietmar Hopp zudem als Investor, insbesondere in der Biotech-Branche, tätig. Er ist verheiratet und Vater zweier Söhne. Während Hopp früher aktiver Fußballer und Tennisspieler war, begeistert er sich heute vor allem für den Golfsport. 1997 gründete Dietmar Hopp den Golfclub St. Leon-Rot, dessen Präsident er seither ist. Hopp unterstützt darüber hinaus die TSG 1899 Hoffenheim, für die er in seiner Jugend selbst spielte. Sein Engagement seit 1990 ermöglichte dem Verein den Aufstieg aus der Kreisliga A in die 1. Fußball-Bundesliga. Weiterführende Informationen: www.dietmar-hopp-stiftung.de

Jugend stark machen

Sie haben 1995 die Dietmar Hopp Stiftung ins Leben gerufen. Was hat Sie dazu bewegt?
In meinem Leben habe ich sehr viel Glück gehabt. Mit idealen Partnern und der richtigen Idee zur richtigen Zeit bin ich mit der SAP sehr erfolgreich und damit auch vermögend geworden. 1995 habe ich beschlossen, meinen Reichtum mit unserer Gesellschaft zu teilen und gründete die Dietmar Hopp Stiftung. In diese Stiftung habe ich einen Teil meines SAP-Aktienbesitzes eingebracht, die daraus resultierenden Dividenden stehen der Stiftung als Fördermittel zur Verfügung. Bis heute sind rund 300 Millionen Euro für gemeinnützige Zwecke zur Verfügung gestellt worden.

Da schon länger klar ist, dass der Staat nur begrenzte Mittel hat, um die immer größer werdende Not bestimmter Gesellschaftsgruppen aller Altersstufen zu lindern, sah ich als Wohlhabender hier eine soziale Verpflichtung mich einzubringen. Ich bin froh darüber, dass ich dies alles freiwillig tun kann, ohne staatlichen Zwang und Eingriff – und dabei wünschte ich mir viele Nachahmer.

Welche Bereiche fördern Sie und nach welchen Kriterien haben Sie diese ausgewählt?
Wir fördern die Bereiche Sport, Medizin, Soziales und Bildung. Dabei hat jeder Förderbereich eine eigene Entstehungsgeschichte. So war zu Beginn die Kinderkrebsforschung das wichtigste Ziel, nicht zuletzt, weil für mich schon der Gedanke, dass einer meiner Söhne an Krebs erkranken könnte, schrecklich war. Für meine Frau haben auch die sozialen Projekte der Stiftung einen wichtigen Stellenwert.

Eine Herzensangelegenheit für mich ist die Jugendförderung im Sport, denn ich habe selbst in meiner Jugend erfahren, dass Sport einen Menschen positiv prägt. Man lernt Teamfähigkeit, Fairness und auch den Umgang mit Siegen und Niederlagen. Inzwischen hat man sogar herausgefunden, dass Sport bei Jugendlichen die Bildung neuronaler Schaltungen im Gehirn begünstigt. Auch, wenn es auf dem Platz nicht immer so aussieht: Sport macht also schlau!

Weshalb unterstützen Sie auch Bildungsprojekte?
Es ist ja längst kein Geheimnis mehr, dass Bildung und Ausbildung die beste Prävention vor späterer Arbeitslosigkeit ist, auch aus diesem Grund leistet meine Stiftung Unterstützung im Bildungsbereich. An vielen Hochschulen und Universitäten gibt es Lehrstühle, die durch meine Stiftung finanziert werden. Und eine ganze Reihe von Schulen unserer Region wurde mit neuesten Techniken der Informationstechnologie ausgestattet. Auf diese Weise können die Schüler besser auf die Berufswelt vorbereitet werden. Aber auch die ganz Kleinen profitieren davon, denn wir unterstützen das »Haus der kleinen Forscher«, das u. a. naturwissenschaftliche Experimente in Kindergärten anbietet.

Sie haben in diesem Jahr an der EBS Universität den weltweit ersten Lehrstuhl zur Messung der wirtschaftlichen und sozialen Auswirkungen des Breiten- und Spitzensports initiiert? Was erwarten sie sich davon?

Sport ist ein Spiegelbild des Lebens und geeignet, die Persönlichkeitsentwicklung von Kindern und Jugendlichen positiv zu begleiten. Sport – vor allem im Verein und in der Mannschaft – hat einen hohen sozialen und integrativen Charakter und ist daher ein Förderschwerpunkt in meiner Stiftung. Ein Stiftungslehrstuhl, der die gesellschaftliche Bedeutung von Sport untersucht und Studienangebote für ehemalige Sportler erarbeitet, passt ganz ausgezeichnet zur Ausrichtung der Stiftung.

Vorrangig haben Sie der Metropolregion Rhein-Neckar viel Gutes getan. Welche Rückmeldungen erhalten Sie?

Es ist richtig, dass sich das Engagement meiner Stiftung auf die Region am Sitz der Stiftung konzentriert, die Metropolregion Rhein-Neckar. Hier bin ich aufgewachsen, hier sind die Wurzeln meines Erfolgs und hier fühle ich mich sehr wohl und hier gibt es wie überall auf der Welt sehr viel Not. Durch die Fokussierung auf die Region sind die Auswirkungen meines Engagements greifbar und sichtbar und wir haben die Chance die Projekte zu beurteilen und zu begleiten, was bei einem weltweitem Einsatz ausgeschlossen wäre. Ich freue mich über Rückmeldungen von Eltern, deren Kinder von medizinischen, sozialen, Sport- oder Bildungs-Projekten der Stiftung profitiert haben.

Ihre Stiftung zählt heute zu den größten Privatstiftungen Europas. Hätten Sie vor 17 Jahren bei der Gründung gedacht, dass Sie so nachhaltig Gutes tun können?

Ich habe es gehofft, bin aber abhängig vom Erfolg der SAP, weil deren Dividenden unsere Fördermittel ausmachen! Und dieser Erfolg ist sensationell, sodass wir inzwischen für mehr als 800 Projekte, die schon erwähnten 300 Millionen Euro ausgeben konnten. Das macht mich schon ein wenig stolz.

Weshalb bringen nicht mehr Wohlhabende einen Teil ihres Vermögens in Stiftungen ein? Wie ließe sich dies ändern?

Ich kann mir vorstellen, dass viele die Öffentlichkeit scheuen, weil sie den Neid fürchten und Sprüche wie: Der kann das machen, der hat ja genug. Und anonym lässt sich Stiften ab einer bestimmten Größenordnung nicht mehr machen. Schade, dass bei uns keine Mentalität wie in den USA herrscht, wo das Stiften einen weit höheren Stellenwert hat.

Eines Ihrer Lieblingsprojekte, welches jährlich mit einer bedeutenden Summe gefördert wird, ist »Anpfiff ins Leben e.V.«. Wie hat diese Erfolgsgeschichte eigentlich begonnen?

Schon zu Beginn der Fußballförderung in Hoffenheim war mir die Jugendförderung ein ganz wichtiges Anliegen. Dabei hat mich Anton Nagl tatkräftig unterstützt. Auf der Basis der dabei gemachten Erfahrungen kam vor rund 12 Jahren dann Anton auf mich zu mit einem Konzept für eine ganzheitliche und damit besonders nachhaltige Jugendförderung. Ich war spontan von der Idee begeistert, Kinder und Jugendliche nicht nur sportlich, sondern weit darüber hinaus zu fördern. Im Jahr 2001 wurde dann der gemeinnützige Verein »Anpfiff ins Leben« gegründet und schon bald darauf in Zuzenhausen das erste Jugendförderzentrum eröffnet. Welche Dimensionen das Ganze annehmen würde, haben wir damals in den kühnsten Träumen nicht erwartet.

Sie sprechen die Dimension an, die »Anpfiff ins Leben« heute erreicht hat. Durch Ihre Stiftung haben Sie seit 2001 schon über 70 Millionen Euro als Anschubfinanzierung in Infrastruktur und Budgets geleistet. Was verbirgt sich hinter dem Aushängeschild der Metropolregion Rhein-Neckar? Was ist die Intention Ihres Engagements?
Neben der sportlichen Ausbildung in Fußball, Eishockey, Handball und Golf umfasst das Förderprojekt auch die schulische und berufliche Weiterbildung sowie die Entwicklung von sozialen Kompetenzen. Diese vier Bereiche stehen gleichberechtig nebeneinander. Die Freiheiten und Möglichkeiten für junge Menschen, ihr Leben zu gestalten, waren noch nie größer und vielfältiger als heute. Im Allgemeinen verbinden wir mit Freiheit und einer Auswahl vieler Möglichkeiten positive Assoziationen. Aber wir alle wissen, dass auch die daraus resultierenden Gefahren für die Jugend sehr groß sind. Ich brauche nur an die Suchtpotenziale im Spielbereich bei Drogen und Alkohol zu erinnern. Aber auch zunehmende Gewaltbereitschaft und Gewaltausübung gehören dazu.

Den vielen negativen Angeboten und Möglichkeiten müssen deshalb möglichst viele positive gegenübergestellt werden. Mit »Anpfiff ins Leben« bieten wir der Jugend die Chance, nicht in den geschilderten Teufelskreis zu geraten.

Wie viele »Anpfiff ins Leben«-Jugendförderzentren gibt es in der Metropolregion Rhein-Neckar?
Es sind in der Region sechs Jugendförderzentren in Walldorf, Kronau, Ludwigshafen, Mannheim, St. Leon-Rot und Heidelberg sowie eines außerhalb der Metropolregion in Abstatt – insgesamt also sieben. Das Jugendförderzentrum in Zuzenhausen ist inzwischen Bestandteil der »achtzehn-99AKADEMIE« des Fußball-Bundesligisten TSG 1899 Hoffenheim, den ich privat fördere.

Unter Anleitung werden in den Jugendzentren über 3.200 Kinder und Jugendliche ganzheitlich ausgebildet und fit fürs Leben gemacht.

Wie gelingt die ganzheitliche Förderung?
Möglich ist dies alles nur dank des unermüdlichen Einsatzes von Anton Nagl und seinem Team sowie den über 100 Kooperationspartnern und über 60 Netzwerkpartnern. Bei diesen handelt es sich neben Vereinen und sozialen Einrichtungen auch um Wirtschaftsunternehmen, Schulen, Hochschulen und Universitäten mit ganz unterschiedlichen Schwerpunkten und auch um Verbände. Auch kirchliche Institutionen und Seniorenheime gehören dazu. Mit deren Hilfe erhalten die Kinder und Jugendlichen ein einmaliges Angebot. Dieses reicht von vielfältigen sportlichen Aktivitäten über Hausaufgabenbetreuung, PC- und Rhetorikkurse, Ernährungsberatung, Vermittlung von Praktikanten- und Ausbildungsplätzen bis hin zu gemeinsamen Projekten mit sozial benachteiligten Menschen. So werden den Kindern Werte vermittelt, das Selbstbewusstsein gestärkt und gleichzeitig der Respekt vor anderen gefördert.

Inzwischen genießt »Anpfiff ins Leben« sogar internationale Anerkennung?
Die Aufnahme in das Bundesprogramm »XENOS – Integration und Vielfalt« ist eine besondere Auszeichnung der bisherigen Leistungen, der Inno-

vationskraft und weitsichtigen Arbeitsweise von »Anpfiff ins Leben«. Das XENOS-Projekt wird gefördert durch das Bundesministerium für Arbeit und Soziales sowie den Europäischen Sozialfonds. Es ermöglicht von 2012 bis 2014 zusätzliche Maßnahmen, um unsere Jugendlichen auf die Ausbildung und den Beruf vorzubereiten. Über diese Anerkennung und die damit verbundenen zusätzlichen Möglichkeiten freuen wir uns sehr!

An Ihrem Projekt beteiligen sich zahlreiche Unternehmen der Region. Wie sieht diese Unterstützung konkret aus?
Zum Glück ist das so! Immer mehr große Unternehmen und mittelständische Firmen bringen sich mit Praktikums- und Ausbildungsplätzen, Mentoren, gemeinsamen sozialen Projekten, aber auch finanziell ein. Es ist nebensächlich, wie viele der Jugendlichen später zu Profis werden, weil alle, ganzheitlich ausgebildet, auch ein wertvoller Gewinn für die Unternehmen der Metropolregion Rhein-Neckar sein werden. Und noch wichtiger: Für die Jugendlichen, die ihren Traum vom Profisportler geträumt haben, bleiben die beruflichen Chancen erhalten. Es gehört nämlich, wie schon erläutert, zu den Grundelementen und Prinzipien von »Anpfiff ins Leben«, dass Sport nur eine von vier Säulen ist und Beruf, Schule und Soziales gleichrangig nebeneinander stehen.

Welche Vision verfolgen Sie mit »Anpfiff ins Leben«?
In unserem Jugendförderkonzept »Anpfiff ins Leben« stehen im Mittelpunkt: körperliche Fitness und Geschick, soziales Verständnis und ethnischer Respekt sowie Bildung und Leistungsbereitschaft. Dabei ist ein respektvolles und freundliches Miteinander genauso wichtig wie das Team- und Fair-Play-Verhalten. Nirgendwo sonst erlebt man das harmonische Miteinander, den Lohn gemeinsamer Anstrengungen und die Irrelevanz sozialer oder ethnischer Herkunft unmittelbarer als in der sportlichen Herausforderung.

Unsere Vision ist, die jungen Menschen auf und außerhalb des Spielfeldes auf das Leben vorzubereiten und zudem einen wichtigen Beitrag zur Integration von Minderheiten zu leisten.

Was zeichnet Ihre »Handschrift« aus? Was soll als Botschaft von ihr bleiben auf diesem Planeten?
Es ist nicht wichtig, mir ein Denkmal zu bauen oder Botschaften zu hinterlassen. Schön wäre, wenn meine Bemühungen in und mit meiner Stiftung, die mich ja überdauern wird, vielen Mitmenschen eine nachhaltig bessere Lebensqualität bescheren würden. Überdies liegt mir das friedliche Miteinander, das nur durch Toleranz und Güte erreichbar ist, sehr am Herzen.

acatech – Deutsche Akademie der Technikwissenschaften steht für "Nachhaltiges Wachstum durch Innovation". Dafür setze ich mich ein, gemäß den Worten von T. A. Edison: "Visionen ohne Exekution sind Halluzinationen"

Henning Kagermann

Prof. Henning Kagermann, Jahrgang 1947, habilitierter Physiker und ehemaliger Vorstandsprecher der SAP, ist seit 2009 Präsident von acatech – Deutsche Akademie der Technikwissenschaften. Die gemeinwohlorientierte, von Bund und Ländern geförderte Mitgliederakademie berät Politik und Gesellschaft in technologischen und technologiepolitischen Fragestellungen. Als Vorsitzender der Nationalen Plattform Elektromobilität, Sprecher der Promotorengruppe Kommunikation der Forschungsunion sowie des Steuerkreises des Innovationsdialogs zwischen Bundesregierung, Wirtschaft und Wissenschaft treibt Henning Kagermann wichtige Zukunftsprojekte wie Elektromobilität und Industrie 4.0 voran. Er ist Mitglied des Senats der Max-Planck-Gesellschaft und der Fraunhofer-Gesellschaft sowie Ehrensenator der Stiftung Lindauer Nobelpreisträgertreffen und Chairman der EIT ICT Labs. Weiterführende Informationen: www.acatech.de

Antriebskonzepte der Zukunft

Weshalb ist die E-Mobilität ein »nachhaltiger« Baustein der Energiewende?
Die Energiewende braucht mehr erneuerbare Energien. Die Integration dieser Energiequellen in das Stromnetz ist aufgrund ihrer Volatilität jedoch eine technische Herausforderdung. Um Spitzen der erneuerbaren Energien abfangen zu können, werden Speicher zukünftig eine zentrale Rolle bei der Ausgestaltung eines smarten Energiesystems spielen. An dieser Stelle kommen Elektrofahrzeuge ins Spiel. Im Durchschnitt stehen Fahrzeuge mehr als sie fahren. Diese Standzeit kann man sich zu Nutze machen und Elektrofahrzeuge als mobile Speicher im Stromnetz nutzen. So ist beispielsweise die Möglichkeit des bidirektionalen Ladens ein Muss für die zukünftige Ladeinfrastruktur für Elektrofahrzeuge. Darüber hinaus überlegen Wirtschaft und Wissenschaft schon heute, wie die in Elektrofahrzeugen eingesetzten Batterien in einem »Second-Life«-Konzept als stationäre Speicher verwendet werden können.

Bis zum Jahr 2020 sollen rund eine Million Elektroautos auf deutschen Straßen fahren. Allerdings stehen die dafür notwendigen praktikablen Energiespeicher- und Energieversorgungssysteme noch nicht zur Verfügung. Ist die von der Bundesregierung im Rahmen des »Nationalen Entwicklungsplans Elektromobilität« angestrebte Zahl tatsächlich realistisch?
Ja. Und ein dafür erstelltes Kostenmodell zeigt auch, dass es möglich ist, die Ziele zu erreichen, sofern man den Markthochlauf mit einem entsprechenden Maßnahmenpaket flankiert. Auf Basis der aktuell von der Bundesregierung getroffenen Maßnahmen ergeben die derzeitigen Berechnungen allerdings erst 600.000 Elektrofahrzeuge. Frau Bundeskanzlerin Merkel hat die heutige Situation kürzlich treffend beschrieben: »600.000 Fahrzeuge wissen wir sicher, der Rest muss erarbeitet werden.«

Von welchen Faktoren hängt die Entwicklung entscheidend ab? Und welche Rolle spielen dabei die Emotionen?
Wichtige Faktoren sind die Kosten, die Alltagstauglichkeit sowie – Sie sagen es schon – die Emotionen. Die drei Faktoren zusammen schaffen Akzeptanz beim Kunden. Lassen Sie mich mit den Kosten beginnen: Diese müssen weiter reduziert werden. Wir müssen in einen Bereich kommen, in dem die Kunden etwas höhere Preise akzeptieren, weil sie wissen, dass die Betriebskosten geringer sind. Wir nennen dies auch den »Diesel-Effekt«, den wir erzielen müssen. Obwohl Diesel-Motoren teurer als Benziner sind, entscheiden sich viele Kunden für den Diesel-Motor, wissend, dass sich diese Entscheidung ab einer bestimmten Laufleistung rechnet. Das Zweite ist die Alltagtauglichkeit, die stark von Gewohnheitsmustern geprägt

ist. Diese Gewohnheitsmuster müssen auch Elektrofahrzeuge gerade am Anfang so gut es geht bedienen, um den Umstieg auf ein Elektrofahrzeug so einfach wie möglich für den Kunden zu machen. Über Emotionen brauchen wir uns derzeit die wenigsten Gedanken zu machen, denn ein Elektrofahrzeug steckt voller Emotionen. Jeder, der schon einmal ein Elektrofahrzeug gefahren ist, war danach begeistert. Diesen Punkt müssen wir in der Debatte noch stärker betonen.

Ist der Elektromotor das Antriebskonzept der Zukunft oder eher eine Übergangslösung?
Wenn wir über die nächsten 20 bis 30 Jahre sprechen, so denke ich, dass wir eine Vielfalt von Technologien auf unseren Straßen und in den Autohäusern sehen werden. Alle bereits heute verfügbaren Technologien – sei es der herkömmliche Verbrennungsmotor, die Brennstoffzelle, mit alternativen Kraftstoffen betriebene Fahrzeuge oder das Batterieelektrische Fahrzeug – werden sich parallel weiterentwickeln. Welcher Antrieb sich durchsetzt, ist heute noch völlig offen. Es wird sich auch eher um ein stufenförmiges Durchdringen handeln. Eine Revolution können wir nicht erwarten.

Das Ergebnis einer Akzeptanzstudie vom TÜV Rheinland 2011 zum Thema Elektromobilität zeigte, dass die Akzeptanz zwar weltweit steigt, aber andere Länder wie Frankreich oder Japan im Gegensatz zu Deutschland deutlich kreativer sind. Woran liegt das? Und was tut die Politik?
Auch in Deutschland zeigt sich, dass die Akzeptanz bei denjenigen sprunghaft ansteigt, die eine Probefahrt in einem Elektrofahrzeug gemacht haben. Daher setze ich stark auf die anlaufenden Schaufenster in Bayern/Sachsen, Baden-Württemberg, Berlin/Brandenburg und Niedersachsen, die von Bund und Ländern gefördert werden. Elektromobilität muss erleb- und im wahrsten Sinne des Wortes erfahrbar sein, um Emotionen zu wecken und Vorbehalte abzubauen. Das ist eines der Ziele der Schaufenster.

Hohe Anschaffungskosten der Fahrzeuge, fehlende Normierungen, geringe Reichweiten und ein noch »dünnes« Tankstellennetz sprechen derzeit noch gegen diese Entwicklung. Wie lässt sich das Kosten-Nutzen-Verhältnis in absehbarer Zeit langfristig optimieren?
Hier ist ein zweigleisiges Vorgehen notwendig. Einerseits müssen wir, wie bereits erwähnt, die Kosten der heute auf dem Markt verfügbaren Elektrofahrzeuge reduzieren. Anderseits müssen wir deren Nutzen hervorheben. Dazu haben wir ein umfangreiches Maßnahmenpaket empfohlen. Darin enthalten sind zum Beispiel Sonderregelungen bei der Abschreibung von Elektrofahrzeugen, Nachteilausgleich bei der Dienstwagenbesteuerung, Zinsgünstige KfW-Kredite für Elektrofahrzeuge und die Prüfung eines öffentlichen Beschaffungsprogramms für Elektrofahrzeuge. Darüber hinaus ist die Investition in Forschung und Entwicklung im jetzigen Stadium enorm wichtig, um zum Beispiel die Batterietechnologie so weiterzuentwickeln, dass ihr Kostenanteil am Gesamtfahrzeug geringer wird und gleichzeitig höhere Reichweiten möglich werden.

Weshalb fehlen Ladeanschlüsse ausgerechnet dort, wo sie äußerst sinnvoll wären: z.B. an Park- und Stellplätzen sowie in Parkhäusern?
Wir rechnen damit, dass zukünftig 85 Prozent der Ladeanschlüsse an privaten Stellplätzen – sei es

daheim oder auf dem Gelände des Arbeitgebers – zur Verfügung stehen. Der Großteil des verbleibenden Rests werden halböffentliche Ladestationen sein, die sich z. B. auf dem Parkplatz eines Supermarktes befinden. Hierfür haben sich schon erste Konsortien gefunden. Nur ein ausgesprochen kleiner Teil wird rein öffentlich und bis 2020 nicht entscheidend sein.

Gesucht wird nach einer Spitzentechnologie für die Batterie der Zukunft, die leichter, platzsparender und über Serienanfertigung immer günstiger werden muss. Zudem muss sie kurze Ladezeiten haben, viele Aufladezyklen vertragen und eine hohe Speicherfähigkeit für lange Reichweiten vorweisen können. Welche Strategie empfehlen Sie, um diese Batterie zu entwickeln?
Wir haben hierfür eine duale Strategie empfohlen, die sowohl die Kostensenkung der jetzigen Batterien als auch die Entwicklung der nächsten Generation an Batterien im Blick hat. Da Innovationsgeschwindigkeit und Innovationshürden bei der Batterietechnologie aufgrund der physikalischen Grenzen andere sind als beispielsweise in der Chipindustrie, ist diese duale Strategie notwendig.

Prognosen zufolge werden Elektrofahrzeuge 2020 in Deutschland einen Marktanteil zwischen drei und fünf Prozent haben. Von welchen Faktoren hängt es ab, welche Entwicklungsdynamik die Elektroautos danach bekommen?
Aus meiner Sicht wird dies stark mit der Entwicklung der Batterien zusammenhängen. Heute rechnen wir, dass Fahrzeuge mit Batterien der nächsten Generation bis 2025 auf den Markt kommen. Diese Batterien werden eine um den Faktor drei erhöhte Energiedichte haben, woraus sich erhebliche Vorteile bei den Kosten und in der Reichweite, sprich Alltagstauglichkeit, ergeben. Betrachten wir den vorhin erwähnten Dreiklang aus Kosten, Alltagstauglichkeit und Emotionen, so dürfte mit den Batterien der nächsten Generation die Elektromobilität einen erheblichen Schub erhalten. Es ist gut vorstellbar, dass dann der sogenannte Tipping Point für Elektrofahrzeuge erreicht wird.

Seit 2010 sind Sie Chef der Nationalen Plattform Elektromobilität (NPE), wo Experten in sieben Fachgruppen konkrete Empfehlungen für den Weg in das E-Zeitalter erarbeiten. 2014 endet die Phase der Marktvorbereitung. Können Sie ein Zwischenfazit ziehen?
In der kurzen Zeit – vom Start der NPE 2010 bis heute – haben wir sehr viel erreicht. Es ist einmalig, dass ein so hochkarätig besetztes Gremium über eine so lange Zeit kontinuierlich und konzentriert zusammenarbeitet. Alle haben sich dem gemeinsamen Ziel Leitanbieter und Leitmarkt verpflichtet und in die bisherige Arbeit viele Ressourcen gesteckt. Ohne diese branchenübergreifende Zusammenarbeit hätten wir niemals so viel erreichen können. In kürzester Zeit haben sich über 90 Konsortien aus Industrie und Wissenschaft, großen und kleinen Unternehmen sowie aus den verschiedensten Branchen gebildet. Diese einzigartige, disziplin- und branchenübergreifende Bündelung der Kräfte findet international große Beachtung. Nun gilt es, den Prozess zu verstetigen, denn der Weg zu unseren Zielen ist kein Kurzstreckenlauf, sondern ein Marathon.

Welche Formen der Mobilität sehen Sie neben der elektronischen bis zum Jahr 2020 gern beschleunigt?

Wir müssen Mobilität noch systemischer – verkehrs- und energieträgerübergreifend – denken, insbesondere vor dem Hintergrund der verschiedenen auch zukünftig verfügbaren Antriebstechnologien. Intermodalität ist hier ein wichtiges Stichwort. Dies bedarf einer intelligenten Vernetzung, die bisher noch fehlt. Hier wünsche ich mir einen zukünftigen Schwerpunkt. Jeder Verkehrs- und Energieträger hat seine Vor- und Nachteile und sollte daher entsprechend seiner Vorteile zum Zug kommen. Wir müssen uns mehr und mehr mit den Schnittstellen in der Mobilitätkette beschäftigen. Die Promotorengruppe Mobilität der »Forschungsunion Wirtschaft – Wissenschaft«, die die Bundesregierung bei der Umsetzung der Hightech-Strategie berät, hat hier wichtige erste Impulse gesetzt.

Besitzen Sie ein E-Bike? Wie bewerten Sie die hohe Nachfrage nach Fahrrädern und E-Bikes?
Nein, ich besitze kein E-Bike, finde sie aber toll. Sie sind ein optimaler Einstieg in die E-Mobilität und werden gerade in unserer alternden Gesellschaft an Bedeutung gewinnen.

Weshalb lassen sich mit den richtigen Innovationen gesellschaftliche Prozesse lösen, ohne Wachstum zu begrenzen?
Innovationen greifen gesellschaftliche Problemlagen auf. Sie werden von Menschen gemacht, die aus ihren alltäglichen Erfahrungen die Erwartungen, Herausforderungen und Wünsche ihrer Mitmenschen kennen. Mit der Informations- und Kommunikationstechnologie steht uns eine noch relativ junge Technologie zur Verfügung, die zur Lösung gesellschaftlicher Herausforderungen – wie Klimawandel, Rohstoffknappheit oder demografischer Wandel – prädestiniert ist. Sie wird in den verschiedensten Bedarfsfeldern zum Einsatz kommen und dabei Ressourcen intelligenter steuern, gesellschaftliche Herausforderungen lösen und nachhaltiges Wachstum sichern. Auch die Elektromobilität ist hierfür ein Beispiel: Elektrofahrzeuge erfüllen das menschliche Bedürfnis nach Mobilität, berücksichtigen zugleich die Herausforderungen des Klimawandels und der Rohstoffknappheit und sichern Wertschöpfung und Wettbewerbsfähigkeit in Deutschland.

Wofür steht symbolisch Ihre Handschrift? Welche Botschaft soll sie auf diesem Planeten hinterlassen?
acatech – Deutsche Akademie der Technikwissenschaften steht für nachhaltiges Wachstum durch Innovation. Wir setzen uns dafür ein, dass in Deutschland aus Ideen Innovationen und aus Innovationen Chancen auf Wohlstand erwachsen. Die Worte von Thomas A. Edison bringen meine Motivation dabei auf den Punkt: »Visionen ohne Exekution sind Halluzinationen.«

Nachhaltigkeit heißt für mich, gemeinsam zu gewinnen!

Wolfgang Keck

Wolfgang Keck, Jahrgang 1976, hat im Ulmer Familienbetrieb Keck GmbH – Gemeindemodelle Betreutes Wohnen® an der Konzeption und Realisierung von seniorengerechten Wohnanlagen mitgewirkt. Später folgten in München ein Agenturvolontariat in Public Relations und ein Studienabschluss an der Europäischen Journalismus Akademie in Wien. In Österreich wurde Keck ab 2004 mit der nationalen Leitung eines EU-Pilot-Projekts zu Corporate Social Responsibility (CSR) in kleinen und mittleren Unternehmen beauftragt. Zurück in Deutschland ist der Wahlberliner seit 2009 in CSR-Projekten mit Schwerpunkt mittelständische Unternehmen bei der GILDE Wirtschaftsförderung der Stadt Detmold tätig. Im Rahmen zusätzlicher Projekte hat er zuletzt den Deutschen Industrie- und Handelskammertag bei der Konzeption des Zertifikatslehrgangs »CSR-Manager (IHK)« unterstützt.

Brief an meinen Vater

Ich begebe mich auf Spurensuche: Was hat mich dazu geführt, nachhaltiges Wirtschaften in den Mittelpunkt meines beruflichen Tuns zu stellen? Welche Stationen tauchen auf meinem Lebensweg dazu auf und welche Haltungen führe ich mir vor Augen? Nun ist es Jahre her, als ich Dir zum ersten Mal über den Begriff »Corporate Social Responsibility« berichtet habe. Das Kürzel CSR geriet nach der Jahrtausendwende allmählich in die Diskussion, eine kurze Zeit, nachdem ich das gemeinsame Büro mit Dir in Ulm verlassen hatte.

Für meinen Berufs- und Bildungsweg nach der Ausbildung zum Bürokaufmann im Familienbetrieb wolltest Du mir ins Zeugnis schreiben: »Buchhaltung war nicht seine Stärke.« Das war zwar auf den Punkt gebracht, doch habe ich das Zeugnis dann lieber selber verfasst und schreibe heute mit Texten schwarze Zahlen. Für Dich wiederum war »Corporate Social Responsibility« als Zungenbrecher kaum auszusprechen, was mir etwas leichter über die Lippen ging. Verbunden hat uns allerdings von Anfang an ein gemeinsamer Gedanke, worin sich CSR auffassen lässt, und das hat mich in späteren Phasen beruflicher Entscheidungen und Entwicklungen immer wieder bestärkt.

Einen Ausgangspunkt nämlich, der für mich prägend für nachhaltiges Wirtschaften und CSR ist, habe ich nicht aus Büchern, Vorträgen oder neu geschaffenen Begriffen gelernt, sondern im Berufsleben im Familienbetrieb erfahren: Dabei geht es um Lösungen, die einen Nutzen für alle Beteiligten stiften.

Seinerzeit, in meinen Jahren als Azubi und Juniorgesellschafter bei Dir, warst Du als Pionier des Seniorenbetreuten Wohnens erfolgreich. Aus meiner heutigen Sicht blieb der Erfolg auch deshalb nachhaltig, weil Du bestimmte Dinge eben nicht getan hast. Im CSR-Jargon sprechen wir von der Verantwortung im Kerngeschäft des Unternehmens. Du hast Beratungsaufträge und Bauprojekte abgelehnt, die nicht vollständig den Qualitätskriterien entsprechen, die Deinem Modell des Seniorenbetreuten Wohnens im Kern zu Grunde liegen. Dabei geht es um eine Philosophie, die für die Bewohner der Wohnanlagen heißen soll: »So lange selbstständig wie möglich, so viel Betreuung und Hilfe wie nötig«. Selbstständig und im Gemeindeleben integriert können Senioren aber nur schwer auf der grünen Wiese leben. Entscheidend sind daher die Anforderungen an Lage und Standort des Grundstücks.

Wenn für mich heute in der »CSR-Welt« von sogenannten »Stakeholdern« die Rede ist, die berechtigte Ansprüche und Interessen an ein Unternehmen stellen, erinnere ich mich gern auch an die vielen Sitzungen mit Bürgermeistern, Sozialstationen, Architekten, Bauträgern oder Bankern, zu denen ich Dich als Junior begleitet habe. Da war in jedem Ort, in dem wir tätig waren, ganz klar, wer für Entscheidungen mit ins Boot geholt werden musste. Das hat dann auch niemand erst einen »Stakeholder-Dialog« nennen müssen, schließlich stand als Ausgangslage ein gemeinsamer Handlungsbedarf fest: nämlich, den älter werdenden Mitmenschen einer Gemeinde in ihrer gewohnten Umgebung ein zu Hause zu bieten, das seniorengerecht gebaut und betrieben wird und das über mögliche Pflegestufen hinweg.

Geht es um Fairness und Wirtschaftlichkeit bei Honoraren, was die Beratung und Realisierung von Projekten betrifft, dann hattest Du die Nase vorn! Beraten hatten wir in unserem Unternehmen die Beteiligten ganz nach Beratungsbedarf. Kommunen haben nichts für Beratung bezahlen müssen – egal wie lange und wie oft – und auch Sozialstationen oder Architekten nicht. Stattdessen haben wir am Projektende mit denen mitverdient, die beim Bau der Anlagen als Bauträger investiert hatten und unsere Honorare erfolgsabhängig nach prozentual verkauften Wohnungen abgerechnet.

In der Diskussion um Corporate Social Responsibility, also nachhaltiges Wirtschaften, in der ich mich von Beginn an auf kleine und mittelständische Unternehmen ausgerichtet habe, tun wir uns ja verständlicher Weise oft schwer mit der Frage, wer bei Beratungen bezahlen kann, gerade dann, wenn es um wirklich kleine oder junge Unternehmen geht. Vielleicht findest Du da noch ein passendes Modell dafür. Du weißt ja, wie und wo Du mich erreichst!

Um noch etwas bei den kleinen und mittleren Unternehmen zu bleiben: Was ich mir wünsche ist der Anschluss gerade auch von kleinen Betrieben an die Marktchancen, die CSR in Zukunft aus meiner Sicht immer stärker mit sich bringt. Dabei hat mich schon zu den Zeiten im Familienbetrieb etwas besonders bewegt: nämlich, ein komplexes Konzept auch für Kleine nutzbar zu gestalten. So erinnere ich mich an eine Marktgemeinde im Allgäu. Dort steht mit schlanken 18 Wohneinheiten die kleinste der Seniorenbetreuten Wohnanlagen nach Deinem Modell, mitten im Herzen der Ortschaft. Es nicht dabei zu belassen, dass sich eine Wohnanlage ab einer bestimmten Anzahl von Wohneinheiten von alleine rechnet, sondern sich gerade auch an kleine Ortschaften und Projekte zu wagen und dort eine Rentabilität zu erzielen, empfand ich immer schon als einen zukunftsfähigen Weg.

Ich war knapp Mitte zwanzig und im Aufbruch zu eigenen Erfahrungen mit dem großen Wunsch und der Faszination dahinter, selbst etwas in Bewegung zu setzen. Dem Gedanken und Geschenk der Nachhaltigkeit, ein Unternehmen weiterzuführen, habe ich seinerzeit nicht entsprochen. Doch ich weiß es zu schätzen, von Dir etwas gelernt zu haben. Als kleines Dankeschön widme ich Dir diesen Buchbeitrag. *Dein Wolfgang*

»NACH HALT ICH heißt für mich, wie ICH HALT NACH dem Ende meiner aktiven Karriere leben werde. Was mir mit meinem Boxer-Ich gelungen ist, möchte ich auch mit meinem Ich der Zukunft umsetzen: erfolgreich bleiben und Spaß am Leben haben.«

"Langfristig zu denken, kurzfristig zu handeln, mental und körperlich gesund zu altern".

Statement: Wladimir Klitschko

Wladimir Klitschko

Wladimir Klitschko, Jahrgang 1976, feierte seinen größten Erfolg als Amateur bei den Olympischen Spielen 1996 in Atlanta (Goldmedaille im Superschwergewicht). Den ersten Weltmeistertitel im Schwergewicht gewann er im Oktober 2000 nach Version der WBO. 2006 besiegte er den US-Amerikaner Chris Byrd im Kampf um die Titel der Verbände IBF und IBO. Boxgeschichte schrieb er im Februar 2008 mit einem Sieg gegen WBO-Weltmeister Sultan Ibragimov. Durch Wladimirs Siege gegen WBA-Champion David Haye vereinten die Klitschko-Brüder im Juli 2011 erstmals in der Geschichte alle relevanten Schwergewichtstitel in einer Familie. Wladimir Klitschko ist amtierender WBA-, IBF-, WBO- und IBO-Champion. Sein älterer Bruder Vitali ist Titelträger des Verbandes WBC. Abseits des Sports engagiert sich Wladimir Klitschko als Botschafter der Laureus Sport for Good Foundation, für seine eigene Klitschko-Brüder-Stiftung in der Ukraine und unterstützt die Initiative »Ein Herz für Kinder«. Für ihr Engagement wurden die Brüder Klitschko von der UNESCO als »Heroes for Children« und »Champions des Sports« ausgezeichnet, 2011 folgte die Ehrung als »Sportler mit Herz«. 2001 promovierte Wladimir Klitschko an der Universität in Kiew im Fach Sportwissenschaft. Im Sommer 2011 lief der Kinofilm »Klitschko« in Deutschland.

Vitali Klitschko

Vitali Klitschko, Jahrgang 1971, bestritt seinen ersten Profikampf 1996. Den ersten Schwergewichts-Weltmeistertitel gewann er 1999 mit einem KO-Sieg über den Engländer Herbie Hide (WBO). 2004 wurde er durch seinen Sieg gegen Corrie Sanders Titelträger des WBC. Verletzungsbedingt legte er den Titel Ende 2005 ab und trat vom aktiven Boxsport zurück. Nach fast vier Jahren Kampfpause kehrte er 2008 in den Ring zurück und gewann den WBC-Titel erneut. Vitali Klitschko ist der vierte Boxer in der Geschichte nach Muhammad Ali, Evander Holyfield und Lennox Lewis, der zum dritten Mal einen Schwergewichtsgürtel gewann. Vitali und Wladimir Klitschko sind das erste Brüderpaar in der Geschichte des Boxsports, das gleichzeitig Weltmeistertitel im Schwergewicht hielt. Seit 2011 besitzen sie alle relevanten Schwergewichtstitel. Vitali hält den Weltmeistertitel des Verbandes WBC.Eine seiner Visionen ist es mitzuhelfen, dass sein Heimatland Ukraine einer besseren Zukunft entgegensteuert. Deshalb verfolgt er hier auch eine politische Karriere: Zweimal stellte er sich zur Bürgermeisterwahl und sitzt als Fraktionsführer im Stadtparlament. Zudem ist er Mitglied im Organisationskomitee der EURO 2012 in der Ukraine. Zusammen mit seinem Bruder ist Vitali Botschafter der Laureus Sport for Good Foundation, der eigenen Klitschko-Brüder-Stiftung in der Ukraine und unterstützt »Ein Herz für Kinder«.

Wladimir Klitschko: Nachhaltigkeit im Boxsport
Die Überwindung von Gegensätzen gehört zu unserem Verständnis eines nachhaltigen Lebensstils

Wer sich wie mein Bruder und ich wochenlang auf den einen Moment vorbereitet, der dann an einem einzigen Abend nicht nur Millionen Menschen in Deutschland, sondern in 150 weiteren Ländern der Welt fasziniert, weiß, dass er nicht nur Kraft, sondern auch Fitness braucht – und dass der starke Körper in diesem Moment nichts ohne einen starken Geist ist. Dieser Mensch lebt Nachhaltigkeit, indem er ein Gleichgewicht zwischen der geistigen Fitness und der körperlichen Stärke herstellt. Wir nennen dieses Grundprinzip BRAIN & POWER.

Ein solcher Mensch weiß aber auch, dass es zwei Elemente sind, die am Ende über Sieg oder Niederlage entscheiden: Auf der einen Seite die Fähigkeit, auf den Punkt seine Leistung abzurufen; auf der anderen Seite zeigt sich hier das Ergebnis monatelangen, ja sogar jahrelangen Trainings, in dem es gleichsam um die Synthese aus körperlicher Kraft und geistiger Beweglichkeit geht. Wir nennen das gelebte Nachhaltigkeit.

Wir alle erleben, dass es zu nachhaltigem Erfolg ein langer Weg ist

Der Weg zum Erfolg, den Vitali und ich immer wieder neu beschreiten, unterscheidet sich damit gar nicht so sehr von den Entwicklungsschritten, die wir alle in unserem Leben immer wieder durchlaufen. Ob es im Berufsleben oder im Privaten ist, in Bezug auf das geistige Vorankommen oder die körperliche Ausgestaltung: Wir alle brauchen BRAIN & POWER, um unsere Ziele zu erreichen. Sobald wir an einer Sache arbeiten, die uns wirklich wichtig ist, erkennen wir, dass es nicht ausreicht, sich nur halbherzig damit zu beschäftigen. Es ist ein Weg, den wir gehen müssen. Und es ist das Prinzip Nachhaltigkeit, dass diesem Weg zugrunde liegt.

Unsere großen Ziele erfordern all unsere Kraft – körperlich und geistig. Und wohl niemand wird behaupten, dabei noch nie an seine Grenzen gestoßen zu sein – auch Vitali und ich nicht. Wir haben erst über die Jahre verstanden, was gut für uns ist. Denn das ist ja auch bei jedem anders. Die Schwierigkeit liegt genau darin herauszufinden, was für einen selbst das Beste ist, was vor allem im stressigen Büroalltag immer schwerer wird. Darin liegt möglicherweise auch der Grund für die Zunahme der Burnout-Fälle. Die Menschen haben verlernt, auf sich selbst zu hören, auf ihren Kopf und auf ihr Bauchgefühl. Denn eigentlich ist es ja schon viel zu spät, wenn es zu Erschöpfungserscheinungen kommt. Die Reißleine muss jeder für sich selbst erkennen und viel früher ziehen. Es kommt darauf an, die Signale des Körpers nicht zu überhören und frühzeitig darauf zu reagieren, bevor es zu spät ist. Nachhaltig meint immer auch vorsorglich.

Nachhaltiger Erfolg umfasst Glück, Karriere und Gesundheit

Was wir in den letzten Jahren gelernt haben, ist, dass man für seine Ziele arbeiten muss. Wir wissen genau, dass es sich lohnt, sich um seinen Körper und seine Gesundheit zu kümmern. Ich weiß heute ganz genau, was mein Körper braucht, mit welchen Maßnahmen ich ihn optimal auf die Anforderungen meines Berufes vorbereiten kann. Das geht aber offenbar nicht allen Menschen so.

> »Erfolg stellt sich nicht von allein ein. Wer etwas bewegen möchte, muss sich anstrengen, sich Ziele setzen und versuchen diese im eigens gesteckten Rahmen umzusetzen. Da sind Vitali und Wladimir glänzende Vorbilder.«
> *Bernd Bönte (Geschäftsführer der KMG)*

In den letzten Jahren habe ich verstanden, dass Gesundheit eine immer wichtigere Rolle spielt. Ich möchte zum Beispiel gesund alt werden. Und da ich weiß, dass etwa Alkohol und Zigaretten nicht gut für den Körper sind, fällt es mir nicht schwer, darauf zu verzichten oder nur in ganz geringen Mengen zu konsumieren.

Wer dem Beispiel meines Bruders und mir folgen möchte, muss verstehen, dass sich Erfolg und Glück heute aus verschiedenen Komponenten zusammensetzen. Wir müssen mit uns selbst im Reinen sein, aber auch Verantwortung für die Menschen um uns herum übernehmen. Wir müssen uns anspannen, aber auch entspannen können. Wir müssen unseren Körper und unseren Geist immer wieder neu herausfordern. Wir müssen nachhaltig leben. Doch für all das gibt es Bedingungen, die erfüllt sein müssen, damit das immer wieder funktioniert: Wir müssen uns gesund fühlen, was nicht mit der Abwesenheit von Krankheit gleichzusetzen ist. Auch wer an einer Krankheit leidet oder verletzt ist, wird versuchen, seine persönliche Lebensqualität zu optimieren. Wir müssen uns fit und leistungsfähig fühlen – physisch und mental. Wir müssen ausgeruht und ausgeglichen sein.

Dass sich all das nicht von alleine einstellt, zeigen wiederum die Erfahrungen von Vitali und mir. Mein Bruder und ich wissen, dass wir sehr viel Glück im Leben gehabt haben und möchten denjenigen, denen es nicht so gut geht, etwas davon zurückgeben. Deswegen engagieren wir uns als Laureus Botschafter und mit unserer eigenen Stiftung, die sich vor allem um das Wohl der Kinder kümmert. Auch das entspricht unserem Verständnis von gelebter Nachhaltigkeit.

Die persönliche Gesundheit des Einzelnen und die Corporate Health gehen Hand in Hand

Wir glauben, dass ein nachhaltiger Lebensstil in Zukunft selbstverständlich werden muss – für jeden Einzelnen, aber auch für Unternehmen. Wenn wir nicht auf unsere Umwelt achten und

> »Im Moment meiner Niederlage bekam ich einen Brief von Max Schmeling. Das hat mir psychisch weitergeholfen, denn er schrieb: »Ich war zig mal in meinem Leben am Boden. Das ist nicht schlimm, du musst nur wieder aufstehen. Du darfst niemals am Boden bleiben.« Das ist es, was wir mit unserem KLITSCHKO-WEG zu vermitteln versuchen.«
> *Vitali Klitschko*

sie zerstören, zerstören wir uns damit auch selber. Für Unternehmen ist es ganz besonders wichtig, Verantwortung gegenüber ihren Mitarbeitern zu übernehmen. Das bedeutet: Sind sie sozial abgesichert, sind die Arbeitsbedingungen aus gesundheitspolitischer Sicht akzeptabel?

> »Mein Bruder rückt in den Tagen vor einem Fight so nah an mich heran, dass es sich im Kampf anfühlt, als seien wir zu zweit. Genau dieses Gefühl sollen die Menschen auf dem KLITSCHKO-WEG bekommen.«
> *Vitali Klitschko*

Gesundheit ist das wichtigste Gut, das jeder Mensch hat. Wenn ein Mitarbeiter krank ist, kann er seine Leistung nicht bringen und das ist letztlich schlecht für die Firma. Es ist wichtig zu begreifen, dass ein gesunder Lebensstil, regelmäßiges Sporttreiben und eine gesunde Ernährung immens wichtig sind. Und das nicht erst im Alter. Alles, was man heute für seinen Körper tut, dankt er einem in 20, 30 oder 40 Jahren. Auch ein Unternehmen kann diese Werte an seine Mitarbeiter vermitteln, sie motivieren und bei der Umsetzung unterstützen. Es ist nie zu spät.

In diesem Sinne möchten wir unsere Erfahrung und Kompetenz in den nächsten Jahren anderen zur Verfügung stellen. Mit dem KLITSCHKO-WEG haben wir eine Methodik definiert, von der andere lernen können, einen ganzheitlichen und nachhaltigen Umgang mit sich selbst und seiner Umwelt zu pflegen. Wir möchten dem Einzelnen Entwicklungschritte aufzeigen, aber auch den Unternehmen einen Zugang zu unserer Methodik eröffnen.

Fazit: Der KLITSCHKO-WEG ist eine Anleitung zu einem nachhaltigen Lebensstil

In Zukunft werden wir erleben, dass immer mehr Menschen bereit sind, von sich aus an der Optimierung von BRAIN & POWER zu arbeiten – aber auch, dass diese Möglichkeiten zum Alleinstellungsmerkmal beim Aufbau einer Corporate Brand werden. Arbeitgeber, die ihren Mitarbeitern die Möglichkeit geben, ihren persönlichen nachhaltigen Lebensstil auch im Unternehmen auszuleben, werden sich über gesunde und motivierte Arbeitskräfte freuen können. Privatpersonen, die an einer Balance zwischen BRAIN & POWER arbeiten, werden sich leistungsfähig und ausgeglichen fühlen.

Welche Botschaft soll Ihre Handschrift auf diesem Planeten hinterlassen?

Je mehr ich erreiche, umso stärker wird der Wunsch, anderen etwas zurückzugeben. Weil ich auch als Individualsportler nichts ohne mein Team wäre, meine körperliche Stärke nur in der Kombination mit einem wachen Geist zu nachhaltigem Erfolg führt. BRAIN & POWER.

Nachhaltigkeit heißt für mich,
immer darüber nachzudenken, welche Folgen mein Handeln hat.

Nicht jeder Zweck heiligt die Mittel!

Tatjana Kiel

Tatjana Kiel, Jahrgang 1979, ist seit 2007 als Director Marketing bei der KMG tätig. Sie sammelte erste Berufserfahrungen beim US-TV-Sender Showtime in New York City. Anschließend absolvierte sie eine Ausbildung zur Werbetexterin bei der Texterschmiede in Hamburg, bevor sie an der TFH Berlin ein Betriebswirtschaftslehre-Studium mit dem Schwerpunkt Marketing/Management abschloss. Studienbegleitend war sie jeweils zwei Jahre bei der Bundeszentrale des Bundesverbandes Junger Unternehmer (BJU) und als Mitarbeiterin eines Bundestagsabgeordneten tätig, wo sie regelmäßig an Sitzungen des Gesundheits- und Ethikausschusses des Bundestages teilnahm. Weiterführende Informationen: www.k-mg.com

Auf dem Weg zur Nachhaltigkeit: Der Klitschko-Markenpfad

Die Haupttätigkeit von Tatjana Kiel liegt in der Vermarktung der Persönlichkeitsrechte der Brüder Klitschko sowie der Konzeption und Organisation ihrer Weltmeisterschaftskämpfe. Dies betrifft insbesondere die Ring- und Hospitality-Vermarktung und das Ticketing sowie das Partner-, Hallen- und Standortmarketing. 2011 wurde die KMG mit dem »SportBild Award« für die beste Sportvermarktung für das Mega-Event «Klitschko vs. Haye» ausgezeichnet. Ihr Ziel ist es, die »zweite Karriere« schon während der aktiven Sportkarriere der Klitschkos aufzubauen. Dazu gehört insbesondere eine glaubwürdige Positionierung der Marke im Bereich Gesundheit. Ziel ist es, den Erfahrungsschatz vor allem in die strategische Entwicklung und Vermarktung von Health-Produkten fließen zu lassen.

Was hat Gesundheitskommunikation mit Nachhaltigkeit zu tun?

In dem Moment, als wir anfingen, uns mit der Karriere nach der Karriere für die Klitschko-Brüder zu beschäftigen, war klar, dass dieser Weg vom Grundprinzip der Nachhaltigkeit geprägt sein muss. Nachhaltigkeit bedeutet in diesem Fall eine langfristige und ganzheitliche Ausrichtung. Wer es wie die Brüder Klitschko schafft, über Jahre auf Weltklasseniveau eine Sportart zu dominieren, kann nicht kurzfristig denken und handeln. Stattdessen ist es gerade der strategischen und überlegten Trainingsmethodik zu verdanken, dass beide Klitschko-Brüder so viele Jahre schon erfolgreich das Schwergewichtsboxen dominieren. Und Training heißt bei Sportlern eben nicht nur die Optimierung der körperlichen Fähigkeiten. Wer nachhaltigen Erfolg haben will, muss auch nachhaltig trainieren. Im Falle der Klitschko-Brüder heißt das, ihren Geist und ihren Körper in das Training einzubeziehen. Sich um die Gesundheit von BRAIN & POWER zu kümmern.

Was sind aktuelle Chancen und Herausforderungen bei der Neuausrichtung der Marke Klitschko?

Die Analyse unserer Markeneigenschaften hat ergeben, dass die Marke Klitschko die folgenden Dimensionen umfasst: Selbstbestimmtheit und Erfolg, Bildung und Sympathie, Disziplin und Zielstrebigkeit, Gemeinschaft und Verantwortungsbewusstsein. Diese acht Felder lassen sich mit unserem Schlagwort und Motto von BRAIN & POWER zusammenfassen, das damit unseren Markenkern bildet.

Die genaue Beschäftigung mit unseren Markeneigenschaften zeigt, dass der Anteil von Power in BRAIN & POWER derzeit noch überwiegt, was vor allem der bisherigen Kernzielgruppe im Bereich Boxen geschuldet ist. Eine der wichtigsten Aufgaben für die Zukunft ist es, die Marke Klitschko und damit die KMG für neue Zielgruppen interessant zu machen. Um diesem

Ziel näher zu kommen, haben wir einen Klitschko-Markenpfad definiert. Dieser hilft uns dabei, nicht vom Weg abzukommen. Wir wollen den Übergang von der aktiven Sportkarriere zum ganzheitlichen Gesundheitsanbieter wohlüberlegt gestalten. Auch das gehört zu unserem Verständnis von Nachhaltigkeit.

Welchen Einfluss hat das Thema künftig auf Ihr Marketing?
Ausgehend von der Analyse, mit welchen Begriffen der Boxsport und die Marke Klitschko heute assoziiert werden, haben wir beschlossen, uns über mehrere Zwischenschritte hin zu einem ganzheitlichen Partner im Gesundheitswesen entwickeln zu wollen. Es macht keinen Sinn, direkt mit neuen Gesundheitsprodukten auf den Markt zu kommen, wenn die Marke Klitschko mit diesem Thema noch gar nicht identifiziert wird.

In den nächsten Monaten gilt es, unseren bisherigen Partnern, potenziell neuen Partnern, der Fachpresse sowie der Öffentlichkeit Folgendes noch deutlicher zu machen: Vitali und Wladimir Klitschko sind nicht nur Boxer, sondern Sportler, gesunde Menschen, verantwortungsvolle und erfolgreiche Geschäftspartner. Und die Klitschko Management Group ist nicht nur ihre Vermarktungsagentur, sondern der kompetente Partner für potenziell jeden Gesundheitsinteressierten im B2B- und B2C-Sektor.

Was heißt es für Sie, nachhaltig mit sich selbst umzugehen?
Ich bin davon überzeugt, dass es ohne verantwortungsvollen Umgang mit sich selbst keinen Erfolg in Wirtschaft oder Gesellschaft geben kann. Jeder Mensch muss lernen, nachhaltig mit sich selbst, mit seinen Kräften und Fähigkeiten umzugehen. Dazu gehört auch das Bemühen, eine Balance zwischen Beruf und Privatleben herzustellen. Aus diesem persönlichen Verantwortungsbewusstsein heraus erwächst der nachhaltige Blick auf die Umwelt. Aus diesem Grund frage ich mich bei allem, was ich tue, auch ganz bewusst, welche Folgen mein Handeln nach sich ziehen wird.

Bezogen auf meine Arbeit bedeutet das, dass ich an den Erfolg langfristiger Partnerschaften und Strategien sowie das Grundprinzip des Networkings glaube. Es macht wenig Sinn, seine kommunikative Ausrichtung der kurzfristigen Gewinnmaximierung zu unterwerfen – vor allem im Gesundheitsbereich nicht. Wer hier Früchte für seine Arbeit ernten möchte, braucht einen langen Atem, das gilt im Persönlichen wie auch im Geschäftlichen. BRAIN & POWER sind zwei Seiten derselben Medaille. Wer einen Bereich vernachlässigt oder sprunghaft die Ausrichtung ändert, wird keine nachhaltigen Erfolge einfahren können. Deshalb ist eine klare Positionierung so wichtig.

Warum eignet sich das Thema Gesundheit besonders gut für eine nachhaltige Strategie?
Nachhaltige Kommunikation bedeutet, sich von der Vorstellung zu verabschieden, dass sich mit einfachen, schnellen Maßnahmen eine gänzlich neue Geschäftsidee verkaufen lässt. Wir haben verstanden, dass die Sehnsucht nach Fitness, Gesundheit und einem langen, erfolgreichen und glücklichen Leben der wichtigste Treiber im Leben der Menschen geworden ist. Und wir versuchen nun, dieses Bedürfnis in neue Geschäftsmodelle umzuwandeln.

Mit unseren bisherigen Partnern sowie mit

neuen Partnern können wir die Marke Klitschko zu einer nachhaltigen Marke im Gesundheitsmarkt weiterentwickeln. Wir wollen den Menschen zeigen, dass jeder Einzelne mit Hilfe des KLITSCHKO-WEGs seine Ziele leichter und erfolgreicher erreichen kann. Dabei geht es zuallererst darum, einen Zugang zu schaffen, wieder auf sich selbst zu hören.

Unseren Geschäftspartnern wollen wir ein verlässlicher Ansprechpartner bei allen Positionierungen ihrer Produkte und Services rund um die Themen Sport, Fitness, Ernährung, Regeneration, Entspannung und Coaching sein. All das gelingt jedoch nicht von heute auf morgen. Wir legen heute den Grundstein für einen zukünftigen Geschäftserfolg. Auch das verstehe ich unter Nachhaltigkeit.

Was macht eine nachhaltige Marke aus? Und was macht die Klitschko-Brüder zu einer nachhaltigen Marke?
Eine nachhaltige Marke schafft es, im kollektiven Gedächtnis mit einheitlichen Markeneigenschaften assoziiert zu werden. Sie hat langfristig Bestand und deckt mit ihrem Markenkern ein ganzes Spektrum an Werten ab. Diese Markenwerte lassen sich im Falle von Vitali und Wladimir Klitschko mit folgenden Adjektiven beschreiben: zielstrebig, erfolgreich, selbstbestimmt, gemeinschaftlich. Sie verkörpern eine neue Generation gesundheitsinteressierter Sportler, die genau wissen, was für sie gut ist und die trotzdem vielfältig interessiert sind. Und sie sind zu zweit: Vitali und Wladimir Klitschko haben es geschafft, dem Einzelsport Boxen eine neue Ebene partnerschaftlichen Erlebens hinzuzufügen.

Die Summe dieser Werte ist Basis unseres Nachhaltigkeitskonzepts: Wir möchten in Zukunft versuchen, diese ganzheitliche Marke als Ausgangspunkt für eine Vielzahl neuer Angebote im Bereich Gesundheit zu nutzen. Damit wollen wir dazu beitragen, dass der Einzelne sich gesund und glücklich fühlt. Und damit Kraft gewinnt, mit offenen Augen für die Bedürfnisse anderer durchs Leben zu gehen. Ich glaube fest daran: Der nachhaltige Umgang mit sich selbst wird so zur Grundvoraussetzung für einen nachhaltigen Umgang mit anderen und unserer Umwelt.

Welche Bereiche soll Ihr neues Gesundheitsangebot abdecken?
Die Klitschko Management Group hat sich zum Ziel gesetzt, potenziell jedem Menschen Anknüpfungspunkte für sein eigenes Leben zu bieten. Jeder Einzelne versucht heute einen Ausgleich zwischen seinen mentalen und seinen körperlichen Bedürfnissen zu schaffen. Unter dem Dach der KMG wird es in Zukunft Produkte und Services geben, die diesen Wunsch aufgreifen und gleichzeitig der Ganzheitlichkeit der Marke Klitschko entsprechen. Unserem Verständnis von Nachhaltigkeit wird so Rechnung getragen.

Die KMG bleibt damit eine starke Marke für Events und Vermarktung mit Schwerpunkt auf dem Sportbereich, sie erweitert aber ihr Portfolio. Im Namen der Brüder Vitali und Wladimir Klitschko sollen in Zukunft in vier Bereichen neue Dienstleistungen und Produkte angeboten werden. Entsprechend den vier definierten Facetten der Marke Klitschko soll es dabei um die folgenden vier Themenfelder gehen: Coaching, Entspannung, Fitness und Ernährung.

Ein solches Rundumpaket lässt sich von Profisportlern leicht umsetzen. Wie sollen normale Berufstätige es bewältigen?

Wenn es eine Sache gibt, die wir alle von Vitali und Wladimir Klitschko lernen können, ist es das Streben nach Ganzheitlichkeit. Die beiden machen vor, dass es keineswegs ausreicht, nur den Körper zu trainieren, den Geist dabei zu vernachlässigen. Nur aus dem Zusammenspiel von BRAIN & POWER erwachsen nachhaltig Gesundheit, Erfolg und persönliches Lebensglück.

Aus diesem Grund empfehlen wir mit dem KLITSCHKO-WEG auch ein Training von Geist und Körper, die Kombination aus Coaching, Entspannung, Fitness und Ernährung. Auch wenn uns natürlich klar ist, dass Zeit und Energie der Menschen begrenzt sind. Grundsätzlich aber ist der KLITSCHKO-WEG so aufgebaut, dass jeder Interessierte sich um alle vier Bereiche kümmern kann. Zum Grundkonzept der KMG für die Marke Klitschko gehört, dass sich mentale Fitness und körperliche Kraft und Ausdauer gegenseitig bedingen. Wer den KLITSCHKO-WEG einschlägt oder mit Produkten und Services bereichern möchte, wird sich dessen bewusst werden. Von einem so ausgewogenen Training profitiert der einzelne Mensch aber auch das Unternehmen oder die Sache, für die er sich engagiert. Nur wenn wir es schaffen, zwischen dem Beruf und dem Privatleben, zwischen Anspannung und Entspannung eine Balance herzustellen, werden wir die volle Leistung bringen können und glücklich werden.

Mit welchen Partnern wollen Sie dieses Klitschko-Gesundheitskonzept umsetzen?

Nicht jede Facette der vier Themenbereiche wird von Anfang an ausgefüllt werden. Die Marke Klitschko steht mit ihrem Gesundheitsengagement erst am Anfang. Neue Allianzen sollen zu jeder Zeit möglich sein. Der KLITSCHKO-WEG ist eine nachhaltige Art, an sich selbst und seinen Zielen zu arbeiten. Mit der Zeit wird die KMG damit ihrem finalen Ziel näher kommen, das mit dem Begriff des HEALTHY AGING umschrieben wird, der heute schon markenrechtlich geschützt ist. Damit ist eine Methode gemeint, gesund, fit und entspannt älter zu werden.

Um dieses Ziel zu erreichen, brauchen wir ein starkes Netzwerk aus Experten und Partnern. Wir sind davon überzeugt, dass sich die Trennung zwischen Beruf und Privatleben in Zukunft nicht mehr aufrecht erhalten lässt. Wir glauben an die Kraft des Netzwerkens, an den Grundsatz von Gemeinschaft und das Prinzip des wechselseitigen Austauschs. Derzeit arbeiten wir am Aufbau dieses Netzes. Und wir laden alle Interessierten ein, mit uns Kontakt aufzunehmen und uns auf dem KLITSCHKO-WEG zu begleiten.

Welche Botschaft soll Ihre Handschrift auf diesem Planeten hinterlassen?

Jeder Mensch ist ein Bindeglied zwischen Generationen, Zeit und Wissen. Wir sollten uns darüber bewusst sein, wer wir sind, wer wir sein wollen und was wir der nächsten Generation hinterlassen. Die Zeit ist reif für horizontale Kooperationen: Netzwerken in einer offenen und loyalen Gemeinschaft ist keine Phrase, sondern das Grundprinzip für nachhaltigen Erfolg in der Zukunft.

heute so handeln,
als ob morgen wäre...

Gesa Köberle

Dr. Gesa Köberle ist Geschäftsführerin der DEKRA Consulting GmbH. Zuvor leitete sie den Geschäftsbereich Umwelt-, Arbeits- und Gesundheitsschutz bei der DEKRA Industrial GmbH. Davor war sie als Senior Consultant für Five Winds International tätig. Sie studierte Geo- und Politikwissenschaften und promovierte zu nachhaltigem Wassermanagement. Seit 15 Jahren ist sie in verschiedenen Nachhaltigkeitsbereichen tätig. Sie verfügt über praktische Erfahrung auf den Gebieten ökologisches Produktdesign (Design for Environment), Systemanalyse und integrierte Managementsysteme und hat eine Vielzahl von Umweltmanagement- und Integrierten Managementsystemen für Unternehmen verschiedener Branchen aufgebaut, begleitet und erfolgreich zertifiziert. Dr. Gesa Köberle unterstützt Unternehmen, EU Direktiven wie REACH, WEEE, RoHS und EuP zu interpretieren und notwendige interne Systeme hinsichtlich Rechtssicherheit aufzubauen. Sie ist als Lehrbeauftragte der Universität Tübingen tätig und Mitglied des Club of Rome sowie Vizepräsidentin der ENERGY GLOBE Foundation.
Weiterführende Informationen: www.dekra-consulting.com

Nachhaltig für Sicherheit, Qualität und Umweltschutz

Welche Bedeutung hat das Thema Nachhaltigkeit für DEKRA? Und wie ist es organisatorisch bei Ihnen verankert?
Nachhaltigkeit nimmt bei DEKRA einen hohen Stellenwert ein. Wir haben unsere eigene Strategie, an der wir kontinuierlich arbeiten. Zudem begleiten und unterstützen wir mit unseren Dienstleistungen private sowie gewerbliche Kunden auf dem Weg in die Zukunft sicher, wirtschaftlich erfolgreich und nachhaltig zu sein.

Das Handeln von Unternehmen und Organisationen ist immer öffentlich. Wie wird Ihr Nachhaltigkeitsengagement kommuniziert? Und weshalb braucht das Thema eine systematische Kommunikation?
Unser Anspruch ist es, Nachhaltigkeit intern vorzuleben und erst dann nach außen zu kommunizieren. Als Beispiel können wir den DEKRA-Neubau anführen, bei dem DEKRA den DGNB-Qualitätsstandard anstrebt, das Gütesiegel der Deutschen Gesellschaft für nachhaltiges Bauen. Die Einführung eines Arbeits- und Gesundheitsschutz-Managementsystems ist ein weiteres Beispiel. Ein Unternehmen sollte ständig danach streben, nachhaltiger zu werden, sodass ein ständiger Kommunikationsbedarf entsteht.

Welchen gesellschaftlichen Anspruchsgruppen fühlen Sie sich besonders verpflichtet?
Als weltweit vertretenes und tätiges Unternehmen streben wir als DEKRA an, durch das Handeln die Welt nachhaltig und sicher zu gestalten. Daher beschränkt sich die Verpflichtung nicht nur auf einzelne Anspruchsgruppen, stattdessen bezieht sie sich auf alle!

Was verstehen Sie unter Energiemanagement? Und weshalb ist der Blick auf die nachhaltige Steuerung der gesamten Wertschöpfungskette von Relevanz?
Wir erklären »Energiemanagement« in einfachen Worten als das Wissen über den Energiefluss im Unternehmen. Das bedeutet, man weiß, an welcher Stelle verbrauche ich zu welchem Zeitpunkt welchen Energieträger in welchen Mengen. Und (dies ist mit das Wichtigste) wie kann ich genau hier Energie einsparen. Weiter gilt es über den Tellerrand hinauszublicken, da viele vor- oder nachgelagerte Prozesse direkten oder indirekten Einfluss auf den Energieverbrauch nehmen und somit weitere Einsparpotenziale bieten.

Was motiviert Unternehmen und Organisationen zur Energie- und Ressourceneffizienz?
Es gibt unterschiedlichste Beweggründe für Unternehmen und Organisationen, den Umgang mit Ressourcen und somit auch mit Energie effizient und bewusst zu gestalten. Hierzu zählen monetäre Effekte wie z. B. steuerliche Vorteile oder durch

einen verminderten Verbrauch erzielte Kostensenkungen. Aber auch ein wertvoller Beitrag zum Klimaschutz und daraus resultierend die Verbesserung des ökologischen Images können die Motivation eines Unternehmens sein und gleichzeitig die Wettbewerbsfähigkeit steigern.

Was zeichnet ein systematisches Energie- und Umweltmanagement aus?
Es darf nicht zu einer Eintagsfliege verkommen! Das bedeutet, dass es ein von Mitarbeitern und Unternehmen aktiv gelebtes, im Plan-Do-Check-Act-Zyklus befindliches und auch zukünftig existentes System ist. Unter diesen Voraussetzungen kann ein systematisches Energie- und Umweltmanagement zum langfristigen und nachhaltigen wirtschaftlichen Erfolg eines Unternehmens beitragen.

Welche Maßnahmen werden von Unternehmen und Organisationen in Zeiten der Energiewende ergriffen, und wie können sie durch DEKRA unterstützt werden?
Für Unternehmen stellen wirtschaftlich schwere Zeiten große Herausforderungen dar. Der Spielraum für große und langfristige Investitionen gestaltet sich schwierig und Entscheidungen diese zu tätigen fallen nicht leicht. Aus diesem Grund gewinnen Maßnahmen, die sich relativ kurzfristig amortisieren, an Attraktivität. Auf diese Maßnahmen konzentrieren sich die Beratungsdienstleistungen von DEKRA. Wir analysieren z. B. die Arbeitsabläufe eines Unternehmens hinsichtlich eines optimalen Energieeinsatzes oder helfen dabei, eine Systematik zur Erfassung des Energieverbrauchs zu gestalten. Hierbei gehört für uns auch dazu, mit Rat und Tat bei der Beantragung der richtigen Fördermittel zur Seite zu stehen, denn für vielen Maßnahmen gibt es finanzielle Unterstützungen.

Während Großunternehmen durch ein unternehmensweites Energiemanagement ihren Energieeinsatz detailliert erfassen und systematisch senken können, fehlen KMUs und kleineren Organisationen oft die Mittel. Was raten Sie ihnen?
Speziell für KMUs bietet DEKRA viele Beratungsleistungen an. Unsere Konzepte erstellen wir in Interaktion mit unseren Kunden, auf diese Weise profitieren die Unternehmen von auf ihre Bedürfnisse zugeschnittenen Angeboten. In Kombination mit den vielen interessanten Förderprogrammen erhalten auch KMUs, welche über keine großen finanziellen Mittel verfügen, so die Möglichkeit, gemeinsam mit DEKRA ihren Energieverbrauch systematisch zu senken.

Welche Rolle spielen branchenpolitische Maßnahmen bei der Etablierung nachhaltigkeitsorientierter Standards in Unternehmen?
Branchenstandards schaffen Vergleichbarkeit und methodische Konsistenz. Sie stellen sicher, dass Best Practices Berücksichtigung und Verbreitung finden.

Weshalb sollten Unternehmen ihre Umwelt- und Sozialaspekte analysieren (lassen)?
Unternehmen erkennen auf diese Weise Geschäftsrisiken in den Bereichen knappe Rohstoffe, Schäden an menschlicher Gesundheit oder Umwelt sowie Image und Reputation, die durchaus kritisch für den dauerhaften Fortbestand eines Unternehmens sein können.

Nachhaltigkeit bedeutet für mich, bewusst zu leben und dazu beizutragen, zukünftigen Generationen ein besseres Leben auf unserem Planeten Erde zu ermöglichen.

Franz Koch

Franz Koch ist seit der Umwandlung PUMAs in eine Europäische Aktiengesellschaft (SE) im Juli 2011 Vorsitzender Geschäftsführender Direktor (CEO) des Sportlifestyle-Unternehmens. Der gebürtige Lübecker und BWL-Absolvent der Handelshochschule Leipzig und Universität Sydney kam im Jahr 2007 als strategischer Planer zu PUMA, nachdem er zuvor für die internationale Beratungsgesellschaft Oliver Wyman gearbeitet hatte. Bereits ab 2008 war Koch als PUMAs Head of Global Strategy von der Firmenzentrale in Herzogenaurach aus für die langfristige strategische Unternehmensentwicklung zuständig. Er verantwortete das im Jahr 2009 eingeführte Restrukturierungsprogramm und war maßgeblich an der Entwicklung von PUMAVision und des langfristigen Nachhaltigkeitsprogramms von PUMA beteiligt. Vor seiner Berufung zum CEO der PUMA SE entwickelte er – in enger Zusammenarbeit mit seinem Vorgänger Jochen Zeitz und dem gesamten PUMA-Vorstand – den Fünf-Jahres-Wachstumsplan »Back on the Attack 2011-15« mit dem klaren Ziel, PUMA zum begehrtesten und nachhaltigsten Sportlifestyle-Unternehmen der Welt zu machen. Koch, der im Jahr 2000 mit dem HTHC Hamburg deutscher Feldhockey-Meister wurde, ist passionierter Sportler und widmet sich in seiner Freizeit am liebsten dem Surfen, Skifahren, Radfahren und Golf. Weiterführende Informationen: www.puma.com

Nachhaltigkeit heißt für mich, gemeinsam mit allen Kräften das zu erhalten und zu verbessern, was wir so sehr lieben und brauchen, um in einer Welt, die besser ist als die jetzige, zu leben.

Reiner Hengstmann

Dr. Reiner Hengstmann, Jahrgang 1962, ist seit 2009 Globaler Direktor für den Bereich Umwelt- und Sozialstandards sowie Nachhaltigeit bei der PUMA SE. Von Vietnam aus leitet er ein Team, das weltweit die Nachhaltigkeit in der kompletten Lieferkette umsetzt. Nach einem Chemiestudium promovierte er mit einem Thema zu der ubiquitären Verteilung und der Auffindung von Dioxinen und Furanen in einer Kleinstadt. Von 1991 bis 1994 war er Laborleiter eines Chemischen Laboratoriums für Umweltanalytik in Halle/Saale. 1994 wechselte Hengstmann an den Lehrstuhl für Umweltverfahrenstechnik der Universität Erlangen. 1995 übernahm er die Position des wissenschaftlichen Direktors dieses Instituts. Seit 1999 ist Hengstmann zuständig für die Bereiche Umwelt und Soziales der PUMA SE; zuerst am Stammsitz in Herzogenaurach und seit 2005 in Manila. Er ist Vorsitzender des Umweltausschusses des Europäischen Verbandes der Sportartikelindustrie FESI. Reiner Hengstmann war verantwortlich für die Durchführung der ersten Umweltbilanzierung, Environmental Profit & Loss, eines global tätigen Unternehmens, in welchem der gesamte Umwelteinfluss der kompletten Lieferkette der PUMA SE als auch der des Unternehmens erstmals finanziell bewertet wurde. Er ist Vater eines Sohnes und lebt in Ho Chi Minh, Vietnam.

Sportlifestyle und Nachhaltigkeit

»Als nachhaltig kann eine Gesellschaft ganz allgemein dann definiert werden, wenn sie so strukturiert ist, dass sie den Anforderungen der Gegenwart gewachsen ist und dabei nicht die Möglichkeit der nächsten Generationen einschränkt, ihre eigenen Bedürfnisse zu befriedigen.«

In einem im Jahr 1970 im Times Magazine erschienenen Artikel argumentierte der Ökonom Milton Friedman, dass der alleinige Zweck von Unternehmen in der Optimierung des Gewinnes für die Aktionäre liegt. Außerdem behauptete er, dass wenn Unternehmen den Begriff der Verantwortlichkeit adoptieren, sie sich zu sehr binden im Vergleich zu denen, die dieses nicht machen und demnach weniger wettbewerbsfähig werden.

Es ist unumstritten, dass der Sinn eines jeglichen Geschäftsgebahrens die Optimierung des Gewinnes ist; das aber nicht um jeden Preis. Unser Wirtschaftsmodell basiert auf einem Denken, das noch aus den Zeiten der industriellen Revolution stammt. Damals ging man davon aus, dass die Ressourcen der Natur unerschöpflich sind beziehungsweise sich unsere Natur selbst von den Schäden, die ihr zugefügt werden, erholen kann. Diese Art und Weise des Wirtschaftens müssen wir ändern. (PUMA CEO Jochen Zeitz, 2011)

Nachhaltigkeit ist ein zentrales Anliegen von Politik, Gesellschaft und Wirtschaft. Ein Paradigmenwechsel zur Einstellung der Nutzung der natürlichen Ressourcen, zum Klimawechsel ist unumgänglich, um das oberste Gebot der Selbsterhaltung und der Generationengerechtigkeit aufrechtzuerhalten.

Wenn wir über Nachhaltigkeit reden, ist es unumgänglich, dass wir den Begriff der Nachhaltigkeit eindeutig verstehen. Der Begriff der Nachhaltigkeit fußt auf drei Säulen: Die ökologische Nachhaltigkeit, die die Erhaltung des ökologischen Systems als natürlichen Kapitalstock betrachtet, die ökonomische Nachhaltigkeit, welche sich mit der Erhaltung und Entwicklung des von Menschen geschaffenen Kapitalstocks beschäftigt und die soziale Nachhaltigkeit, die die Erhaltung und Entwicklung des sozialen Kapitals behandelt. Wenn alle drei genannten Faktoren gleichermaßen zur Geltung kommen, können wir von einer wirklichen Nachhaltigkeit sprechen.

Nachhaltigkeit bei PUMA

Nachhaltigkeit ist inzwischen ein unverzichtbarer Bestandteil unserer Unternehmensstrategie und dient nicht nur als Maßstab für PUMAs langfristige Geschäftsentwicklung, sondern berücksichtigt auch die Umwelt, in der wir leben und auf die wir alle angewiesen sind. Insofern ist Nachhaltigkeit für das Unternehmen genauso Teil unserer Markenphilosophie wie Sport und Lifestyle. Der CEO von PUMA Franz Koch möchte die Begehrlichkeit der Marke PUMA weiter steigern mit dem Ziel, das begehrteste und nachhaltigste Sportlifestyle-Unternehmen der Welt zu werden.

2008 wurde PUMAs Nachhaltigkeitskonzept PUMAVision eingeführt, das durch vier Schlüsselwerte verkörpert wird: fair, ehrlich, positiv und kreativ. Im Jahr 2010 haben wir dann die nächste Phase unseres langfristigen Nachhaltigkeitsprogramms eingeleitet und ehrgeizige Umweltziele definiert, die wir bis zum Jahr 2015 erreichen wollen. Dadurch wird Nachhaltigkeit zu einem integralen Bestandteil der DNA von PUMA, die tief in unserer Wertschöpfungskette verankert ist. Das beginnt mit der Beschaffung der Rohmaterialien und reicht von den Arbeitsbedingungen in den Fabriken unserer Lieferanten über die Verringerung der aus dem Transport, Geschäftsreisen und anderen geschäftlichen Maßnahmen herrührenden CO_2-Emissionen, die Reduzierung von Verpackungsmaterialien bis hin zur kontinuierlichen Steigerung der Umweltfreundlichkeit unserer Einzelhandelsgeschäfte und Büros.

Im Jahr 2011 haben wir die Verantwortungen unseres Teams, welches bis dahin die Themen der Sozial- und Umweltverantwortung mit gleichen Prioritäten behandelt hat, in zwei relativ gleichstarke Teams mit den jeweiligen Verantwortungen für Ökologie und Humanität aufgeteilt. Dieses gibt uns umso mehr die Möglichkeit, gezielt die Themen der sozialen und ökologischen Nachhaltigkeit zu bearbeiten.

2011 hat PUMA seine Produkte von insgesamt 540 Fabriken weltweit bezogen, wobei sich die Mehrzahl davon in Asien befindet. China, Vietnam und Indonesien sind derzeit die drei Länder mit den höchsten Beschaffungsvolumina. PUMA ist sich als international tätiger Konzern der Verantwortung gegenüber allen Mitarbeitern in seiner Lieferantenkette bewusst und möchte daher sicherstellen, dass bei der Herstellung unserer Produkte faire Arbeitsbedingungen vorherrschen und die Zahlung von Mindestlöhnen eingehalten wird. Das Sportlifestyle-Unternehmen orientiert sich bei seinen Nachhaltigkeitsinitiativen auch stark an den Millenniums-Entwicklungszielen der Vereinten Nationen, inbesondere im Hinblick auf den Erhalt der Umwelt, die Beseitigung der Armut, die Gleichstellung der Frauen und die Entwicklung globaler Partnerschaften.

Audits

Das Sportlifestyle-Unternehmen hat daher bereits 1993 einen Verhaltenskodex eingeführt, der für alle Zulieferbetriebe von PUMA die Beachtung von Mindeststandards auf Basis der Menschenrechte fordert, jegliche Beschäftigung von Kindern unter 15 Jahren untersagt, Respektierung der Gleichheit verlangt und die Zahlung aller gesetzlich vorgeschriebenen Mindestlöhne und Zuschläge (z. B. für Überstunden) regelt. Der PUMA-Verhaltenskodex ist Bestandteil unserer Lieferverträge und hängt weltweit bei allen Hersteller-Betrieben sichtbar für alle Arbeitnehmer in der jeweiligen Landessprache aus. Kontaktadressen auf dem Kodex stellen sicher, dass die Mitarbeiter vor Ort PUMA jederzeit direkt kontaktieren können.

Die strikte Umsetzung der Vorgaben des Verhaltenskodex garantieren 14 Auditoren unseres PUMA.Safe-Teams. Deren Aufgabe ist es, weltweit alle für PUMA tätigen Zulieferbetriebe in regelmäßigen Abständen zu überprüfen. Dabei kontrollieren unsere Mitarbeiter nicht nur die Bezahlung der Mindestlöhne, sondern auch die korrekte Vergütung von Überstunden und die Erbringung anderer in dem jeweiligen Land vorgeschriebenen Leistungen wie beispielsweise Beiträge zur Sozialversicherung. Die Bezahlung der Arbeiter richtet sich nach dem landesüblichen Lohnniveau. Die Bezahlung des gesetzlichen Mindestlohns ist durch diese Vorgehensweise auf jeden Fall garantiert. Selbstverständlich werden auch alle anderen Vorgaben unseres Verhaltenskodex überprüft wie beispielsweise die Einhaltung der vorgeschriebenen wöchentlichen Arbeitszeit von maximal 60 Stunden inklusive eines freien Tages pro Woche oder auch Belange der Arbeitssicherheit.

PUMA hat sich verpflichtet, 100 Prozent seiner direkten Zulieferer und Lizenznehmer in Tier 1 mindestens einmal zu auditieren, hauptsächlich durch das interne Kontrollteam. In Abhängigkeit der beim ersten Audit identifizierten Mängel werden die Fabriken alle zwei Jahre (A-Bewertung), jedes Jahr (B+), alle acht Monate (B-) oder alle zwei bis sechs Monate (C oder D) kontrolliert.

PUMAs Verpflichtung zu ethisch verantwortungsvoller Beschaffung zeigt sich in dem Konzept der »World Cat Strategic Supplier«, für das eine A- bzw. B+-Bewertung Voraussetzung ist. PUMAs eigene Beschaffungsorganisation World Cat bezieht 75 Prozent aller PUMA Produkte weltweit von A- und B+-Zulieferern. In der Kategorie Schuhe stammen 67 Prozent aller Produkte aus A- und B+-Fabriken, bei Textilien ca. 79 Prozent, bei Accessoires knapp 89 Prozent. Die Ergebnisse der Audits beeinflussen die Beschaffungsentscheidungen maßgeblich, da eine Fabrik spätestens nach dem zweiten Audit eine B-Bewertung erzielen muss, um überhaupt als neuer Zulieferer für PUMA infrage zu kommen bzw. als bestehende Fabriken weiterhin für PUMA (im vollen Umfang) produzieren zu dürfen.

Die 2009 neu herausgegebenen und 2011 aktualisierten PUMA.Safe-Handbücher bieten unseren Fabriken detaillierte Richtlinien zur Einhaltung unseres Verhaltenskodex. Diese Richtlinien empfehlen einen auf Managementsystemen basierten Ansatz, um die Kodex-Einhaltung nachhaltig und effektiv zu gestalten. Etablierte Managementsysteme sowie operative Richtlinien und Prozesse helfen den Fabriken dabei, Leistungen im Bereich Compliance zu kontrollieren und zu messen und dabei Lösungen für einen bestimmten Bereich zu finden.

Aufgrund des hohen Zuwachses an Vertragsherstellern 2011 und des Wechsels der internen Verantwortlichen nach der Umstrukturierung von PUMA.Safe konnten 2011 nicht alle Vertragshersteller formell auditiert werden. PUMA.Safe legte den Schwerpunkt auf Audits bei neuen Fabriken, bei strategischen Partnern und bei Vertragsherstellern, bei denen grundlegende Mängel aufgetreten waren. Der Fokus liegt vor allem aufgrund von Kapazitätsengpässen auf den Tier 1 Zulieferern. Unter Tier 1 fällt die Fertigung, angefangen beim Zuschneiden bis hin zum Verpacken der fertigen Produkte. Diese Stufe ist die letzte Stufe des Fertigungsprozesses.

Löhne

Falls in einem Zulieferbetrieb die Zahlung von Mindestlöhnen nicht eingehalten wird oder andere schwerwiegende Verletzungen unseres Verhaltenskodex festgestellt werden, fordert PUMA den Lieferanten unverzüglich auf, den Verstoß umgehend zu beheben. Kommt der Lieferant der Aufforderung wiederholt nicht nach, so behält sich PUMA als letzte Konsequenz vor, die Zusammenarbeit mit der betroffenen Fabrik einzustellen. Da PUMA seine Verantwortung in Bezug auf die Einhaltung von Arbeits- und Sozialstandards in seiner Lieferantenkette sehr ernst nimmt, hat PUMA in den letzten Jahren die Zusammenarbeit mit einer Vielzahl von Zulieferern beendet.

Seit 2004 ist PUMA außerdem Mitglied der Fair Labor Association (FLA), einer gemeinnützigen Organisation, die sich für faire Arbeitsbedingungen in Fabriken weltweit einsetzt. Bestandteil dieser Mitgliedschaft ist, dass PUMA-Fabriken durch unabhängige, dritte Institutionen unangekündigt auf die Einhaltung von Mindeststandards überprüft werden. Die Ergebnisse dieser externen Kontrollen werden auf der Homepage der FLA (www.fairlabor.org) veröffentlicht.

Unseren Kontrollen liegen die gesetzlich vorgeschriebenen Mindestlöhne beziehungsweise die industrieweit gültigen Tarifverträge zu Grunde. Es ist sicher richtig, dass die gesetzlichen Mindestlöhne in manchen Ländern verglichen mit den Lohnniveaus in Europa oder den USA relativ niedrig angesetzt sind. Allerdings muss bei einem Vergleich der Lohnsummen in den Produktionsländern mit hiesigen Standards die unterschiedliche Kaufkraft vor Ort berücksichtigt werden.

Um die Frage fairer Gehälter in der Beschaffungskette angemessen zu behandeln, trat PUMA 2009 mit der Asian Floor Wage Campaign (AFWC) in Verbindung. Vor einiger Zeit nahm PUMA am »Jo-In«-Projekt in der Türkei teil, in dessen Rahmen das Konzept der Gehaltsleiter entwickelt wurde. Diese Leiter wurde als Bezugsgröße herangezogen, um zu messen, wie weit die von PUMA-Zulieferern gezahlten Gehälter von den von der AFWC aufgestellten Werten abweichen. 2010 wurden erste Zahlen für einige der größten Beschaffungsländer erhoben. Hieran zeigt sich die Notwendigkeit, die Debatte über das richtige »Delta« auf die Entwicklung der Fabriken in diesem Bereich auszudehnen.

Zusätzlich hat PUMA als erstes Sportlifestyle-Unternehmen weltweit seine strategischen Produktionspartner dazu verpflichtet, an einer Lohnanalyse durch die FLA teilzunehmen. Die Ergebnisse dieser Analyse wurden in Zusammenarbeit mit der Internationalen Arbeitsorganisation (ILO) ausgewertet und haben gezeigt, dass es viele Bereiche im Lohnspektrum gibt, an denen unsere Zulieferer ansetzen sollten, allem voran aber an der Einhaltung gesetzlicher Regelungen. Der Lösungsansatz des Fair Wage Network zielt vor allem auf die Verbesserung der Vergütungssysteme ab, die auf einer sogenannten Fair Wage Matrix basieren und welche die industriellen Beziehungen sowie die entsprechenden Tarifvereinbarungen stärken sollen.

Ebenso vielversprechend ist ein Projekt zum Aufbau bzw. Stärkung eines nachhaltigen Personalmanagements. Im Rahmen unserer Kooperation mit Better Work fokussieren wir uns derzeit auf Zulieferbetriebe in Vietnam und Cambodia. Dort sollen Strukturen für eine ganzheitliche Personalabteilung geschaffen werden, die nicht nur Grundanforderungen gerecht wird, sondern qualifizierte Personalmanager ausbildet, die sich voll und ganz auf die Einhaltung gesetzlicher Regelungen und industrieller Standards konzentrieren können.

Ein weiterer möglicher Ansatz zum Aufbau eines fairen und nachhaltigen Lohnsystems ist der Faire Handel (Fairtrade). Fairtrade beinhaltet als einziges Sozial-Siegel eine verbindlich festgelegte Fairtrade-Prämie für Gemeinschaftsprojekte. Die Prämie fließt direkt von jedem Einkauf auf ein separates Prämienkonto der jeweiligen Produzentenorganisation oder der Plantage. Kleinbauern und Arbeiterinnen entscheiden selbstständig und demokratisch darüber, welche Projekte sie mit der Prämie realisieren. Dies können zum Beispiel der Bau von Trinkwasserbrunnen und Schulen, Umstellung auf biologischen Anbau oder subventionierte Arztbesuche sein.

Die Fairtrade-Standards wurden dafür entwickelt, das Leben von Kleinbauern sowie Beschäftigten auf Plantagen, die in den ärmsten Ländern der Welt leben, nachhaltig zu verbessern. Produzenten sollen einen Preis für ihre Rohstoffe bekommen, der ihnen hilft, die Kosten einer nachhaltigen Produktion zu decken. Fairtrade garantiert langfristige Handelsbeziehungen und bessere Einblicke der Produzenten in das Geschehen auf dem Weltmarkt. Durch klare Mindestanforderungen soll sichergestellt werden, dass die Produktionsweise und der Handel aller Fairtrade-zertifizierten Produkte verantwortungsvoll in Hinblick auf Soziales, Ökonomie und Umwelt erfolgen.

Angefangen mit 5000 Fußbällen für die Initiative »Club der guten Hoffnung«, die das Ziel hat in Südafrika Jugendkriminalität zu bekämpfen, führte PUMA 2008 erstmals Fairtrade-Produkte ein. Jetzt hat PUMA eine ganze Kollektion aus Fairtrade-zertifizierter-Baumwolle auf den Markt gebracht: die »Wilderness« Kollektion. Inspiriert durch die Landschaft und das Klima Afrikas, steht die neue Kollektion für Abenteuer verbunden mit verantwortungsbewusstem Konsum, der zugleich höchsten Qualitätsansprüchen genügt.

Das Sortiment reicht von Schuhen bis hin zur Bekleidung und Accessoires. Bisher werden 75 Prozent der gesamten Wilderness-Kollektion aus Fairtrade-Baumwolle hergestellt. Bis 2013 soll jedoch die komplette Kollektion aus Fairtrade-zertifizierter Baumwolle hergestellt werden. Die Wilderness Kollektion soll in Zukunft weiter ausgebaut werden und wird demnächst auch in den deutschen PUMA-Läden zu finden sein. Bisher sind die Textilien in Deutschland über den PUMA Online-Shop erhältlich.

Capacity Building

PUMA fällt allerdings keine reine Auditorenrolle zu, sondern das Unternehmen fungiert auch als Vermittler bei Projekten zum Aufbau von Kapazitäten. Je nach Art der Auditergebnisse und den Beziehungen zu unseren Zulieferern werden diese entweder aufgefordert oder angehalten, sich an diversen Projekten zur Erfüllung der Richtlinien von PUMA.Safe zu beteiligen, damit unmittelbare und tiefer liegende Gründe für die Nichteinhaltung identifiziert werden können.

So unterstützt das Sportlifestyle Unternehmen beispielsweise die Nachhaltigkeitsberichterstattung seiner Zulieferer. Zu diesem Zweck trat PUMA dem 2006 gestarteten GRI-GTZ (Global Reporting Initiative – Gesellschaft für technische Zusammenarbeit) Pilotprojekt »Transparency in the Supply Chain« gleich zu Beginn bei. Dieses Projekt sah die Schulung dreier PUMA-Zulieferer in Südafrika in der Nachhaltigkeitsberichterstattung vor. Die zweite Phase des Projektes schloss zehn Zulieferer in sechs Ländern ein (Bangladesch, China, Indien, Pakistan, Portugal und Türkei), die ihre Nachhaltigkeitsberichte 2010 herausgaben. Ab 2011 haben 18 wichtige Zulieferer in Südostasien und anderen wichtigen Regionen – die zusammengenommen mehr als zwei Drittel aller PUMA-Produkte herstellen – eingewilligt, ihre Nachhaltigkeitsberichte vorzulegen.

Des Weiteren organisiert PUMA Runde Tische

für seine Zulieferer in China, Vietnam, Indonesien, Kambodscha und Indien. Ziel dieser Plattformen ist die Diskussion über die wichtigsten Themen von sozialem und ökologischem Interesse in den jeweiligen Ländern. Zudem werden die Zulieferer hier über aktuelle Themen in Bezug auf PUMA informiert. Die Runden Tische wurden 2010 von PUMA.Safe ins Leben gerufen, um den Fabriken über eine interaktive Diskussion untereinander Mechanismen zur Problemlösung an die Hand zu geben. Alle Runden Tische werden von PUMA.Safe entwickelt und organisiert und richten sich nach den jeweiligen Bedürfnissen oder Schwachstellen der Fabriken, die während der Audits durch PUMA.Safe identifiziert werden konnten.

Das Recht auf Gewerkschaftsfreiheit ist ebenso wie die Vereinigungsfreiheit über den PUMA Verhaltenskodex eindeutig geregelt und wird durch die Auditoren von PUMA.Safe auch entsprechend überprüft. Allerdings kann es hier in Ländern wie China zu gesetzlichen Einschränkungen kommen, die nicht im Einflussbereich von PUMA oder den PUMA Lieferanten liegen. In solchen Fällen verlangen wir von unseren Zulieferern, über frei gewählte interne Gremien wie beispielsweise einen Arbeitssicherheitsausschuss oder ein »Worker Welfare Committee« parallele Strukturen der freien Mitarbeitervertretung zu realisieren. Auch in Freihandelszonen erwarten wir von unseren Herstellern die Etablierung von freien Mitarbeitervertretungen.

Unser aller Ziel ist es, die allgemeinen Beschäftigungsverhältnisse bei unseren Zuliefererbetrieben nachhaltig zu verbessern. Daher setzen wir auch konkret auf langfristige Partnerkonzepte, die einen stetigen Planungsprozess gewährleisten und sowohl für uns als auch für unsere Zulieferer gewinnbringend sind. Denn stetige Lieferbedingungen schaffen gegenseitiges Vertrauen und erhöhen die Innovationsbereitschaft.

Umwelt

Als erstes Unternehmen weltweit stellte PUMA 2011 eine ökologische Gewinn- und Verlustrechnung (E P&L) fertig. Während die Natur für uns Menschen so viel mehr als ein reines Geschäft ist, haben wir versucht, mit der E P&L eine Antwort auf eine scheinbar einfache Frage zu finden: Wenn unser Planet ein Unternehmen wäre – wie viel würde er für die Dienste berechnen, die er für PUMA erbringt? Welchen Betrag würde er für die Beseitigung des ökologischen Fußabdrucks durch Verschmutzung und Beschädigung, den PUMA hinterlässt, dem Unternehmen in Rechnung stellen?

In Geschäftsberichten wird dieser zur Natur gehörige Wert üblicherweise nicht ausgewiesen. Viele Unternehmen sind der Ansicht, dass für sie lediglich die Finanzzahlen zählen; sie orientieren sich ausschließlich am Gewinn. Glücklicherweise werden sich jedoch immer mehr Betriebe, die das Schicksal unserer Umwelt bislang wenig kümmerte, der Tatsache bewusst, dass die Nachhaltigkeit ihres Geschäfts von den langfristigen Überlebenschancen unserer Ökosysteme abhängt.

Ziel der E P&L ist, alle wesentlichen Umweltauswirkungen abzudecken – von der Rohstoffproduktion bis hin zum Einzelhandelsgeschäft. Aus Gesprächen mit Fachleuten und aus einschlägigen aktuellen Branchen und wissenschaftlichen Publikationen haben wir gelernt, dass sich unsere Aktivitäten am meisten auf die Treibhausgasemissionen, den Wasserverbrauch, die Landnutzung, die

Luft und die Abfallproduktion auswirken. Aus diesem Grund sind diese Bereiche in PUMAs E P&L abgedeckt.

Die Ergebnisse von PUMAs E P&L zeigen, dass über die Hälfte (57 Prozent) aller Umweltauswirkungen im Zusammenhang mit der Produktion von Rohstoffen wie Leder, Gummi oder Baumwolle entlang der Beschaffungskette von PUMA stehen. Wir haben unsere Bemühungen intensiviert, nachhaltigere Materialien für unsere Produkte zu identifizieren, um die weitreichenden Auswirkungen der Rohstoffproduktion und -verarbeitung auf die Umwelt zu verringern.

Im Rahmen seiner langfristigen Zusammenarbeit mit der Environmental Protection Encouragement Agency (EPEA) prüft PUMA derzeit die Entwicklung recyclingfähiger Produkte nach dem Cradle to Cradle®-Konzept. Gemäß diesem Konzept erfolgt jeder Materialfluss unter sorgfältiger Berücksichtigung der Ressourcen. In der Regel werden Rohstoffe zu Produkten gemacht, die verkauft und später auf Mülldeponien oder in Müllverbrennungsanlagen landen. Die einzelnen Stoffe gehen dadurch für immer verloren. Anstatt zu versuchen, den linearen Materialfluss und derzeitig genutzte Produktionsmethoden zu minimieren, sieht das Cradle to Cradle®-Konzept die Wiederverwertung von Stoffen in einem nützlichen Nährstoffkreislauf vor, in dem jeder Wert, der einmal geschaffen wurde, für Mensch und Natur erhalten bleibt.

2011 betrug der Anteil von Produkten im Bereich Textilien aus nachhaltigeren Materialien ca. 16 Prozent unserer Gesamtkollektion. Wir haben uns zum Ziel gesetzt diesen Anteil bis 2015 auf 50 Prozent zu erhöhen.

2011 startete die Umweltschutzorganisation Greenpeace die globale Kampagne »Detox«, mit dem Ziel, die Verschmutzung offener Gewässer durch gefährliche Chemikalien zu verhindern. Die Kampagne richtete sich an die Textilindustrie und die großen Sportartikelhersteller. Im Rahmen unseres langfristigen Nachhaltigkeitsprogramms haben wir die dringende Notwendigkeit erkannt, die Einleitung gefährlicher Chemikalien durch Industriebetriebe zu reduzieren bzw. zu stoppen. Gemäß dem Präventions- und Vorsorgeansatz haben wir uns verpflichtet, bis 2020 sämtliche besonders gefährlichen Chemikalien aus dem Lebenszyklus und aus der gesamten Beschaffungskette zu verbannen, die in Verbindung mit der Herstellung und Nutzung von PUMA-Produkten stehen. Unsere Restricted Substances List, die 2007 in Anlehnung an internationale Standards wie z.B. Oeko-Tex 100 entwickelt und seitdem kontinuierlich angepasst wurde, ist hier ein wesentliches Referenzdokument.

Fast die gesamte PUMA-Produktion findet in Fabriken unabhängiger Zulieferer statt. Dennoch nehmen wir bei PUMA die Schaffung einer nachhaltigeren Welt ernst. Dabei spielt die Herstellung unserer Produkte entlang unserer Beschaffungskette eine entscheidende Rolle. Daher sammeln wir seit 2007 Umweltkennzahlen von unseren wichtigsten Zulieferern. Jede der Fabriken, die für PUMA produzierten, ist einzigartig; sie stellen unterschiedliche Produkte her, arbeiten mit unterschiedlichen Prozessen und sind über die gesamte Welt verstreut. Vor diesem Hintergrund haben wir 2011 Enablon eingeführt, eine neue Software zur Erhebung von Umweltdaten, mit der wir unseren Erhebungsprozess wesentlich verbessern konnten. Die Datenerhebung ist und bleibt jedoch ein schwieriges Unterfangen.

Des Weiteren haben wir damit begonnen, dedizierte Umweltaudits zu entwickeln (zusätzlich zu den umweltbezogenen Kontrollen im Rahmen der existierenden PUMA.Safe-Auditprogramme). Diese richten sich an Zulieferer mit besonders hohem Umweltrisiko, was zum Beispiel hier die vertikalen Textillieferanten, aber auch Gerbereien betrifft.

Fazit

In der heutigen Welt muss die Wirtschaft – noch mehr als der einzelne Mensch – vermehrt Rücksicht auf die Umwelt nehmen. Die Menschheit überbeansprucht die Nutzung der Güter und Dienstleistungen, die uns von der Natur gegeben wurden, bei weitem. Die Welt hat sich verändert. Wir können nicht über Nachhaltigkeit in unserer Gesellschaft reden, wenn sich nicht unser ökologisches und ökonomisches Modell, in welchem wir leben und nach welchem wir handeln, radikal ändert.

Wie Einstein einmal sagte: »Wir können Probleme der Welt nicht mit den Denkmustern lösen, die zu ihnen geführt haben.« Wir müssen lernen, in unserem Handeln über den Tellerrand hinauszuschauen. Wir müssen lernen, mit der Natur anstelle gegen sie zu arbeiten. Das ist das neue Paradigma, das wir brauchen, um unsere Zukunft und die Zukunft unserer Unternehmen zu sichern.

Das aktuelle Wirtschaftsmodell, das in der industriellen Revolution vor etwa mehr als einhundert Jahren enstanden ist, muss radikal verändert werden. »Ein neues Business-Modell ist notwendig und damit einhergehend eine Transformation der Unternehmensberichterstattung. Wir brauchen ein Wirtschaftsmodell, das mit der Natur und nicht gegen sie arbeitet.«

PUMA will das begehrteste und nachhaltigste Sportlifestyle-Unternehmen werden. Wir haben uns hiermit ein sehr ambitioniertes Ziel gesetzt, sind aber der Meinung, dass wir dieses Ziel langfristig erreichen werden.

PUMA ist eines der weltweit führenden Sportlifestyle-Unternehmen, das Schuhe, Textilien und Accessoires konzipiert und entwickelt. PUMA setzt sich dafür ein, Kreativität zu fördern, im Rahmen seines Nachhaltigkeits-Konzeptes SAFE umwelt- und sozialverträglich zu handeln und zum Frieden beizutragen. Gemäß unserer Unternehmensprinzipien wollen wir das fair, ehrlich, positiv und kreativ tun. PUMA ist Sport und Mode. Zu seinen Sport-Performance- und Lifestyle-Kategorien gehören u. a. Fußball, Laufen, Motorsport, Golf und Segeln. Im Bereich Sport Fashion kooperiert PUMA mit namhaften Designer-Labels wie Alexander McQueen, Mihara Yasuhiro und Sergio Rossi. Zur PUMA-Gruppe gehören die Marken PUMA, Tretorn und Hussein Chalayan. Das Unternehmen wurde 1948 gegründet und vertreibt seine Produkte in über 120 Ländern und beschäftigt weltweit mehr als 9.000 Mitarbeiter. Die Firmenzentralen befinden sich in Herzogenaurach, Boston, London und Hongkong. Weitere Informationen finden Sie im Internet unter: www.puma.com

Nachhaltigkeit heißt für mich, die Artenvielfalt auf der Welt zu bewahren, und der Evolution eine Chance zu geben.

Stephan Kohler

Stephan Kohler, Jahrgang 1952, ist seit 2000 Geschäftsführer der Deutschen Energie-Agentur GmbH und seit 2006 Vorsitzender der Geschäftsführung. Nach seinen Tätigkeiten beim TÜV Bayern sowie MAN Neue Technologien und der Hochtemperatur Reaktorbau GmbH (HRB) in Mannheim wechselte er 1981 zum Öko-Institut Freiburg. Nach seiner Mitarbeit an der Deutschen Risikostudie Kernkraftwerke Phase B übernahm er 1983 die Leitung des Fachbereichs Energie sowie ab 1988 den Aufbau des Umwelt-Informationsbüros (Ökoinform) in Moskau. 1991 wurde er Geschäftsführer der neu gegründeten Niedersächsischen Energie-Agentur in Hannover. Von 1982 bis 1984 war er Vorstandsmitglied im Bundesverband Bürgerinitiativen Umweltschutz (BBU), von 1991 bis 1993 Vorstandsmitglied des Öko-Instituts Freiburg und von 1995 bis 1997 Mitglied im Beirat des BUND. Von Februar 2000 bis März 2001 war er Vorsitzender des Vereins der Energie-Agenturen Deutschlands (EAD e.V.). Seit Juni 2001 ist er Mitglied des Advisory Committee des Weltrats für Erneuerbare Energien. Neben Veröffentlichungen zu energiewirtschaftlichen und energiepolitischen Themen sowie der Erarbeitung von Energiewende-Szenarien ist er Autor der Bücher »Die Energiewende ist möglich« und »Sonnenenergie-Wirtschaft« sowie Mitherausgeber des Buches »Neue Wege zum Klimaschutz«. Weitere Informationen: www.dena.de

Sicher, bezahlbar, nachhaltig – die Energieversorgung der Zukunft

Mit der Energiewende hat sich Deutschland für die Entwicklung einer nachhaltigen Energieversorgung entschieden. Dieser Wandel erschöpft sich nicht im Abschalten der Atomkraftwerke und im weiteren Ausbau von Sonne- und Windkraftanlagen. Die Energiewende entscheidet sich im Heizungskeller, im Elektromarkt, beim Autohändler, im Rechenzentrum und in der Produktionshalle genauso wie bei der Sanierung unserer Gebäude und dem Bau neuer Stromleitungen, fossiler Kraftwerke und der Entwicklung neuer Stromspeicher. Wir alle sind Teil der Energiewende und damit auch verantwortlich für einen nachhaltigeren Umgang mit Energie. Wir können die Energiewende nicht an die Politik delegieren, sondern müssen selber handeln.

Energieeffizienz ist die Basis der Energiewende

Energieeffizienz ist die Grundvoraussetzung der Energiewende, da es immer sinnvoller ist, Energie einzusparen als sie teuer zu erzeugen. Energieeffizienz rechnet sich: In Haushalten, Gewerbebetrieben und Industrieunternehmen gibt es noch immer wirtschaftlich erschließbare Einsparpotenziale von 20 bis 30 Prozent, die bis zum Jahr 2020 realisiert werden können. In Wohngebäuden kann der Energieverbrauch für Heizung und Warmwasser durch die energetische Sanierung mittels ausgereifter Techniken sogar bis zu 80 Prozent verringert werden. Jeder Euro, der in Energieeffizienz investiert wird, trägt zudem zur nachhaltigen Wertschöpfung bei und stärkt den Wirtschaftsstandort Deutschland. Und: Energieeffizienz leistet einen wesentlichen Beitrag zur finanziellen Entlastung der Verbraucher. Denn der Umbau unseres Energiesystems ist mit Kosten verbunden, die Verbraucher aber durch Effizienzmaßnahmen auffangen können.

Wir benötigen einen grundlegenden Mentalitätswandel: Im Vordergrund sollte nicht die Versorgung mit Strom oder Brennstoffen, sondern die Energiedienstleistung bzw. der Kundenbedarf stehen. Maßgeschneiderte Dienstleistungen zu technisch, wirtschaftlich und ökologisch optimalen Konditionen sind hier gefragt. Ist die Dienstleistung »wohltemperierter Wohnraum« statt »Lieferung von Heizöl«, wird ein Anbieter aus eigenem Interesse dies so effizient wie möglich organisieren. Dafür müssen wir funktionierende Märkte schaffen. Denn nur wenn Energieeffizienz als Produkt überzeugt, wird sie sich in der Breite durchsetzen. Dafür braucht es einen sinnvoll abgestimmten Mix aus Förderprogrammen, Ordnungsrecht und Marktinstrumenten. Der Verbraucher muss außerdem besser und direkter über die Energiekosten informiert werden, die ein Haus, ein Auto, ein Computer oder eine Produktionsanlage verursacht. Und Hersteller, Händler,

Handwerker und Energieversorger müssen begreifen, dass es ein Wettbewerbsvorteil ist, das zu bieten, worauf es den Kunden wirklich ankommt: Effizienz und Komfort statt Kilowatt.

Stromversorgung muss neu ausgerichtet werden

Insbesondere der langfristige Umbau unserer Stromversorgung hin zu mehr erneuerbaren Energien ist technisch und wirtschaftlich ambitioniert. So müssen zum Beispiel die Stromnetze auf allen Spannungsebenen ausgebaut werden, damit der Strom aus Sonne und Wind auch integriert und transportiert werden kann. Bisher konnten wir die Erneuerbaren relativ problemlos integrieren, da wir in Deutschland über ein robustes Elektrizitätssystem verfügen. Jetzt erreichen wir aber Systemgrenzen, weshalb der weitere Ausbau der regenerativen Stromerzeugung an energiewirtschaftliche Steuerungselemente gekoppelt werden muss.

Neben dem Ausbau der erneuerbaren Energien und der Netze wird bis zum Jahr 2050 auch noch ein erheblicher konventioneller Kraftwerkspark benötigt, um die Versorgungssicherheit zu gewährleisten. Denn Sonne und Wind liefern nur dann Strom, wenn der Wind weht oder die Sonne scheint, dann aber mit einer hohen Gleichzeitigkeit. Der Neubau effizienter fossiler Kraftwerke ist daher notwendig, um die schwankende Leistung der erneuerbaren Energien auszugleichen und zugleich die CO_2-Emissionen dauerhaft zu senken. Da die fossilen Kraftwerke immer seltener laufen, sie zur Gewährleistung der Versorgung aber benötigt werden, müssen wir auch über neue Strom-Marktmodelle nachdenken. Zugleich gilt es, die Erneuerbaren kontinuierlich zur Marktreife zu führen.

Schließlich brauchen wir effektive und kostengünstige Speichersysteme. Dafür müssen wir sehr schnell die noch möglichen Pumpspeicherkraftwerke in Deutschland ausbauen und die Zusammenarbeit mit den Alpenländern verstärken, um die dort vorhandenen und noch zu bauenden Pumpspeicherkraftwerke zu nutzen. Darüber hinaus werden innovative Speichermöglichkeiten gesucht. Mit der Nutzung des Erdgasnetzes, des sogenannten Power to Gas-Ansatzes, steht uns eine vielversprechende Speicheroption zur Verfügung, die eine längerfristige Speicherung ermöglicht. Um dies wirtschaftlich und effizient nutzbar zu machen, müssen aber noch intensive Forschungs- und Entwicklungsarbeiten durchgeführt werden.

Die Energiewende braucht Akzeptanz

Die geschilderten Systemveränderungen dürfen aber nicht allein unter technischen und wirtschaftlichen Gesichtspunkten betrachtet werden. Zugleich müssen wir die Bevölkerung kontinuierlich über die Vorteile und Herausforderungen der Energiewende informieren und für Akzeptanz werben. Ehrlichkeit und Realismus sind hierbei gefragt. Bei der Planung und Errichtung von neuen Stromtrassen, Kraftwerken oder Erneuerbare-Energien-Anlagen sollten Bürger rechtzeitig und umfassend über Veränderungen in ihrem Umfeld informiert werden. Nur so können wir sie davon überzeugen, dass die Veränderung unserer Landschaften für das Gelingen der Energiewende notwendig ist und damit eine Energieversorgung schaffen, die sicher, bezahlbar und nachhaltig ist.

Nachhaltigkeit heißt für mich, unsere Welt in einem besseren Zustand an unsere Kinder und Enkelkinder zu übergeben.

Matthias Krieger

Matthias Krieger, Jahrgang 1962, hat 1992 das namhafte Bauunternehmen Krieger + Schramm GmbH & Co. KG (K+S) gegründet. Krieger ist Unternehmer, Stifter, Autor und ehemaliger Leistungssportler. 2011 wurde das Unternehmen von TOP JOB und der Universität St. Gallen als »Bester Arbeitgeber Deutschlands« ausgezeichnet. Bundeskanzlerin Angela Merkel zeichnete 2012, im Wettbewerb »Erfolgsfaktor Familie«, K+S als »Familienfreundlichstes Unternehmen Deutschlands« aus. Für das Hochbauunternehmen mit Hauptsitz in Dingelstädt und Niederlassungen in Kassel und Frankfurt/Main ist unternehmerischer Erfolg eng mit einer wertebasierten Unternehmenskultur verbunden, die Partnerschaft, Dialog, Transparenz und Leistung fördert. Seit vielen Jahren arbeitet und lebt die Firma nach diesem Wertemanagement. Dazu gehört seit 2009 der Geschäftsbereich »Gesundes Wohnen«. Als Referent und Autor gibt Krieger seine 20-jährige Erfahrung als Unternehmer und Leistungssportler weiter. Sein eigenes Buch veröffentlichte er 2011 mit dem Titel »Die Lösung bist Du! – Was uns wirklich voranbringt!«, eine Anleitung für nachhaltigen Erfolg und wertorientiertes Handeln. Das Honorar für seine Vorträge sowie der Verkaufserlös des Buches fließen in die Dagmar + Matthias Krieger Stiftung.
Weiterführende Informationen: www.krieger-schramm.de

Nachhaltigkeit im Bauwesen und in der Architektur

Gesundes Wohnen

Es ist für uns ein Selbstverständnis, dass der Geschäftsbereich Gesundes Wohnen unser Kerngeschäft nicht nur ergänzt, sondern auch ausmacht. Denn das Thema Nachhaltigkeit beschäftigt uns schon seit Jahren – dazu gehört, dass das Wissen und Können unserer Mitarbeiter und Führungskräfte zum Wohl unserer Bauherren und Käufer in eigene Wohnungsbauprojekte einfließt. Das Wissen um dieses komplexe Thema vermitteln wir an Architekten, Planer und Bauherren.

Zur Förderung eines gesünderen Wohnumfeldes benutzen wir grundsätzlich nur schadstoffgeprüfte Baumaterialien und Stoffe für die Innenraumoberflächen der Wohnungen. Bei dieser Baustoffauswahl sind Prüfsiegel wie der Blaue Engel und Siegel anderer anerkannter Institute ein Mindeststandard. Die Elektrogrundinstallation wird unter der besonderen Beachtung der Elektrosmogreduzierung geplant.

Individuelle Beratungen zu den Themen des gesunden Wohnens erhalten sensible und gesundheitlich belastete Menschen durch unsere Spezialisten oder Baubiologen, Naturwissenschaftler und Ärzte. Wir entwickeln für Menschen, die wie Allergiker hochsensibel auf ihre Umwelt reagieren, optimierte Raumluftverhältnisse, zum Beispiel durch Lüftungsanlagen und individuelle Pollenfilter. Lehmputz und seine altbewährten, positiven Eigenschaften wird zur Verbesserung des Raumklimas genutzt. Elektrosmog wird durch Stromfreischaltungen in Schlaf- und Kinderzimmern oder durch kabel- und batterielose Schaltersysteme reduziert.

Nachhaltigkeit-Siegel Verantwortung und Wertebasis

Die Brisanz des Themas ökonomische und ökologische Nachhaltigkeit für die Baubranche ergibt sich aus folgenden Fakten: 30 Prozent des gesamten Energiebedarfs entfallen auf Immobilien, 30 Prozent der Ressourcen entfallen auf den Betrieb, Bau und Abriss von Immobilien und 40 Prozent der deutschen Treibhausemissionen entfallen auf Immobilien. Deshalb haben wir das Thema Nachhaltigkeit in den Kern unserer unternehmerischen Wertebasis aufgenommen. In Anlehnung an das Bewertungssystems für Nachhaltiges Bauen (BNB) des Bundesministeriums für Verkehr, Bauen und Stadtentwicklung haben wir sechs Kriterien für Nachhaltigkeit definiert: ökonomische Qualität, ökologische Qualität, soziokulturelle und funktionale Qualität, technische Qualität und Prozessqualität. Als modernes Unternehmen möchten wir Bewegung in die Köpfe der Menschen bringen und ein allgemeines Bewusstsein dafür schaffen, dass Nachhaltigkeit eine große Bedeutung für die Gesellschaft und das Schicksal der zukünftigen Generationen hat. Deshalb haben wir in Anlehnung an den Kriterienkatalog des BNB für Nachhaltiges Bauen ein Qualitätszertifikat entwickelt: das Krieger + Schramm Nachhaltigkeit-Siegel. Mit diesem werden umweltschonende, wirtschaftlich effiziente und nutzerfreundliche Gebäude ausgezeichnet.

Nachhaltige Projekte Dagmar + Matthias Krieger Stiftung

Unsere Stiftung verfolgt ausschließlich gemeinnützige Zwecke. Sie fördert und unterstützt Sport, Kultur und Bildung in der Region. Wir fördern gerade junge Menschen, die unsere Zukunft prägen und künftig gestalten. Wir fördern Projekte, die nachhaltig wirken. Die Stiftung möchte eigene Maßnahmen ergreifen, welche der nachhaltigen positiven Gestaltung der Zukunft dienen sollen. Durch Förderung und Unterstützung engagieren wir uns vielfältig und leisten einen Beitrag für unsere Gesellschaft. Wir wollen als Träger von Veranstaltungen Preisgelder und Stipendien vergeben sowie weitere Unterstützung gewähren, auf den Gebieten von Wissenschaft und Forschung, der allgemeinen Sportförderung, insbesondere der Förderung von jungen Menschen und auf den Gebieten von Kultur und Bildung. Insbesondere soll die Jugend durch Förderung und Unterstützung motiviert werden, die eigene Bildung voranzubringen, Sport zu treiben und am kulturellen Leben teilzuhaben. Ein weiterer Beweggrund besteht darin, das Leben Behinderter und sozial Benachteiligter zu erleichtern.

Seit 2008 verleihen wir den Förderpreis »Bester Lehrling Bau Hessen + Thüringen« für Auszubildende und deren Lehreinrichtungen aus Hessen und Thüringen, die herausragende Leistungen bringen. Er soll ein Ansporn sein, nachhaltig eine gute Zusammenarbeit zwischen Lehrlingen, Schulen und Lehrbauhöfen zu pflegen. Unterstützt wird diese Anerkennung auch durch die Ministerpräsidenten aus Hessen und Thüringen, die die Schirmherrschaft übernommen haben.

Bauen ist Zukunft, und gemeinsam gestalten wir die Zukunft ökologisch. Mit diesem Hintergrund wird seit 2010 der »Award für nachhaltiges Bauen Hessen + Thüringen« im Rahmen der Bautagung von Krieger + Schramm verliehen. Die Menschen stehen dabei mit ihren Bedürfnissen nach angenehmem Wohnen und gesundem Leben im Mittelpunkt. Die Auszeichnung prämiert Architekten, die nachhaltiges Handeln zu weiterem Wachstum nutzen. Die Dagmar + Matthias Krieger-Stiftung stiftet jeweils das Preisgeld in Höhe von 5.250 Euro und führt durch diese beiden Projekte die Länder Hessen und Thüringen näher zusammen.

Weitere Informationen: www.krieger-stiftung.de

Nachhaltigkeit bedeutet für uns als grössten Anbieter von Umwelttechnologien nicht nur neue Geschäftsmöglichkeiten, sondern verpflichtet uns auch als Unternehmen Vorreiter zu sein.

Barbara Kux

Barbara Kux ist seit 2008 Mitglied des Vorstands der Siemens AG. Sie leitet das konzernweite Supply Chain Management und ist darüber hinaus als Chief Sustainability Officer verantwortlich für die Nachhaltigkeitsstrategie des Unternehmens. Die in Zürich geborene Barbara Kux absolvierte Studien in der Schweiz und in den USA sowie ein mit Auszeichnung abgeschlossenes MBA-Studium bei INSEAD in Fontainebleau. Vor ihrer Berufung in den Siemens-Vorstand hielt sie Management-Positionen bei führenden internationalen Konzernen. Sie gehört zum Kreis der Global Leader of Tomorrow des World Economic Forums und ist Mitglied im Aufsichtsrat von Total S.A., Frankreich. Weiterführende Informationen: www.siemens.com

Nachhaltigkeit als strategischer Erfolgsfaktor

Was macht Nachhaltigkeit bei Siemens zu einem leitenden Geschäftsprinzip? Und weshalb muss das eigene Nachhaltigkeitsverständnis immer eng mit den Unternehmenswerten verbunden sein? Siemens handelt im Sinne künftiger Generationen verantwortungsvoll, um so wirtschaftlichen, ökologischen und sozialen Fortschritt zu erreichen. Dies ist eine Grundkonstante unseres Handelns. Profitabel zu wachsen und langfristig Wert für unsere Stakeholder zu schaffen, sind die Unternehmensziele, zu deren Erreichen unsere Nachhaltigkeitsaktivitäten entscheidend beitragen.

Eine solche Grundkonstante ist die Folge eines intensiven Lernprozesses und prägender Erfahrungen. Diesen Prozess hat Siemens als Unternehmen durchlaufen, und auch ich habe in dieser Hinsicht im Laufe meiner Karriere eine sehr persönliche Prägung erfahren. Als im Jahre 1992 der erste Umweltgipfel in Rio stattfand, habe ich ein Kapitel zu dem Buch »Changing Course« beigetragen, in dem 50 international führende Unternehmerpersönlichkeiten erstmals die Frage erörterten, wie sich Umweltschutz und Wirtschaftswachstum vereinen lassen. Das Buch war für seine Zeit einzigartig. Seit 1992 zieht sich das Thema Nachhaltigkeit wie ein roter Faden durch meine berufliche Laufbahn. Damals wie heute gilt für mich die Prämisse, nachhaltig zu wirtschaften – zur Steigerung des Unternehmenserfolgs und zum Wohle der Umwelt.

Bei Siemens wurde ein solcher Entwicklungsprozess bereits im 19. Jahrhundert initiiert. Schon unser Unternehmensgründer Werner von Siemens formulierte: »Für augenblicklichen Gewinn verkaufe ich die Zukunft nicht.« Im Jahre 1873, noch bevor Fragen wie Ressourcenknappheit oder Klimawandel den täglichen Diskurs prägten, entwickelte Werner von Siemens eine Technik zur Vermeidung von Ascheemissionen bei Schornsteinen. Nachhaltigkeit bei Siemens ist also weder Pflicht noch Kür, es ist eine Unternehmensphilosophie mit Tradition. Zwei philosophische Disziplinen sind die Logik als die Wissenschaft des folgerichtigen Denkens und die Ethik als die Wissenschaft des rechten Handelns. Nachhaltiges Wirtschaften ist für uns genau dies: rechtes Handeln basierend auf folgerichtigem Denken.

Auch heute folgen wir der Richtung, die Werner von Siemens schon vor zwei Jahrhunderten vorgegeben hat. Wir führen seine Denktradition weiter und bauen sie unter Berücksichtigung der Zeichen der Zeit aus. Inzwischen geht es nicht mehr nur darum, durch Nachhaltigkeit die Zukunft des Unternehmens zu sichern, sondern auch um die Zukunft unserer Erde. Hierbei ist Folgendes besonders wichtig: Was den großen Nutzen für uns als Unternehmen und für die ganze Welt ausmacht ist unsere Nachhaltigkeitsphilosophie gepaart mit unserer Expertise. Heute sind wir einer der größten und wichtigsten Produzenten von

Umwelttechnologien. Allein durch die Nutzung unseres Siemens-Umweltportfolios ließen sich 37 Prozent des CO2-Reduktionspotenzials weltweit realisieren. Dieses Volumen entspräche den kombinierten jährlichen Emissionen der USA und der EU.

Seit November 2008 verantworten Sie bei Siemens als erster Vorstand für Supply Chain Management das gesamte Einkaufsvolumen. Zudem sind Sie als Chief Sustainability Officer auch für Nachhaltigkeitsthemen beim »grünen Infrastrukturgiganten« verantwortlich. Auf welche Ziele und Aktivitäten konzentriert sich das Nachhaltigkeitsprogramm von Siemens?

Wir haben früh erkannt, dass Nachhaltigkeit zugleich eine Notwendigkeit zur Erhaltung unseres Lebensraums und eine einmalige Geschäftschance für Siemens ist. Daher ist sie fest im operativen Geschäft des Unternehmens verankert und wird von der Vorstandsebene aus gesteuert.

Die Ziele und Aktivitäten unseres Nachhaltigkeitsprogramms konzentrieren sich auf die drei Felder »Geschäftschancen«, »Vorbildfunktion« und »Dialog mit Anspruchsgruppen«. Geschäftschancen mit unseren umwelttechnologischen Produkten und Lösungen zu nutzen, ist eines unserer Hauptziele. Mit dem Siemens-Umweltportfolio konnten wir 2011 über 40 Prozent unseres Gesamtumsatzes erwirtschaften und für unsere Kunden 317 Megatonnen CO2 reduzieren. Dies entspricht einem Drittel des jährlichen CO2-Ausstoßes Deutschlands.

Ein Beispiel für weitere umweltfreundliche Lösungen von Siemens sind spezielle Finanzierungsangebote, sogenannte Energiesparverträge, bei denen unsere Kunden ohne Anfangsinvestitionen unmittelbar Energie und Kosten einsparen. Die Stadt Berlin hat mit Hilfe dieser Angebote 164 Gebäude mit Siemens-Technologie ausgestattet. Damit können 25 Prozent CO2 eingespart werden. Ein gutes Beispiel für die effektive Nutzung erneuerbarer Energien ist die Produktionsstätte des Volkswagenkonzerns in Martorell bei Barcelona. Das Werk produziert einen Großteil seines Stroms selbst – über Photovoltaik-Anlagen mit Siemens-Wechselrichtern und mit einer Siemens-Gasturbine. Durch diese Technologien werden jährlich 5.600 Tonnen weniger CO2 emittiert, so viel, wie ca. 3000 Automobile in einem Jahr ausstoßen.

Zur Nutzung von Geschäftschancen zählt außerdem die Förderung von Nachhaltigkeitsthemen in den operativen Geschäftseinheiten, die Stärkung des Fokus auf den sozialen Beitrag unserer Geschäftsaktivitäten und die Weiterentwicklung von Innovationen zur Nachhaltigkeit bei Produkten und Geschäftsmodellen.

Die »Vorbildfunktion« nehmen wir wahr, indem wir innerhalb des eigenen Unternehmens Ressourceneffizienz, Gesundheit und Arbeitsschutz entlang der gesamten Wertschöpfungskette sicherstellen.

Durch das Siemens-Energieeffizienz-Programm konnten wir unseren eigenen Energieverbrauch um 22 Prozent reduzieren. Ferner haben wir unseren Lieferanten dieses Energieeffizienz-Programm zur Verfügung gestellt. Gemeinsam mit ihnen führen wir Umwelt- und Energieeffizienzchecks durch und identifizieren Möglichkeiten, den Verbrauch von Energie und anderen Ressourcen zu reduzieren. Wir bieten ausgewählten Lieferanten Vor-Ort-Prüfungen und Beratung an. Seit diesem Geschäftsjahr können Lieferanten sich auch mit dem kostenlosen Energieeffizienz-Programm für Lieferanten (EEP4S) selbst bewerten.

Bisher haben wir sehr positives Feedback zum Programm erhalten. Schon jetzt haben mehr als 900 Lieferanten das Programm genutzt, von denen 75 Prozent mit der Eigenbewertung bis zu 20 Prozent Einsparpotenzial identifizieren konnten.

Das dritte Feld, der »Dialog mit den Anspruchsgruppen«, beinhaltet die Umsetzung von Projekten zur Schaffung von Werten mit globalen Institutionen, den konstruktiven Dialog mit externen Stakeholdern, den strategischen Austausch mit dem Siemens Sustainability Advisory Board und die Förderung fairer Marktbedingungen durch die Bekämpfung von Korruption.

Kritiker meinen, Nachhaltigkeit sei zu einem Modewort geworden und dass in vielen Fällen den Worten keine Taten folgten. Was muss Ihrer Meinung nach geschehen, damit wir tatsächlich nachhaltiger werden? Und welche Rolle kann Siemens dabei spielen?

Hier ist es wichtig, dass Unternehmen, Politik und Gesellschaft gemeinsam an einem Strang ziehen. Jeder dieser Akteure muss den Rahmen seiner Möglichkeiten voll ausschöpfen. Jüngste Konferenzen zum Beispiel in Kopenhagen und Rio de Janeiro haben gezeigt, dass die Politik die Entwicklung hin zu mehr Nachhaltigkeit noch nicht im erforderlichen Tempo vorantreibt. Unternehmen wie Siemens können dabei helfen, die Prozesse zu beschleunigen. Dennoch muss die Politik die notwendigen Rahmenbedingungen schaffen, damit Unternehmen eine nachhaltige Infrastruktur schaffen können. Der Weg ist schon vorgezeichnet. Ein erster Schritt ist hier die erfolgreiche Umsetzung der Energiewende in Deutschland. Darüber hinaus wird es notwendig sein, grüne Technologien weiterhin gezielt zu fördern und damit zu beginnen, konsequent Fachkräfte für eine Green Economy auszubilden. Maßnahmen dürfen sich jedoch nicht nur auf Deutschland beschränken. Was wir brauchen, ist ein »Green Marshallplan« auf EU-Ebene, der internationale Leitwirkung hat und zügig umgesetzt wird. Zum Wohle der Menschheit müssen wir jetzt und global handeln. Wir haben keine Zeit zu verlieren.

Siemens ist seit 2003 Mitglied des UN Global Compact und hat sich damit zur Unterstützung dieser zehn Grundsätze bekannt. Weshalb sind Ihre Fortschrittsberichte zur Umsetzung der Grundsätze seit dem Geschäftsjahr 2007 in Ihren Nachhaltigkeitsberichten enthalten?

Wir wollen und müssen unsere Nachhaltigkeit messbar machen. Klare Steuerungsgrößen verdeutlichen unter anderem, wie Nachhaltigkeitskriterien in Bezug auf die wirtschaftliche Leistung des Unternehmens, die Auswirkung auf die Umwelt und in Bezug auf Mitarbeiter und die Gesellschaft berücksichtigt werden. Die Fortschrittsberichte dienen uns selbst als Maßstab und sollen zugleich für die Außenwelt transparent machen, wie wir uns entwickeln. Unser Ansatz macht sich bezahlt. So hat Siemens zum Beispiel im Dow Jones Sustainability Index (DJSI) und im Index des Carbon Disclosure Projects 2012 Spitzenplätze belegt. Dieses Jahr wurde Siemens sogar zum ersten Mal in der Geschichte des DJSI zum Supersector Leader Industrial Goods & Services gekürt. Dies sind wichtige Auszeichnungen. Der DJSI ist renommiert dafür, die Nachhaltigkeit von Unternehmen nach den weltweit strengsten Kriterien zu bewerten.

Aber hierbei geht es nicht nur um Siemens. Es ist unsere Strategie, Nachhaltigkeit als Geschäftschance zu verstehen. Zudem wollen wir aber als Vorbild dienen. Wir brauchen einen Wettbewerb der Nachhaltigkeit zwischen den Unternehmen. Hier hilft es, wenn jedes Unternehmen offenlegt, wie sehr es um mehr Nachhaltigkeit bemüht ist. Auch in diesem Sinne ist unsere transparente Berichterstattung zu verstehen. Wir gehen mit gutem Beispiel voran, helfen den Wettbewerb um mehr Nachhaltigkeit voranzutreiben und fördern somit Nachhaltigkeit weltweit.

Nachhaltigkeit heißt für mich, Menschen das Vertrauen zu schenken ihre eigenen Grenzen zu überschreiten, und sie bei der Zielerreichung begleitend zu unterstützen.

Werner Landhäußer

Werner Landhäußer, geboren 1957 in Karlsruhe, ist geschäftsführender Gesellschafter der Mader GmbH & Co. KG mit Sitz in Leinfelden-Echterdingen. Zusammen mit Kollegen übernahm er das Unternehmen mit einem klassischen MBO aus einem internationalen Konzern. Mader ist derzeit der einzige Anbieter, der nachhaltige Gesamtkonzepte für eine energieeffiziente Drucklufterzeugung und -nutzung anbietet. Im Laufe seiner langjährigen internationalen Konzerntätigkeit hat er eine Vielzahl von Mitarbeitern gefordert und gefördert sowie auf verantwortungsvolle Positionen vorbereitet. Im eigenen Unternehmen wird diese Personalpolitik weiterentwickelt und fortgesetzt. Die Frauenquote, gerade in Führungspositionen, liegt deutlich über dem Durchschnitt. Werner Landhäußer ist verheiratet und Vater von drei Kindern. Weiterführende Informationen: www.mader.eu und www.airgroup-ev.de

Nachhaltigkeit heißt für mich, junge Menschen dafür zu begeistern, ihre Zukunft aktiv zu gestalten, denn unsere Gesellschaft lebt von der Vielfalt.

Stefanie Kästle

Stefanie Kästle, geboren 1982, ist Qualitäts- und Umweltmanagementbeauftragte bei der Mader GmbH & Co. KG. Nach ihrer Ausbildung zur Rechtsanwaltsfachangestellten studierte sie Wirtschaftsrecht an der Hochschule für Wirtschaft und Umwelt in Nürtingen-Geislingen. 2011 begann sie ihre Tätigkeit im Bereich Personal und Controlling bei Mader. Seit Ende 2011 ist sie Qualitäts- und Umweltmanagementbeauftragte. Ergänzend zu ihren zusätzlichen Aufgaben im HR-Bereich (Diversity-Projekte) hat sie sich zum Ziel gesetzt, auch Kunden für das Thema Nachhaltigkeit zu sensibilisieren und diese bei der Erfüllung ihrer Umweltziele zu unterstützen.

Nachhaltige Gesamtkonzepte im Mittelstand

Sie haben sich vor einiger Zeit der Initiative »Diversity als Chance – Die Charta der Vielfalt« angeschlossen. Wie wird das Thema in Ihrem Unternehmen gelebt?
Werner Landhäußer: Für uns zählt, dass Diversity Management eine »gelebte Einstellung« ist und nicht nur etwas, das auf einem Stück Papier steht. Ein Beispiel dafür ist unser laufendes Projekt »Deine Chance auf einen Ausbildungsplatz – Bewerbertraining für Hauptschüler mit Migrationshintergrund«. Zusammen mit der Ludwig-Uhland-Schule in Leinfelden bietet unsere Ausbildungsleiterin Sülbiye Deger Bewerbertrainings für Hauptschüler mit Migrationshintergrund an. Uns ist wichtig, mit individueller Unterstützung dem Potenzial dieser jungen Menschen Rechnung zu tragen. Sie sind durch ihren Migrationshintergrund in der Gesellschaft häufig benachteiligt. Bei diesem Projekt zählt der soziale Gewinn und nicht der ökonomische.

Stefanie Kästle: Gelebt wird die Vielfalt, aber nicht nur in Form von externen Projekten, sie spiegelt sich auch in der Zusammensetzung der Belegschaft wider: Rund 30 Prozent der Mitarbeiterinnen und Mitarbeiter haben selbst einen Migrationshintergrund. Aussagekräftig ist auch die Verteilung der Führungspositionen: 40 Prozent unserer Führungskräfte sind weiblich.

Wie hoch ist die Veränderungsbereitschaft von Managern und Mitarbeitern?
Werner Landhäußer: Sehr hoch. Durch den Turnaround – das Unternehmen war bei der Übernahme Ende 2004 tief in der Verlustzone und ohne Orientierung – und den daraus resultierenden wirtschaftlichen Erfolg sowie auch durch einen extremen Wertewandel sind alle Beteiligten gewohnt, über neue Wege nicht nur nachzudenken, sondern diese dann auch konsequent zu verfolgen. Es geht uns dabei um Prozessoptimierung zur Schaffung einer hohen Kundenzufriedenheit, um einen nachhaltigen Qualitätsstandard, Pünktlichkeit, Zuverlässigkeit, hohe Kompetenz etc. bei gleichzeitiger Steigerung der Produktivität und darum aus dem entsprechenden Ablauf eine professionelle kunden- und serviceorientierte Einheit zu schaffen.

In welchem Umfang wird durch Ihr Unternehmen Transparenz geschaffen?
Stefanie Kästle: Durch ständige Kommunikation im Intranet, in regelmäßigen Veranstaltungen und Meetings sowie in persönlichen Gesprächen erhalten die Mitarbeiter einen ständigen Überblick über die Unternehmensentwicklung sowie ihren Verantwortungsbereich. Im Führungskreis gibt es absolute Transparenz über alle relevanten Unternehmensdaten und Ergebnisse. Im Rahmen der Informationsveranstaltung werden alle relevanten Informationen präsentiert, und es gibt die

Möglichkeit, dies auch sofort zu besprechen – von der strategischen Positionierung bis zu den Ergebniszahlen und den Problemen des täglichen Arbeitsalltags.

Weshalb reicht eine Orientierung an materiellen Werten nicht aus, um Zusammenhalt und Vertrauen zu schaffen?
Werner Landhäußer: Für den glaubwürdigen Umgang mit Werten sowie für eine konstruktive und vertrauensvolle Zusammenarbeit bilden die Verhaltens- und Führungsgrundsätze, die in unserem Wertekodex enthalten sind, ein wichtiges Fundament. Durch ihn werden Führungsgrundsätze in konkrete Handlungsorientierungen übersetzt. Gemessen werden wir aber ausschließlich an den einzelnen Handlungen und Entscheidungen im Tagesgeschäft.

Welche Instrumente bzw. Maßnahmen existieren bei Ihnen im Hinblick auf das Wertemanagement im Unternehmen?
Stefanie Kästle: Dazu gehören etwa Einarbeitungspläne, Feedbackbögen am Ende der Probezeit, strukturierte Mitarbeitergespräche in regelmäßigen Abständen, Beurteilungsbögen der Auszubildenden für die einzelnen Einsatzbereiche oder Informationsveranstaltungen, auf denen konkrete Fälle vorgestellt und diskutiert werden. Auch 14-tägige Führungskreismeetings, jährliche Strategiemeetings oder traditionelle jährliche Familienfeste gehören dazu. Zudem legen wir großen Wert auf ein ausgewogenes Verhältnis von Beruf und Freizeit.

Mader hat eine sehr hohe Ausbildungsquote. Welche aktuellen Zahlen gibt es dazu?
Stefanie Kästle: Seit September 2012 sind es 14 Auszubildende bei 80 Mitarbeitern. Deshalb bieten wir das ganze Jahr über ständig ein umfangreiches Weiterbildungsprogramm an. Bedarfsbezogen werden sowohl produktbezogene Fortbildungen wie auch Weiterbildungen im sozialen Bereich (z. B. Kommunikationstrainings, Konfliktbewältigung) angeboten. Die Bereitschaft, sich auf diese Weise fortzubilden, ist eine der Grundvoraussetzungen für eine erfolgreiche Zusammenarbeit.

Auch bei unseren Auszubildenden setzen wir auf gezielte Fortbildungsmaßnahmen, die mit dem Ausbildungsberuf zu tun haben, aber auch auf Seminare, die sie in ihrer Persönlichkeit weiterentwickeln. Neben den monatlich stattfindenden Inhouse-Schulungen erhalten unsere Auszubildenden auch individuelle Förderungen, wenn es schulische Probleme gibt. Auch nach Beendigung der Ausbildung können Weiterentwicklungsmöglichkeiten in Anspruch genommen werden.

Welche Ausbildungsberufe bietet Mader an?
Stefanie Kästle: Neben Fachkraft für Lagerlogistik, Kauffrau/-mann Groß- und Außenhandel auch Berufe wie Mechatroniker (ab dem zweiten Ausbildungsjahr, da wir keine geeignete Lehrwerkstatt haben). Neu wurde dieses Jahr das BA-Studium sowie ein Trainee-Programm für technische Nachwuchskräfte mit aufgenommen.

Wie ist Ihre Nachwuchsförderung konzipiert?
Stefanie Kästle: Bewerber können nach einer schriftlichen Bewerbung und einem ersten Kennlerngespräch für mindestens eine Woche ein Praktikum durchführen und werden dabei intensiv betreut. Am letzten Tag des Praktikums erhalten

sie ein individuelles Feedback über den Verlauf des Praktikums und eine Einschätzung der Leistungen. Wir bieten besonders erfolgreichen Schulabgängern auch die Möglichkeit eines durch das Unternehmen finanzierten ausbildungsbegleitenden Studiums an. Hochschulabgänger haben die Möglichkeit, nach dem Studium ein 12-monatiges Trainee-Programm im Bereich Technischer Vertrieb oder im Bereich Produktmanagement zu absolvieren. Eine weitere Maßnahme ist die Eingehung von Bildungspartnerschaften mit zwei Schulen. Dass wir mit unserer Nachswuchsförderung erfolgreich sind, zeigt sich auch daran, dass 50 Prozent unserer Führungspositionen intern besetzt wurden.

Das Unternehmen steht im Ballungsraum Stuttgart mit Namen wie Daimler und Porsche im Wettbewerb, wenn es um gut ausgebildeten Nachwuchs geht und darum, ihn zu gewinnen bzw. zu halten. Wie gehen Sie mit dieser Situation um?
Werner Landhäußer: Dieser Situation stellen wir uns – es gibt sehr viele Menschen, die sich bei einem Mittelständler wohler fühlen als in einem Konzern. Hier haben sie einen großen Gestaltungsspielraum, eine überschaubare, schlanke und transparente Organisation sowie kurze Entscheidungswege. Es ist allerdings wichtig, dass der Mittelstand in einem enger werdenden Arbeitsmarkt diese Vorteile noch deutlicher nach außen kommuniziert.

Welche Standards existieren bei Mader zum Thema Nachhaltigkeit?
Stefanie Kästle: Unser Unternehmen ist nach der DIN EN ISO 9001 sowie nach der DIN EN ISO 14001 zertifiziert. Jeder Mitarbeiter ist in das integrierte Managementsystem eingebunden. In unserem Umwelt- und Qualitätsmanagementhandbuch sind Standards für die Prozesse sowie anspruchsvolle Ziele und Maßnahmen zur Analyse und Verbesserung hinterlegt. Zudem unterstützen wir unsere Kunden bei der Erreichung ihrer Nachhaltigkeitsziele durch unsere Dienstleistungen wie z. B. Energieeffizienz- oder Leckagemessungen. Wir zeigen den Kunden auf, wie sie die Umwelt schonen und Kosten sparen können.

Welche Managementsysteme existieren zum Thema Qualitätssicherung?
Stefanie Kästle: Qualitätsorientiertes Denken und Handeln ist ein wesentlicher Teil unserer Philosophie und Qualitätspolitik. Wir sind seit 2007 nach der DIN ISO 9001:2008 zertifiziert. Zur Qualitätssicherung gehört z. B. ein standardisierter umfangreicher Einarbeitungsprozess zur Sicherstellung der Arbeitsqualität bei neuen Mitarbeitern. Wir arbeiten kontinuierlich daran, unser Qualitätsniveau zu verbessern. Daher unterliegen unsere Prozesse einer ständigen Kontrolle und Verbesserung. Das ist ein grundlegender Bestandteil unserer nachhaltigen Wertschöpfungskette, die sich vor allem aus unserem Qualitätsverständnis ableitet.

Wie werden aktuelle Themen wie der Klimawandel und der demografische Wandel berücksichtigt?
Werner Landhäußer: Der Klimawandel und die notwendige Verbesserung der Energiebilanz bildet die Basis unseres gesamten Vertriebskonzeptes. Dem demografischen Wandel begegnen wir durch die Schaffung einer bildungsfreundlichen Organisation, etwa starke Aus- und Weiterbildungsaktivitäten. Es geht darum, eine Mitarbeitermarke

zu schaffen, die das Unternehmen für potenzielle Bewerber interessant macht. Wenn Gewinnung und Erhalt von qualifiziertem und leistungsfähigem Personal von zentraler Bedeutung für unsere Wettbewerbsfähigkeit ist, dann muss es darum gehen, auch gut qualifizierten Frauen eine berufliche Karriere zu ermöglichen und sie durch familienfreundliche Arbeitsbedingungen im Unternehmen zu halten, wenn sie Kinder zu betreuen haben. Wir setzen deshalb auf die Stärkung unserer Frauenquote. Es müssen auch alle Ressourcen ausgeschöpft werden, die mit der Einstellung und Förderung hoch qualifizierter Frauen verbunden sind. Auch das gehört zu unserer Nachhaltigkeitsstrategie und die Übernahme gesellschaftlicher Verantwortung. Unternehmen, die das konsequent umsetzen, sind krisenrobuster und nachweislich profitabler.

Zum Unternehmen

Seit 1935 ist die Mader GmbH & Co. KG mit Sitz in Leinfelden-Echterdingen bei Stuttgart rund um das Thema Druckluft zuverlässiger Partner der Industrie. Mit derzeit 80 Mitarbeitern und einem Umsatz von rund 14 Millionen Euro gehört Mader zu den erfolgreichen mittelständischen Unternehmen in Baden-Württemberg. Als einziges Unternehmen deutschlandweit deckt Mader mit seinem Leistungsspektrum die gesamte »Druckluftstrecke« ab, von der Erzeugung der Druckluft im Kompressor über deren Aufbereitung und Verteilung bis zur Druckluftanwendung, beispielsweise mit Pneumatik-Zylindern. Zum Leistungsportfolio des Unternehmens gehören neben einem umfangreichen Produktprogramm auch eine Reihe von Dienstleistungen, beispielsweise die Analyse, Auslegung, Planung und Installation von kompletten Druckluftanlagen sowie deren Inbetriebnahme, Wartung und Reparatur. Innovative Leistungsangebote wie die Stickstofferzeugungen mit Hilfe von Druckluftverdichtern oder die Wärmerückgewinnung runden das Portfolio ab. Das Unternehmen sieht sich als kompetenter Ansprechpartner in allen Druckluftthemen mit besonderem Augenmerk auf eine für den Kunden optimal zugeschnittene, wirtschaftliche und energieeffiziente Druckluftversorgung. Mader ist seit 1992 Vertragsdienstleister der Landesmesse Stuttgart und damit zuständig für die gesamte Druckluftversorgung auf dem Messegelände. Seit April 2010 gehört das Unternehmen zur Airgroup, einem Zusammenschluss von regional agierenden Maschinen- und Drucklufthändlern in Deutschland. Der 2007 gegründete Verein hat sich zum Ziel gesetzt, qualitätsgeprüfte Dienstleistungen rund um die Druckluftversorgung bundesweit und fabrikatunabhängig anzubieten.

Weitere Informationen: www.mader.eu.

Nachhaltigkeit heißt für mich, Interessen und Ansprüche zu verstehen, sie im Bedarfsfall auszugleichen und dabei das Wichtigste im Auge zu behalten: Die Bestandsfähigkeit meiner Entscheidungen.

Achim Lohrie

Achim Lohrie, Jahrgang 1959, startete nach Abschluss seines Studiums und Referendariats der Rechtswissenschaften 1990 seine berufliche Karriere als Justiziar bei der Otto GmbH & Co. KG. Anfang 1992 übernahm er die Aufgaben eines Umweltreferenten und stieg Anfang 1994 zum Abteilungsleiter Umwelt- und Sozialpolitik auf. Zusätzlich zu dieser Funktion wurde er im Herbst 1999 Mitglied der Geschäftsleitung der Systain Consulting GmbH, einem Unternehmen der Otto Group sowie ab November 2004 Geschäftsführer der FSAF – Foundation for Sustainable Agriculture and Forestry in Developing Countries. Ende Juni 2005 verließ er die Otto Group und machte sich mit einer eigenen Beratungsfirma, RMC-Risk Management Coaching, selbstständig. In dieser Eigenschaft beriet er die Tchibo GmbH bei der Entwicklung, Anpassung und Umsetzung der Nachhaltigkeitsstrategie und übernahm im April 2006 die Leitung des neu geschaffenen Direktionsbereichs Unternehmensverantwortung.

Das Tchibo Mount Kenya-Project – ein Beispiel für zeitgemäßes, ganzheitliches Qualitätsmanagement

Als ich 1990 meine juristische Ausbildung beendete, war die Laufbahn eines Nachhaltigkeitsmanagers in einem Unternehmen des Einzelhandels weder beabsichtigt noch vorhersehbar. Sie ergab sich und es wäre töricht zu behaupten, dass ich darüber unglücklich gewesen wäre. Im Gegenteil: Mit kaum einer anderen Tätigkeit lässt sich der erstrebenswerte individuelle Dreiklang aus Erfüllung im Beruf, Einsatz für die gesellschaftliche Entwicklung und persönlicher Zufriedenheit so sicher erreichen. Das gilt insbesondere dann, wenn im Unternehmen die Weichen klar und unmissverständlich auf Nachhaltigkeit gestellt sind.

Hierzu bedarf es vorausschauender Unternehmer, die Nachhaltigkeit als Element der strategischen Zukunftssicherung ihres Unternehmens verstehen und nicht allein als Philanthropie oder Risikomanagement.

Nachhaltigkeit hat bei Tchibo Tradition. In Familienunternehmen ist Werteorientierung gesetzt. Sie muss allerdings mit den sich stetig verändernden Werteinterpretationen in der Gesellschaft und der eigenen Unternehmensentwicklung Schritt halten und durch geeignete Maßnahmen mit Leben gefüllt werden.

Deshalb ist seit 2006 Nachhaltigkeit bei Tchibo integraler Bestandteil der Geschäftstätigkeit. Der Name unserer qualitativen Wachstumsstrategie »Zukunft braucht Herkunft« ist bereits Programm auch für unser Nachhaltigkeitskonzept:

Kaffee, Baumwolle und Holz bzw. Zellstoff sind die zentralen »Zutaten« für unser Geschäft.

Wir würden an dem Ast sägen, auf dem wir sitzen, wenn wir nicht darauf achten, dass deren Gewinnung und Weiterverarbeitung nach strengen ökologischen und sozialen Anforderungen geschieht. Denn eine intakte Umwelt und motivierte Partner sind neben zufriedenen Mitarbeitern die Grundlage unseres Geschäfts. Nachhaltigkeit ist für uns deshalb nicht mehr, aber auch nicht weniger als das zeitgemäße Verständnis von ganzheitlicher Produkt- und Prozessqualität.

In unserem Geschäftsbereich Kaffee wird das besonders deutlich:

Kaffee wird in etwa 60 Ländern rund um den Äquator und damit in ausgesprochen sensiblen Ökosystemen und in ebenso sensiblen sozialen Umfeldern angebaut. Von den geschätzten 25 Millionen Kaffeefarmern weltweit sind ca. 80 Prozent Kleinst- und Kleinfarmer mit nicht mehr als 1 bis 5 Hektar Farmland.

Da Rohkaffee nicht in Europa wächst, ist Nachhaltigkeit im Kaffeesektor nicht durch den »regionalen Bezug« des Rohstoffs zu erreichen. Allerdings kommt es der Realität bereits näher als einer Utopie, dass durch fortschreitenden Klimawandel ein »regionaler Bezug« noch möglich werden könnte. Mit Nachhaltigkeit hat das jedoch nichts zu tun.

Bei ca. 180.000 Tonnen Rohkaffeebedarf p.a.

allein unseres Unternehmens reichen auch nicht einzelne Nachhaltigkeitsprofile wie »BIO« oder »Fairtrade« aus, den Anteil ökonomisch erfolgreicher sowie ökologisch und sozial verträglicher Kaffees von derzeit weltweit unter 10 Prozent signifikant zu steigern. Wir arbeiten deshalb auf unserem Weg zu einem 100 Prozent nachhaltigen Kaffeegeschäft mit allen Standardorganisationen zusammen, die Nachhaltigkeit im Kaffeesektor glaubhaft vorantreiben. Das sind derzeit: Rainforest Alliance, Fairtrade/Transfair, UTZ Certified und die Organisationen hinter dem BIO-Siegel nach EG-Öko-Rechtsvorschriften. Den Common Code for the Coffee Community (4C) nutzen wir dabei als Basisprofil, um die Farmer zu organisieren und sie für den nachhaltigen Kaffeeanbau zu sensibilisieren. Von dieser Basis aus können wir sie dann gemeinsam mit den Standardorganisationen in deren weiterführende Nachhaltigkeitsprofile entwickeln.

Auf diese Weise ist es uns in den vergangenen sechs Jahren gelungen, den Anteil der in unser Nachhaltigkeitskonzept einbezogenen Rohkaffees auf 25 Prozent der gesamten Rohkaffeebedarfsmenge p.a. zu steigern. In Deutschland sind wir bereits 2011 mit einem Anteil von über 50 Prozent Marktführer beim Angebot von zertifiziert nachhaltigen Filterkaffees geworden. Die Produkte optimieren wir immer ganzheitlich, d.h. mit »360 Grad-Sicht« in allen Qualitätsfacetten: Das sind ökonomische, ökologische und soziale Qualität. So z.B. bei unserem Privat Kaffee »African Blue«:

Kenia und hier besonders die Gegend um den Mount Kenya ist eines der wichtigsten Anbaugebiete für unseren Privat Kaffee »African Blue«.

Bereits 2009 haben wir dabei geholfen, dass sich die ca. 12.000 in der »Baragwi Farmer Cooperative« organisierten Kleinst- und Kleinfarmerfamilien im Sinne des 4C Basisprofils mit modernem Kaffeewissen und nachhaltigen Anbaumethoden vertraut machen. Damit verbunden waren Schulungen der Kaffeefarmer, die strengen ökologischen und sozialen Anforderungen nach dem Rainforest Alliance Standard zu erfüllen. Die Zertifizierung erfolgte noch im selben Jahr. 2010 schloss sich ein Klimaprojekt an. Die Farmer wurden darin geschult, welche Maßnahmen sie zur Abwehr der Folgen des in der Region bereits spürbaren Klimawandels ergreifen können. Die Kleinfarmer produzieren heute qualitativ hochwertigste und damit für unsere Premiumprodukte bestens geeignete Arabica-Kaffees.

Eine Ausdehnung dieses Projekts mit anschließender Zertifizierung nach Rainforest Alliance erfolgte dann in 2011/2012 auf fünf weitere Kooperativen am Mount Kenya mit über 16.000 Farmerfamilien.

Nach den Grundsätzen eines partnerschaftlichen Handels sowie der Hilfe zur Selbsthilfe erhalten die Farmer einen ihr Qualitätsprodukt und ihre Anstrengungen honorierenden Preis. Für die Zertifizierung nach Rainforest Alliance gibt es einen gesonderten Aufschlag.

Notwendige Investitionen auf den Farmen und in den Kooperativen nicht nur zur Sicherstellung von Qualität und Ernteerträgen, sondern auch in schwierigen Zeiten, betrachten wir als unseren gemeinsamen Beitrag für eine langfristige, partnerschaftliche Zusammenarbeit.

Das Mount Kenya-Project weist in unserer qualitativen Wachstumsstrategie für die ökonomische, ökologische und soziale Qualitätsfacette insgesamt, d.h. auch für andere Sortimente, in eine beispielgebende Richtung: Die Produzenten sollen durch Unterstützungsmaßnahmen von außen dazu befähigt werden, ihre Arbeits- und Lebensbedingungen in eigener Regie und unter Anerkennung ihrer Hoheit über das Projekt zu verbessern.

Vergleichbare Projekte führen wir derzeit in Guatemala und im Bereich nachhaltige Baumwolle in Benin und Sambia durch.

Bei diesen Projekten betrachten wir auch das gesellschaftliche Umfeld, in dem unsere Partner leben und arbeiten, hier insbesondere die Herausforderungen, die trotz zeitgemäßer, ganzheitlicher Qualitätsoffensive sowie damit verbundener Effektivitäts- und Effizienzsteigerungen im Kerngeschäft nicht zu lösen sind.

Das Problem ist häufig die Kleinteiligkeit der Produzenten, die deren finanziellen Handlungsspielraum auf vorhandenen Flächen vor allem im gesellschaftlichen Entwicklungsumfeld tatsächliche Grenzen setzt.

So wurde im Mount Kenya-Project festgestellt, dass die Trinkwasserversorgung in bestimmten Regionen der »Baragwi Farmer Cooperative« keine Selbstverständlichkeit ist. Manches Dorf ist von der Trinkwasserversorgung ganz abgeschnitten. Bis zu 5 Mal täglich legen die Farmerfrauen den durchschnittlich 5 Kilometer langen Fußweg zur und von der nächsten Trinkwasserquelle mit bis zu 20 Kilogramm schweren Wasserkanistern zurück. Zeit, die ihnen für die Arbeit auf der Farm, für ihre Familien und für ihr Engagement in den Gemeinden fehlt. Das Projekt verbessert diese Situation mit dem umweltverträglichen Bau von Wasserleitungen. Deren Unterhaltung übernimmt die »Baragwi Farmer Cooperative« unter Führung der »Frauengruppe Wasser«.

Auf einer Exkursion zum Kilimandscharo erfuhr eine Gruppe von Farmerfrauen der »Baragwi Farmer Cooperative« von tansanischen Farmerfrauen, dass es zum Kochen auf offenem Feuer bei hohem Holzverbrauch und gesundheitsschädlicher Rauchentwicklung eine Alternative gibt: »Jikos« sind geschlossene, aus Lehm gefertigte und mit Rauchabzug versehene Öfen, die den Holzbedarf um ca. 80 Prozent reduzieren können.

Sie sind damit deutlich effizienter, umwelt- und gesundheitsschonender und helfen, Aufwand und Kosten für die Beschaffung von Feuerholz einzusparen. Die ersten »Jikos« im Projektgebiet am Mount Kenya sind bereits gebaut und in Betrieb. Für die Multiplikation dieses Wissens sorgt die »Frauengruppe Bildung«.

Eine wichtige Lebensgrundlage und zusätzliche Erwerbsquelle sind Nutztiere auf den Farmen, die Milch für die Ernährung und den Verkauf sowie natürlichen Dünger für die Feldarbeit liefern. Damit können die Farmer zugleich Kosten für teuren künstlichen Dünger sparen und schützen die Umwelt zusätzlich. Das Projekt ermöglicht die Anschaffung von Nutztieren, den Bau von Ställen und die Schulung der Farmerfamilien in artgerechter Haltung. Hierfür übernehmen die »Frauengruppen Nutztiere und Baumaterialien« die Verantwortung. Die Farmerfrauen werden darin geschult, wie sie sich über die kleinteilige Familienlandwirtschaft hinaus weitere Einnahmequellen erschließen können. So hat sich die »Frauengruppe Bildung« zur Gründung eines bedarfsgerechten Catering-Services für Familienfeiern im Gebiet entschlossen. Das Geschäft ist bereits vielversprechend angelaufen. Die Überschüsse investieren die Frauen in die Schulausbildung der Aids-Waisen, die sie in ihre Familien aufgenommen haben und sonst kaum eine Chance auf Bildung gehabt hätten.

Bei diesen und weiteren Teilprojekten im gesellschaftlichen Umfeld steht die Förderung von Unternehmertum – vorzugsweise der Frauen an unserem Produktursprung – im Mittelpunkt.

Warum Förderung von Unternehmertum? Weil sie Kreativität und Innovation freisetzt. Warum Frauen? Weil es insbesondere die Frauen sind, die die gesellschaftliche Entwicklung vorantreiben. Es fehlen ihnen häufig nur die Instrumente wie insbesondere Einkommensdiversifizierung und Zugang zu Wissen. Die aus deren Anwendung entstehenden Wirkungen ergänzen die Resultate sinnvoll, die bereits aus der Umsetzung von Nachhaltigkeitsstandards im Kaffeeanbau entstanden sind. Gefördert werden diese Teilprojekte u. a. durch eine Aktion zu Weihnachten im vergangenen Jahr: Von jedem verkauften Pfund Tchibo Privat Kaffee haben wir zusammen mit unseren Kunden zur Anschubfinanzierung 45 Cent in die Teilprojekte gesponsert. Dabei ist eine Summe von über 600.000 Euro zusammengekommen.

Was bewegt mich, wenn ich auf den Projektverlauf am Mount Kenya schaue?

Das Projekt erfüllt mich vor allem mit Zufriedenheit. Zufriedenheit darüber, mit wie viel Motivation und unternehmerischem Geist die Farmerfamilien ihre Konzepte umsetzen und ihre eigene sowie damit auch unsere Zukunft als Unternehmen gestalten, wie sie dabei Selbstbewusstsein zeigen und dass ich als Mitarbeiter in unserem Unternehmen hierzu einen Impuls geben darf.

Wie gesagt … die Laufbahn eines Nachhaltigkeitsmanagers hatte ich nicht geplant, sie hat sich glücklicherweise ergeben.

Weitere Informationen zum Nachhaltigkeitsmanagement von Tchibo und zum Mount Kenya-Project:
www.tchibo-nachhaltigkeit.de
www.tchibo.de/mount-kenya

Nachhaltigkeit heißt für mich, Menschlichkeit zu leben und so zu wirtschaften, dass wir unseren Kindern eine intakte Welt übergeben können.

Wolf Lüdge

Wolf Lüdge, Jahrgang 1968, ist Markenmanager und Unternehmensführer. Von 2001 bis Juli 2012 führte er die Marke hessnatur zu ihrem heutigen Erfolg. Unter seiner Führung hat hessnatur den Schritt von einer reinen Ökobekleidungsmarke in die Modewelt geschafft. Er modernisierte Design und Kommunikation und baute dabei die ökologischen und sozialen Standards weiter aus. Meilensteine waren der Beitritt als erstes deutsches Unternehmen zur Fair Wear Foundation (2005), der Auftritt von hessnatur bei der Fashion Week 2008 in New York und die Gründung des Humanity in Fashion Awards, der erstmals 2011 in Berlin vergeben wurde. Seine Ausbildung und beruflicher Werdegang sind kaufmännisch geprägt. Er arbeitete als Consultant für PriceWaterhouseCoopers und die SGZ-Bank. Zuvor studierte er Betriebswirtschaftslehre und ist ausgebildeter Bankkaufmann. Der sportbegeisterte Familienmensch und Vater von zwei Kindern trainiert Handballjugendmannschaften und hält sich mit Laufen fit.
Weiterführende Informationen: www.hessnatur.info

Markenführung ist Menschenführung

Der Anfang des Jahrtausends ist geprägt von der weltweiten Finanzkrise. Staatsverschuldung und Schuldenbremsen dominieren die gesellschaftliche Diskussion. Das bestehende Wirtschafts- und Finanzsystem ist stark angegriffen und wird in seinem Selbstverständnis von immer mehr Menschen in Frage gestellt.

Basierend auf dem Fehlverhalten der Protagonisten der Finanzwelt, den ökologischen Problemen und der fehlenden Menschlichkeit in unseren Wertschöpfungsketten zeichnet sich in unserer Gesellschaft ein notwendiger Wertewandel ab. Ein fundamentaler Wertewandel, der Wirtschaft, Unternehmen und Marken dauerhaft verändern wird.

Ein Wandel hin zu Gemeinschaft, Fürsorge und Natürlichkeit: Weg von Egoismus, Profitgier und Unaufrichtigkeit. Die Kunden von morgen wollen bei Unternehmen kaufen, die verantwortungsvoll handeln, ehrlich und authentisch sind. Was bedeutet das für die Markenführung?

Eine Marke ist nicht das eingetragene Recht, nicht der Werbeslogan im Fernsehen, nicht das von emsigen Beratern geliftete Image eines Unternehmens oder eines Produkts, sondern eine Gemeinschaft von Menschen, die dieselbe Wertebasis hat und daraus ihren Bedarf nach einem spezifischen Produkt definiert. Was ist die Basis der Marke hessnatur? Um eine Marke zu verstehen, muss man den Gründungsimpuls verstehen.

Heinz Hess
Ein Leben für die Harmonie von Mensch und Natur

Mit dem Umweltaktivisten Heinz Hess fing 1976 alles an. Er formulierte die Vision und das Bedürfnis nach reiner, natürlicher und unbehandelter Babybekleidung.

Als der erste Sohn Matthias geboren wurde, war dieses Ereignis für Heinz Hess und seine damalige Frau Dorothea der Anstoß: Ihr Sohn sollte gesund aufwachsen. Die Eltern fingen an, Kleidung aus natürlichen, chemisch unbehandelten Stoffen zu suchen. Da die Textilien zur damaligen Zeit nicht erhältlich waren, musste das Ehepaar Hess eigene Lieferanten in der Textilindustrie finden, die ihre Ansprüche erfüllen konnten.

Hessnatur ist ein Kind der deutschen Friedens- und Umweltbewegung. Heinz Hess opponierte gegen die gesamte Textilindustrie und setzte sich in den folgenden Jahren über alle Hindernisse hinweg – getragen von seiner Vision von giftfreier Kleidung und dem Schutz der Haut.

Dieser Oppositionsgedanke und die Konsequenz hinsichtlich der gesetzten Ideale sind bis heute tief in die Markensubstanz verwurzelt. Dies eint Unternehmen, Mitarbeiter, Lieferanten und Kunden.

»Design for life«
Bekenntnis für einen nachhaltigen Lebensstil

Was damals mit Babykleidung angefangen hat, ist heute zu einem Vollsortiment im Bekleidungsbereich gewachsen. Basierend auf der Gründungsvision setzt »Design for life« den Anspruch an das Leben und an die Natürlichkeit im Bekleidungsstil um. Dies ist gepaart mit höchsten Ansprüchen an die Qualität der Kleidung in puncto Reinheit, Verarbeitung und Haltbarkeit und der konsequent nachhaltigen Produktion. Die Verantwortung von hessnatur gilt dem Schutz der Umwelt und der Ressourcen sowie allen an der Wertschöpfungskette beteiligten Menschen.

Bio-Baumwoll-, Organic Silk- und Leinenprojekte sowie ein großes ökologisches, soziales und kulturelles Engagement von hessnatur zeigen, dass Wirtschaftlichkeit nicht gegenläufig sein muss zu Wertschätzung und ethischen Grundsätzen. Hessnatur verkauft Vertrauen in eine Idee. Ein wesentlicher Faktor hin zur Wertegemeinschaft neben den erwähnten ökologischen und sozialen Aspekten ist bedingungslose Transparenz und Offenheit. Das zu leben, ist Anspruch eines jeden Mitarbeiters. Die Aufgabe der Unternehmensführung ist es, dafür den Rahmen zu schaffen, zu fördern und zu fordern.

Humanity in Fashion – Impulse in die Modewelt

Der Humanity in Fashion Award ist der Design-Preis für grüne Mode. Gefördert werden Jung- und Nachwuchsdesigner, die nachhaltige Mode entwerfen. Der Preis wurde 2010 ins Leben gerufen und wird seitdem jährlich vergeben.

Mit dem Humanity in Fashion Award schafft hessnatur eine Plattform für ökologische und faire Kleidung und ermutigt, den Konflikt zwischen der Schnelllebigkeit der Modewelt und der geforderten Langlebigkeit einer »Fair Fashion« zu lösen.

Dies geschieht aus einer Motivation heraus, Ideale in die Welt zu bringen, die Ansporn sind und Nachahmung finden; tief verwurzelt im Wertegerüst der Community von hessnatur.

Was in den frühen Jahren das erste Baumwollprojekt war, ist heute der Humanity in Fashion Award.

Markenführung ist Menschenführung – und gelebte Menschlichkeit

In meinem Verständnis bedeutet die Führung einer Marke, den Menschen in den Mittelpunkt des Handelns zu stellen. Mitarbeiter, Lieferanten und Kunden gehören einer Community an, haben und leben dieselben Werte. Der Glaube an diese Werte und die wertschätzende Haltung allen Menschen gegenüber sind die Basis für Unternehmenskultur, Kommunikation, Produkt und Service.

Eine Marke wie hessnatur zu führen, die mit Werten wie Fürsorge und Gemeinschaft aufgeladen ist, heißt einzutreten für Menschlichkeit im Wirtschaftsleben. Die Summe der richtigen Entscheidungen im Sinne dieses Bewusstseins verändert die Welt, verändert die Menschen, verändert einen selbst. Das ist der Auftrag, den es zu erfüllen gilt …

… und die Erfüllung des Auftrags sichert Profite und Arbeitsplätze.

Nachhaltigkeit heißt für mich in Generationen und nicht in Quartalzahlen zu denken.

Michael Mack

Michael Mack, Jahrgang 1978, ist der Sohn von Roland Mack, Inhaber des Europa-Park und seiner Frau Marianne. Von 1999 bis 2003 absolvierte er den trinationalen Studiengang International Business Management in Basel, Lörrach und Colmar, den er als Diplom-Betriebswirt abschloss. Bereits in seiner Jugend sammelte er erste Erfahrungen im Familienbetrieb. Während des Studiums absolvierte Michael Mack zahlreiche Praktika in Freizeitparks im In- und Ausland. Seit Anfang 2005 verstärkt Michael Mack die Zusammenarbeit des Produktionsbetriebs Mack Rides in Waldkirch mit dem Europa-Park und ist in der Geschäftsleitung der Mack Rides GmbH & Co KG tätig. Zudem verantwortet er als Prokurist seit April 2007 Mack Solutions, Mack Media, die strategische Geschäftsentwicklung, Entertainment und Baumanagement im Europa-Park. Am 13. Februar 2008 wurde er in den Vorstand des Verbandes Deutscher Freizeitparks und Freizeitunternehmen e.V., VDFU, gewählt und im Januar 2010 in den europäischen Vorstand des Weltverbandes der Freizeitindustrie IAAPA berufen. Michael Mack ist seit 2010 mit Miriam Mack verheiratet und hat einen Sohn.
Weiterführende Informationen: www.europapark.de

»Wir denken in Generationen, nicht in Quartalszahlen ...«

Der Europa-Park wurde vor über 37 Jahren von Ihrem Großvater Franz Mack und Ihrem Vater Roland Mack gegründet. Sie und Ihr Bruder Thomas repräsentieren die 3. Generation in der Geschäftsführung. Welche Bedeutung hat nachhaltiges Wirtschaften für Ihren Unternehmenserfolg?
Die Firma Mack ist sogar noch viel älter. 1780 begann unsere Familie in Waldkirch bei Freiburg Stellwägen und Kutschen für Schausteller zu bauen. Mittlerweile baut Mack Rides Achterbahnen und Attraktionen, die in die ganze Welt verkauft werden. Mein Bruder und ich sind bereits die achte Generation. 1975 wurde dann der Europa-Park eröffnet, was unsere Familie zur einzigen Familie macht, die gleichzeitig Betreiber und Hersteller von Freizeitpark-Attraktionen ist. Ohne nachhaltiges Wirtschaften wäre das natürlich nicht möglich gewesen. Qualität, die Beziehungen zu unseren Kunden und absolute Liebe zum Produkt waren und sind erfolgsentscheidende Faktoren in unserem Familienunternehmen. Wir entscheiden nicht nach dem Aktienwert, sondern im Hinblick auf die kommenden Generationen.

Zu Ihren Aufgaben gehört die strategische Geschäftsfeldentwicklung. Worauf liegt Ihr Fokus?
Diversifizierung ist ein wichtiges Thema. Wir wollen das Erlebnis »Europa-Park« für unsere Besucher ausweiten. Sie sollen sich das Erlebte nach Hause ins Wohnzimmer holen können. Mit Mack Media haben wir eine Produktionsfirma, die im Winter 2011 unseren ersten Film »Das Geheimnis von Schloss Balthasar« entwickelt hat. Dieser kam bei unseren Besuchern so gut an, dass wir ihn nun auch in anderen Ländern anbieten.

Mit Mack Solutions beraten wir Freizeitparks auf der ganzen Welt. Wir bieten Unterstützung bei Designfragen oder aber auch logistischen Problemen wie der Lenkung von Besucherströmen. Mir ist dabei wichtig, egal was wir tun, alle 3.500 Mitarbeiter mit auf diese Reise zu nehmen.

Wie hat es Sie als Persönlichkeit geprägt, dass Sie bereits in so jungen Jahren für ein so großes Unternehmen immense Verantwortung übernommen haben?
Ich bin immer mit großer Demut und viel Respekt für die großartige Arbeit, die meine Vorfahren geleistet haben, an diese Aufgabe herangegangen. Dass ich nun selbst Teil unseres Familienunternehmens bin, erfüllt mich mit Stolz und ich gehe mit viel Freude und mit vielen Ideen an die Arbeit.

Gerade haben Sie Ihr fünftes Hotel eröffnet. Ihre Umsätze und Gewinne steigen ständig. Wie erklären Sie sich dieses Phänomen?
Familien kommen gerne zu uns, um zwei, drei Tage in eine völlig andere Welt einzutauchen. In unserer digitalisierten Welt ist der Alltag sehr schnelllebig. Bei uns können die Besucher durch-

atmen und die Fülle an Attraktionen und Shows genießen. Für jedes Alter ist etwas geboten, da gibt es kaum vergleichbare Angebote. Nur wenn es den Gästen gut gefallen hat, kommen sie auch wieder. In unserem Fall tun das über 80 Prozent.

Sind Sie stolz darauf, keine staatliche Unterstützung in Anspruch zu nehmen und aus eigener Kraft zu wachsen?
Mein Opa hat immer gesagt: »Bleib mit beiden Beinen auf dem Boden, pass auf, dass Du nur ausgibst, was Du verdient hast und nimm keine Hilfe von außen an, dann musst Du Dich auch bei niemandem bedanken.«

Das Unternehmen ist immer dynamisch gewachsen und große Investitionen haben wir meist alleine gestemmt. Auch Werte wie Tradition und Bescheidenheit sind in unserer Familie fest verankert und helfen uns dabei, das Unternehmen nachhaltig zu entwickeln. Wir sind stolz darauf, als Familienunternehmen im Weltmarkt ganz vorne mitzuspielen.

Zu Ihrer Unternehmensgruppe gehört auch der Achterbahnhersteller Mack Rides. Sie beliefern weltweit Freizeitparks mit Fahrgeschäft und verdienen damit selbst an Ihrer Konkurrenz?
Der Exportanteil von Mack Rides liegt bei 95 Prozent, und die Kunden liegen damit nicht im Einzugsgebiet des Europa-Parks. Die Mitbewerber kaufen gerne bei uns, weil wir als Hersteller und Betreiber über einzigartiges Know-how verfügen. Diese Kompetenz kaufen sie natürlich gerne mit.

Was sind zur Zeit Ihre größten unternehmerischen Herausforderungen?
Eine der größten Herausforderungen ist es, die Konzentration der Mitarbeiter auf ihre Arbeit und unser Produkt trotz der zunehmenden Ablenkung durch Handys, E-Mails und mobiles Internet bei einhundert Prozent zu halten.

Welche Bedeutung hat Innovationsmanagement für Ihr Unternehmen?
Innovationsmanagement ist absolut entscheidend, um erfolgreich zu sein. Wir haben 80 Prozent Wiederholungsbesucher. Diese Zahl können wir nur halten, wenn wir immer neue Angebote entwickeln. Wir arbeiten mit innovativen Partnern wie Vodafone oder Siemens und vielen weiteren zusammen, um auch hinter den Kulissen perfekt aufgestellt zu sein. Gerade haben wir den gesamten Park mit einem LTE-Netz ausgerüstet. Darüber hinaus haben wir eine top Infrastruktur. So haben wir zusammen mit den lokalen Behörden jüngst eines der modernsten Wegeleitsysteme Deutschlands umgesetzt, um den PKW-Verkehr zum und vom Europa-Park zu optimieren. Auch für die Kunden von Mack Rides ist ein innovatives Produkt wie unser »Megacoaster«, unsere erste Loopingachterbahn, interessanter als ein bereits bekanntes.

Welche positiven Erfahrungen machen Sie im Umgang mit Menschen aus unterschiedlichen Kulturen?
Spaß ist international und kennt keine Grenzen. Wenn die Menschen in einer Achterbahn sitzen und in die Tiefe rauschen, spielt es keine Rolle, woher sie kommen, es verbindet sie allein das Erlebnis. Was unsere Mitarbeiter angeht, ist es toll zu sehen, wie gut die Zusammenarbeit zwischen den verschiedenen Nationen funktioniert. Im Bereich des Parks sind das hauptsächlich Deutsche

und Franzosen. Bei den Künstlern haben wir rund dreißig Nationen, die alle zusammenarbeiten, um den Tag im Europa-Park für unsere Gäste zu einem unvergesslichen Erlebnis zu machen.

Worauf achten Sie bei der Auswahl von Mitarbeitern besonders und wie motivieren Sie diese?
Alleine in diesem Jahr haben wir 300 neue Mitarbeiter eingestellt. Für unser fünftes Hotel Bell Rock haben wir gezielt nach Mitarbeitern im Ausland gesucht. Wir haben zum Beispiel ein neues Mitarbeiterhaus gebaut, um unseren Angestellten eine Unterkunft stellen zu können. Außerdem haben wir bereits vor vielen Jahren die Europa-Park Akademie ins Leben gerufen. Hier bieten wir kontinuierlich Schulungen für unsere Mitarbeiter an. Auch Sprachkurse stehen auf dem Programm. Verschiedene Sport- und Freizeitangebote runden das Angebot ab. 98 Prozent unserer Mitarbeiter kommen in der folgenden Saison wieder, was für ein tolles Arbeitsklima spricht.

Welche Bedeutung haben bei der Auswahl Ihrer Führungskräfte unternehmerische Fähigkeiten und persönliche Integrität?
Gerade als familiengeführtes Unternehmen ist es uns wichtig, dass die Führungskräfte, aber auch alle anderen Mitarbeiter über den Tellerrand hinausschauen und gewisse unternehmerische Fähigkeiten mitbringen. Herr Hück (Porsche Betriebsratschef) hat mal gesagt: »Arbeite für dein Unternehmen, als wäre es dein eigenes – dann wird dich das Unternehmen auch wie sein eigenes Kind behandeln.«

Als elfte Achterbahn im Park haben Sie vor kurzem eine Holzachterbahn eingeweiht. Welche Überlegungen haben Sie dazu bewogen, auf ein solch nachhaltiges und leicht recyclebares Material zu setzen?
Achterbahnen aus Holz sind der Ursprung des Achterbahnbaus. Mack Rides selbst hat 1921 die erste Holzachterbahn in Europa gebaut. Nun haben wir die erste Holzachterbahn im Europa-Park. Auch der ökologische Rohstoff Holz ist natürlich interessant für uns, das Holz stammt fast vollständig aus nachhaltigem deutschen Holzanbau. Das Achterbahnportfolio des Europa-Park ist somit um eine historische Attraktion erweitert, die in keinem Park fehlen sollte.

Haben Sie sich für die nächsten fünf Jahre eine Senkung des Energieverbrauches bei nicht erneuerbaren Energien und eine Reduktion von nicht recyclebaren Abfällen zum Ziel gesetzt?
Bereits vor Jahren haben wir die Stelle des Umwelttechnikers und des Energiemanagers geschaffen. In diesem Zuge haben wir tausende Glühbirnen im Park durch stromsparendere und langlebigere LEDs ausgetauscht. Am Besucherparkplatz haben wir 2001 eine 300 Meter lange Solaranlage mit rund 2.500 Solarmodulen installiert. Dazu kommt unser eigenes Wasserkraftwerk. Auch bei der Abfalltrennung haben wir ein ausgeklügeltes System entwickelt. Wir trennen in 39 Fraktionen und können mittlerweile ca. 75 Prozent unseres Abfalls recyclen. Schon beim Einkauf von Waren achten wir darauf, dass möglichst wenig Verpackung beziehungsweise ausschließlich recyclebare Verpackungsmaterialien bei uns ankommen.

In unserem Hotel Resort arbeiten wir seit langem mit unserem Partner Hansgrohe zusammen, um den Wasserverbrauch zu reduzieren. Durch innovative Produkte und Partner konnten wir den Verbrauch bereits um rund 30 Prozent senken. Gleichzeitig sparen wir auch wieder Energie, da wir weniger Wasser erwärmen müssen. Außerdem nutzen wir Grundwasserwärmepumpen, um unsere Hotels im Winter zu heizen und im Sommer zu kühlen. Insgesamt haben wir 31 solcher Anlagen im Europa-Park. Und so gibt es noch viele weitere Projekte. Als Marktführer in Deutschland ist es uns wichtig, auch anderen Parks Vorbild zu sein. Zusammen mit dem TÜV Süd arbeiten wir zurzeit an der Zertifizierung »Green Parks«, die wir bis Ende des Jahres anstreben. Der Europa-Park ist somit nicht nur an der Entwicklung dieser Zertifizierung maßgeblich beteiligt, sondern wird auch der erste Park sein, der die Voraussetzungen selbst erfüllt und somit das Zertifikat »Green Park« erhält.

Weshalb sollte Nachhaltigkeitsmanagement in die jeweiligen Organisationsstrukturen und Prozesse des Unternehmens integriert werden?

Nachhaltiges Handeln muss alltäglich werden. Mitarbeiter müssen die Prozesse und nötigen Handlungen verinnerlichen, um z.B. den Müll wie selbstverständlich zu trennen.

Dazu kommt, dass für uns als Unternehmen Nachhaltigkeit nicht nur aus ökologischen Gesichtspunkten interessant ist, auch ökonomisch macht es durchaus Sinn. Allein durch Abfalltrennung, gezielten Einkauf und logistische Maßnahmen konnten wir die anfallenden Entsorgungskosten um mehr als die Hälfte senken.

Warum sollte Nachhaltigkeit in den Vorstandsetagen etabliert sein?

Weil wir als Familie mit gutem Beispiel vorangehen wollen und wir somit gleichzeitig die Wichtigkeit dieses Themas unterstreichen. Nachhaltiges Handeln findet täglich statt und geht über den Arbeitsplatz hinaus.

Welche nachhaltigen Leuchtturmprojekte fördert Ihr Unternehmen?

Ein besonders schönes Projekt, das wir seit mittlerweile zwölf Jahren zusammen mit dem Förderverein Science und Technologie e.V. umsetzen, sind die Science Days und die Science Days für Kinder. Bei diesen Veranstaltungen, die jeweils einmal jährlich bei uns im Europa-Park stattfinden, werden Kinder und Jugendliche spielerisch an das Thema Wissenschaft und Technik herangeführt. Über 90 Aussteller, darunter Schulen, Hochschulen und Unternehmen, treffen sich und bauen eine richtige Wissenswelt auf. Die Kinder und Jugendlichen können an den Stationen selbst mitforschen und spannende Naturphänomene entdecken, wodurch ihr Interesse an den Naturwissenschaften schon früh geweckt wird.

Stellen Sie fest, dass für Ihre Kunden das Thema Nachhaltigkeit von Produkten und Dienstleistungen eine immer größere Rolle spielt?

Die Tendenz erkennen wir schon. Gäste fragen öfter mal kritisch nach und achten zum Beispiel darauf, ob es die Möglichkeit gibt, Müll zu trennen oder Pfandflaschen zurückzugeben. Auch der Energieverbrauch eines Freizeitparks ist immer mal wieder Thema. Es ist daher wichtig, dass wir die Gäste auf all unsere Maßnahmen aufmerksam machen.

Welche nachhaltigen Projekte in Deutschland würden Sie gerne beschleunigt sehen? Welche

sind für Sie die Herausforderungen auf dem Weg zu einer nachhaltiger lebenden Gesellschaft?

Zum einen finde ich, dass elektrische Fortbewegungsmittel eine größere Rolle im Alltag spielen sollten. Im Europa-Park haben wir rund 150 Elektrowägen. Den Tagesbetrieb organisieren wir fast ausschließlich mit solchen Fahrzeugen.

Ein weiteres wichtiges Thema ist für uns der Ausbau der Bahnstrecke Karlsruhe-Basel. Wir plädieren schon seit Jahren für einen ICE-Halt beim Europa-Park, um den Besuchern so eine attraktive Alternative zur Anreise mit dem Auto zu bieten. Laut Umfragen, die wir unter den Besuchern durchführen, haben rund 2 Millionen Gäste Interesse an dieser Alternative.

Das Geschäftfeld mit Firmen-Kunden haben Sie in den vergangenen Jahren sukzessive ausgebaut. Wie läuft das Geschäft und wo sehen Sie noch Verbesserungsmöglichkeiten?

Dieses Geschäftsfeld ist ein wichtiges Standbein für den Europa-Park geworden. Wir sind im Bereich Confertainment der wahrscheinlich bestaufgestellte Freizeitpark in Europa. Eine verbesserte Zuganbindung würde sicherlich auch hier helfen.

Mit Ihrem Sohn Paul ist die Unternehmensnachfolge gesichert. Welche Ziele verfolgen Sie mittelfristig mit dem Europa-Park? Welche nachhaltige Vision haben Sie langfristig?

Paul ist jetzt schon jeden Tag im Europa-Park unterwegs, der Park ist sozusagen sein »Spielzimmer«. Um über die Unternehmensnachfolge nachzudenken, ist es aber sicherlich noch zu früh.

Das Ziel ist es, das Angebot weiter auszubauen und das Erlebnis für unsere Gäste auf mehrere Tage auszudehnen. Gerade haben wir unser fünftes Hotel eröffnet. Der Trend geht zur Kurzreise und zu mehrtägigen Aufenthalten. Langfristig wollen wir natürlich den wirtschaftlichen Erfolg des Europa-Parks bewahren und sichere Arbeitsplätze anbieten. Wir treffen Entscheidungen nicht im Hinblick auf Quartalszahlen, sondern auf die kommenden Generationen der Familie Mack.

Ihrer Familie geht es ausgesprochen gut. Sie leben auf der Sonnenseite des Lebens. Welche Bedeutung hat für Sie soziales Engagement?

Soziales Engagement ist unserer Familie sehr wichtig. Seit Gründung des Europa-Park laden wir bedürftige Familien und soziale Einrichtungen in den Europa-Park ein, um einen unbeschwerten Tag hier verbringen zu können. Über eine Million Menschen konnten wir auf diesem Weg bereits bei uns begrüßen. Mehrere Millionen Euro flossen in Kinderprojekte wie beispielsweise die SOS-Kinderdörfer, die Aktion Mensch oder UNICEF. Meine Mutter und meine Tante haben darüber hinaus die Fördervereine »Santa Isabel« und »einfach helfen e.V.« ins Leben gerufen und engagieren sich intensiv für Menschen in der Region.

Sie denken darüber nach, eine Europa-Park Stiftung zu gründen? Welche Projekte würden Sie damit am liebsten fördern?

Mit einer Europa-Park Stiftung Franz Mack würden wir hauptsächlich regionale Projekte unterstützen. Die Familie Mack kommt aus Waldkirch. Wir leben hier und fühlen uns der Region sehr verbunden. Es ist uns wichtig, dass wir auch etwas zurückgeben können.

Gibt es Ansätze zum Thema soziale (gesellschaftliche) Innovationen?

Soziale Innovation spielt in einem Freizeitpark natürlich auch eine wichtige Rolle. Die Kommunikation hat sich verändert, mobiles Internet und soziale Netzwerke bieten uns völlig neue Ansatzpunkte, um mit unseren Besuchern zu kommunizieren. Wir haben mittlerweile eine Fanbeauftragte, die in engem Dialog mit unseren Fans steht. Auf diese Weise hören wir, was die Fans gut finden und was nicht. Diese Meinung spielt zum Beispiel bei der Entwicklung neuer Attraktionen eine Rolle, ist aber auch für den Bereich Human Resources sehr spannend.

Auch unserer Familie ist es wichtig, den Kontakt zu unseren Besuchern zu haben. Wir sind so oft es geht im Park unterwegs und hören immer gerne, was unsere Gäste denken, wie sie den Park empfinden und auch, was man vielleicht besser machen kann.

Weshalb ist die Beschäftigung mit Nachhaltigkeit immer auch ein privates Thema, das sich vom beruflichen Engagement nicht trennen lässt? Wie setzen Sie persönlich Nachhaltigkeit im täglichen Leben um?

Zuerst einmal ist Nachhaltigkeit eine Einstellung. Wenn ich möchte, dass unser Unternehmen nachhaltig agiert, dann kann ich nicht zuhause anderer Meinung sein. In unserem Fall geht dieses Thema aber noch weiter. Als Familienunternehmen haben wir zu vielen unserer Mitarbeiter eine enge Beziehung. Wir kennen uns seit Jahrzehnten, in einigen Familien arbeiten mehrere Generationen gleichzeitig im Europa-Park. Wir verfolgen eine nachhaltige Personalpolitik und es ist uns wichtig, dass sich die Mitarbeiter bei uns wohlfühlen. Eine klare Trennung zwischen unternehmerischen Entscheidungen und persönlichen Beziehungen ist hier schwierig und das wollen wir auch nicht.

Achten Sie beim Kauf von Produkten und Dienstleistungen selbst darauf, ob diese nachhaltig sind?

Da ich die meiste Zeit im Europa-Park verbringe und wir hier sehr viel Wert auf Nachhaltigkeit legen, weiß ich, dass ich zu einem großen Teil auf nachhaltige Produkte zurückgreife. Wenn es mir meine wenige Zeit erlaubt und ich selbst einkaufen gehe, achte ich natürlich auch darauf. Ich mache da keinen Unterschied ob ich privat einkaufe oder für den Europa-Park.

Sie wurden vor kurzem zum Young Leader der BMW Stiftung Herbert Quandt berufen. Was bedeutet Ihnen diese Ernennung?

In solch jungen Jahren eine Auszeichnung von einem so tollen Gremium zu erhalten, macht mich stolz.

Was zeichnet Ihre »Handschrift« aus? Was soll als Botschaft von ihr bleiben auf diesem Planeten?

»Wir denken in Generationen, nicht in Quartalszahlen.«

Nachhaltigkeit ist für Alle, mit immer weniger Resourceneinsatz, die Grundbedürfnisse unter der Bedingung, nicht was möglich, sondern unter ökologischen, sozialen und ökonomischen Aspekten zu ermöglichen.

Max Maier

Max Maier, Jahrgang 1949, wuchs als Sohn eines bäuerlichen Gastronomiebetriebs in der schwäbischen Ostalb auf. Seine erste unternehmerische Herausforderung hatte er 1978 als Unternehmensberater. In der Folgezeit übernahm und sanierte und er die Firmen Eisfink, Rieber und Alinox in der Schweiz, die er jeweils zu Innovationsführern entwickelte. 1990 hatte er die Vision in Ludwigsburg auf dem Gelände der Firma Eisfink, eine Teilstadt zu Gründen. Heute sind im Werkzentrum West 20 Firmen aus den Bereichen Handel, Werbung, Medien, Gastronomie und Industrie mit über 1000 Mitarbeitern in einem eigenen autarken Ökosystem angesiedelt. 2005 führte er durch den Kauf des nicht nachhaltig geführten Unternehmens Rieber die bislang grösste Innovationsoffensive seiner Unternehmensgruppe durch. Heute ist Rieber GmbH der führende Vollsortimenter für Küchentechnik im Bereich der professionellen Gastronomie in Deutschland. Darüber hinaus engagiert sich Max Maier für Umwelt, Kunst, Gesellschaft und Kultur unter anderem durch das Sponsoring der »Arbeiterstiftung Europäisches Naturerbe« sowie der Umweltbildung auf dem Gebiet der nachhaltigen Entwicklung und umweltfreundliche Energiegewinnung. Der Familienmensch ist verheiratet und hat eine Tochter sowie einen Sohn, die bereits mit grossem Elan in der Unternehmensgruppe mitwirken. www.eisfink.de, www.rieber.de

Nachhaltige Innovationen

Familienunternehmen haben in der Regel einen guten Ruf, weil sie als wertorientierter gelten und für Sie die Verantwortung für Mitarbeiter und Gesellschaft eine wichtige Entscheidungsgrundlage ist. Wie wichtig ist Ihnen Wertorientierung in Ihrem Unternehmen?

Werte spielen für mich eine sehr wichtige Rolle. Diese habe ich vor allem von meiner Mutter sowie von meiner Lebenserfahrung mitbekommen. Doch vor allem als 68er spielt für mich die Verantwortung für die Mitarbeiter und die Gesellschaft eine ganz entscheidende Rolle, ich bin auf der Suche nach dem neuen, dem Besseren, dem Fortschritt für das Ganze. Aber neben allem Guten, was ich versuche zu tun, heißt Verantwortung vor allem auch schwere Entscheide zu fällen, notwendige Veränderungen einzuleiten mit oft harten Konsequenzen für den Einzelnen.

Weshalb ist es wichtig, Nachhaltigkeit in eine ökonomische Sprache zu übersetzen und zu messen?

Nur ökonomisch darstellbare Lösungen werden soziologisch langfristig akzeptiert. Dies ist die Grundvoraussetzung für nachhaltige Produkte und Dienste, was wiederum Unternehmen und Arbeitsplätze über Generationen sichert.

Sie verstehen Nachhaltigkeit demnach als Management-Philosophie, die Sie mit Ihren Wert- und Moralvorstellungen verknüpfen?

Nachhaltigkeit besteht in der Generierung eines Personalstamms und eines Produktportfolios, das elementare Grundbedürfnisse der Menschheit unter Berücksichtigung der ökologischen und soziologischen Verträglichkeit, befriedigt.

»Good Business« beschreibt das Zusammenspiel, in dem der Kunde den Mehrwert unserer Produkte erfährt, die Nachhaltigkeit schätzt und aus Wertschätzung regelmäßig unsere Dienste in Anspruch nimmt.

Ihre Unternehmensgruppe vereint auf den ersten Blick ganz unterschiedliche Branchen. Welche unternehmerische Entscheidung – oder auch persönliche Motivation – hält das Ganze zusammen?

Grundidee der Unternehmensgruppe ist es, zentrale Grundbedürfnisse der Menschen zu befriedigen zu denen wir etwas beitragen können. Im »Urban Development« gestalten wir Räume und Stadtgebiete, die in ihrer Art die Stadt und die in ihr arbeitenden und lebenden Menschen befruchten. Raum geben für die Verwirklichung vielfältigster Ideen und Bedürfnisse und dies alles mit minimalem Energieeinsatz (Energieffiezienz). In der »Max Maier Kitchen Group« steht die Entwicklung und Produktion von Geräten und Systemen zur Bereitstellung von qualitativ hochwertigem Essen zuhause und außer Haus im Fokus. Auch hier mit minimalem Energieeinsatz.

Mit dem Werkzentrum West in Ludwigsburg schufen Sie ein eigenes autarkes Ökosystem? Was genau lässt sich darunter verstehen?
Es geht hier vornehmlich um Transformation. Das heisst, die bestehende Energie zu nutzen um sie für neue Dienstleistungen und Infrastruktur zur Verfügungen zu stellen.

Welche Vision haben Sie, was Städteentwicklung in Deutschland betrifft?
Die Kombination von Arbeiten, Wohnen und Leben soll integraler Bestandteil des Alltags sein. Ziel ist die Verdichtung von mehr Menschen pro Flaeche bei gleichzeitigem Rückbau von ineffizienten Wohnräumen wie beispielsweise Plattenbauten. Innerhalb der Städte gilt es die öffentliche infrastruktur zu verbessern und eine effiziente, regionale und saisonale Versorgung aufzubauen.

Sie gelten als vielschichtige Persönlichkeit: Visionär, Innovator, Physiker, Wissenschaftler, Philosoph, Architekt. Wie sehen Sie sich selbst?
Ich würde mich selbst als Unternehmers bezeichnen, und zwar im ursprünglichsten aller Sinne. Im Besonderen bin ich mir bewusst, dass reine Kostensenkung und Outsourcing keine Zukunftskonzepte sind, um als Unternehmer erfolgreich zu sein. Um Ausbildungs- und Arbeitsplätzen nachhaltiges zu sichern brauchen wir vor allem eines: INNOVATIONEN und neue technologien.

Ihre Fähigkeit, immer wieder Innovationen hervorzubringen, ist bemerkenswert. Sie haben über 100 Patente bereits angemeldet. Wie sieht Ihr Erfolgsrezept aus?
»Wenn es eine Wahrheit gibt, dann ist sie konkret«, das heißt für mich, dass sich gerade die größten Lösungen über die vermeintlich kleinen Details erschließen. Innovationen bestehen nur zu 10 Prozent aus Kreativität und zu 90 Prozent aus Disziplin und Fleiß. Dabei sollte man die Dinge nicht nur aus der Vergangenheit betrachten, sondern vor allem aus der Zukunft heraus. Erst, wenn man ein klares Bild des zukünftigen Anwendungskontextes , des Nutzens für den Kunden hat, kann man die Dinge richtig gewichten, die Stärken richtig einsetzen und auch die richtigen Entscheidungen über wichtig und unwichtig treffen. Dieser Blickwinkel entscheidet über Effizienz und Effektivität.

Mit Better Food arbeiten Sie zur Zeit wieder an einer visionären Geschäftsidee, die Sie konkret in die Tat umsetzten möchten. Was ist Better Food?
Wir stehen vor zwei wesentlichen Herausforderungen: 1. Weltweit werden jährlich ca. 1/3 der Nahrungsmittel weggeworfen, während gleichzeitig große Teile der Weltbevölkerung hungern. 2. Die Essgewohnheiten in der westlichen Welt verändern sich dahingehend, dass die Hauptmahlzeiten nicht mehr zu Hause eingenommen werden, sondern im halböffentlichen Bereich (Kantinen, Kindergärten, Schulen, Krankenhäuser, Altenheime etc.). Better Food soll deshalb ein organisiertes Mehrwegsystem zur Integration aller Akteure über die gesamte Lebensmittelkette hinweg bis zum Konsumenten anbieten. Das System lässt sich auf jeder Stufe, vom Feld bis auf den Teller, einsetzen und ermöglicht sichere Frische unter Berücksichtigung aller eingesetzten Ressourcen und unter Einsatz neuester Technologien.

Welche Zielsetzung verfolgen Sie mit Better Food und wer ist die Zielgruppe? Wann rechnen Sie mit

der Markteinführung?
Die Nutzung von Better Food stellt Verschwendung ab, integriert regionale Lebensmittelerzeuger, nutzt Mehrwegverpackung, reduziert die Energieverschwendung für Transport/Lagerung, garantiert Frische und steigert nachhaltig die Qualität des Lebensmittels durch innovative Vakuumierungstechnologie und durch den Einsatz von intelligenter Software. Better Food ist für jeden, der mit Lebensmitteln interagiert und / oder diese konsumiert. Also ebenso für den professionellen Gastronomie-Bereich als auch für private Haushalte. Die Markteinführung beginnt 2013.

Weshalb ist die Beschäftigung mit Nachhaltigkeit immer auch ein privates Thema, das sich vom beruflichen Engagement nicht trennen lässt? Wie setzen Sie persönlich Nachhaltigkeit im täglichen Leben um?
Handeln ist das Ergebnis der Reflexion zu diesem Thema und man kann nur dann nachhaltig handeln, wenn dies gesamtheitlich erfolgt. Folglich überträgt sich das berufliche Handeln in das Privatleben – und umgekehrt. Ausgangspunkt ist jedoch immer der Mensch und die Befriedigung dessen Grundbedürfnisse.

Was sind für Sie die zentralen Herausforderungen in Deutschland?
Das ist eine sehr große Frage, die zu beantworten eine große Herausforderung ist. Meine Gedanken drehe sich um folgende Fragen: Welche neuen Wege können wir beim Thema Energieversorgung gehen? Wie können wir entscheidende Fortschritte beim Thema Gesundheit und Ernährung erreichen? Wie können wir neue Lebensräume entwickeln und gestalten, die Tradition und Moderne vereinen und in denen sich neue Kommunikationsbeziehungen entfalten können, für neue Perspektiven, neue Strategien und neue Lösungswege zum Wachstum

Wie können in Deutschland im globalen Wettbewerb Industriearbeitsplätze dauerhaft gesichert werden? Wie können wir in dem gesamten Kontext den sozialen Zusammenhalt aller gesellschaftlichen Gruppen gewährleisten? Mein eigener Anspruch ist es, mit Lösungsansätzen vorweg zu gehen.

Was zeichnet Ihre »Handschrift« aus? Was soll als Botschaft von ihr bleiben auf diesem Planeten?
Meine persönliche Motivation ist es in den Bereichen in denen ich tätig bin etwas zu bewegen, als 68er wenn möglich zu revolutionieren und die Welt ein Stück weiterzubringen.

»Es gibt nichts Gutes, ausser man tut es«
Erich Kästner.

Nachhaltigkeit heißt für mich eine versöhnende Verbindung von Menschen, Umwelt und wirtschaftlichem Handeln zum Wohle nachfolgender Generationen.

Luis Neves

Luis Neves, Jahrgang 1953, ist Konzernbeauftragter Klimaschutz und Nachhaltigkeit bei der Deutschen Telekom. Nach seinem Historikstudium an der Universität Lissabon war er mehr als 25 Jahre bei Marconi (heute Portugal Telecom) als Abteilungsleiter und schließlich im Management beschäftigt. 2004 kam Neves zur Deutschen Telekom. Mit mehr als 30 Jahren Erfahrung auf nationalem und internationalem Level im Bereich der Telekommunikation und Informationsgesellschaft leistete er einen entscheidenden Beitrag, als es darum ging festzustellen, welche Rolle ICT im Zusammenhang mit dem Klimawandel spielt. Als Vorsitzender des Lenkungsausschusses war er die treibende Kraft hinter der aktuellen Studie »SMART 2020 – Enabling the Low Carbon Economy in the Information Age«. Derzeit ist er Vorsitzender der »Global e-Sustainability Initiative (GeSI)«. Zudem beteiligt er sich an einer Reihe von internationalen Projekten und Initiativen, einschließlich dem Lenkungsausschuss der UN für die Initiative »Caring for Climate«, sowie in der UN-Führungsgruppe »Global Compact«. Das Ziel: Technologischer Fortschritt und Wachstum sind nicht Selbstzweck, sondern müssen den Menschen dienen. Dies muss umso mehr für die Telekommunikations- und IT-Industrie gelten. Deren Produkte und Lösungen sollen zum Wohle von Umwelt und Menschen eingesetzt werden. Weitere Informationen: www.telekom.com

Nachhaltigkeit heißt für mich ein Bewußtsein dafür zu erlangen, daß uns allen nur eine Erde zur Verfügung steht.

Heinz-Gerd Peters

Dr. Heinz-Gerd Peters, Jahrgang 1963, absolvierte nach einem Studium der Wirtschaftswissenschaft an der Ruhr-Universität Bochum ein Trainee-Programm in der Stahlindustrie mit dem Schwerpunkt Einkauf. Nach Absolvierung des Trainee-Programmes promovierte er an der Ruhr-Universität Bochum über Deutsche und U.S.-amerikanische Wirtschaftsverbände. Während dieser Zeit hatte er Gelegenheit zu Arbeitsaufenthalten in Brüssel, Washington D.C. sowie beim Deutschen Bundestag. Nach der Promotion war er von 1996 bis Anfang 1999 als Referent für Einkauf bei einem Energieversorger tätig und wechselte danach als Senior Experte Einkauf zur T-Mobile Deutschland GmbH. Im Oktober 2003 wechselte er als Group Category Manager in den Konzerneinkauf des Group Headquarters der Deuschen Telekom AG, wo er zusätzlich mit dem Aufbau eines nachhaltigen Einkaufsmanagements beauftragt wurde. Seit Mai 2009 ist er im Bereich Corporate Responsibility der Deuschen Telekom AG als Leiter Nachhaltige Entwicklung und Umwelt tätig. Weiterführende Informationen: www.telekom.com

Technologischer Fortschritt und Wachstum müssen den Menschen dienen

Die Deutsche Telekom ist heute ein internationaler Vollsortimenter von Produkten und Lösungen rund um Telekommunikation und IT (IKT). Dies ist im Sinne der Nachhaltigkeit Herausforderung und Verpflichtung zugleich. Beschäftigen wir uns zunächst mit dem Spannungsfeld von Energie und der Nutzung von fortschrittlichen IKT-Lösungen. Einerseits benötigt die IKT-Industrie zur Deckung der Kundenbedürfnisse zunehmend Energie und Ressourcen, auf der anderen Seite können die Produkte und Lösungen bei optimalem Einsatz in anderen Industrien, aber auch bei privaten Kunden, diesen Mehrbedarf in der IKT-Industrie um ein mehrfaches kompensieren und damit einen deutlich positiven Nettoeffekt für die Umwelt erreichen. So besagt z.B. die Studie SMART 2020 Global, dass die IKT-Industrie bei optimaler und vollständiger Nutzung aller Möglichkeiten einen fünffachen Kompensationseffekt erzielen kann.

Diesen positiven Effekt zu realisieren ist ein wesentliches Anliegen der Deutschen Telekom. Als Mitglied der internationalen Branchenvereinigung »Global e-Sustainability Initiative« (GeSI) war es ihr ein besonderes Anliegen, die Entwicklung der globalen Studie SMART 2020 zu unterstützen. Smart Grids, Smart Logistics, Smart Buildings sind nur einige Beispiele für die aufgezeigten Potentiale der IKT Industrie. Eine Studie SMART 2020, Addendum Deutschland, initiiert von der Deutschen Telekom, schloss sich zwischenzeitlich an. Mittlerweile ist aufgrund des Entwicklungsfortschritts eine Fortschreibung der globalen SMART 2020 Studie von GeSI bereits in Auftrag gegeben. Selbstverständlich geht es nicht nur darum, welche Potentiale in anderen Industrien realisiert werden können, sondern auch darum, was das eigene Unternehmen leisten kann. So hat sich die Deutsche Telekom mit 40 Prozent Reduktion auf Basis von 1995 für Deutschland ein neues ambitioniertes Klimaschutzziel bis 2020 gesetzt. Zur Umsetzung ist eigens eine sogenannte Climate Change Group im Konzern errichtet worden, die darüber hinaus auch ein konzernweites Ziel entwickeln soll.

Ein weiteres Spannungsfeld ist beim Thema Menschenrechte zu erkennen. Einerseits ermöglicht die ITK eine Vernetzung von Menschen in einem nie für möglich gehaltenen Ausmaße, auf der anderen Seite können Daten missbraucht werden und ausdrücklich Politik gegen Menschen gemacht werden. Dies wurde insbesondere im »Arabischen Frühling«, der Demokratiebewegung in Nordafrika und dem mittleren und nahen Osten, in besonderer Weise ersichtlich. Der Druck auf ITK-Unternehmen in diesen Weltregionen zur Einschränkung von elementaren Rechten wuchs beträchtlich.

Bei den Menschenrechten aus Sicht der Unternehmen lassen sich nach außen und nach innen gerichtete Aktivitäten unterscheiden. Nach außen gerichtet sind z.B. alle Maßnahmen, die auf die Lieferkette des Unternehmens einwirken. Dazu gehören die direkten Lieferanten aber auch der Anfang der Lieferkette, die Rohstofflieferanten. Die gesellschaftliche Verantwortung eines Unternehmens hört nicht bei der ersten Lieferstufe auf, sondern muss die gesamte Kette durchdringen. Die Deutsche Telekom hat daher zur Vermeidung von Risiken in der Lieferkette und der Verbesserung der Menschenrechtssituation einen aufeinander aufbauenden Prozess entwickelt. Dieser beginnt mit einer Präqualifikation von Lieferanten durch die Beantwortung einiger Standardfragen zur Unternehmensverantwortung, geht über ein umfangreiches Self-Assessment-Analysetool, die Durchführung von Social Audits bei den strategischen und den als risikoreich identifizierten Lieferanten bis zur Bewertung der Supplier Performance unter Beachtung von Nachhaltigkeitsaspekten. Die Deutsche Telekom beteiligt sich zudem an Industrieinitiativen zur Verbesserung der Situation beim Abbau von Rohstoffen, insbesondere auch in Krisenregionen. Die Erwartungshaltung gegenüber den Lieferanten wurde in einer Social Charta definiert, die integraler Bestandteil von Verträgen ist.

Für die Weiterentwicklung der Nachhaltigkeit im Einkauf zeichnet eine eigens eingerichtete Arbeitsgruppe, die »Sustainable Procurement Working Group«, verantwortlich. Diese setzt sich aus nationalen und internationalen Vertretern des Einkaufs sowie von Corporate Responsibility zusammen. Die Verantwortung eines Unternehmens, insbesondere aus der Telekommunikationsbranche, geht jedoch deutlich weiter. Insbesondere wurden Prozesse etabliert, die die Privatsphäre und Sicherheit (privacy and security) der Kunden schützt und einer unsachgemäßen bzw. unerlaubten Verwendung von Daten vorbeugt. Datensicherheit nimmt mittlerweile einen sehr hohen Stellenwert ein, welches u.a. durch ein eigenes Vorstandsressort für Datenschutz, Recht und Compliance zum Ausdruck kommt. Neben dem Schutz von persönlichen Daten ist die Meinungsfreiheit (freedom of expression) ein hohes Gut, deren Schutz weit oben auf der Agenda von Unternehmen stehen muß. Für die Deutsche Telekom spielt naturgemäß die Meinungsfreiheit im Internet eine herausgehobene Rolle in ihren Aktivitäten. Internetzensur unterscheidet sich nicht grundsätzlich von der Zensur in anderen Medien. Nach innen gerichtete Aktivitäten im Hinblick auf die Einhaltung von Menschenrechten betrifft im Wesentlichen die Beziehungen zwischen dem Arbeitgeber und den Arbeitnehmern (Employee Relations). Die Deutsche Telekom hat eine Konzernrichtlinie »Employee Relations« entwickelt. Sie beschreibt anhand von 11 Kernelementen, wofür die Deutsche Telekom weltweit als Arbeitgeber steht. Dazu zählen z.B. die Mitarbeiterentwicklung, Gesundheit und Nachhaltigkeit, faire Bezahlung, Vereinbarkeit von Beruf und Privatleben sowie Diversity.

Die im Jahre 2011 veröffentlichten »Guiding Principles on Business and Human Rights«, die maßgeblich vom UN-Sonderbeauftragten Prof. John Ruggie entwickelt wurden, sind für uns Maßstab des Handelns, zudem wir als Unternehmen am Entstehungsprozess beteiligt waren. Im Rahmen der Prinzipien findet eine Überprüfung der bestehenden Richtlinien, Tools und Audits statt. In einen weiteren Schritt soll ein zentrales Eingangstor zur Behandlung sämtlicher Menschenrechtsfragen eingerichtet werden.

Nachhaltigkeit heißt für mich, Zukunftsfähigkeit zu gewährleisten.

Peter Nolden

Peter Nolden ist Partner bei Ernst & Young im Bereich Nachhaltigkeit und Klimaschutz. Der Wirtschaftsprüfer ist spezialisiert auf Kunden aus den Bereichen Chemie, Pharma und Öl. Diese Branchen sind genau diejenigen, welche sich besonders früh mit den Themen Verantwortung und Nachhaltigkeit auseinandersetzen mussten. Die Art und Weise, wie sie dies heute tun, ist jedoch eine gänzlich andere als noch zu Beginn ihrer Bemühungen. War es anfangs eher eine Konfrontation zwischen den Unternehmen und ihren Anspruchsgruppen um Themen wie Umweltschutz und Arbeitssicherheit, hat sich das Verständnis von Nachhaltigkeitsmanagement heute oftmals in einen ganzheitlich integrierten Ansatz weiterentwickelt – mit klaren Verantwortlichkeiten und Prozessen im gesamten Unternehmen. Ernst & Young ist sowohl in der Prüfung der Nachhaltigkeitsberichterstattung als auch in der Beratung zur Entwicklung von anspruchsvollen Nachhaltigkeitsstrategien positioniert. Peter Nolden vertritt Ernst & Young außerdem im Lenkungskreis von econsense, dem Nachhaltigkeitsnetzwerk führender deutscher Unternehmen. Weiterführende Informationen: www.ey.com

Prüfer der Nachhaltigkeit

»Was hat denn Nachhaltigkeit mit Wirtschaftsprüfung zu tun?« Dieser Frage musste sich auch Peter Nolden, Leiter des Bereichs Nachhaltigkeit bei Ernst & Young Deutschland, zu Beginn seiner Tätigkeit stellen. Doch wer wie er jahrelang Erfahrung in der Betreuung von Mandanten in den Branchen Chemie, Pharma und Öl – Branchen also, für die das Thema Nachhaltigkeit schon früh wichtig wurde – gesammelt hat, versteht die Bedeutung des Themas für Unternehmen.

An Gegenwind mangelt es freilich nicht, wenn man sich in diesem Bereich engagiert. Mit der Realität haben Nachhaltigkeitsberichte so viel zu tun wie ein Märchenbuch – so lautet der Tenor eines vor einigen Jahren im »manager magazin« erschienen Artikels. Soll die Tatsache, dass es einige schwarze Schafe gibt, deren Berichterstattung mehr von geschickter Kommunikation denn von wirklich nachhaltigen Bemühungen zeugt, nun dazu führen, dass das Projekt Nachhaltigkeit aufgegeben wird? Nein, schließlich gibt es auch eine Reihe von Positivbeispielen. Nicht die Nachhaltigkeit ist das Problem, sondern die mangelnde Qualität der in der Berichterstattung verwendeten Daten.

Als möglichen Lösungsansatz bietet Nolden das sogenannte »Integrated Reporting«, eine Kombination von klassischer Finanzberichterstattung und Nachhaltigkeitsbericht, an. Wenn dann ein Wirtschaftsprüfer nicht nur die Finanzkennzahlen, sondern auch die Daten im Bereich Nachhaltigkeit prüft, kann allzu großer Schönfärberei ein Riegel vorgeschoben werden.

Er hält das »Integrated Reporting« neben Wirtschaftsethik und Carbon Reporting für eines der zukunftsträchtigen Themen des Bereichs. Denn dass es »schwarze Schafe« auf diesem Gebiet gibt, leugnet der Wirtschaftsprüfer nicht. »Einige Unternehmen versuchen, dass Thema als eine Art Marketing-Gag zu benutzen – doch dies schadet Unternehmen langfristig nicht nur, weil sie sich unglaubwürdig machen, sondern auch, weil sie die großen Potentiale des Themengebiets ungenutzt lassen.« Deshalb hat sich der Audit-Partner insbesondere der verbesserten Qualität der Nachhaltigkeitsberichterstattung verschrieben.

Schon bei seinem Amtsantritt im Frühjahr 2010 betonte er die Bedeutung von transparenten, belastbaren Zahlen in der Nachhaltigkeitsberichterstattung im firmeneigenen Magazin »CCaSS-News«. Doch nicht nur für die Leser des Nachhaltigkeitsberichts ist die externe Überprüfung der Angaben vorteilhaft, sondern auch für die Unternehmen selbst. In der CCaSS-Abteilung (Climate Change and Sustainability Services) von Ernst & Young Ernst & Young arbeiten Menschen mit vielfältiger betriebswirtschaftlicher Erfahrung, die wissen, was in einem Unternehmen vorgeht, aber durch ihre Spezialisierung auf Nachhaltigkeitsthemen das Unternehmensumfeld auch hinsichtlich gesellschaftlicher und ökologischer Aspekte verstehen. Geprüfte Nachhaltigkeitsberichte erhöhen nämlich nicht nur die Glaubwürdigkeit derselben und reduzieren das Risiko von Missverständnissen und Fehlinformationen im Nachhaltigkeitsbericht, sondern haben auch ganz praktische Vorteile für die Unternehmen. So erkennen die Prüfer auch Verbesserungspotenziale im Bereich Nachhaltigkeit und geben Ratschläge zur Verbesserung, aus denen strategische oder ökonomische Vorteile erwachsen können. Außerdem erhalten nachhaltige Unternehmen durch eine Prüfung ihrer Unterlagen eine gute Möglichkeit, sich von den »schwarzen Schafen« auf dem Gebiet abzugrenzen und »Greenwashing«-Vorwürfen entgegenzutreten.

»Es geht nicht darum, vordergründig nachhaltig zu erscheinen, sondern darum, die Interessen der Stakeholder zu adressieren, transparent und nachvollziehbar zur eigenen Nachhaltigkeit zu berichten und die vielfältigen ökonomischen Potenziale einer nachhaltigen Unternehmensstrategie zu nutzen«, fasst Nolden die Grundrichtung seiner Bemühungen zusammen.

Good Business Register
Von Peter Nolden

Mit der immer größer werdenden Bedeutung unternehmerischer Verantwortung für den wirtschaftlichen Erfolg steigt der Druck auf Unternehmen, die in punkto Nachhaltigkeit noch keine Leistung aufweisen können. Vor allem sind es multinationale Konzerne, die Nachhaltigkeit zum Business Case machen und ihr Zielsystem sowie die Unternehmensstrategie an Prinzipien der Nachhaltigkeit ausrichten. Zwar sind in kleinen und mittelständischen Unternehmen nachhaltige Strukturen aus der Unternehmenstradition heraus häufig von vornherein stärker verankert, jedoch fehlt ihnen nicht selten eine strategische Ausrichtung sowie eine entsprechende Kommunikation. Hinzu kommt, dass in Lieferantenbeziehungen vermehrt Zertifikate oder andere Nachweise von den Unternehmen verlangt werden. Mit der australischen Plattform »Good Business Register« kann hier Abhilfe geschaffen werden. Auf der Online-Pattform haben Unternehmen die Möglichkeit, ein Nachhaltigkeitsprofil zu erstellen und über die Internetseite an die Geschäftspartner, wie Kunden und Lieferanten, zu kommunizieren. Sie ist vom St James Ethics Centre, einer unabhängigen Nonprofit-Organisation zur Förderung von Unternehmensethik, gegründet worden und wird von der australischen Regierung finanziert. Das CCaSS-Team von Ernst & Young Australien hat sich gemeinsam mit anderen Projektpartnern über ein Jahr hinweg maßgeblich an der Entwicklung des Good Business Registers beteiligt. So sind die »5 Principles« von unternehmerischer Verantwortung entstanden, die den Mitgliedern der Plattform als Orientierung dienen sollen. Die fünf Prinzipien lauten: Nachhaltig erwirtschafteter Unternehmenserfolg, attraktives Arbeitsumfeld für die Mitarbeiter, Nachhaltigkeit in der Supply Chain, aktives Stakeholderengagement sowie Minimierung der negativen ökologischen Auswirkungen der Unternehmensaktivitäten.

Auszug aus: Ernst & Young CCaSS News, Ausgabe 13 | Frühjahr 2010, S. 50.

Nachhaltigkeit heißt für mich vor allem Generationengerechtigkeit. Generationengerecht handeln heißt, Entscheidungen so zu treffen, dass zukünftige Generationen nicht darunter leiden und die Chance haben, das Beste aus ihrer Zukunft zu machen.

Marie-Christine Ostermann

Marie-Christine Ostermann, geboren 1978 in Hamm, war von 2009 bis 2012 Bundesvorsitzende des Verbandes DIE JUNGEN UNTERNEHMER. Im Jahr 2006 stieg sie als geschäftsführende Gesellschafterin beim Lebensmittelgroßhandel Rullko Großeinkauf GmbH & Co. KG ein und leitet seitdem das Familienunternehmen gemeinsam mit ihrem Vater Carl-Dieter Ostermann. Seit 2010 gehört sie dem Mittelstandsbeirat des Bundeswirtschaftsministeriums an und ist außerdem Aufsichtsratsmitglied der Optikerkette Fielmann AG. Das Familienunternehmen Rullko wurde 1923 gegründet und hat seinen Sitz im westfälischen Hamm. Es ist auf die Belieferung von Großküchen in Seniorenheimen und Krankenhäusern spezialisiert. Darüber hinaus betreibt das Unternehmen einen Abholgroßmarkt für Gastronomen. Rullko erzielt einen Jahresumsatz von zirka 75 Millionen Euro und beschäftigt rund 150 Mitarbeiter. Marie-Christine Ostermann zählt zur vierten Generation des Familienbetriebs. Vor ihrem Einstieg bei Rullko war Marie-Christine Ostermann beim Lebensmitteldiscounter Aldi Süd als Bereichsleiterin tätig. Davor absolvierte sie ein Studium der Betriebswirtschaftslehre an der Universität St. Gallen, das sie als Diplomkauffrau abschloss. Marie-Christine Ostermann ist zudem ausgebildete Bankkauffrau. Zu ihren Hobbys gehören Joggen, Klettern, Lesen, Golf und der Pferdesport.

Mein Herz schlägt für das Unternehmertum

Nachhaltigkeit ist ehrbares Unternehmertum

Das Prinzip des ehrbaren Kaufmanns basiert auf einem ausgeprägten Verantwortungsbewusstsein sowohl für das eigene Unternehmen als auch für die gesellschaftliche und ökologische Umwelt, die es umgibt. Familienunternehmer haben keine schnellen Gewinne im Kopf. Mir liegt die langfristige Stabilität meines Unternehmens am Herzen. Ehrbares Unternehmertum bedeutet für mich persönlich: Die Verantwortung für das eigene Handeln zu übernehmen. Ehrlichkeit und Zuverlässigkeit im Umgang mit Mitarbeitern und Geschäftspartnern. Ein gewisses Maß an Risiko, aber auch viel Freiheit und Unabhängigkeit. Effizienz und Wohlstand durch Wettbewerb und Vielfalt. Für Generationen vorausdenken. Viel Leidenschaft und Freude bei der Arbeit.

Bereits mit 16 Jahren wollte ich unbedingt Unternehmerin werden. Nach dem Abitur absolvierte ich zunächst eine Banklehre, dann studierte ich Betriebswirtschaftslehre in St. Gallen in der Schweiz. Danach ging ich zu Aldi nach Bayern, um fern der väterlichen Firma das Lebensmittelgeschäft kennen zu lernen. Als Filialleiterin habe ich selbst auch kassiert, Regale eingeräumt und geputzt. Dann erst folgten die eigentlichen Führungsaufgaben. Mir bedeuten diese wertvollen Erfahrungen in einem anderen Umfeld sehr viel, weil sie mich nachhaltig geprägt haben. Als ich als Geschäftsführerin nach Hamm zu Rullko zurückkehrte, war ich 27 Jahre alt.

Mein Vater und ich führen das Unternehmen im Moment noch gemeinsam. Ich wachse lieber Stück für Stück in die Arbeit hinein, als sofort komplett ins kalte Wasser zu springen. So kann ich noch viel von meinem Vater lernen und von seinen Erfahrungen profitieren. Mein Vater hält mir den Rücken frei. Anders könnte ich mich heute nicht als Bundesvorsitzende im Verband DIE JUNGEN UNTERHEHMER engagieren.

Eine geordnete Nachfolgeregelung ist oft die schwierigste Herausforderung, die ein Familienunternehmen zu meistern hat. Denn nur wenn die Nachfolge geregelt ist, ist auch die Zukunft des Unternehmens langfristig gesichert. Daher muss die Nachfolge möglichst früh geklärt werden, aber ohne jeglichen Druck. Ein häufiges Problem: Viele Unternehmer können nicht loslassen. Viele Nachfolger kommen mit der Verantwortung nicht zurecht. Schlussendlich gehen einige Unternehmen an der Frage der Nachfolge kaputt.

Eine weitere unternehmerische Herausforderung unserer Zeit: der Fachkräftemangel. Diese Situation wird sich in den kommenden Jahren noch verschärfen. Dabei ist das Alter egal. Die Suche nach smarten Auszubildenden, aber auch erfahrenen, älteren Mitarbeitern wird immer schwieriger. Darüber hinaus stellt auch die Euro-Krise mit ihrem ungewissen Ausgang uns Unternehmer vor große Herausforderungen.

Nachhaltigkeit ist Kerngeschäft

Nachhaltiges Wirtschaften heißt nicht nur, die kommenden Generationen im Blick zu behalten. Nachhaltiges Wirtschaften bedeutet bares Geld. Daher muss das Thema Nachhaltigkeit an das Kerngeschäft eines Unternehmens gekoppelt werden. Alles andere ist unglaubwürdig. Nachhaltigkeit muss gelebt werden – von den Mitarbeitern, aber vor allem von den Vorgesetzten, von mir als Unternehmerin. Ich kann nicht verlangen, dass meine Mitarbeiter werteorientiert arbeiten, ich selbst die Werte aber nicht lebe. Nachhaltigkeit muss Teil der Unternehmenskultur sein. Mein Vater und ich stellen alle Mitarbeiter selbst ein und achten darauf, dass diese auch zu unserem Unternehmen passen. Dabei legen wir Wert auf gute fachliche Qualifikationen, aber vor allem auf einen gesunden Menschenverstand sowie eine positive Einstellung zur Arbeit und zum zwischenmenschlichen Miteinander. Das heißt: Neben Intelligenz und Verstand sind uns gute Charaktereigenschaften sehr wichtig!

Nachhaltigkeit leben wir bei Rullko in allen Bereichen, beim Blick auf unsere Zahlen, auf unsere Unternehmensleitlinien und Ziele, bei unseren Prozessen und Produkten. So ist der Bereich Qualitätsmanagement direkt unter die Geschäftsführung angegliedert. Einmal im Monat gibt es eine Qualitätsmanagement-Sitzung, an der die Geschäftsführung, die Führungskräfte aus allen Abteilungen, die Qualitätsmanagementbeauftragten und Prokuristen teilnehmen. In der Sitzung werden unsere Prozesse und Produkte kritisch bewertet und Verbesserungen diskutiert. Auch in den Zielvereinbarungen unserer Führungskräfte integrierten wir messbare Qualitäts- und Nachhaltigkeitsziele, z. B. zur Mitarbeiter-Fluktuationsquote, oder zur Anzahl der Reklamationen. Unser Unternehmen setzt die HACCP-Vorgaben um, die die Sicherheit von Lebensmitteln gewährleisten und strebt noch in diesem Jahr die IFS-Zertifizierung (International Food Standard) an. Die Erzeugnissicherheit und -legalität sind oberste Maxime. Durch regelmäßige interne und externe Audits bei uns und unseren Lieferanten wird die Umsetzung des Standards und der Qualitätsziele überprüft.

Auch ökonomisch gesehen ist unser Unternehmen nachhaltig sehr gut aufgestellt: Rullko hat eine Eigenkapitalquote von weit über 60 Prozent. Wir sind bankenunabhängig, haben eine hohe Liquidität und keine langfristigen Kredite. Wir stehen auf einer sicheren Basis und haben einen Risikopuffer für Krisenzeiten.

Als Familienunternehmen sehen wir es als unsere Pflicht an, verantwortungsbewusst und langfristig gegenüber unserer Gesellschaft und Umwelt zu denken und nachhaltig zu handeln. Besondere Verantwortung empfinden wir gegenüber der Jugend. Wir betrachten es als unsere Pflicht und als eine Bringschuld unseres Unternehmens, jungen Menschen eine qualifizierte Ausbildung zu verschaffen. Wir bilden deswegen kontinuierlich und über unseren Bedarf hinaus aus. Die Nachwuchskräfte werden bei entsprechend guten Leistungen fast immer übernommen. Die Besetzung von Fach- und Führungspositionen aus eigenen Reihen ist uns sehr wichtig.

Wir fühlen uns zusätzlich aktiv dem Umweltschutz verpflichtet. Jeder Beitrag, und mag er noch so klein sein, ist hierfür wichtig.

Beispiele für unsere Nachhaltigkeitsaktivitäten:

- Regelmäßig sehr hohe Ausbildungsquote von über 10 Prozent
- Schulkooperation mit dem Beisenkamp-Gymnasium in Hamm
- Organisator des Projektes »Schüler im Chefsessel« (einer Initiative des Verbands DIE JUNGEN UNTERNEHMER) in Hamm
- Sponsor und Schirmherr des Berufsorientierungsprojekts »Abitur – und wie weiter?« in Hamm
- Angebot des Betriebssports für alle Mitarbeiter/-innen
- Zusammenarbeit mit der Hammer Tafel
- Keine Einwegpfandartikel
- Mehrwegpfand bei Transportmittel
- Viele regionale Lieferanten und ein ökologisch sinnvoller Lieferradius
- Modernisierung und Isolierung des Verwaltungsgebäudes zur Energiereduzierung
- Einbau einer Wärmerückgewinnungsanlage in unserem Großmarkt
- Konsequente Mülltrennung für die verschiedenen Rohstoff-Kreisläufe
- Keine gentechnisch veränderten Lebensmittel in unserem Zentrallager

Nachhaltigkeit ist Generationengerechtigkeit

Generationengerechtigkeit und Nachhaltigkeit sind meiner Meinung nach als Synonym zu verstehen. Wir müssen heutiges Handeln so ausrichten, dass wir damit zukünftigen Generationen nicht schaden. Keine Generation darf auf Kosten der anderen Generation leben. Ich finde es verantwortungslos, wenn künftigen Generationen massive Lasten aufgebürdet werden, die sie nicht tragen können: sei es durch eine horrende Staatsverschuldung, sei es durch die Verschwendung natürlicher Ressourcen. Oft genug führen rücksichtslose Kämpfe um Besitzstände dazu, dass eine übertriebene Verteilungsgerechtigkeit sowohl Chancen- als auch Generationengerechtigkeit unter sich begräbt. Beobachten kann man das zurzeit auf dramatische Weise in den südeuropäischen Schuldenstaaten. Hier sorgt ein starrer Arbeitsmarkt dafür, dass die Jugendarbeitslosigkeit deprimierende Höhen erreicht. Das ist alles andere als gerecht. Jeder Mensch sollte eine faire Chance erhalten, das Beste aus seinem Leben zu machen. Dazu gehört, dass er seine Talente bestmöglich entfalten kann – für sich selbst und für die Gesellschaft als Ganzes. Dafür bedarf es vernünftiger Rahmenbedingungen.

Generationengerechtigkeit ist auch das Kernthema unseres Verbands. So setzen wir uns seit über 60 Jahren für generationengerechte Politik ein – sei es durch Medien-Kampagnen, Hintergrundgespräche mit Politikern und Journalisten oder politische Veranstaltungen.

So haben wir mit unserer Kampagne »Man kann an die nächste Wahl denken. Oder an die nächste Generation.« im Jahr 2009 darauf aufmerksam gemacht, wie wichtig es ist, langfristig und generationengerecht zu denken! Wie ein Familienunternehmer, der sein Unternehmen in einigen Jahrzehnten auch mit guten Zukunftschancen in die Hände der nächsten Generation abgeben möchte. Ein hoch verschuldeter Staat, der sich auf Pump finanziert, raubt der jungen Generation ihre Zukunft. Schon jetzt hat jedes Kind, das geboren wird, über 25 000 Euro Schulden.

Unsere Kampagne im Jahr 2011 »Euro-Rettung: So nicht!« hatte das Ziel, Gemeinschaftshaftung und -verschuldung in den Euro-Ländern zu verhindern. Schuldenvergemeinschaftung und unzureichend regulierte Finanzmärkte bedrohen immer mehr unseren Wohlstand und unsere Demokratie. Die Einheit von Risiko und Haftung, die in der Realwirtschaft für jeden Unternehmer und Arbeitnehmer gilt, ist für Staaten und die Finanzindustrie außer Kraft gesetzt: Diejenigen, die in guten Zeiten hohe Renditen einfahren, laden in schlechten Zeiten die Verluste bei den Steuerzahlern und der jungen Generation ab. Das ist nicht nur ein Angriff auf den Wohlstand hart arbeitender Bürger, sondern auch ein Problem für unsere Demokratie. Es wäre aber falsch, allein die Finanzindustrie zu verteufeln. Denn die Verantwortung für das Desaster liegt auch bei der Politik. Die politisch Handelnden haben nach der Lehman-Pleite versäumt, durch intelligente und maßvolle Regulierung die Finanzwelt zur Verantwortung zu ziehen. Das muss jetzt nachgeholt werden. Die Finanzindustrie muss verpflichtet werden, jedes Geschäft mit mehr Eigenkapital zu unterlegen. Das schützt vor Gier und Zockerei. Außerdem brauchen wir ein Insolvenzrecht für Pleitebanken und -staaten, damit diese ihr Erpressungspotenzial im Sinne von »Too Big To Fail« verlieren. Nur so wird die Einheit von Risiko und Haftung wieder hergestellt.

Nachhaltigkeit ist Halt und Vertrauen

Nachhaltigkeit gibt Halt. Nachhaltiges Denken und Handeln wirkt als Wegweiser und Orientierungshilfe. Halt und Vertrauen spielen auch eine Rolle beim Klettern – meinem liebsten Hobby. Wie ich dazu gekommen bin: Ich habe mich aufgrund von Rückenschmerzen im Fitnessstudio angemeldet. Dort gab es auch eine Kletterwand. Schnell wurde ich überredet, es einmal auszuprobieren und ich war sofort begeistert. Klettern bedeutet für mich Herausforderung und Selbstüberwindung. Das reizt mich. Aber Klettern bedeutet auch großes Vertrauen. Denn mein Leben gebe ich in die Hand der Person, die mich beim Klettern sichert. Bevor ich es das erste Mal versucht habe, hatte ich mich immer gefragt, wie man so verrückt sein kann, daran Spaß zu haben. Doch es ist großartig. Zum einen ist es das Sportliche: die große Kontrolle über den Körper, die man haben muss, um nicht abzurutschen. Jeder Muskel wird gebraucht – was man nicht unbedingt während des Kletterns spürt, aber spätestens am Tag danach. Aber auch das Psychologische reizt mich: die Tatsache, dass man sich immer neu überwinden muss.

Halt und Vertrauen gibt mir auch meine Familie. Mein Vater hat immer deutlich gemacht, dass er an mich glaubt und dass ich meine Aufgaben hervorragend meistern werde. Wenn er mir gerade in der Anfangszeit nicht so sehr den Rücken gestärkt hätte, wäre es für mich sicher viel schwerer geworden, mich im Unternehmen als junge Führungskraft durchzusetzen.

Nachhaltigkeit ist Werteorientierung

Bei meiner Arbeit als Familienunternehmerin leiten mich Werte – christliche Werte, familiäre Werte. Respekt und Rücksichtnahme sind mir im Umgang mit anderen Menschen sehr wichtig. Es ist schade, dass einige Menschen in Deutschland den Unternehmern kritisch begegnen und ihnen Geldgier unterstellen. Sie vergessen, dass wir Unternehmer Millionen von Arbeitsplätzen schaffen und somit vielen Menschen ein großes Maß an Sicherheit bieten. Für mich heißt Unternehmerin sein, nicht nur Geld zu verdienen, sondern auch der Gesellschaft etwas zurückzugeben.

Nachhaltigkeit ist Engagement

Nachhaltigkeit braucht Engagement. Als Vorsitzende des Verbands DIE JUNGEN UNTERNEHMER setze ich mich vor allem für die Themen der jungen Generation ein, die wir auf die politische Agenda setzen wollen. So müssen beispielsweise die Sozialversicherungssysteme reformiert werden, um zukunftsfest zu sein. Nachhaltigkeit bzw. Generationengerechtigkeit heißt, dass ein Haushalt auf staatlicher Ebene ohne Neuverschuldung auskommen muss. Eine generationengerechte Politik hinterlässt den zukünftigen Generationen keine finanziellen Bürden. Ich möchte die Politiker davon überzeugen, dass die kleinen und mittelständischen Betriebe gute wirtschaftspolitische Rahmenbedingungen statt bürokratischer Hürden benötigen, um langfristige Arbeitsplätze und nachhaltiges Wirtschaftswachstum zu schaffen.

Nachhaltigkeit ist Verantwortung

Ich gehe zwar gerne Risiken ein und neue Herausforderungen reizen mich, ich würde das aber niemals unvorbereitet und unüberlegt tun. Schließlich habe ich die Verantwortung für 150 Mitarbeiter und ihre Familien. Faszinierend am Unternehmertum ist gerade die Mischung aus Risiko und Sicherheit. Sicherheit, auf seinen eigenen Beinen zu stehen, unabhängig zu sein und sein Leben selbst in die Hand nehmen zu können. Die andere Seite der Medaille ist aber immer auch das Risiko, falsche Entscheidungen zu treffen, die zu Verlusten führen. Die Konsequenzen muss ein Unternehmer selbst tragen und kann diese nicht auf die Allgemeinheit abwälzen. Alles andere wäre nicht nachhaltig. Denn nur wer selbst die Verantwortung für seine Entscheidungen trägt, handelt vorsichtig und denkt langfristig.

Weiterführende Informationen:
www.rullko.de, www.junge-unternehmer.eu

Nachhaltigkeit bedeutet für mich, so zu wirtschaften und zu leben, dass unsere Erde auch für unsere Kinder und Enkel lebenswert erhalten bleibt.

Michael Otto

Dr. Michael Otto, Jahrgang 1943, ist Vorsitzender des Aufsichtsrats der Hamburger Handels- und Dienstleistungsgruppe Otto (GmbH & Co KG). Von 1981 bis Oktober 2007 leitete er die Otto Gruppe als Vorstandsvorsitzender. Unter seiner Führung entwickelte sich die Firma zur international größten, einzigen weltweit agierenden Versandhandelsgruppe. Otto ist heute mit 123 wesentlichen Unternehmen in mehr als 20 Ländern Europas, Amerikas und Asiens vertreten. Im E-Commerce ist die Otto Gruppe im reinen Endverbrauchergeschäft für Fashion und Lifestyle weltweit die Nr. 1. Nach dem Abitur absolvierte Michael Otto eine Banklehre und anschließend ein volkswirtschaftliches Studium mit Promotion zum Dr. oec. publ. 1971 trat er in das Unternehmen Otto ein und übernahm den Vorstandsbereich Einkauf Textil. Seine Einstellung, dass es wichtig ist, auch Aufgaben in unserer Gesellschaft wahrzunehmen, manifestiert sich in der Übernahme einer Reihe von Ehrenämtern. Dr. Otto ist u. a. Stellvertretender Vorstandsvorsitzender im Kulturkreis der Deutschen Wirtschaft, Berlin; Ehren-Vorsitzender des Stiftungsrates der Umweltstiftung WWF Deutschland; Vorsitzender des Kuratoriums der Michael Otto Stiftung für Umweltschutz; Aufsichtsratsmandate: Axel Springer AG, Berlin und als Gesellschafter der Robert Bosch Industrietreuhand KG, Stuttgart. Weiterführende Informationen: www.ottogroup.com

Nachhaltigkeit als Berufung

Nachhaltigkeit – der Begriff ist heutzutage in aller Munde. Viele Menschen betrachten Nachhaltigkeit als Imagefaktor. Nicht selten verwechseln sie ihn mit Wohltätigkeit und großzügigem Spenden von Geld, das sie zuvor auf wenig nachhaltige Weise verdient haben.

Doch was bedeutet Nachhaltigkeit eigentlich? Aus meiner Perspektive als Unternehmer steht der Begriff der Nachhaltigkeit dafür, Verantwortung zu übernehmen, eine ausgewogene Balance zwischen ökonomischer, ökologischer und sozialer Ausrichtung der eigenen Wirtschaftstätigkeit zu schaffen und auf einen fairen Umgang mit allen an dem Prozess Beteiligten zu achten.

Es mangelt sicher nicht an guten Vorsätzen, nur stellen manche Unternehmer angesichts des globalen Wettbewerbs ihr Wertesystem immer noch gerne hintenan. Verantwortungsvolles, nachhaltiges Wirtschaften scheint schwer umsetzbar. Das ist aber nur auf den ersten Blick richtig. Die Erfolge vieler Unternehmen in den vergangenen Jahren haben gezeigt, dass nachhaltiges Wirtschaften keine Träumerei, sondern machbar und auch notwendig ist und am Ende oftmals auch wirtschaftlich einen Return on Investment zeigt.

Nachhaltiges Wachstum zu erzeugen, bedeutet für mich, sowohl die Zukunftsfähigkeit des Unternehmens als auch seine Zukunftssicherung gleichermaßen im Auge zu behalten.

Aus dieser Erkenntnis heraus habe ich das Prinzip des nachhaltigen Wirtschaftens frühzeitig in der Otto Group etabliert. Bereits vor 26 Jahren, 1986, habe ich Umweltschutz zum strategischen Unternehmensziel erklärt. Seit 1995 hat die Kerngesellschaft OTTO einen eigenen »Code of Conduct«, einen Verhaltens-Kodex, der soziale Standards regelt, auf den sich unsere Lieferanten weltweit verpflichten und der später dann in den BSCI-Standard übergegangen ist. Globale, verantwortungsbewusste Umwelt- und Sozialpolitik sind integraler Bestandteil der Unternehmensstrategie. Heute sind wir beim Thema Nachhaltigkeit eines der führenden Unternehmen und stolz auf unsere Vorreiterrolle.

Ziel unseres Engagements ist es, Nachhaltigkeit konsequent in unseren Kernprozessen zu verankern und sie zu einem wichtigen Faktor im weltweiten Wechselspiel zwischen Angebot und Nachfrage zu machen. Neben einem fairen Umgang mit Mitarbeitern – auch in den Ländern der sogenannten Dritten Welt – umfasst das eine die Ressourcen schonende Produktion von Waren sowie das bürgerschaftliche Engagement.

Als Handelsunternehmen sind wir Mittler zwischen Angebot und Nachfrage. Wir können sowohl auf die Lieferanten und deren Produktionsbedingungen als auch auf die Konsumenten durch umfangreiche Informationen Einfluss nehmen. Für die Produktion unserer Handelsprodukte verlangen wir deshalb weltweit von unseren Lieferanten strenge Umwelt- und Sozialstandards, die wir auch von unabhängigen Auditoren regelmäßig vor Ort prüfen lassen. An unseren eigenen Standorten verfolgen wir eine klare Klimaschutzstrategie sowie ein soziales Miteinander.

Die Anstrengungen, die wir unternehmen, lohnen sich zunehmend, denn die Verbraucher in den Industrieländern achten mehr und mehr auch auf die unsichtbare Produktqualität, die sich dadurch auszeichnet, dass bei der Produktion nachweisbar möglichst wenig negative Auswirkungen auf Mensch und Umwelt entstehen und sie achten auf das Engagement des Unternehmens.

Was macht Nachhaltigkeit darüber hinaus zu einer echten Berufung?
Folgende drei Dinge sind es nach meiner Ansicht, die man mitbringen sollte:
1. Leidenschaft für die Sache
2. ein besonderes Innovationsbewusstsein
3. Verantwortung für das eigene Tun und für ein faires Miteinander

Jeder von uns, egal an welchem Punkt in seinem Leben er sich befindet, braucht Leidenschaft, wenn er Dinge erfolgreich gestalten will. Menschen, die mit Leidenschaft bei der Sache sind, denken weiter. Nur, wer leidenschaftlich für eine Sache brennt, kann andere davon überzeugen. Das zeigt sich insbesondere bei Themen, die nicht im Fokus der Öffentlichkeit stehen. Einen entscheidenden Anstoß für mein persönliches Engagement im Bereich des Umwelt- und Klimaschutzes gab Anfang der 1970er Jahre der erste Bericht an den Club of Rome: »Die Grenzen des Wachstums«. Ich habe damals erkannt, dass man Bewusstsein schaffen muss, aber noch wichtiger: dass gehandelt werden muss. Die Wirtschaft muss dem Wohle des Menschen dienen,- nicht umgekehrt. Für diese Überzeugung habe ich leidenschaftlich gekämpft. Als ich in den 80er Jahren Umweltschutz als Unternehmensziel verankert habe, haben mich etliche Kollegen belächelt. Heute werden die Themen Umweltschutz und soziale Verantwortung in unserem Hause selbstverständlich gelebt. Sie sind Teil unserer Unternehmensstrategie und Basis für unsere erfolgreiche nachhaltige Wirtschaftstätigkeit.

Darüber hinaus ist ein besonderes Innovationsbewusstsein erforderlich, um Nachhaltigkeit erfolgreich zu betreiben. Damit meine ich nicht Erfindungen, sondern einen kontinuierlichen, zuweilen auch radikalen Verbesserungsprozess im Rahmen des Vorhandenen. Innovationen sind Teil der Unternehmensverantwortung insgesamt. Sie bedeuten Zukunftsfähigkeit und stehen schon deshalb auch für eine nachhaltige Unternehmensführung.

Zu den brennenden gesellschaftlichen Themen unserer Zeit gehören neben Klimawandel, Armut, Umweltverschmutzung und Ressourcenknappheit auch die Urbanisierung und Industrialisierung in den Entwicklungsländern sowie der demografische Wandel in den westlichen Ländern. All diese Themen beeinflussen uns täglich, persönlich als auch in unserem wirtschaftlichen Handeln. Um die daraus resultierenden gewaltigen Herausforderungen zu stemmen, müssen insbesondere Unternehmen zwingend innovativ sein. Deshalb müssen wir neue, innovative Wege beschreiten. Wir müssen Mut haben, auszuprobieren. Wir müssen bereit sein, zu teilen – Know-how, aber auch Wachstum und Wohlstand. Wir müssen Win-Win-Situationen für alle Beteiligten an der Wertschöpfungskette schaffen. Wir müssen eine Form der Gerechtigkeit schaffen, die allen Menschen auf dieser Erde langfristig auch Zufriedenheit gibt. Und wir müssen uns endlich darauf besinnen, dass auch für die Generationen nach uns auf jeden Fall noch ein lebenswertes Leben möglich sein muss. Wer als Unternehmer nachhaltig gestalten will, der braucht aber nicht nur Entschlossenheit, sondern auch die unternehmerische Freiheit, langfristig zu denken und zu handeln. Selbstverständlich beginnt die Verantwortung des Managements eines Unternehmens immer damit, eine ausreichende Rendite zu erwirtschaften, um überhaupt im Wettbewerb bestehen zu können. Entscheidend für den Erfolg eines Unternehmens, das ist meine Erfahrung und gleichzeitig meine tiefe Überzeugung, ist aber nicht der kurzfristige ökonomische Mehrwert. Es ist vielmehr die langfristige Ausrichtung des Unternehmens unter angemessener Berücksichtigung der Interessen aller am Erfolg des Unternehmens Beteiligten, also aller Stakeholder.

Nur, wenn alle davon profitieren können, sind unsere Lösungen nachhaltig und damit auch innovativ.

Eine kurzfristige, grenzenlose Gewinnmaximierung auf Kosten der Gemeinschaft sollte in unser aller Interesse bald der Vergangenheit angehören. Die soziale Marktwirtschaft hat sich über Jahrzehnte bewährt. Die überwiegende Zahl aller Unternehmen handelt auch nach diesen Spielregeln. Ihr wesentlicher Grundsatz lautet: Wirtschaftliche Freiheit und Verantwortung für Mensch und Natur sind zwei Seiten derselben Medaille.

Berufung zur Nachhaltigkeit braucht nach meinem Verständnis zudem eine hohe Verantwortung auch für das eigene Tun. Nicht nur Unternehmen und Politik, sondern auch jeder Einzelne von uns, sollte jeden Tag selbst etwas dafür tun, um die natürlichen Ressourcen zu schützen, unsere CO_2-Emmissionen zu senken und die Entwicklung unserer Gesellschaft im sozialen Bereich voranzutreiben. Deshalb ist es mir wichtig, dass Werteorientierung nicht nur integraler Bestandteil unserer unternehmerischen Entscheidungsprozesse ist. Sie muss sich auch im Verhalten unserer Mitarbeiter und im gesellschaftlichen Engagement des Unternehmens widerspiegeln.

Für mich persönlich bedeutet das, die Hilfe zur Selbsthilfe zu fördern. Deshalb habe ich 2005 die »Aid by Trade Foundation« mit ihrer Initiative Cotton made in Africa gegründet. Ziel der Initiative ist es, afrikanische Kleinbauern darin zu schulen, Baumwolle gemäß nachhaltiger Kriterien besonders effizient zu produzieren und damit höhere Einkommen zu erreichen. Durch eine von der Stiftung organisierte Nachfrageallianz verschaffen wir der Baumwolle gleichzeitig günstigere Absatzchancen auf dem europäischen und dem amerikanischen Markt. Aus den Lizenzgebühren für Cotton made in Africa zahlt die Stiftung den afrikanischen Baumwollbauern eine Dividende und den Bau von Schulen. Dadurch erhalten deren Kinder die Möglichkeit, zur Schule zu gehen, anstatt auf dem Feld zu arbeiten.

Ich persönlich halte Soziales Engagement, Umweltschutz und ein faires Miteinander für die tragenden Säulen unserer Gesellschaft. Jeder von uns kann hier Verantwortung übernehmen im Rahmen seiner Möglichkeiten. Nur dann ist diese Gesellschaft auch vital und lebensfähig und kann dem Einzelnen die Möglichkeit zu einer erfolgreichen persönlichen Entwicklung bieten.

Auszeichnungen

u.a. Deutscher Marketing-Preis 1982; Manager des Jahres 1986 und 2001; Öko-Manager des Jahres 1991; International Retailer of the Year 1995 der National Retail Federation, New York; Deutscher Umweltpreis 1997 der Deutschen Bundesstiftung Umwelt; Ehrensenator der Universitäten Hamburg und Greifswald, 2000; Preis für Unternehmensethik 2000 des Deutschen Netzwerk Wirtschaftsethik; Sustainability Leadership Award, 2002; Preis für Verständigung und Toleranz des Jüdischen Museums Berlin, 2004; Großes Bundesverdienstkreuz mit Stern, 2006; Deutscher Handelspreis in der Kategorie Lifetime »Lifetime Award 2007«; Business Hall of Fame des Manager Magazins (2012).

Nachhaltigkeit heißt für mich, mit unserer Umwelt so umzugehen, dass die uns nachfolgenden Generationen auch noch in und von der Natur leben können.

Nachhaltigkeit heißt für mich, offen zu sein gegenüber neuen, ungewöhnlichen und nicht immer bequemen Ideen für einen verantwortungsvollen Umgang mit Ressourcen.

Norbert Pasternack und Antje Kühne

Norbert Pasternack, Jahrgang 1964, ist seit 2009 Vorstand bei der BKK advita (Alzey) und Ressortverantwortlicher für Finanzen, Beiträge, Marketing und Personal. Der Diplom-Betriebswirt begann seine Karriere als Sozialversicherungsfachangestellter bei der AOK für den Donnersbergkreis. Von 1993–2001 war er Referent des Vorstands beim BKK Landesverband Hessen in Frankfurt und von 2001–2008 Vorstand bei der BKK SCHOTT-ZEISS in Mainz. Norbert Pasternack ist verheiratet und hat zwei Kinder.

Antje Kühne, Jahrgang 1975, Studium der Publizistik, Filmwissenschaft und Germanistik in Mainz. Beruflicher Hauptschwerpunkt der Quereinsteigerin ist der Bereich Gesundheitskommunikation. Im Mai 2011 begann sie bei der BKK advita als Trainee für Marketing/Kommunikation. Seit Januar 2012 verantwortet sie die Presse- und Öffentlichkeitsarbeit und seit Juni die Nachhaltigkeitskommunikation im Unternehmen.

Gegründet aus den Unternehmen Schott AG, Carl Zeiss AG sowie KSB AG, befindet sich der Sitz der BKK advita in Mainz und ihre Hauptverwaltung im rheinhessischen Alzey. Weiterführende Informationen: www.bkk-advita.de

Gesund. Nachhaltig. Lebenswert.

Was verbinden Menschen heute mit Gesundheit?
Pasternack: Nicht nur Sport und gesunde Ernährung spielen gegenwärtig eine wesentliche Rolle. Gesundheit bedeutet auch seelisches Wohlbefinden. Gesund sein heißt, dass sich Körper, Geist und Seele im Einklang befinden. Vielfach geht es heute nicht mehr ausschließlich um äußerlich sichtbare Erkrankungen. Gesundheit bedeutet auch psychische Stärke, Widerstandsfähigkeit und Ausgeglichenheit. Zum Beispiel Joggen für die körperliche Fitness und autogenes Training für die seelische Ausgeglichenheit. Autogenes Training würde man üblicherweise nicht als sportliche Betätigung sehen – dennoch dienen Entspannungsübungen und -maßnahmen definitiv der Gesundheit.

Welche Sport- und Bewegungsangebote bietet die BKK advita an?
Kühne: Mit der Beteiligung an qualitätsgesicherten Gesundheitskursen stellen wir ein umfangreiches Präventionsangebot bereit für die Gesundheit und das Wohlbefinden. Als sogenannte Primärprävention in den Bereichen Bewegung wie Rückenschule und Entspannungskurse wie autogenes Training. Qualifizierte Gesundheitskurse wie Nordic Walking, Lauftraining usw. mit fachlicher Begleitung durch erfahrene Therapeuten sind in der aktiven Gesunderhaltung während der sogenannten bio-fit-woche angesetzt.

Weshalb liegt der BKK advita vor allem die Förderung regionaler Jugendsportmannschaften am Herzen? Welche konkreten Projekte fördern Sie?
Pasternack: Wir fördern bewusst den regionalen Breitensport, indem wir jedes Jahr an den Standorten regionale Jugendsportmannschaften mit einem Sponsorpaket unterstützen. So zum Beispiel die Fußballjungs der D1 vom TSV Gau-Odernheim in Rheinhessen, die von einem Mitarbeiter der BKK aus Alzey trainiert werden. Die Elf- bis Zwölfjährigen treten in der höchsten Spielklasse an, die es für ihre Altersstufe gibt – in der Bezirksliga Rheinhessen.

Auch Managementsysteme reagieren auf das Thema Gesundheitsmanagement: So geht es in der ISO 26.000 nicht mehr »nur« um Umweltmanagement und soziales Engagement. Es wird auch der Umgang mit den eigenen Mitarbeitern beschrieben und dem Thema Gesundheitsprävention ein eigenes Kapitel gewidmet. Erhält dadurch das Gesundheitsmanagement eine genauso hohe Priorität wie alle anderen Nachhaltigkeitsthemen?
Kühne: Auf jeden Fall. Zum einen leben wir in Zeiten der Überbelastung am Arbeitsplatz, einer hohen Burnout-Gefahr; zum anderen verändert sich zusehends hinsichtlich des demografischen Wandels die Altersstruktur in Deutschland. Es werden immer weniger Kinder geboren, die Zahlen der jüngeren Altersgruppen sinken und die der

älteren Altersgruppen steigen. Wir werden immer älter, stehen länger im Berufsleben und müssen auch im Alter leistungsfähig bleiben. Gerade vor diesem Hintergrund ist ein nachhaltig wirkendes betriebliches Gesundheitsmanagement wichtig.

Weshalb rechnet sich Gesundheitsprävention für jeden einzelnen und für die Gesellschaft?
Pasternack: Wenn ich meine persönlichen Erfolge der Gesunderhaltung sehe, stärke ich mein Selbstbewusstsein und ich gehe natürlich auch verantwortungsvoller mit mir selbst um – und im besten Fall mit meinen Mitmenschen. Gesund erhaltende Maßnahmen fördern auch den Gemeinschaftssinn. Doch sich der eigenen Verantwortung gesunder Lebensführung bewusst zu sein reicht allein nicht aus.

Kühne: Auch muss die Gewissheit vorhanden sein, im Krankheitsfall aufgefangen zu werden. Gesundheitsprävention soll auch Spaß machen und nicht negativen Druck aufbauen im Sinne von: »Ich MUSS jetzt gesund leben und meine Leistung steigern.« Motivation ist hier wichtig. Gerade die Bonusprogramme der Kassen stellen diesbezüglich eine Alternative dar. Hier wird durch Boni verschiedenster Art zur Gesunderhaltung motiviert. Allerdings können diese äußeren Anreize nur nachhaltig wirken, wenn der zentrale Antrieb, etwas für sich zu tun, von innen kommt und bereits »Motor« des eigenen Lebensweges ist.

Weshalb ist gesunde Ernährung das am nächsten liegende Thema, wenn es um »Nachhaltigkeit« geht?
Kühne: Sie ist eine primäre Maßnahme der Gesunderhaltung. Es geht nicht mehr nur darum, was wir essen, sondern auch woher wir es beziehen und uns bewusst darüber sind, dass wir in nachhaltiger Hinsicht dem gekauften Produkt mit ruhigen Gewissen vertrauen können. In Zeiten der Lebensmittelskandale findet ein massives Umdenken in der Bevölkerung statt hin zu einem bewussteren und damit nachhaltigeren Einkauf von Lebensmitteln. Gesunde und bewusste Ernährung sollten bereits in Kitas und Schulen vermittelt und gefördert werden unter Berücksichtigung von allgemeinen Nachhaltigkeitsthemen wie ökologische, regionale Landwirtschaft. Kindern kann man noch spielerisch den bewussten Umgang mit Nahrungsmitteln beibringen.

»Aus der Region für die Region« ist Ihr Motto für mehr Gesundheit durch eine bewusste Ernährung. Weshalb ist es Ihnen wichtig, die Wirtschaftskraft vor Ort zu stärken?
Kühne: Um den ländlichen Raum als lebenswerten Raum zu stärken und damit neue, alternative Perspektiven als Lebensraum zu geben, der Landflucht zu begegnen und soziale und ausgeglichene Lebensführung zu unterstützen – auch im Hinblick auf eine nachhaltige Gesunderhaltung.

Worin unterscheidet sie sich von anderen Krankenkassen?
Pasternack: Die BKK advita richtet sich als gesetzliche Kasse seit dem vierten Quartal 2010 konsequent ökologisch und nachhaltig aus. Dies gilt sowohl für die Zusatzleistungen im Leistungskatalog als auch für die Prozesse im Unternehmen wie die Umweltzertifizierung ISO 14001.

Seit wann gibt es die BKK advita? Und welchen Herausforderungen mussten Sie sich in den vergangenen Jahren stellen?
Pasternack: Die BKK SCHOTT-ZEISS (Mainz) und die advita BKK (Frankenthal) fusionierten zum 1. September 2009 zur BKK advita. Aufgrund des 2009 negativen Finanzergebnisses musste 2010 ein Zusatzbeitrag in Höhe von monatlich acht Euro eingeführt werden. Damit konnte das Leistungsniveau trotz steigender Ausgaben gehalten werden. Nach diesem ungünstigen Geschäftsergebnis ist es uns durch intensive Kostensteuerung und Sparmaßnahmen gelungen, die konsequente ökologische Neuausrichtung weiterzuführen und das Alleinstellungsmerkmal und damit unsere Marke zu stärken. Die Trendwende ist 2011 gelungen. Seit dem Frühjahr verzeichnen wir eine deutliche Nachfragesteigerung und hohe Zuwächse im Neukundengeschäft. Durch die erwirtschafteten Rücklagen konnten wir den Zusatzbeitrag abschaffen. Die Kapitalausstattung der BKK advita ist mittlerweile sehr gut. Statt einer pro Versichertenkopf doch sehr niedrig ausfallenden Prämienauszahlung investieren wir die erwirtschafteten Finanzmittel lieber weiter in ganzheitliche und natürliche Behandlungsmethoden.

Weshalb fördern und fordern Sie mehr eigenverantwortliches Handeln bei Ihren Versicherten?
Pasternack: Unser Gesundheitswesen täuscht vor, dass alles, was sozusagen »kaputt« ist, von der Medizin wieder geheilt werden kann. Dass dies ein Irrtum ist, sehen wir an der Entwicklung von Krankheiten in Deutschland bezüglich Häufigkeit, Formen und Dauer. Wir erkennen ein großes Bedürfnis der Menschen, nicht weiter ausschließlich der Apparate- und Schulmedizin ausgesetzt zu sein. Nicht jedes kleine Leiden muss operiert werden, oftmals hilft es, auf natürliche Weise die Selbstheilungskräfte des Körpers zu stimulieren. Dabei spielt die Eigenverantwortung des Versicherten für seine Gesundheit eine wichtige Rolle. Um diese zu fördern, schaffen wir gezielte Anreize. Daneben sind uns ganzheitliche Behandlungsmethoden, wie zum Beispiel die Osteopathie, wichtig. Dieses instrumentenfreie und manuelle Diagnostik- und Therapieverfahren kuriert nicht nur Symptome, sondern versucht die Ursachen für ein Leiden zu entdecken und zu beheben.

Wer ist für die Umsetzung von Nachhaltigkeitsmaßnahmen bei der BKK advita verantwortlich?
Pasternack: Die Gesamtverantwortung trägt der Vorstand. Für die operative Umsetzung sind die jeweiligen Experten zuständig: für die Umweltziele die Umweltmanagementbeauftragte sowie der Umweltausschuss, für die nachhaltigen Beschaffungsrichtlinien ist der Leiter Innere Dienste zuständig. Er ist u. a. für den Einkauf der Arbeitsmaterialen verantwortlich und ist das Bindeglied zu den entsprechenden Dienstleistern und Lieferanten.

Was gehört konkret zu den Aufgaben der Umweltmanagementbeauftragten?
Kühne: Für die systematische Umsetzung der Umweltziele ist die Umweltmanagementbeauftragte gemeinsam mit dem Umweltausschuss verantwortlich. Sie beruft den Umweltausschuss ein und berichtet unmittelbar an den Vorstandsvorsitzenden, was die hohe Bedeutung unterstreicht, die wir Umweltfragen beimessen. Sie motiviert die Mitarbeiterinnen und Mitarbeiter dazu, sich

eigeninitiativ in den betrieblichen Umweltschutz einzubringen, gemeinsam neue Umweltziele zu formulieren und umzusetzen. Und sie führt zudem das Umwelthandbuch. Halbjährlich muss sie die neuesten Gesetze bezüglich der Umweltauflagen durchgehen, bewerten und falls nötig umsetzen.

Pasternack: Die Umweltmanagementbeauftragte berichtet direkt an den Vorstand. Der Umweltausschuss setzt sich zusammen aus Vorstand, Umweltmanagementbeauftragter, Leiter Innere Dienste sowie aus mehreren Mitarbeitern unterschiedlichster Fachbereiche: vom Versorgungsmanagement über die Bereiche Versicherung/Beiträge oder Controlling bis hin zu Marketing/Vertrieb. Jeder Fachbereich wird über die Themen und Inhalte des Umweltausschusses regelmäßig informiert.

Welche Standards existieren zum Thema Nachhaltigkeit?

Kühne: Im Dezember 2011 erhielten wir die Umweltzertifizierung nach DIN 14001. Das bedeutet, dass wir jedes Jahr neue Umweltziele generieren, die sich z.B. der Energie- und Ressourceneinsparung widmen, aber auch der Mülltrennung oder dem umweltgerechten Reisemanagement. Sie werden über ein externes Audit geprüft, damit die bis 2014 laufende Umweltzertifizierung ihre Gültigkeit behält. Natürlich sind wir uns bewusst, dass die BKK advita nicht so viel Einfluss wie ein produzierendes Unternehmen hat, aber jeder kleine Schritt hilft, die Welt zu verbessern. Dabei bilden unsere Umweltleitlinien die Grundlage des allgemeinen Handelns in unserem Umweltmanagementsystem.

Existieren Vorgaben zur Energieeffizienz? Und welche Programme zur effizienten Energienutzung gibt es bei der BKK advita?

Kühne: Wir haben die gesamten Strom- und Gasbezugsquellen in der Hauptverwaltung Alzey auf Ökostrom und Windgas von Greenpeace energy umgestellt. Alle anderen Standorte sind bereits in Arbeit. Unsere Computerhardware wurde zu 90 Prozent auf Green IT durch die Anschaffung von energie- und platzsparenden Thin-Client-Anwendungen an den Arbeitsplätzen umgestellt. Sogenannte Futros sind mit dem Hauptserver verbunden und befinden sich an jedem Arbeitsplatz. Damit konnte 80 Prozent Stromersparnis gegenüber der üblichen Hardware erreicht werden. Hinzu kommt eine spürbare Reduzierung des Stromverbrauchs durch die Halbierung der Leuchtmittel in allen Fluren der BKK advita Hauptverwaltung. Neuerdings begegnen wir auch dem Standby-Problem elektronischer Geräte an unseren Arbeitsplätzen.

Zusammen mit dem Naturschutzbund Deutschland (NABU) unterstützte die BKK advita u.a. eine Baumpflanzaktion in Aalen und leistete damit einen nachhaltigen Beitrag zum Erhalt der ökologisch sehr wertvollen Streuobstbestände. Wie kam die Zusammenarbeit mit NABU zustande und gibt es weitere Planungen?

Pasternack: Die Zusammenarbeit kam über den Leiter des Kundencenters Oberkochen zustande, der Kontakt erhielt zum Initiator dieser Baumpflanzaktion, Reinhard Bretzger, Vorsitzender der NABU (Ostalbkreis). Unser Ziel ist es, an allen Kundencenter-Standorten der BKK advita Pflanzaktionen durchzuführen, wie diese zum Beispiel in Aalen, Nähe Kundencenter Oberkochen. Damit sollen die Versicherten, die eine Baumpatenschaft übernehmen möchten, die Möglichkeit erhalten, eine Pflanzaktion in ihrer Nähe regional vor Ort zu unterstützen. Die Baumpatenschaften können übernommen werden statt der Werbeprämie von 20 Euro pro Neukunde. Neben NABU unterstützten wir auch Pflanzaktionen anderer Stiftungen wie z. B. »Wald zum Leben« in Rheinhessen. Saison der Pflanzungen ist vorwiegend im Herbst und Frühjahr.

Was tun Sie darüber hinaus für den Klimaschutz?
Kühne: Seit der Anschaffung eines hauseigenen Dienstfahrrades dürfen unsere Mitarbeiter für kurze Erledigungen in der näheren Umgebung in die Pedalen treten. Mit einem bezuschussten ÖPNV-Ticket fördern wir die Nutzung öffentlicher Verkehrsmittel. Bei Dienstreisen besitzt die Bahnfahrt absoluten Vorrang. Auch vergeben wir einen zinslosen Kredit an Mitarbeiter, die entweder den eigenen PKW auf Gas umrüsten lassen oder ein schadstoffarmes Auto kaufen möchten.

Welche Ideen gibt es zur signifikanten Effizienzsteigerung, Ressourcenschonung und Abfallvermeidung von Mitarbeitern?
Kühne: Zu den konkreten jährlichen Zielen, die zum großen Teil schon erfüllt sind, gehören unter anderem Stromeinsparungsmaßnahmen in der Hauptverwaltung durch schaltbare Verteilersteckdosen in allen Büros und Sensibilisierung der Mitarbeiter, die Eröffnung eines Kontos bei der Ethikbank, Nutzung eines Jobtickets, Umbaumaßnahmen auf einen schadstoffarmen PKW, Umstellung des kompletten Papiers auf den Blauen Engel, Umstellung auf Windgas von Greenpeace energy. Auch motivieren wir unsere Mitarbeiter dazu, sich eigeninitiativ in den betrieblichen Umweltschutz einzubringen.

In welchem Bereich haben Sie bereits nachhaltige Erfolge erzielt?
Kühne: Eine Mitarbeiterschulung in Alzey ist dafür beispielgebend: So hielt ein ehrenamtlicher Mitarbeiter von Greenpeace einen anschaulichen Vortrag zum Thema Papierherstellung und der damit verbundenen Umweltzerstörung. Er plädierte für den 100 Prozentigen Einsatz von Recyclingpapier – ausschließlich Blauer Engel. Die Mitarbeiter wurden somit motiviert, wesentlich umsichtiger mit Papier umzugehen und z. B. vorzugsweise doppelseitig zu drucken. So konnten wir im selben Jahr einen Rückgang des Papierverbrauchs um etwa 15 Prozent verzeichnen.

Welche Leistungen bieten Sie konkret an?
Kühne: Dazu gehören etwa Leistungen im Bereich alternative Medizin wie Homöopathie, Osteopathie, Traditionelle Chinesische Medizin (TCM), die neben der klassischen Schulmedizin unsere Produktpalette schrittweise um Angebote natürlicher bzw. ganzheitlicher Behandlungsmethoden ergänzen. Dabei setzen wir auf die Eigenverantwortung der Versicherten und fördern deren Gesunderhaltung. Gesunde Lebensweise wird unter anderem mit einem Bonusgutschein für den Einkauf ökologisch orientierter Produkte belohnt. Auf diese Weise wird zugleich der biologische Landbau unterstützt. Als einzige gesetzliche Krankenkasse bieten wir auch die medikamentenfreie und somit sanfte Biofeedback-Behandlung bei Migräne und Spannungskopfschmerz im Rahmen eines Modellvorhabens an. Für gesetzlich Versicherte ist das bisher eine reine Privatleistung. Wir übernehmen

im Rahmen des Modellvorhabens pro Sitzung etwa dreiviertel der Kosten. Mit dem »Nestwärme – natürlich mehr«-Programm übernehmen wir die Kosten bei Geburten außerhalb einer Klinik wie Hausgeburten sowie die Rufbereitschaft der Hebamme. Zusätzliche Angebote wie Kostenzuschuss für PEKiP und auch Schwangerschaftskurse in alternativen Bereichen z. B. Yoga, Tai-Chi, QiGong beinhaltet das Programm ebenfalls.

Inwiefern werden Mitgliederwünsche und -anregungen berücksichtigt?
Kühne: Wir führen regelmäßig Mitgliederbefragungen durch: Hier werden Versicherte per Brief, vertraulich und anonym zu Themen wie Leistungsangebot, Mitgliederzeitschrift, Internetauftritt, Kundenzufriedenheit, Kundenservice, Bearbeitungszeit von Anträgen befragt. Die Auswertung findet in Zusammenarbeit mit dem BKK Landesverband Hessen statt. Hintergrund ist die optimale Ausrichtung des Kundenservices und der Mitgliederbindung. Darüber hinaus betreiben wir die systematische Auswertung von Anregungen bzw. Beschwerden.

Wie werden die Beziehungen zu lokalen Gruppen, Gremien und Vereinen gepflegt?
Kühne: Wir fördern beispielsweise eine Vielzahl von Selbsthilfegruppen. Die Schwerpunkte der Förderung liegen an den Standorten unserer Kundencenter – so wurde zum Beispiel die Selbsthilfegruppe Frauen nach Krebs in Oberkochen gefördert. Am Standort der Hauptverwaltung in Alzey ist die BKK im örtlichen Verkehrsverein vertreten und unterstützt die innerstädtische Entwicklung des Regionalzentrums Alzey.

Inwiefern setzt sich Ihr Nachhaltigkeitsansatz auch in der Vergabe von Preisen fort?
Pasternack: Im Zusammenhang mit dem demografischen Wandel am Arbeitsplatz gewinnen Gesundheits- und Nachhaltigkeitsaspekte zunehmend an Bedeutung. Gerade in Zeiten von Burnout und Überbelastung müssen Unternehmen ihr Augenmerk auf ein nachhaltiges Gesundheitsmanagement legen. Gesundheitsaktionismus im Rahmen betrieblicher Präventionsmaßnahmen greift hier zu kurz. Neue Ideen sind gefragt, mit denen Unternehmen die Gesundheit ihrer Mitarbeiter fördern und zugleich einen Beitrag für die Umwelt leisten. Mit der Auslobung des Alternativen Gesundheitspreises zeichnet die BKK advita Unternehmen aus, die ökologisch motivierte Lösungsansätze für eine nachhaltige betriebliche Gesundheitsförderung offerieren. Dabei werden wir vom Ministerium für Umwelt, Landwirtschaft, Ernährung, Weinbau und Forsten Rheinland-Pfalz unterstützt.

Weshalb ist es wichtig, dass Unternehmen und Organisationen gesundheitsbezogene Daten und Kennzahlen regelmäßig ermitteln, analysieren, bewerten und in Form eines betrieblichen Gesundheitsberichtes dokumentieren?
Pasternack: Gesundheitsberichte sind wichtig, damit zukünftige Maßnahmen immer auf den Status Quo abgestimmt werden können. Darüber hinaus können mit der Dokumentation Erfolge der eingesetzten Maßnahmen beurteilt werden. Hier gibt es Gesundheitszirkel, die z. B. bei Misserfolgen oder der Verschlechterung der körperlichen oder seelischen Verfassung mit den betroffenen Mitarbeitern reden und gemeinsam nach Verbesserungsmöglichkeiten suchen.

Nachhaltigkeit bedeutet für mich, menschengemachte schädliche Umweltveränderungen zu vermeiden, natürliche Ressourcen zu schonen und die Entwicklung unserer Gesellschaft und der Wirtschaftssysteme an deren Zukunftsfähigkeit zu orientieren.

Karin Pretzel

Karin Pretzel, Jahrgang 1959, Assistentin der Geschäftsleitung Werk der Firma HiPP, ist seit 2009 verantwortlich für die Nachhaltigkeitskommunikation des Babynahrungsherstellers. Als studierte Germanistin war sie lange Jahre journalistisch tätig und übernahm nach jeweils zwei Jahren Tätigkeit in Marktforschung und Wissenschaft, 1990 die Aufgabe als Persönliche Referentin der Präsidentin der Hochschule für bildende Künste, Hamburg. Ab 1997 baute sie dort eine Presse- und Öffentlichkeitsabteilung auf, deren Leitung sie bis 2008 innehatte. 1997 wurde sie auch Mitglied im VRdS (Verband der Redenschreiber deutscher Sprache). Mit den Zusatzqualifikationen als Arbeits- und Organisationspsychologin und Business-Coach, wechselte Karin Pretzel 2008 in das Unternehmen HiPP. In Zusammenarbeit mit zwei Kollegen des Nachhaltigkeitsteams und mit vielen engagierten Kolleginnen und Kollegen aus den unterschiedlichen Unternehmensbereichen, setzt sie sich dafür ein, dass die vielfältigen Maßnahmen des Babynahrungsherstellers intern und extern kommuniziert werden, betreut diverse Nachhaltigkeits-Projekte von HiPP und vertritt das Unternehmen in Nachhaltigkeitsinitiativen. Die größte Bestätigung für Alle war im Jahr 2012 die Nominierung von HiPP unter die TOP 3 nachhaltigsten Unternehmen für den »Deutschen Nachhaltigkeitspreis«.

Tue »Grünes« und sprich darüber

Nachhaltigkeitskommunikation von Unternehmen

Fast zeitgleich mit der verstärkten Diskussion um »Nachhaltigkeit« hat der Markt die strategischen Konsumenten entdeckt, – die LOHAS (Lifestyles of Health and Sustainability), die Karma Konsumenten, die Bionade-Bohème oder wie immer diejenigen beschlagwortet werden, die sich von etwas anderem leiten lassen wollen und können als dem »geilen Geiz«. Ihnen allen ist jedenfalls gemein, dass sie in vielen kleinen Schritten, durch bewussten Konsum auf die Wirtschaft einwirken möchten und bereit sind, für umwelt- und sozialverträglichere Produkte oder Dienstleistungen einen Aufpreis zu bezahlen.

Auch, wenn Nachhaltigkeit heutzutage in aller Munde ist: das (Kauf-)Verhalten und die Werte dieser Zielgruppe mag so manche Marketingabteilung in die kollektive Verzweiflung treiben. Denn diese kommuniziert in vielen Foren, ist gut vernetzt in der »Internetcommunity« und zeigt hohe Boykottbereitschaft.

Im Zeichen der Nachhaltigkeit hat der sogenannte Paradigmenwechsel auch die Unternehmen erreicht. Neue Menetekel machen sich auf den Flipcharts breit: Cause related Marketing, CSR, Social Media 2.0, lauten z. B. die Begriffe, die die Mitarbeiter nun mit Leben erfüllen sollen. Aber kann mit den Mitteln des Marketings das Nachhaltigkeitsleitbild eines Unternehmens authentisch dargestellt werden? Nachhaltigkeitskommunikation und Marketing sind zwei Paar Schuhe. Das klassische Marketing lebt von der maximalen Verdichtung: die Botschaft in der Werbung muss schnell zu erfassen sein, eine hohe symbolische Performance haben und ein weitestgehendes Versprechen aufscheinen lassen. Schon viele Unternehmen haben an Glaubwürdigkeit eingebüßt und wurden des »Greenwashings« bezichtigt, die im Zusammenhang mit Nachhaltigkeit auf reine Werbeslogans gesetzt haben.

Denn die bewussten Verbraucher orientieren sich immer mehr an neuen Werten. Die Bedürfnisse der Menschen richten sich aus auf eine Umkehr schädlicher Lebens- und Verhaltensweisen, hin zu Beständigkeit, Gesundheit, Stressfreiheit und Entschleunigung. Dies alles mündet in eine verstärkte Nachfrage von wirtschaftlich, gesundheitlich und ökologisch sinnvollen Produkten und Dienstleistungen. Dabei hat der »neue Konsument« nichts am Hut mit den »alten Ökos«. Er beschäftigt sich mit den Folgeabschätzungen seines Tuns, ohne technologiefeindlich oder asketisch zu sein. Im Gegenteil, in der Hinwendung zu Nachhaltigkeit, Gesundheit und Lebensfreude, versucht der bewusste Verbraucher heute zwar die Auswirkungen seines Konsums möglichst gering zu halten, aber er möchte über nachhaltige Produkte auch Einfluss nehmen und seine Umwelt mitgestalten – wenn nicht gar verändern.

Im »KarmaKonsum LOHAS-Manifest von 2007« lautet das so: »Wir (...) sind kritisch den

Unternehmen gegenüber, die ihre Verantwortung gegenüber Mensch und Natur nicht ernst nehmen. Diese Unternehmen boykottieren wir. Deren leere Marketingbotschaften kommen bei uns nicht an (...) Wir fördern und kaufen gerne bei Unternehmen, die wertvolle, langlebige und nachhaltige Produkte anbieten. Fairer Handel ist wichtig (...). Dafür zahlen wir auch gerne etwas mehr – denn wir haben wenige Bedürfnisse nach materiellen Luxusartikeln. Unser Luxus heißt Zeit.«

Auch, wenn es sich vielleicht noch um die »happy few« handelt, die es sich leisten können, was hier an die Adresse der Unternehmen gesendet wird, unterschreiben immer mehr Verbraucher. Es ist die Erwartung an eine hohe Qualität der Produkte oder Dienstleistungen, an die Wahrnehmung sozialer Verantwortung und den ressourcenschonenden Umgang mit der Umwelt. Damit bleibt die Frage, wie die komplexen Themen Umweltschutz, Biologische Vielfalt, oder soziale Verantwortung im Dialog mit den Verbrauchern vermittelt werden können?

Glaubwürdigkeit von Unternehmen in der Nachhaltigkeitskommunikation kann jedenfalls nicht durch Marketingstrategien erreicht werden. Diese Kommunikation muss langfristig angelegt sein und auch schwierige Zusammenhänge so darstellen, dass die Verbraucher sich »einen Reim« darauf machen können. Offenheit ist dafür notwendig und auch ein hohes Maß an Lern- und Kritikfähigkeit. Um Nachhaltigkeitsmaßnahmen erfolgreich zu kommunizieren, müssen viele verschiedene Wege und Medien genutzt werden. Schließlich sollen möglichst viele Anspruchsgruppen erreicht und in einen Dialog einbezogen werden. Nachhaltige Angebote müssen nicht nur relevanter und attraktiver sein als konventionelle Alternativen, sondern auch einen Mehrwert an Sinn darstellen. Verbraucher möchten darauf vertrauen können, dass ein Unternehmen sich auf die Schaffung dieses Mehrwerts als Investition in die Zukunft verpflichtet.

Deshalb ist es für die Firmen wichtig, ein systematisches Nachhaltigkeitsmanagement zu betreiben. Die Basis dafür liegt im Unternehmen selbst, bei den Mitarbeitern und vor allem in der Unternehmenskultur, die ihre Haltung prägt. Das Nachhaltigkeitsmanagement beginnt mit der internen Vernetzung, denn es gilt der Grundsatz: erst wird gehandelt, dann geredet.

Bei HiPP gab es für dieses Vorgehen gute Voraussetzungen, weil es keines grundsätzlichen Kulturwandels bedurfte. Durch die jahrzehntelange Befassung mit Bio-Babynahrung sowie ein fundiertes Umweltmanagement, war die Basis bereits gelegt. Claus Hipp hat als vorausschauender Unternehmer, das Thema Nachhaltigkeit schon früh zu einem Unternehmensziel erklärt. Ein eigener Stabsbereich unter der Leitung eines Nachhaltigkeitsbeauftragten (zugleich Mitglied der Geschäftsführung) betreibt engagiert die Umsetzung und Weiterentwicklung. Um ein tragendes Fundament im Unternehmen zu legen, werden alle Unternehmensbereiche aktiv in einen laufenden Entwicklungsprozess einbezogen. Jeder Bereich hat einen Nachhaltigkeitsverantwortlichen benannt und im stetigen Dialog werden Maßnahmen und Ziele vereinbart, Projekte vorangetrieben. Dabei geht es immer wieder auch um die Verständigung darüber, was Nachhaltigkeit allgemein und im Einzelfall eigentlich bedeutet. So kontrovers diese Debatten geführt werden, in einem sind sich alle einig: Zur Nachhaltigkeit gibt es keine Alternative!

Nachhaltigkeit heißt für mich,
das permanente und gleichgewichtige
Verbessern aller Prozesse und
Parameter in den Bereichen
Ökologie, Ökonomie und Sozialem.

Michael Radau

Michael Radau, Vorstandsvorsitzender der SuperBioMarkt AG, ist seit fast 30 Jahren im Naturkosteinzelhandel aktiv. 1983 begann alles in der Münsterschen »Kornblume«, die er 1985 übernahm. Er erkannte frühzeitig die Bedürfnisse der Kunden abseits des klassischen Bioladenklischees: Er entwickelte 1993 das Konzept des SuperBioMarkt als Vollsortimenter und eröffnete den ersten SuperBioMarkt in Münster. Dieses Konzept wird seitdem konsequent weiterentwickelt: Schnell folgten die ersten Filialen und inzwischen beschäftigt die SuperBioMarkt AG im Jahr 2012 über 480 Mitarbeiter an 17 Standorten in Nordrhein-Westfalen und Niedersachsen. Zusätzlich betätigt sich Radau ehrenamtlich als Vizepräsident des Handelsverbands NRW, Vorsitzender des Einzelhandelsverbands Westfalen-Münsterland und als Vorsitzender des Handelsausschusses der IHK Nord Westfalen.
Weiterführende Informationen: www.superbiomarkt.com.

Nachhaltige Wertschöpfung im Bio-Bereich

Woran spüren Sie, dass der (selbst-)bewusste und informierte Kunde heute wahrhaftige Produkte mit einer Geschichte und einer transparenten Wertschöpfungskette erwartet?
Zunächst einmal natürlich am stetigen Umsatzzuwachs. Wenn es gelingt, über viele Jahre Wachstum, meistens sogar im zweistelligen Prozentbereich zu erzielen, muss die Erwartungshaltung der Kunden mit unserem Produkt- und Serviceangebot korrespondieren. Insbesondere wenn man nicht über extreme Marketingbudgets verfügt. Und wir merken es an der Kommunikationsqualität. Viele Kunden fragen heute einfach mehr Hintergrund ab und wollen ernsthaft etwas über Erzeugung, Inhaltsstoffe und Herkunft der Produkte erfahren.

In der Studie »Ladenbau zwischen Green Design und Fairem Handel« (EHI Retail Institute, 2009) wurden Handel und Industrie zu Aspekten der Nachhaltigkeit bei der Ladenplanung und -einrichtung befragt. 70 Prozent gaben an, schon bei der Entwurfs- bzw. Vorplanung auf materialsparende Store-Konzepte zu achten. Auch gaben befragte Handelsunternehmen an, von ihren Lieferanten Nachweise über Herkunft und Herstellung der Materialien zu erfragen. Wie wird dies bei Ihnen konkret gelebt?
Hier orientiert sich der Nachhaltigkeitsgedanke für mich zunächst nicht an der Materialersparnis, sondern am Material selber. Wir setzen schwerpunktmäßig Materialien wie Holz, Glas und Metall ein. Damit ist in der Regel auch eine Recyclingmöglichkeit gegeben, wenn eines Tages die Elemente erneuert werden müssen. Ganz vorn versuchen wir allerdings in Technikfragen zu sein. LED Beleuchtung und neue, hocheffiziente Kühltechnik, inklusive Glastüren vor den Kühlelementen sind bei uns im Einsatz. Dabei sind wir ein lernendes Unternehmen, das sich weiterentwickeln möchte und dazu investitionsbereit ist. Auf diesem Weg begleiten uns viele Zulieferer schon langjährig.

Warum dürfen Sie nicht nur mit Ihren Kunden »rechnen«, sondern müssen sie auch verstehen?
Zunächst »rechnen« wir nie mit einem Kunden, denn er ist im Positiven wie im Negativen »unberechenbar«. Wir versuchen schon unsere Kunden zu verstehen, herauszubekommen was ihnen wirklich wichtig ist, was ihre Kaufentscheidung beeinflusst. Dabei bin ich mir im Klaren, dass dies oft eine rückwärtsgewandte Information ist. Deshalb bin ich auch ein Freund davon, dem Kunden ein überzeugendes Angebot zu machen, vielleicht auch mit Produkten, Leistungen und Aktivitäten, die für ihn neu und überraschend sind.

Was ist der Unterschied zwischen einem Biosupermarkt und einem Bioladen?
Als ich 1993 das Konzept SuperBioMarkt ent-

wickelt habe, gab es beide Begriffe »Biosupermarkt« oder »Superbiomarkt« noch nicht. Mir war klar, dass unser neues Konzept sich deutlich von den bestehenden Bioläden differenzieren sollte. Gleichzeitig wollte ich eine Verkaufsstätte entwickeln, die in ihrer Grundform den meisten Kunden bekannt war, eben einen Supermarkt. Unterscheiden sollte er sich in den Bereichen Produktqualität und -vielfalt, der Aufenthaltsqualität und der Serviceleistungen und er sollte unbedingt wahrnehmbar in der Mitarbeiterqualität sein. Sicherlich gibt es heute auch Bioläden, die über einen Teil dieser Eigenschaften verfügen, aber in der Regel eben nicht in allen Bereichen gleich stark sind. Deutlich wird der Unterschied auch im Sortiment. Ein guter Biosupermarkt verfügt über attraktive Bedientheken in den Bereichen Brot und Backwaren, Käse und vor allem Wurst und Frischfleisch oder sogar Frischfisch. Dazu runden hervorragende Abteilungen für Wein und Naturkosmetik das Bild ab. So ist dann der SuperBioMarkt entstanden. Ein Supermarkt mit »Bio« drin. Und das konsequent und für den Kunden verlässlich und transparent.

Weshalb sind Bioprodukte in der Regel wesentlich teurer als Vergleichbares aus dem Supermarkt?

Sind sie wirklich wesentlich teurer, wirklich vergleichbar? Der Wert von Lebensmitteln äußert sich nicht nur im Preis, in Euro, sondern in der gesamten Wertschöpfungskette. Haben Erzeuger und Produzenten einen auskömmlichen Ertrag erzielen können? Sind faire Arbeitsbedingungen und Löhne auf allen Stufen ermöglicht worden und sind die Kosten, die diese Wertschöpfungskette bis zum Verbrauch mit sich bringt, tatsächlich alle in den Preis eingeflossen?

Mindestens genauso wichtig ist aber der Aspekt der Priorität. Wenn ich ein Produkt oder eine Dienstleistung wirklich haben möchte, wenn mir die Rahmenbedingungen wichtig sind, dann spielt der Preis oft eine untergeordnete Rolle. Das gilt natürlich auch, wenn es sich um ein imagebildendes Produkt oder Statussymbol handelt. Deshalb sollten Bioprodukte auch immer eine Geschichte erzählen, sollten mit Hintergründen und positiven Produkteigenschaften aufwarten können. Dann tritt der Preis leichter in den Hintergrund. Wenn es keine Differenzierungen oder nur die Bezeichnung »Bio« gibt, tritt automatisch der Preis in eine kaufentscheidendere Position.

Was macht ein gutes Bioprodukt aus?

Eine transparente Erzeugung bzw. Herstellung, beste Rohstoffqualität und eine schonende, werterhaltende Verarbeitung. Wo möglich, sollte es kurze Transportwege geben, und der Handel sollte im Rahmen einer möglichen, fachkundigen Beratung erfolgen. Der Anbau sollte nach den Richtlinien der anerkannten Anbauverbände erfolgen. Nicht zuletzt ist ein gutes Bioprodukt ein sinnmachendes, gesundheitsförderndes und geschmackvolles Produkt.

Welche Aspekte begrenzen Ihrer Meinung nach die Nachfrage nach Bio? Die falschen Kaufentscheidungen?

Als Kunden sind wir alle ein Stück bequem. Wir haben wenig freie Zeit und möchte die notwendigen Besorgungen schnell und einfach machen können. Also ist der Bereich der Verfügbarkeit ein erster wichtiger Punkt. Aber auch das Vertrauen, das die Kunden der Verkaufsstelle und dem Personal entgegen bringen, ist wichtig. Wenn dieses

Vertrauen nicht aufgebaut und gestärkt wird oder sogar nicht vorhanden ist, sinkt die Bereitschaft sich für ein Bioprodukt zu entscheiden. Sicherlich ist auch die Attraktivität der Verkaufsstelle und die Freundlichkeit und Kompetenz der Mitarbeiter entscheidend. Wenn diese Kundenerwartung nicht erfüllt wird, werden Bioprodukte deutlich weniger gekauft. Aber natürlich spielt auch die Unwissenheit der Kunden über die Hintergründe der Produkte eine Rolle. Hier müsste, beginnend an Schulen und im Kindergarten, eine unabhängige Information über Lebensmittel und Ernährung und stattfinden.

Wie beurteilen Sie die derzeitige Marktentwicklung im Bio-Bereich?
Grundsätzlich sehr positiv! Biolebensmittel finden immer mehr Zustimmung in der Bevölkerung. Immer mehr Menschen erkennen die Vorteile ökologischer Lebensmittel für sich und die Umwelt. Viele ältere Menschen freuen sich, wieder geschmacklich hochwertige Produkte zu finden und suchen auch den persönlichen Kontakt zu den Mitarbeitern. Was mich aber besonders freut, ist das Interesse gerade junger Menschen an der Herkunft und den Rahmenbedingungen unter denen Lebensmittel und auch Textilien hergestellt werden. Hier liegt eine große Chance für die Zukunft.

Aber es gibt auch bedenkliche Entwicklungen. So beginnen einige Filialisten auch im Biobereich einen Verdrängungswettbewerb, ohne dass es dafür einen sinnvollen Grund gibt. Des Weiteren hat ein Preiswettbewerb eingesetzt, der unter Umständen die gleichen negativen Auswirkungen hat wie im konventionellen Lebensmittelhandel. Es gilt leider mittlerweile auch im Biobereich der Grundsatz, dass es nichts gibt, was man nicht ein bisschen billiger und ein bisschen schlechter machen kann. Hier hoffe ich aber, dass der Kunde die ganzheitliche Leistung des Biofachhandels erkennt, wertschätzt und einfordert. Billige Bioprodukte sind nicht der richtige Ansatz.

Sie haben es sich zur Aufgabe gemacht, Menschen zu vermitteln, dass der Biohandel eine exzellente Qualität anbietet. Wie kommunizieren Sie konkret, dass es sich lohnt, dafür Geld auszugeben?
Zuallererst muss man diese Qualität erleben, schmecken und fühlen. Deshalb veranstalten wir regelmäßig in unseren Märkten Probieraktionen, bei denen unsere »Genussbotschafter« Produkte zubereiten, vorstellen und Hintergründe vermitteln. Besondere Highlights sind unsere Genießerabende. An diesen Abenden laden wir nach Geschäftsschluss Kunden und Multiplikatoren in die Märkte ein und zaubern gemeinsam mit Herstellern und Produzenten Köstlichkeiten aus unseren Bioprodukten. Begleitet von Livemusik und einer kleinen Kunstausstellung lässt sich wunderbar über die Vorzüge von Bioprodukten reden.

Daneben bringen wir die Geschichte und Hintergründe unserer Lieferanten über eine Kundenzeitung, die wir im Umfeld unserer Märkte verteilen lassen, an die (potenziellen) Kunden. Homepage und ein geplanter Facebookauftritt bzw. Blog sollen besonders onlineaffine Kunden erreichen. Unterstützt wird dies alles durch viele öffentliche Auftritte und Veranstaltungen, an der meine Mitarbeiter und ich teilnehmen, um Bio in der Gesellschaft ein bisschen normaler zu machen.

Dazu gehört auch mein ehrenamtliches Engagement als Vizepräsident des Handelsverbands NRW sowie weiterer Ausschüsse (IHK etc.).

Wie gelingt es Ihnen, dass zufriedene Verkäuferinnen und Verkäufer, Lieferanten und andere Anspruchsgruppen die guten Botschaften weitertransportieren?

Wenn ein Unternehmen wächst und seine Mitarbeiter auf diesem Weg mitnehmen möchte, setzt dies ein intensives Schulungsprogramm für alle Mitarbeiter voraus. Gleichzeitig muss in regelmäßigen Abständen der Wertekonsens abgeglichen werden. Das Wichtigste ist aber wahrscheinlich allen Führungskräften klarzumachen, dass die Wertschätzung ihrer Mitarbeiter und deren Arbeitsleistung immer wieder deutlich zum Ausdruck gebracht werden muss. Für mich gilt dabei, dass jemand nur lächeln kann, wenn er ab und zu auch etwas zu lachen hat. So motivieren wir unsere Mitarbeiter immer wieder mit Besuchen bei Herstellern, guten warenkundlichen Schulungen und anderen Firmen- bzw. Filialveranstaltungen und zeigen, warum wir »Bio« leben wollen und dabei Spaß haben können. Mit unseren Lieferanten leben wir ein partnerschaftliches, vertrauensvolles und verlässliches Verhältnis. Dies ist, in unserer oft wenig kooperativen Wirtschaftswelt, für mich ein wichtiges Signal mit hoffentlich Vorbildcharakter.

Inwiefern ist dies mit Ihrer eigenen Lebenseinstellung verbunden?

Wenn ich all diese Gedanken und Werte nicht selber leben würde, könnte ich niemals authentisch auftreten. Dabei möchte ich nicht sektiererisch sein und den erhobenen Zeigefinger permanent vor mir hertragen. Aber ich bin zutiefst von der Richtigkeit und Sinnhaftigkeit unseres Tuns überzeugt und ich denke, dass die Menschen dies auch merken und schätzen.

Beim Einkaufen entscheiden nicht nur Bedarf, Preis, Marke und Qualität, sondern auch Aufmachung und Präsentation eines Produkts. Weshalb ist Ihnen Präsentationsqualität sehr wichtig? Und wie wirken Sie dem »emotionalen Loch« entgegen, das vielfach am Point of Sale entsteht?

Einkaufen von Lebensmitteln ist für die meisten Menschen immer noch mehr Last als Lust. Dies gilt für viele Kunden und vielleicht noch mehr Kundinnen nicht beim Einkauf von Schuhen und Kleidung. Wenn es also gelingt, ein bisschen dieser Freude auch auf den Einkauf von Biolebensmitteln zu übertragen, haben wir einen großen Schritt gemacht. Dazu gehört in jedem Fall auch, eine schöne, attraktive Verkaufsstelle zu schaffen. Übersichtlichkeit ist mir dabei besonders wichtig. Und wirklich attraktive Bedientheken. Hier ist eines der Felder, wo der Biohandel noch einiges vom Lebensmitteleinzelhandel lernen kann.

Was zeichnet Ihre Handschrift symbolisch aus? Welche Botschaft soll sie auf diesem Planeten hinterlassen?

Die Wertigkeit von ökologischen Lebensmitteln im Rahmen einer nachhaltigen Lebensweise ist in der Gesellschaft zu wenig verankert. Wenn es mir gelingt, das Bewusstsein für diese Wertigkeit ein Stück weit zu fördern, habe ich eine wichtige Botschaft hinterlassen. Es ist noch ein weiter Weg, aber es ist der richtige!

Links: Peter Ristic

Nachhaltigkeit heißt für mich, dass unsere Kinder und Enkelkinder dieselben natürlichen Gegebenheiten vorfinden, wie Generationen vor ihnen.

Peter Ristic

Peter Ristic, Jahrgang 1954, stieg 1977 ins elterliche Unternehmen ein, das 1961 in Nürnberg gegründet wurde und seit 1986 in Oberferrieden ansässig ist. Die Ristic AG ist heute ein weltweit führender Anbieter bei der Produktion und Vermarktung von Meeresfrüchten. Neben der Prime Catch Seafood GmbH im fränkischen Oberferrieden gehört auch die Rainbow Export Processing SA in Puntarenas/Costa Rica zur Unternehmensgruppe. Als einziger Hersteller in Deutschland bietet Ristic vom Institut für Marktökologie (IMO) und von Naturland ökologisch zertifizierte Zucht-Garnelen auf dem europäischen Markt an. Ristic hält damit eine Ausnahmeposition unter den Importeuren von rohen Garnelen. Das Unternehmen steuert vom fränkischen Firmensitz in Oberferrieden aus die weltweiten Import-, Vertriebs- und Service-Aktivitäten. Ristic beschäftigt insgesamt rund 250 feste Mitarbeiter und erzielt einen Umsatz von rund 50 Millionen Euro. Für sein Engagement wurde Peter Ristic 2010 vom Deutschen Netzwerk Wirtschaftsethik (DNWE) mit dem Preis für Unternehmensethik ausgezeichnet. Peter Ristic ist verheiratet und hat drei Kinder. Weiterführende Informationen: www.ristic.com

Genuss mit gutem Gewissen

Wofür steht Ihr Unternehmensslogan?
Er gibt vor allem den Kunden Orientierung und vermittelt sozusagen zwischen der Marke Ristic und dem Verbraucher, bringt die Kompetenz unseres Unternehmens und die Werte unserer Marke kompakt auf den Punkt. Unsere Kernbotschaft »Genuss mit gutem Gewissen« beschreibt aber auch die positiven Effekte, die durch unsere nachhaltige Wirtschaftsweise erreicht werden: Dank unserer Nachhaltigkeitsbestrebungen können sich die Fischer heute darauf verlassen, dass ihr Fang ein zuverlässiges Einkommen generieren wird. Unsere Meeresfrüchte können bis zu ihrem Ursprung – vom Fischer zum Verbraucher – zurückverfolgt werden. Gefragt sind nachvollziehbare Unternehmensaktivitäten in der gesamten Wertschöpfungs- und Lieferkette. Nachhaltiger Wildfang ist uns dabei genauso wichtig wie die anerkannt biologische Aufzucht nach Naturland-Richtlinien. Mit dieser Philosophie haben wir uns vom reinen Importeur zum weltweit agierenden Seafood-Spezialisten entwickelt. All das kommt in unserem Slogan zum Ausdruck.

Was sind kaufentscheidende Kriterien für die Wahl einer Marke wie Ristic?
Es ist vor allem die Qualität, aber auch das positive Image des Unternehmens. Wer Ristic-Produkte kauft, tut dies mit gutem Gewissen. Die Konsumenten identifizieren sich mit dieser Marke, deren Bedeutung an der Schnittstelle von sozialem und ökologischem Bewusstsein entsteht. Ethisches Handeln ist für uns die Voraussetzung für die Vermittlung unserer zentralen Markenbotschaft, die den zunehmenden Kundenerwartungen an eine verantwortungsvolle und transparente Wirtschaftsweise gerecht wird. Wesentliche Grundlage für den Unternehmenserfolg ist die Strahlkraft der eigenen Marke, die sich durch Substanz, Inhalt, Unverwechselbarkeit und eine scharfe Profilierung auszeichnet.

Können Aktionen dazu beitragen, nachhaltige Markenprodukte zu stärken?
Aktionen, die dazu dienen, eine Marke erlebbar zu machen und Quellen für neue Ideen und Verbesserungsvorschläge sind, reichen allein nicht aus – auch die Politik hat hier einen deutlichen Nachholbedarf, weil sie von aufgeklärten und informierten Verbrauchern spricht. Sie muss Instrumente finden, wie sie dazu gebracht werden, sich im Alltag stärker an Qualitäts- und Nachhaltigkeitskriterien auszurichten. Es gibt zudem eine Vielzahl von Beispielen, wie sich das Kaufverhalten durch die Gestaltung von Entscheidungen lenken lässt – z. B. durch bessere Positionierung bzw. Umplatzierung, die eine strategische Aufgabe der Mitarbeiter vor Ort ist. Ristic investierte auch in eine neue Verpackungsanlage – die sogenannte 3-D-Technik, die Kunden schon bei der Auswahl

im Supermarkt begeistert und den Appetit anregt, da sie das Produkt direkt in der Verpackung sehen können. Ein schöner Nebeneffekt ist, dass man sich dadurch von den Produkten der Konkurrenz optisch abhebt. Unsere hochflexible Anlage ermöglicht individuelle Verpackungen nach Maß ohne Umrüstzeiten.

Was macht für Sie ein nachhaltiges Produkt aus?
Es definiert sich über Herstellungsverfahren, Sortenauswahl, Transparenz der Inhaltsstoffe und über den Geschmack.

Existieren unternehmensweite Standards bzw. Richtlinien für die Produktsicherheit?
Die Firma Ristic und die Tochter PCS sind seit 2004 nach dem Internationalen Food Standard zertifiziert. Das letzte Audit wurde 2012 durchgeführt, und wir haben wieder das Higher Level erreicht.

Was bedeutet nachhaltige Aquakultur für Ristic?
Bereits seit Jahren setzen wir uns für eine nachhaltige und artgerechte Garnelenproduktion ein, bei der Krankheiten, Überfütterung und der Einsatz von Antibiotika und anderen Chemikalien ausgeschlossen werden. Unsere Garnelen kommen aus Aquakulturen mit ökologischer Ausrichtung. Hier werden die Tiere, die später als Ristic Bio-Garnelen verkauft werden, artgerecht gehalten. Ihr Lebensraum sind großflächige Teiche, in denen genügend Algen und Plankton wachsen, sodass kaum zugefüttert werden muss. Zudem erhalten sie ausschließlich Biofutter. Dadurch wird sichergestellt, dass sich im Futter keine gentechnischen Veränderungen befinden und weder Chemikalien noch Antibiotika an die Tiere verfüttert werden.

Die Ristic AG ist derzeit das einzige Unternehmen in Deutschland, das durch das Institut für Marktökologie (IMO) und Naturland ökologisch zertifizierte Zucht-Garnelen (»Bio-Garnelen«) aus Ecuador auf dem europäischen Markt anbietet. Ihre Garnelen aus Costa Rica tragen das EU-Zertifikat für Bioprodukte und gehören zu den ersten, die nach den EU-Biorichtlinien ausgezeichnet wurden. Sie erfüllen zudem die Naturland-Voraussetzungen. Was bedeutet das konkret?
Naturland-Siegel werden für Lebensmittel aus ökologischer Landwirtschaft und Aquakultur sowie auch für Produkte aus ökologischer Waldnutzung, Textilherstellung und Kosmetik vergeben. Das Management und Personal unserer Farmen ist sehr gut ausgebildet und setzt die Regelungen entsprechend um. Seit Mitte der 90er Jahre hat Naturland Richtlinien für die anerkannt ökologische Aquakultur entwickelt und ist weltweit federführend auf diesem Gebiet. Zu den strengen Richtlinien gehören z. B. die sorgfältige Standortwahl, Schutz von Gewässern und umliegenden Ökosystemen, niedrige Besatzdichten und artgerechte Haltung, zertifiziertes Öko-Futter, Verzicht auf Gentechnik und chemische Zusätze, keine Wachstumsförderer oder Hormone und hohe Sozialstandards.

Gilt das auch für die Verarbeitung?
Selbstverständlich geht auch hier Naturland keine Kompromisse ein: So wird die Verarbeitungskette lückenlos kontrolliert, auch werden ausschließlich zertifizierte Öko-Zutaten verwendet sowie auf Phosphat, Sulfit und Zusatzstoffe verzichtet. Das entspricht unserem Verständnis einer nachhaltigen Wertschöpfungskette.

Naturland hat die Abholzung der wertvollen Ökosysteme für die Errichtung von Teichen zur Shrimpszucht verboten und verlangt die Wiederaufforstung dieser sensiblen Gebiete. Die Erhaltung der Mangrovenwälder ist auch ein wichtiges persönliches Anliegen von Ihnen. Was wurde bisher konkret getan?

Bisher wurden fast 20.000 Mangroven zur Aufforstung der zum Beispiel durch exzessive Aquakultur zerstörten Küstengebiete eingepflanzt. Zudem finanzieren wir eine eigene Aufwuchsstation für Mangrovenpflanzen, die kontinuierlich ausgesetzt werden und so zukünftig ihren Beitrag zum Klimaschutz leisten sollen.

Wie wird Ihr nachhaltiges Engagement von außen wahrgenommen?

Stiftung Warentest attestierte bereits 2006, dass die Bio-Garnelen von Ristic zwar etwas teuer, aber »gut« sind und sich das Unternehmen durch ein hohes Umweltbewusstsein und soziale Verantwortung gegenüber Mitarbeitern auszeichnet. So entstand ebenfalls 2006 eine für Mittelamerika einzigartige, nach europäischen Richtlinien geplante Produktionsanlage. Dank der neuen Verarbeitungsfabrik »The Rainbow Export SA« konnte die Weiterverarbeitung der Garnelen an Land den hohen Qualitätsvorstellungen unseres Unternehmens angepasst werden. Gleichzeitig wurden so rund 400 Arbeitsplätze in der wirtschaftlich sehr schwachen Region geschaffen. Regelmäßig besuchen unsere Mitarbeiter die Lieferländer und überprüfen die nach den strengen EU-Richtlinien vorgegebenen Standards. Das anhaltende Interesse der Medien an diesen Themen und die positive Berichterstattung bestärken uns in unserem Engagement, und sie zeigen, dass Nachhaltigkeit kein leerer Begriff ist, solange wir glaubwürdig und transparent wirtschaften.

Wo sehen Sie das Potenzial von Ristic, wenn es um die Alleinstellung im Markt und Differenzierung gegenüber dem Wettbewerb geht?

Wenn sich vieles in der kurzlebigen Zeit ändert, so bleibt zumindest eines gleich: die Marke Ristic und die damit verbundenen Werte, die langfristig nur von unseren Mitarbeitern gelebt werden, die sich als Teil dieser Werte empfinden und dies in ihrer täglichen Arbeit auch erleben. Die »Ristic Values« bilden die Kernwerte des gesamten Unternehmens. Sie stellen den Kunden in den Mittelpunkt, stärken das wirtschaftliche Wachstum, fördern das soziale und ökologische Engagement, stehen für Qualität und Nachhaltigkeit und stehen vor allem in der Tradition eines offenen Familienunternehmens. Weltweit beschaffen und vermarkten wir feine und nachhaltige Meeresfrüchte. Das ist am großen Volumen zu erkennen, am Markterfolg, vor allem aber an der hervorragenden Akzeptanz unserer Produkte, auch in der Handelsmarke. Im Gegensatz zu Großunternehmen haben sympathische und inhabergeführte Mittelständler ein Gesicht, das wie eine glaubwürdige Marke Orientierung gibt und Vertrauen schafft. Wenn ein Unternehmensinhaber seine Tätigkeit nicht nur als Job versteht, sondern auch als Lebensaufgabe, überträgt sich das auch auf die Belegschaft. Erst wenn vorgelebt wird, mit ganzem Herzen bei der Sache zu sein, wird aus dem Beruf auch die eigene Berufung. Dass die Führungskräfte in allem Vorbild sind, selbst mit anpacken und sich keiner Arbeit zu schade sind, versteht sich dabei von selbst.

Die mit Ristic verbundenen Werte können langfristig nur von Mitarbeitern gelebt werden, die sich als Teil dieser Werte empfinden und dies in ihrer täglichen Zusammenarbeit auch erleben. Wie gehen Sie mit den aktuellen Herausforderungen des Marktes um? Worauf kommt es heute an? Nachhaltiges Wirtschaften wird immer mehr zum Erfolgsfaktor – es kommt darauf an, Wertschöpfung und Innovation im Kerngeschäft zu verankern. Das ist ein entscheidender Wettbewerbsvorteil, der auch den Geschäftserfolg langfristig sichert. In einer globalen Wirtschaft stehen Unternehmen zunehmend unter kritischer Beobachtung. Mehr denn je müssen sie sich mit der Kritik externer Beobachter auseinandersetzen. Gesellschaftliche Verantwortung ist zum entscheidenden Prüfstein für die Reputation von Unternehmen geworden. Keines, das als unverantwortlicher Arbeitgeber gilt, wird dauerhaft die Kunden halten können. Kein Unternehmen, das mit seinem Handeln die Umwelt schädigt, kommt ohne Umsatzeinbußen davon. Wir stehen für nachhaltiges Wirtschaften. Dafür bürgen die Ristic-Qualität sowie zahlreiche Zertifizierungen und Auszeichnungen. Mit unseren Qualitätskriterien gehen wir weit über gesetzliche Vorschriften hinaus und liegen auch weit über den Ansprüchen, die Zertifizierungen stellen.

Wohin soll sich Ristic bewegen, und wie wollen Sie wahrgenommen werden?
Wir wollen ein Branchenmotor für Nachhaltigkeit sein und einen verantwortungsvollen Beitrag leisten, damit die Meere nicht leergefischt werden. Unser Handeln ist zudem darauf ausgerichtet, vielen benachteiligten Menschen in ärmeren Regionen Hilfe zur Selbsthilfe zu geben. Soziales und ökologisches Handeln ist deshalb ein wichtiger Bestandteil unserer Unternehmensphilosophie, die auch den Verbraucher direkt erreichen soll. Der Kern unserer nachhaltigen Marke muss allerdings noch sichtbarer werden und allgemein so präsent sein, dass im Handel nach Produkten dieser Marke verstärkt nachgefragt wird. Da unser Kommunikations- und Marketingverständnis von innen nach außen geht und eher evolutionär geprägt ist, ist dies ein stetiger Prozess, der Zeit braucht. Aber es ist der ehrlichere Weg, als »Kommunikationspakete« von Agenturen einzukaufen. Weshalb sollten Unternehmer auch verstärkt die Öffentlichkeit suchen und ihre Geschäftsphilosophie kommunizieren?

Das Vertrauen der Bevölkerung in Politik und Wirtschaft ist in den vergangenen Jahren rapide gesunken. Menschen wollen und brauchen Vorbilder, an denen sie sich orientieren können. Deshalb sollten sich engagierte Unternehmer immer wieder Gedanken machen, wie ihre Botschaften nicht nur konsequent gelebt, sondern auch einer breiten Öffentlichkeit positiv vermittelt werden können. Wir zeigen deshalb Gesicht und stehen mit dem Namen Ristic seit mehr als 50 Jahren für unsere Werte.

Nachhaltigkeit heißt für mich, das Einfache (Wieder-) entdecken, Innovationen sinnvoll einzusetzen und anzupacken, statt sich immer auf andere zu verlassen.

Jürgen Rösemeier-Buhmann

Jürgen Rösemeier-Buhmann, Jahrgang 1970, arbeitet nach seinem Studium der Anglistik, Medienwissenschaften und Soziologie in Mannheim seit vielen Jahren als freier Journalist und Autor, als Werbetexter und Marketing-/PR-Berater für Kleinunternehmen. Seit 2011 schreibt er Beiträge für unterschiedliche Themenbereiche für das Internetportal nachhaltigleben.de, ein Unternehmen der Carpe Media Deutschland GmbH und betreut deren Social-Media-Kanäle. Das Unternehmen wurde vor drei Jahren in der Schweiz gegründet und betreibt mehrere Onlineportale, u. a. das Pendant zum deutschen Internetangebot, nachhaltigleben.ch. Das Onlineangebot von nachhaltigleben.de existiert seit dem Frühsommer 2011 und wurde auf Drängen des Umweltbundesamtes und nach dem schnellen Erfolg des Schweizer Pendants ins Leben gerufen. Die Plattform hat den Anspruch, seinen Lesern das Thema Nachhaltigkeit praxisnah und verständlich mit profunden journalistischen Texten nahezubringen. Hierzu wird ein Mix aus inhaltlichen Angeboten präsentiert, der von Vorbildern aus dem Bereich der Nachhaltigkeit über spannende Innovationen bis hin zu Alltagstipps reicht. Privat ist der Journalist viel im Garten anzutreffen, in dem er dem Anbau von biologischem Gemüse und der Anzucht von Blumen und Stauden nachgeht. Weitere Informationen: www.nachhaltigleben.de.

Nachhaltige Kommunikation:

Die Menschen einbeziehen, praktikable Lösungen bieten und für Nachhaltigkeit begeistern

Mein Haus, mein Auto, mein Pferd, dazu Stress im Job und auch noch Spaß am Leben haben – die Liste ließe sich unendlich weiterführen, um aufzuzeigen, was heute den Alltag der Menschen prägt. Kommt jemand mit dem Thema Nachhaltigkeit daher, dann ist es schwer, sein Gegenüber auf dem Kommunikationsweg zu erreichen. Nachhaltigkeit ist wie ein schwer vermittelbares Kind und beim Adressaten noch lange nicht angekommen. David gegen Goliath. Nur wenige benutzen Nachhaltigkeit nicht als Floskel und schreiben gerne darüber. Ich schon.

Warum Alternativen aufzeigen so wichtig ist

Der Konsument und in meinem Fall die Leserin und der Leser des Ratgeberportals mit profunden journalistischen Artikeln, nachhaltigleben.de, muss es auch verstehen können, muss etwas in der sprichwörtlichen Hand haben, um nachhaltig zu agieren. Belehren und fordern ist indes der falsche Weg. Daher gilt es, nicht nur den Kopf der Leserschaft zu erreichen, sondern auch das Herz.

Ein Erfolgskonzept in nachhaltiger Kommunikation

»Sei clever und lebe nachhaltig!« So lautet der Anspruch der Onlineplattform nachhaltigleben.de für die ich seit ihrer Gründung im Frühsommer 2011 mehr als 1.000 Artikel verfasst habe und die sich heute einer breiten Leseakzeptanz erfreut. Die Plattform soll grundsätzlich drei Bedürfnisse erfüllen: Engagierte Menschen zu allen Facetten der Nachhaltigkeit informieren und ihnen eine Orientierungshilfe geben, zum nachhaltigen Handeln motivieren sowie einen Erfahrungsaustausch bieten. Genuss und zukunftsbewusstes Handeln schließen sich hierbei nicht aus. Der richtige Mix aus inhaltlichen Angeboten ist hierbei das oberste Ziel, das nachhaltigleben.de letztlich zum schnellen Erfolg verhalf.

Ändere Dich, dann änderst Du die Welt

Man muss kein Weltverbesserer sein, um ein nachhaltiges Leben zu führen, muss es nicht sein, um darüber zu informieren und zu schreiben. So klingen sollte es schon gar nicht. Der Adressat einer nachhaltigen Kommunikation benötigt eine Wahl, muss Alternativen geboten bekommen und sein Interesse muss geweckt werden. Hierzu sollte die Funktion eines einfachen Übersetzers spannender Geschichten oder Tatsachen eingenommen werden.

Die US-amerikanische Autorin Gloria Anzaldua soll einst gesagt haben: »I change myself, I change the world«; ich ändere mich, dann ändere ich die Welt. Das ist es, was die Kommunikation zum Thema Nachhaltigkeit vermitteln sollte, um erfolgreich angenommen zu werden. Nicht mit Zwang oder mit der Betonung der Unabdingbarkeit. »Nicht ›die da oben‹, sondern ich ändere jetzt was!« Das ist die Botschaft, die vermittelt werden muss.

Authentizität ist das Maß aller Dinge

Im Zusammenhang mit der nachhaltigen Kommunikation ist es unglaublich wichtig, erstens zu verstehen, was »erzählt« – oder gemacht – wird und zweitens auch dahinterzustehen, sei es als nachhaltig agierendes Unternehmen oder eben als Journalist. Alles andere ist Makulatur, ist unglaubwürdig und wird im schlechtesten Fall vom Adressat durchschaut. Noch schlimmer: abgelehnt. Was über Nachhaltigkeit geschrieben wird, muss für den Leser einen Sinn ergeben. Dabei habe ich mir vorgenommen, selten den Zeigefinger zu erheben. Stattdessen muss der Anteil an Service- und Ratgeberthemen hoch sein, müssen einfache Tipps und Anregungen geliefert werden. Abgerundet durch spannende Erfindungen, einzigartige Neuheiten oder spektakuläre Architektur. Dies ist der weitaus bessere Weg, die Menschen mit dem Thema vertraut zu machen. Die Artikel sind im Idealfall mit einem Spritzer Ideenreichtum, einer Prise Anderssein und einem Hauch von Eleganz gekrönt. Das hierbei auch noch Spaß, Genuss oder Mehrwerte an vorderster Stelle stehen, sollte ein äußerst angenehmer, sehr nachhaltiger Nebeneffekt für den Leser sein.

Zudem gibt es auch noch die Social Media-Kanäle, um den Rezipienten zu erreichen. Aber das ist ein ganz anderes Kapitel.

Persönliche Beweggründe

Ich selbst bin bestimmt kein »Öko«, »Lohas« oder wie auch immer die schönen Begrifflichkeiten im Kreise der nachhaltig Handelnden lauten mögen. Vielleicht kam ich zu dem Thema Nachhaltigkeit bereits im Studium, vielleicht schon viel früher, als ich in Kindertagen lernte, dass essbare Lebensmittel nicht in den Müll gehören, weil ich die Qualität und Herkunft von Hofladenprodukten und Gemüse aus dem eigenen Anbau schätze. Vielleicht aber auch erst, als ich unseren Kater immer wieder dabei ertappte, dass er allerlei Getier zum reinen Vergnügen anschleppte und erstaunt sah, wie sich eine verzweifelte Zauneidechse ihm mit Drohgebärden erfolgreich entgegenstellte bevor ich sie in sichere Obhut brachte. David gegen Goliath, eine Parabel?

Auf jeden Fall kam es schleichend, durch die Beobachtung der Natur nicht nur im eigenen Garten und durch viele Umwelt-, Lebensmittel- und ähnlich haarsträubende Skandale auf dieser Welt. All das hat letztlich dazu geführt, dass die Nachhaltigkeit bei mir ankam. Sie ist wie ein Puzzle, dessen Einzelteile wir Tag für Tag entdecken. Oder wiederfinden. Nachhaltiges Handeln sollte zu einer weltüberlegenen Gelassenheit führen, wie einst ein Professor von mir sagte. Wenn auch in einem völlig anderen Zusammenhang …

Mit dem Anspruch die Welt zu verbessern funktioniert nachhaltige Kommunikation nicht. Mit gutem Beispiel voranzugehen und Lösungen zu bieten schon. Dann ist die Nachhaltigkeit auch keine wehrlose Zauneidechse mehr.

Nachhaltige Unternehmensführung ist ein langfristiges, wertebasiertes und gegenüber Menschen und Umwelt Verantwortung forderndes, gelebtes Konzept.

Rudolf X. Ruter

Rudolf X. Ruter, Diplom-Ökonom, Wirtschaftsprüfer und Steuerberater, verfügt über 30-jährige Erfahrung auf dem Gebiet Prüfung und Beratung sowohl von internationalen, nationalen Unternehmen als auch von Familienunternehmen und Unternehmen der öffentlichen Hand sowie von Non-Profit-Organisationen. Er ist Experte auf dem Gebiet der Nachhaltigkeit und (Public) Corporate Governance, dem Aufbau und der Durchführung von Interner Revision sowie für interne Kontroll- und Risikomanagementsysteme. Nach seiner Tätigkeit als Gesellschafter und Geschäftsführer bei Arthur Andersen baute er als Partner bei Ernst & Young den Geschäftsbereich Nachhaltigkeit in Deutschland auf und leitete diesen bis 2010. Ruter ist seit 2008 Leiter des Arbeitskreises »Nachhaltige Unternehmensführung« in der Schmalenbach-Gesellschaft für Betriebswirtschaft e.V., Mitglied des Beirats Financial Experts Association e.V. und Mitglied des Beirats im Deutschen CSR Forum. Er hat zahlreiche Fachartikel u. a. zum Thema Nachhaltigkeit, Corporate Governance, AR/Beiräte und Unternehmensführung veröffentlicht. Seit Februar 2011 hat er eine regelmässige Kolumne zum Thema »Finanzvorstand und Nachhaltigkeit« im CFOworld Magazin und beschäftigt sich verstärkt mit Corporate Governance Consulting. Weiterführende Informationen: www.ruter.de, www.aknu.org, www.csrforum.eu, www.financialexperts.eu.

Der Aufsichtsrat
und nachhaltige Unternehmensführung

Nachhaltige Unternehmensführung

Transparente, verantwortungsvolle und nachhaltige Unternehmensführung gewinnt zunehmend einen immer höheren gesellschaftlichen Stellenwert. Die gesellschaftliche Aufgabe von Unternehmen besteht darin, Wertschöpfungsprozesse im Sinne eines individuellen und gemeinsamen verantwortlichen Handelns zu organisieren. Vor dem Hintergrund von
- komplexer werdender Globalisierung
- zahlreichen Megatrends wie Klimawandel, Ressourcen- Verknappung, Demografie, Migrations- und Integrationsherausforderungen, sinkender Wertorientierung und steigender Angst der Menschen, neuen Kommunikationswelten etc.
- beschleunigtem Wettbewerb um Technologien, Innovationen, Kulturen und Wertesystemen, Talente und Führungskräfte etc.
- abnehmender Stabilität der Systeme – allen voran die Finanzmärkte (Währungskrise, Bankenkrise, Staatsschuldenkrise etc.) und abnehmender Stabilität der weltweiten politischen Strukturen

wird jedoch vermehrt Kritik an der Wertschöpfung von Unternehmen laut. Gewinn ist nicht alles. Zum Erhalt bzw. Wiederherstellen von Vertrauen und Glaubwürdigkeit innerhalb der Gesellschaft ist nachhaltige Unternehmensführung langfristig unabdingbar für die gesellschaftliche Akzeptanz im Sinne einer »Licence to operate«. Immer mehr Unternehmen investieren daher nachhaltig.

Mut zur gesellschaftlichen Verantwortung

Da Führung immer mit Blick auf die Zukunft, also nachhaltig in der zeitlichen Dimension ausgestaltet sein muss, ist vor allem Mut zur Verantwortung von den Akteuren gefragt: Mut, über das Tagesgeschäft oder den Quartalsbericht hinaus zu denken und dem Wichtigen im Zweifel Vorrang vor dem Dringlichen zu geben. Doch nicht nur das Abwägen zwischen kurzfristigen und langfristigen Folgen macht eine nachhaltige Unternehmensführung aus. Auch das Verfolgen verschiedener Zieldimensionen, namentlich Gewinnerzielung, Umweltschonung und Mitarbeiterorientierung will ausbalanciert werden. Eugen Schmalenbach hat es schon früh wie folgt formuliert:

»Unsere Vorstellung vom Erfolg muss ausgehen von der Natur des wirtschaftlichen Betriebes. Der wirtschaftliche Betrieb ist ein Bestandteil der Gesamtwirtschaft, dazu berufen, zu seinem Teil von den Aufgaben der Gesamtwirtschaft einen Teil zu übernehmen. Als Bestandteil der arbeitsteiligen Gesamtwirtschaft entnimmt er ihr Materialien und andere Leistungen und gibt dafür

Fabrikate und andere Leistungen an die Gesamtwirtschaft zurück. Dabei soll ein Mehrwert erzielt werden; denn der Betrieb soll sich mehrend und nicht mindernd an der Gesamtwirtschaft beteiligen.«

Diesen Mehrwert zu bestimmen, ist Aufgabe von uns allen und erfordert einen gesellschaftlichen Dialog darüber, welche Gesamtwirtschaft wir anstreben und inwieweit wir dabei die Perspektive zukünftiger Generationen und anderer Länder berücksichtigen und bereit sind, Verantwortung zu übernehmen.

Die Verantwortung des Aufsichtsrats

Angesichts der jüngsten Skandale stellt sich neben den Medien auch die kritische Öffentlichkeit vermehrt die Frage, ob und wie die Entscheidungsträger im Unternehmen (Gesellschafter, Vorstand/Geschäftsführung und insbesondere der CFO als Navigator) und allen voran die Mitglieder des Kontrollgremiums in Person von Aufsichtsrat/Beirat ihre Verantwortung gegenüber internen und externen Stakeholdern wahrnehmen. »Nachhaltigkeit wird dann [im Unternehmen] verankert, wenn sich die gesamte Führung eindeutig und klar hinter dieses Konzept stellt und auch in der täglichen Führung darauf achtet«, so Dr. h.c. Helmut Maucher, Ehrenpräsident der Nestlé AG. Führungswerte sind gefordert. CSR ist Chefsache auf allen Ebenen und muss alle unternehmerischen Bereiche umfassen. Unternehmensverantwortung muss in der DNA des unternehmerischen Geschäftsmodells enthalten sein. Ökonomie und Ökologie sind nicht trennbar.

Zukunftsfähige Führung

Nachhaltige Unternehmensführung kann nur mit zukunftsfähigem Führungsverhalten erreicht werden, d.h. Führungskräfte müssen zukunftsfähig sein. Dazu gehört, dass die Führungskraft genauso wie das einzelne Mitglied des Aufsichtsrats mit seinem Verhalten und seinen Entscheidungen die Zukunft des Unternehmens fördert und stärkt. Entscheidungen sollen nur auf der Basis einer Reflexion von vereinbarten Werten zum Erhalt des Unternehmens unter Berücksichtigung gegenwärtiger und zukünftiger Risiken getroffen werden. D.h. in den Worten von Dr. Günther Bachmann, Generalsekretär des Rates für Nachhaltige Entwicklung: »Nachhaltigkeit ist Sache von allen, die in und mit einem Unternehmen arbeiten. Die Führung hat eine besondere Verantwortung. In einer Situation, wo der Begriff der Nachhaltigkeit in aller Munde ist und viele damit Vieles meinen, aber auch Vieles im Unklaren bleibt, bedeutet diese Verantwortung, dass Nachhaltigkeit inhaltlich konsequent mit neuen Ideen und verbindlich ausgefüllt wird.«

Aufsicht durch Fragen

Die Kontrollfunktion des Aufsichtsrats im Sinne eines »Checks-and-Balances-Prinzips« ist ein wesentlicher Eckpfeiler im deutschen Corporate Governance System und erfordert jederzeit ein aktives (Nach-)Fragen! Der Aufsichtsrat hat den Vorstand zu kontrollieren und zu beraten und gegebenenfalls in dessen Entscheidungen einzugreifen, indem er zum Wohle der Gesellschaft seine Zustimmung zu Geschäften verweigert. Dazu muss der Aufsichtsrat mindestens die gleichen fachlichen und persönlichen Voraussetzungen wie die Geschäftsleitung mitbringen, damit er »in Augenhöhe« die Entscheidungsgrundlagen und -auswirkungen aufnehmen und durch Fragen verstehen und selbstständig beurteilen kann. Aufsicht durch Fragen also.

Hüter der Zukunftsfähigkeit

Der Aufsichtsrat selbst ist also gefordert. Der Aufsichtsrat in seiner Rolle als oberster Überwacher und Hüter der Corporate Governance muss die Leitlinien einer langfristig und nachhaltig orientierten Unternehmensführung einfordern und wird dadurch zum Garant einer Verankerung im Tagesgeschäft. Jedes Aufsichtsratsmitglied ist persönlich für die effektive und effiziente Unternehmensüberwachung und -beratung verantwortlich. Nur so kann der Aufsichtsrat seinem doppelten Auftrag als Kontrolleur und Ratgeber gerecht werden. Immer öfter wird davon gesprochen, dass eine ehrenamtliche Kontrolltätigkeit den immer größer werdenden Verantwortungsbereichen eines Aufsichtsratsmitglieds nicht gerecht wird. Immer öfter werden daher sogenannte Berufsaufsichtsräte bestellt.

Der Aufsichtsrat ist als oberster Hüter der Corporate Governance für die Einrichtung eines Nachhaltigkeitsmanagements im Unternehmen in Größe, Komplexität und Umfang zwingend verantwortlich – auch wenn die Gestaltungsverantwortung und die Sorgfaltspflicht der Unternehmensleitung in Person des Vorstands hierfür bestehen bleiben. Der Aufsichtsrat sichert die Zukunftsfähigkeit.

Grundsätze nachhaltiger Unternehmensführung

Für das wirksame Einbinden der Nachhaltigkeit in unternehmerische Entscheidungsprozesse zur langfristigen Sicherung des Unternehmenserfolgs sollte sich der verantwortungsbewusste Aufsichtsrat von den folgenden »10 Grundsätzen nachhaltiger Unternehmensführung« leiten lassen:

1. Werteorientierung
Realisiere Werteorientierung als Grundlage strategischer Unternehmensführung und gestalte unsere Gesellschaft mit in Richtung Werteorientierung

2. Tugend des Führens
Lebe Führung als Tugend und »verbrenne Schiffe«

3. Aufsicht
Wähle eine unabhängige und kompetente Aufsicht und finde die Balance zwischen Gesellschaftermacht und Aufsichtsratskompetenz

4. Vertrauenswürdigkeit
Investiere in Vertrauenswürdigkeit und sei Dir bewusst, dass Vertrauen immer auch Haftung bedingt

5. Arbeitswelten
Schaffe neue Arbeitswelten und erkenne die Kraft der Verantwortung

6. Umweltressourcen
Gehe sorgsam mit den Umweltressourcen um und nimm Ressourceneffizienz als Managementaufgabe wahr

7. Risiken
Nimm Risiken wahr und stelle Verbindlichkeit her und überlege, wie Verbindlichkeit hergestellt werden kann

8. Störfälle
Aktiviere Selbsterneuerungskräfte nach Störfällen und akzeptiere deine Risiken

9. Kommunikation
Handle und kommuniziere wahrhaftig, glaubwürdig und konsistent und wende den gesunden Menschenverstand an

10. Transparenz
Achte auf transparente Berichterstattung und gehe über eine einseitige Berichterstattung hinaus und tritt in einen Dialog ein

Fazit

Nachhaltige Unternehmensführung ist ein langfristig ausgerichtetes, wertebasiertes und gegenüber Mensch und Umwelt Verantwortung forderndes, gelebtes Konzept! Und der Aufsichtsrat ist für die Ein- und Durchführung maßgeblich verantwortlich.

Weine über die Un-Nachhaltigkeit der Welt und Du weinst alleine. Freue Dich über die wirksame, erfolgreich umgesetzte Nachhaltigkeitslösung und es freuen sich alle mit Dir.

Stefan Schaltegger

Prof. Dr. Stefan Schaltegger, Jahrgang 1964, ist Gründer und Leiter des Centre for Sustainability Management und des weltweit ersten MBA Programms zu Nachhaltigkeitsmanagement – »MBA Sustainability Management«. Er hat den Lehrstuhl für Nachhaltigkeitsmanagement an der Leuphana Universität Lüneburg inne und gehört zu den Wissenschaftspionieren des Umwelt- und Nachhaltigkeitsmanagements. Als »akademischer Entrepreneur« hat er vor zehn Jahren das Sustainability Leadership Forum (SLF) zusammen mit dem Bundesarbeitskreis für Umweltmanagement gegründet. In verschiedenen Gremien und Beiräten setzt er Impulse für die Forschung, Weiterbildung und Unternehmenspraxis. Seine über 200 internationalen Veröffentlichungen behandeln Themen des Nachhaltigkeitsmanagements und dokumentieren ein grenzüberschreitendes Arbeiten innerhalb der Wirtschaftswissenschaften und mit unterschiedlichen natur-, sozial- und geisteswissenschaftlichen Nachhaltigkeitsdisziplinen. Er ist Mitglied der Herausgeberbeiräte von 12 internationalen Wissenschaftszeitschriften und war Mitglied der Steuerungskreise verschiedener nationaler Forschungsprogramme und von Nachhaltigkeitsbeiräten und ist Chairman des Steuerungskomitees des Europäischen Umweltrechnungslegungsnetzwerks (EMAN). Stefan Schaltegger ist verheiratet und hat drei Kinder. Weitere Informationen: www.leuphana.de/csm, www.sustainament.de

»Können wir es uns leisten, nachhaltig zu wirtschaften?«

Diese Frage stellen sich viele Menschen privat und im Unternehmen, während die Gegenfrage: »Können wir es uns leisten, nicht nachhaltig zu wirtschaften?« gesellschaftlich und volkswirtschaftlich mit »nein« beantwortet werden muss. Damit stellt sich aus meiner Sicht die Folgefrage, was Einzelne als Akteure und in ihren Rollen als Mitgestalter von Organisationen tun können, um die Dichotomie zugunsten der Frage aufzulösen: »Wie kann ich zu einer nachhaltigen Entwicklung beitragen, sodass es individuell und gesellschaftlich ein Erfolg wird?«

Nachhaltiges Unternehmertum (Sustainable Entrepreneurship) beeinflusst damit nicht nur materielle Aspekte wie Prozess- und Produktgestaltung, sondern auch die Unternehmenskultur und den unternehmerischen Geist anderer. Kurzum und auf »Neudeutsch«: Ich sehe sogenannte Change Agents for Sustainability und Sustainable Entrepreneure als wichtige Treiber für eine nachhaltige Entwicklung.

Viele Unternehmen setzen explizite Nachhaltigkeitsmanager ein, deren Kernaufgabe es ist, Nachhaltigkeit im Unternehmen umzusetzen. Erfolgreich arbeiten können diese aber nur, wenn sie in allen Funktionsbereichen des Unternehmens über kompetente Ansprechpersonen verfügen, die ebenso motiviert sind, Nachhaltigkeit Realität werden zu lassen. Implizite Nachhaltigkeitsmanager verfügen über konventionelle Stellenbezeichnungen (Produktionsleiterin, Personalleiter usw.) und setzen Nachhaltigkeit in ihren eigenen Bereichen um. Dafür ist reichlich Fachwissen sowie Überzeugungs- und Zusammenarbeit gefragt. Unternehmerische Nachhaltigkeit baut auf koordinierte Aktivitäten expliziter und impliziter Change Agents, die Nachhaltigkeit ins Kerngeschäft und in die Kernprozesse des Unternehmens einflechten.

Diese Überlegungen haben mich bewogen, der Frage nachzugehen, wie wir als Universitätsinstitut zur Ausbildung und Unterstützung nachhaltiger Unternehmerpersönlichkeiten beitragen können. Viele Gespräche mit Pionieren der Nachhaltigkeit und Forschungsprojekte mit Unternehmen haben deutlich gemacht, dass das notwendige Know-how für Agenten unternehmerischer Nachhaltigkeit umfangreich ist und in den existierenden betriebswirtschaftlichen Studiengängen gar nicht oder heute zwar vermehrt, aber meist nur sehr oberflächlich angesprochen wird. Die Nachhaltigkeitsignoranz konventioneller Managementausbildung hilft jedoch weder den Absolventen, die dann in der Unternehmenspraxis mit Nachhaltigkeitsfragen überfordert sind, noch trägt dies zu einer nachhaltigen Entwicklung bei. Vielmehr sind Managerinnen und Manager gefragt, die nicht nur über ein breites Fachwissen zu Nachhaltigkeit und Betriebswirtschaft verfügen, sondern auch interdisziplinär geschult sind und vielfältig und kreativ denken können, damit sie tatsächlich Veränderungen bewirken können. »Change Agents for Sustainability« müssen Persönlichkeitskompetenzen besitzen, mit denen sie motivieren, organisieren, zusammenführen und vernetzen.

Dieser Bedarf an speziellem Managementwissen zum Thema Nachhaltigkeit hat mich motiviert, den weltweit ersten MBA Studiengang zu Sustainability Management ins Leben zu rufen. Am Centre for Sustainability Management (CSM) der Leuphana Universität Lüneburg bilden wir inzwischen seit zehn Jahren Persönlichkeiten aus, die Nachhaltigkeit unternehmerisch umsetzen. Das Fernstudium stellt eine Verknüpfung zwischen der Praxis und fundiertem Hintergrundwissen her und stützt sich auf drei Säulen: Die Studierenden erwerben umfassendes Fachwissen zu den Themen CSR und Nachhaltigkeitsmanagement, Handlungskompetenzen werden durch Fallstudien und Übungen in der Praxis sowie einem abschließenden Workshop bei einem unserer Praxispartner vermittelt und die Persönlichkeiten der Studierenden werden durch Seminare geschult, die sowohl Verhandlungs- und Präsentationsmethoden als auch Zeitmanagement und Führungsgeschick trainieren.

Die Vielfalt unserer Studierenden demonstriert, dass Nachhaltigkeit als anzustrebendes Ziel in weiten Teilen der Gesellschaft angekommen ist: Mitarbeiterinnen und Mitarbeiter aus großen und kleinen Unternehmen oder Behörden bewerben sich ebenso für das MBA Sustainability Management wie Unternehmensberaterinnen oder Vertreter von Nichtregierungsorganisationen. Alle Bewerberinnen und Bewerber verfügen über mindestens zwei Jahre Berufserfahrung.

Die intensive Vernetzung startet mit der Einführungspräsenz und ein aktiver Alumni-Verein sorgt bereits während des Studiums, aber auch nach dem Abschluss dafür, die wertvollen Kontakte im Netzwerk zu pflegen und sich regelmäßig auszutauschen, zu unterstützen und zu noch nachhaltigkeitswirksameren Projekten anzuspornen.

Wir versuchen, die Forschung mit der MBA-Lehre auch zu verknüpfen, sodass ein gegenseitig fruchtbarer Austausch erfolgt. Unsere Forschung hat zwar einen Schwerpunkt zur Messung von Nachhaltigkeit und zum Management von Nachhaltigkeitsinformationen, ist insgesamt jedoch breit angelegt im gesamten Bereich des Nachhaltigkeitsmanagements, da wir uns auch davon leiten lassen, in welchen Themen ein besonderer Forschungsbedarf besteht und wo wir besonders zu einer nachhaltigen Entwicklung möglicherweise beitragen können. Ich forsche deshalb mit viel Freude mit einem motivierten und motivierenden Team am Centre for Sustainability Management (CSM) in Lüneburg. Wir analysieren Strukturen und Prozesse von Nachhaltigkeitsproblemen und entwickeln dabei Lösungen für Umwelt, Gesellschaft und Unternehmen. Dabei kooperieren wir mit Change Agents for Sustainability aus der Praxis, denn ohne Unternehmen und nachhaltiges Unternehmertum kann es keine nachhaltige Entwicklung geben.

Nachhaltigkeit bedeutet für mich, respekt- und verantwortungsvolles Handeln in ökologischer, sozialer und ökonomischer Hinsicht.

Michaela Scheeg

Michaela Scheeg, Jahrgang 1976, studierte Betriebswirtschaft an der Freien Universität Berlin mit den Schwerpunkten Marketing und Operations Research. Parallel hierzu arbeitete sie bei Siemens im Bereich Marketing. Nach Abschluss des Studiums hatte sie bei Fujitsu Siemens in Bad Homburg verschiedene Positionen im Marketing und Business Development inne, bevor sie sich im Jahr 2009 mit der Manufaktur Scheeg selbstständig machte. Für die Materialentwicklung sho:shee® wurde sie 2011 mit dem iF material award ausgezeichnet und war für den Designpreis Deutschland 2012 nominiert. Michaela Scheeg lebt mit ihrem Mann und ihren beiden Kindern in Werder an der Havel. Weiterführende Informationen: www.manufaktur-scheeg.de

Nachhaltige Innovationen: sho:shee®

Wir wollen nicht einfach nur Gefäße für Pflanzen herstellen, wir wollen mit unseren Produkten begeistern. Die Herstellung von Pflanzgefäßen aus innovativen, nachhaltigen und besonderen Materialien, unter Berücksichtigung von Funktionalität und außergewöhnlichem Design, ist das Herz der Manufaktur Scheeg. Daher setzen wir auf den von uns entwickelten nachhaltigen Werkstoff sho:shee®.

Unser Leitgedanke ist ein ressourcenschonender Umgang mit allen Einsatzfaktoren. Bei allen unternehmerischen Entscheidungen, Investitionen und Alltagssituationen betrachten wir die Themen ökologische Verträglichkeit, ökologische Zusammenhänge und Erhaltung der Umwelt als zentrale Aspekte. Konkret bedeutet das beispielsweise Fertigung in Deutschland, kurze Transportwege, CO_2-neutraler Paketversand zum Endkunden, Verpackungen aus Recyclingmaterialien und Nutzung von Ökostrom oder Einsatz von Recyclingmaterialien bei den Produkten.

Unsere Materialentwicklung sho:shee® ist ein innovativer und nachhaltiger Biowerkstoff auf Basis pulverisierter Walnussschalen und recycelten oder neuen Polyethylens.

Die Manufaktur Scheeg hat unter Beteiligung renommierter internationaler Institute, Firmen und Einrichtungen sho:shee® entwickelt. Das Material wurde aufgrund seiner positiven Eigenschaften mit dem internationalen iF material award 2011 ausgezeichnet und für den Designpreis Deutschland 2012 nominiert.

sho:shee® vereint die positiven Materialeigenschaften eines Kunststoffes, wie Frostbeständigkeit, geringes Gewicht, Stoßfestigkeit und Langlebigkeit, mit den sensorischen Eigenschaften eines Naturproduktes. Produkte aus sho:shee® zersetzen sich nicht und sind auch nicht kompostierbar, sondern werden von uns recycelt und gelangen so in den Produktkreislauf zurück.

Nachhaltigkeit bedeutet für uns Ressourcenschonung. Wir fertigen unsere Produkte hauptsächlich aus sho:shee®. Hierfür nehmen wir feingemahlene Walnussschalen, ein Restprodukt aus der Lebensmittelindustrie sowie recycelten Kunststoff und mischen diesen auf Wunsch mit recyceltem oder neuem Kunststoff und Farbpigmenten. In dem Umfang, in dem wir die pulverisierten Walnussschalen und den recycelten Kunststoff zusetzen, können wir auf die gleiche Menge an neuem Kunststoff (Polyethylen) verzichten und die Ressourcen schonen. Wenn unsere Gefäße irgendwann nicht mehr benötigt werden, können diese kostenlos über unseren Rücksendeservice an uns zurückgeschickt werden. Wir reinigen diese und anschließend werden sie feingemahlen und wieder unseren Produkten als Recyclingmaterial zugesetzt.

Nachhaltigkeit drückt sich für uns auch in der Langlebigkeit eines Produktes aus. Unsere sho:shee® Produkte durchlaufen beispielsweise einen Bewitterungstest nach DIN EN ISO 4892-2, A1 über 3.000 Stunden. Dies entspricht ungefähr einer Dauer von drei Jahren Sonneneinstrahlung und Regen im mitteleuropäischen Klima. Anschließend wird der Graumaßstab nach DIN EN 20105-A02 bestimmt und die Oberflächenstruktur mikroskopisch bewertet. Die Ergebnisse geben uns Aufschluss, wie sich das Material verhält und damit, wie die Produkte später Wind und Wetter im Außenbereich trotzen.

Nachhaltigkeit bedeutet für uns Verantwortung, daher ist es für uns sehr wichtig, dass unsere Produkte aus sho:shee® schadstofffrei sind. Wir lassen unsere Rohstoffe und Endprodukte auf PAKs (Polyzyklische aromatische Kohlenwasserstoffe) und PCBs (Polychlorierte Biphenyle) testen. Zusätzlich achten wir bei unseren Rohstoffen streng auf die Vermeidung von Schwermetallen wie Blei, Cadmium, Chrom und Quecksilber und kontrollieren diese entsprechend der gültigen EG-Richtlinie 2009/48/EG für Kinderspielzeug. Gleiches gilt für die von uns verwendeten Zusätze und Farben, die wir von renommierten deutschen Firmen beziehen. Natürlich gibt es nicht das perfekte Material für alle Ansprüche. Aus diesem Grund bieten wir unterschiedliche sho:shee® Materialmischungen für die verschiedenen Kundenwünsche an. So können wir sho:shee® zu hundert Prozent aus Recyclingmaterialien mischen. Das Endprodukt ist dann sehr nachhaltig und nur in dunklen Farben erhältlich. Für sehr sensible Bereiche oder Liebhaber der ausgefallenen Farben können wir sho:shee® mit neuem Polyethylen mischen. Das Ergebnis ist dann ein lebensmittelechtes Endprodukt in einer hellen Farbe. Gerade wenn Sie im Bereich Urban Gardening Kräuter oder Salat in unseren Gefäßen ziehen wollen, sollten die Pflanzgefäße keine Giftstoffe abgeben. Es ist doch schön zu wissen, dass man nicht nur die Pflanzen schadstofffrei in den Gefäßen aus sho:shee® kultivieren kann, man könnte sogar den Salat oder die Suppe direkt aus unseren Gefäßen essen.

Wir stehen zu unserer Verantwortung für die Umwelt. Zentrale Aspekte bei allen unternehmerischen Entscheidungen und Alltagssituationen sind ein respektvoller Umgang mit Mensch und Natur und immer die ökologische Nachhaltigkeit vor Augen.

Nachhaltigkeit und Authentizität sind für uns die Basis unseres Unternehmens.

Nachhaltigkeit heißt für mich, Wege zu finden, wie ich unseren Kindern mit gutem Gefühl erklären kann, was ich hier auf dem Planeten eigentlich so den ganzen Tag gemacht habe.

Michael Scherer

Michael Scherer, Jahrgang 1963, studierte nach seinem Abitur in Furtwangen im Schwarzwald und dem anschließenden Bundeswehrdienst an der Auburn University in Alabama, USA mit Schwerpunkt Business (MBA). Möglich wurde dies dank eines Tennisstipendiums. Nach beruflichen Stationen bei Weil Brothers sowie Merrill Lynch in den USA leitete Michael Scherer seit 2000 den Bereich Individuelle Vermögensverwaltung bei Allianz Asset Management. Der Scherpunkt seiner Tätigkeit lag in der Betreuung vermögender Privatkunden. Während dieser Zeit etablierte er zusätzlich das Projekt »Dialog im Dunkeln« bei dem Münchener DAX-Konzern. Zudem baute er das Sponsoring der Allianz im Golfclub St. Leon-Rot auf. Anfang 2012 folgte der Wechsel zur Allianz-Tochter Pimco, dem weltweit größten Anleiheinvestor. Schwerpunkt war die Betreuung von Family Offices. Im Juni 2012 traf er die Entscheidung, gemeinsam mit seiner rechten Hand Christian Meier und in enger Kooperation mit Allianz Pimco ein eigenes Family Office zu gründen. GMAI (Global Multi Asset Investors) Family Office hat Büros in München sowie St. Leon-Rot und ist auf die Betreuung vermögender Familien und Privatkunden spezialisiert. Einen besonderen Interessensschwerpunkt hat Michael Scherer im Bereich der gesellschaftlichen Innovationen. Der passionierte Golfer ist glücklich verheiratet und hat eine Tochter. www.gmai-fo.com

Nachhaltigkeit heisst für mich: Mein Denken und Handeln sowie meinen Einfluss so auszurichten, dass ich keine Angst davor haben muss, in 5 Generationen nochmals auf die Erde zurückzukehren!

Christian Meier

Christian Meier, Jahrgang 1981, studierte Betriebswirtschaftslehre mit Schwerpunkt Finance und hat ein Diplom der Munich University of Applied Sciences (MUAS). Nach dem Studium war Christian Meier als Key Account Manager für das Wealth Management Segment und als Projektmanager für Geschäftsmodell-Entwicklung und Vertriebsstrategie im Asset Management Bereich der Commerzbank tätig. Von 2009 an arbeitete er drei Jahre bei Allianz Global Investors als Abteilungsdirektor. Im Jahr 2012 folgte der Wechsel zu Pimco mit Fokus in den Bereichen Business Development und Account Management für Family Offices und vermögende Privatkunden. Im Juni 2012 entschied sich Christian Meier gemeinsam mit seinem Kollegen Michael Scherer und in enger Kooperation mit Pimco das GMAI (Global Multi Asset Investors) Family Office zu gründen. Ferner ist er Vorstandsvorsitzender der Non-Profit-Organisation Wanderers Germering e.V., eines Eissport-Vereins zur Förderung von Jugend und Leistung mit rund 500 Mitgliedern. Christian Meier ist Mitglied des weltweiten Young Leaders-Netzwerkes der BMW Stiftung Herbert Quandt. Weiterführende Informationen: www.gmai-fo.com

Nachhaltigkeit als Lebensphilosophie

Sie sind seit über 20 Jahren ausgesprochen erfolgreich in der Finanzbranche tätig. Dieser wird oftmals eine gewisse Oberflächlichkeit und Schnelllebigkeit nachgesagt. Wie kamen Sie dazu, den »Dialog im Dunkeln« zur Allianz zu bringen?
Scherer: In all meinen Jahren in dieser Branche hatte ich das Glück, dass ich äußerst unabhängig und daher sehr kundenorientiert arbeiten konnte. Meine damalige Einheit hatte keine strategische Funktion und passte eher weniger in das stark kontrollierte Korsett eines Dax-Konzerns. Daher fiel es mir leicht, ein faires Verhältnis zwischen meinen Kunden und meinem Arbeitgeber darzustellen. Nur so konnte ich nachhaltig langfristige Beziehungen aufbauen und erhalten. In unserer Branche sind, neben der Tatsache, dass sie Ihr Handwerk können sollten, Transparenz und Vertrauen wichtige Erfolgsfaktoren. Leider weist die Finanzbranche oft in diesen Bereichen Mängel auf, was letztendlich dann berechtigterweise zu einer schlechten Reputation führt. All dies macht es für den Privatkunden nicht einfacher, die Qualität der Angebote am Markt zu beurteilen. Zu Dialog im Dunkeln kam ich über meine Frau Sabine. Sie stellte mir damals Dr. Erwin Stahl als Experten für das Management eines Social Venture Funds vor. Die Grundidee war, für Allianz VIP Kunden selbst einen Social Venture Fund aufzulegen. Fast alle unsere Kunden waren finanziell unabhängig und hatten einen unternehmerischen Hintergrund. Viele hatten ihre eigenen Stiftungen und spendeten jährlich große Summen für gute Zwecke. Innerhalb des Fonds sollte in Unternehmen investiert werden, die nachhaltige Produkte und Dienstleistungen anboten, mit dem Ziel sich irgendwann selbst zu tragen.

Was war der Sinn dahinter?
Scherer: Der Gedanke von sozialem Unternehmertum ist immer, jemandem lieber eine Angel zu geben und ihm Fischen beizubringen anstatt ihn nur mit Fisch zu versorgen. Mit einem großen Fonds könnten die Investitionsgelder immer wieder für neue Social Entrepreneur Projekte genutzt werden. Dieser unternehmerische Ansatz kam auch sehr gut bei unseren Kunden an. Dr. Stahl gab hier wichtige Impulse und stellte auch den Kontakt zu Prof. Dr. Andreas Heinecke, Gründer des Dialog im Dunkeln und Deutschlands erster Sozialunternehmer her. Innerhalb der Allianz widmeten sich viele motivierte Kollegen freiwillig neben ihrer Hauptarbeit diesem Thema. Für mich war es sehr schön zu sehen, dass Kollegen, die sich im Alltagsgeschäft sonst eher meiden, über das Thema Social Venture näher gekommen waren und so etwas mehr Menschlichkeit in die Firma kam. Nach eingehender Analyse hatte sich dann die Allianz entschieden Dialog im Dunkeln erst einmal als Human Resource Vehikel im Rahmen eines Trainingscenters in München einzusetzen.

Wie haben die 200 Top-Führungskräfte der Allianz reagiert, als sie auf einmal mehrere Stunden mit Blinden im Dunkeln verbracht haben?
Scherer: Das war faszinierend. 40 blinde Guides, die die 200 Top-Manager der Allianz aus aller Welt im Rahmen von Gruppenübungen durchs Dunkle führten. Zwei Welten trafen aufeinander. Auf der einen Seite die »harten Geschäftsleute«, die sich wunderten, was da wohl Unkalkulierbares auf sie zukommen würde und auf der anderen Seite die Guides, die einfach nur glücklich waren, ihre Aufgabe durchführen zu dürfen. Zu meinem Erstaunen waren die Allianz Manager sehr offen und kooperativ. Ich hatte sogar den Eindruck, dass sie froh waren, auch mal ihre menschliche Seite zeigen zu dürfen. Zudem hat es sie sicher zum Denken angeregt und vielleicht sogar einige Entscheidungen im Tagesgeschäft beeinflusst. Ich wünsche mir, dass noch viel mehr Firmen solche innovativen Konzepte nutzen würden. Nur wenn wir Bewusstsein für Nachhaltigkeit in den Firmen schaffen, wird sich in dieser Richtung etwas ändern.

Im Rahmen Ihrer Tätigkeit haben Sie ein weiteres innovatives Projekt etablieren können, indem Sie die Allianz für »Lucky33«, ein Konzept des Golfclubs Sankt Leon-Rot zur Förderung von Jugend und Leistung begeistern konnten. Wie kam das zustande?
Scherer: Hinter dem Golfclub Sankt Leon-Rot steht Herr Dietmar Hopp, Gründer der SAP und bekannt für sein großes Engagement für die Jugend. Er hat in Sankt Leon-Rot ein fantastisches Zentrum geschaffen und gibt jungen Sportlern alle Möglichkeiten, nachhaltig erfolgreich zu werden. Nachhaltig deshalb, weil hier Wert darauf gelegt wird, Sport und Bildung in Einklang zu bringen. Das hat mir immer besonders imponiert. Eicko Schulz-Hanßen, Geschäftsführer des Golfclubs hat mit seiner Idee von »Lucky33« ein Konzept geschaffen, dass allen Kindern, egal welcher Spielstärke oder welches sozialen Hintergrunds, die einzigartige Chance ermöglicht, bei einem »großen Turnierfinale« dabei zu sein. Nach dem Motto: Du kannst alles erreichen, wenn Du fleißig bist und für Deinen Traum kämpfst! Da viele Allianz-Kunden, Generalvertreter und deren Kinder begeisterte Golfer sind war es naheliegend, die Verantwortlichen zusammenzubringen und sich für die Sache einzusetzen. Über die Jahre ist hier eine starke Partnerschaft entstanden. Der Sport hat auch in meinem Leben eine entscheidende Rolle gespielt. Disziplin, Zielstrebigkeit, Teamgeist, Ausdauer oder auch richtiger Umgang mit Niederlagen sind alles Eigenschaften, die ich vor allem durch den Sport gelernt habe und ich denke, diese Einsicht sollten wir auch unseren Kindern mitgeben.

Hat Sie, als Sie vor fünf Jahren die rechte Hand von Michael Scherer wurden, schon das besonders stark ausgeprägte Interesse an gesellschaftlichen Innovationen bzw. am Thema »Nachhaltigkeit« verbunden?
Meier: In der Tat hat uns dies verbunden, jedoch in unterschiedlichen Bereichen. Bei mir hat sich das Interesse an Nachhaltigkeit in einem kontinuierlichen Prozess aus meiner Kindheit und meiner sportlichen Leidenschaft ergeben. Ich bin in einem Eishockeyverein groß geworden und sehr schnell mit gesellschaftlich nachhaltigen Werten wie Teamfähigkeit, Konfliktfähigkeit, Disziplin, Durchhaltevermögen und Ehrgeiz konfrontiert

worden. Im Laufe meiner Jugend hat sich meine Motivation – neben der rein sportlichen Sicht – durch eine Komponente ergänzt, die ich aus heutiger Sicht als Nachhaltigkeit interpretieren würde. Es hat mir plötzlich Spaß gemacht, durch Übernahme von Verantwortung als junger Trainer, diese Werte mit bewusstem Fokus an unsere jüngeren Kinder weiterzugeben. Ich beobachte, dass viele Trainer von Kindern leider oftmals nur den Fokus auf sportliche Entwicklung haben. Jedoch verdienen nur fünf Prozent später ihren Lebensunterhalt mit Sport. Daraufhin habe ich mich mit der Frage auseinandergesetzt, welche Verantwortung wir eigentlich als Verein haben und welche Möglichkeiten vorhanden sind, nachhaltige Werte an unsere Kinder zu vermitteln, die ihnen für die gesellschaftliche Entwicklung helfen.

Zu welchem Ergebnis sind Sie gekommen?
Meier: Mir wurde immer klarer, dass wir neben den sportlichen Themen eigentlich ein »Langzeit-Bootcamp« zur Entwicklung von gesellschaftlichen und nachhaltigen Werten sind, wenn wir es richtig anpacken und dieses Thema mit in unseren Ausbildungsfokus aufnehmen. Seit ich die Gesamtverantwortung des Vereins übernommen habe, positioniere ich die Strategie des Vereins viel stärker in Richtung »Vermittlung von gesellschaftlichen Werten« und berücksichtige das auch bei meinen operativen Entscheidungen. Wir haben ca. 500 Mitglieder, 3 Abteilungen, 15 angestellte Trainer, angestellte Spieler und ein 15-köpfiges Management-Team. Meine Motivation für dieses ehrenamtliche Engagement ist es, so vielen Kindern und Jugendlichen wie möglich die oben genannten wichtigen Werte für ihr Leben näherzubringen und zu vermitteln. Während sich Kindergärten, Schulen, Universitäten und Arbeitgeber damit oftmals schwer tun, kann ein Sportverein hier als positives Vorbild vorangehen.

Welche Bedeutung hat Nachhaltigkeit in Ihrer Kernkompetenz, der Vermögensbetreuung, von je her?
Scherer: Vermögensbetreuung hatte in meinem Berufsleben stets etwas mit einer unmittelbaren Kundenbeziehung zu tun. Nachhaltigkeit einer Kundenbeziehung bedeutet für mich, ein absolutes Vertrauensverhältnis herzustellen, das deutlich über die reine Geschäftsbeziehung hinausgeht. Das kann man nicht einfach so planen, das muss wachsen. Wachsen ist zwar leicht gesagt, aber dieses Wachsen entsteht durch Arbeit. Durch Schaffung von Transparenz über Wissen, Interessen, Kosten und durch gemeinsame Zeit. Es entsteht vor allem durch ständigen Austausch von Informationen. Nur wer die wirklichen Interessen seines Kunden kennt und zwar vollständig, der kann im Sinne des Kunden handeln und ihn und sein Vermögen schützen.

Gerade jüngeren Vermögensbetreuern wird oftmals zu recht vorgehalten, sie würden nur auf ihren eigenen kurzfristigen Profit aus sein. Wie sehr hat Sie das Arbeiten an der Seite von Michael Scherer geprägt, sich von diesem Verhalten zu differenzieren?
Meier: Leider ist das kurzfristige Profitdenken in dieser Branche nichts Ungewöhnliches. Dem liegt ein Systemproblem der Finanzindustrie zu Grunde. Nahezu alle Marktteilnehmer sind auf der Suche nach einer guten Verkaufsstory die gerade in die politische oder geopolitische Landschaft passt. So versuchen ganze Abteilungen

aus aktuellen Anlässen eine monatliche oder gar manchmal wöchentliche Verkaufsgeschichte zu (er)finden, um Kunden schnell und ständig von neuen Themen und Produkten zu begeistern. Ziel ist es, in kurzer Zeit möglichst hohe Gebühren zu verdienen. Als junger Mensch ist man da natürlich eher geneigt, sich den Gegebenheiten anzupassen, um weiterzukommen. Umso schöner war es für mich, 2009 in die Einheit von Michael Scherer zu wechseln und zu erfahren, dass es trotz Konzernstruktur auch anders geht.

Was bedeutet für Sie »Kundengelder nachhaltig zu investieren«?
Meier: Um eine langfristige und nachhaltige Kundenbeziehung aufzubauen, ist es absolut erforderlich, in erster Linie auf die Performance im Portfolio des Kunden zu achten und nicht auf die sich daraus ergebenden Gebühren für den Anlagespezialisten oder die Bank. Dafür muss man allerdings in der Beratung die Freiheit besitzen, den Kunden bedarfsgerecht und langfristig beraten zu können. Der Kunde muss aber auch verstehen, dass der Kapitalmarkt kein Wunschkonzert ist, bei dem man sich die Renditen aussuchen kann, sondern klaren Gesetzmäßigkeiten unterliegt. Diese gilt es dem Kunden verständlich zu machen.

Scherer: Die wichtigsten Punkte sind: 1. Die Ziele meiner Kunden genau zu kennen. 2. Starke Partner im Portfolio Management und in der Abwicklung auswählen und überwachen. 3. Volle Transparenz schaffen. 4. Ständig im Interesse meiner Kunden auf der Hut sein. 5. Eigenes Geld in die empfohlenen Strategien investieren.

Und um selbst eine nachhaltige Vermögensbetreuung gewährleisten zu können, haben Sie in enger Kooperation mit Allianz/Pimco das Family Office GMAI gegründet? Was unterscheidet Sie von anderen?
Meier: Unser Ziel ist es, ein maximales Maß an Transparenz in der Asset Management Industrie zu schaffen. Nur wenige Kunden von Finanzdienstleistern wissen wirklich, was sich hinter welchen Dienstleistungen versteckt. Dies liegt auch daran, dass die Finanzbranche von Jahr zu Jahr kleinteiliger wird. Für uns ist wichtig, den Kunden selbst die Freiheit zu geben zu entscheiden, welche Dienstleitung welchen Preis wert ist und welche nicht.

Scherer: Wir sind in der außergewöhnlichen Lage, als Bindeglied zwischen Privatkunden und einem der erfolgreichsten Asset Manager weltweit zu agieren und trotzdem die Freiheit zu besitzen, jeden Tag ausschließlich die Interessen unserer Kunden in den Vordergrund zu stellen und uns auf das Erzielen von nachhaltigen Ergebnissen fokussieren zu können.

Worauf liegt Ihr Fokus bei der Vermögensverwaltung?
Meier: Wir sind ein Finanzdienstleistungsunternehmen, das sich auf die Betreuung von vermögenden Familien und vermögenden Privatkunden im deutschsprachigen Raum spezialisiert hat. Hierbei liegt der Fokus unseres Handelns auf Vermögenserhalt und stabilem Vermögenswachstum über Generationen hinweg. Wir vertreten ausschließlich die Interessen unserer Kunden und fungieren als Bindeglied zwischen Banken und Asset Managern.

Neben Ihren Asset Management Aktivitäten versteht sich Ihr Family Office auch als Mittler zwischen Ideengebern von gesellschaftlichen Innovationen und potenziellen Investoren?
Scherer: Durch das bestehende Netzwerk ergibt sich das automatisch. Viele Kunden haben immer wieder neue interessante Ideen und suchen Partner. Hier helfen wir gerne, Kontakte herzustellen und bei Interesse auch zu investieren.

Die erste gesellschaftliche Innovation, bei der Sie im Rahmen Ihrer Netzwerktätigkeit in Ihrem neuen Unternehmen engagiert sind, ist Better Food. Worum handelt es sich dabei und was ist Ihre Intention?
Meier: Better Food adressiert ein essentielles Problem unserer Gesellschaft: Die Organisation von Nahrungsmitteln. Heutzutage verschwenden wir täglich Unmengen von Lebensmitteln, während gleichzeitig große Teile der Bevölkerung hungern. Wir wenden mehr Energie für den Transport und die Lagerung dieser Lebensmittel auf als diese an Energie bringen. Und wir schaffen es nicht, die qualitativ hochwertigen Lebensmittel jedermann im täglichen Bedarf zukommen zu lassen. Diese Missstände müssen meiner Meinung nach schnellstmöglich korrigiert werden. Better Food hat hier ganz neue innovative Konzepte entwickelt, die den Lebensmittelmarkt revolutionieren werden. Die Nachhaltigkeit dieser Konzepte, aber auch die dahinterstehenden Personen haben uns absolut überzeugt.

Weshalb ist die Beschäftigung mit Nachhaltigkeit immer auch ein privates Thema, das sich vom beruflichen Engagement nicht trennen lässt?
Scherer: Wir haben nur diesen Planeten und der macht keinen Unterschied, ob Sie heute frei haben oder arbeiten. Wir müssen die Menschen zum Handeln motivieren und ihnen die Angst vor Veränderung nehmen. Das ist möglich und daran glaube ich fest.

Meier: Wenn Sie Ihre persönliche Definition von Nachhaltigkeit bewusst getroffen haben, lässt sich das eine von dem anderen gar nicht mehr trennen. Es ist allerdings ein schwerer Schritt, konsequent beim Thema Nachhaltigkeit zu handeln. Sie müssen bei fast jeder Entscheidung die Konsequenzen für den Planeten bedenken und das ist anstrengend und bringt einen oft in Konflikt mit sich selbst. Ich glaube aber, dass viele Menschen dieser Definition aus dem Wege gehen, weil sie in der Konsequenz dann ihr Leben verändern müssten. Und dazu sind die meisten zu bequem oder zu ängstlich.

Was würden sie im Bereich Nachhaltigkeit gerne ändern?
Meier: Erstens sollten wir beim Konsumenten ein Bewusstsein für nachhaltige Produkte und Dienstleistungen schaffen mit dem Ergebnis, dass er diese auch kauft. Zweitens sollten wir alle Industrien motivieren, ihre notwendigen Gewinnerzielungsabsichten an nachhaltigen Produkten und Dienstleistungen festzumachen. Und drittens würde ich die Politik dazu anhalten Strukturen zu schaffen, die nachhaltig und langfristig unser Umfeld erhalten und für ein friedliches Miteinander sorgen. Wir sitzen alle in einem Boot. Wir sollten nur mal mit dem gemeinsamen Rudern in die richtige Richtung beginnen. Es kann doch nicht sein, dass wir unseren Gemeinschaftssinn nur in der Not entdecken und wenn es uns allen

gut geht, jeder seinen Egoismus bis zum Äußersten auslebt.

Sie sind Young Leader der BMW Stiftung Herbert Quandt. Was bedeutet Ihnen diese Berufung und welche Qualitäten bringen Sie in das internationale Netzwerk ein?
Meier: Für mich ist die Aufnahme bei Young Leaders zum einen eine sehr große Anerkennung, zum anderen eine noch größere Verantwortung. Natürlich bin ich stolz darauf, dass ich diesem Netzwerk meine Fähigkeiten, Eigenschaften und Einschätzungen in regelmäßigen Abständen zur Verfügung stellen darf. Ich nehme dieses Engagement auch sehr ernst. Für mich ist die BMW Stiftung Herbert Quandt eines der umsetzungsstärksten Netzwerke für gesellschaftliche Innovation und ich traue dieser Organisation einen hohen Einfluss und starke Veränderungspower zu.

Sie haben eine 7-jährige Tochter. Inwiefern nimmt sie Einfluss auf Ihr Denken und Ihr Handeln?
Scherer: Wenn meine Tochter mich morgens mit ihren großen Augen fragend ansieht und der Tag beginnt mit »Papi, warum sind die Dinge so wie sie sind?« Spätestens dann, glauben Sie mir, fangen Sie an, über die Dinge nachzudenken. Hier gefällt mir ein Zitat von Richard von Weizäcker ganz besonders gut: »Unsere Nachfahren werden nicht fragen, welche Zukunftsvisionen wir für sie bereithielten; sie werden wissen wollen, nach welchen Maßstäben wir unsere eigene Welt eingerichtet haben, die wir ihnen hinterlassen haben.«

Was zeichnet Ihre »Handschrift« aus? Was soll als Botschaft von ihr bleiben auf diesem Planeten?
Scherer: Jemand der großen Wert auf Freiheit und Verwirklichung der eigenen Träume und Ziele gelegt hat, der aber trotzdem verstanden hat, dass wir nur gemeinsam unseren Planeten retten können und danach sein Leben ausgerichtet hat.

Meier: Jemand zu sein, der jeden Tag versucht, die Welt und das Leben ein Stück besser zu machen, um unseren Kindeskindern das gleiche Maß an Freiheit, Menschlichkeit, Wohlstand und Freude zu ermöglichen, das ich erleben durfte.
Im Prinzip geht es darum, eine Verantwortung dafür zu entwickeln, was wir hinterlassen. Wir können alle nichts aus der kurzen Zeit, die wir auf dem Planeten verweilen, mitnehmen. Wir leben aber trotzdem in unseren Kindern weiter und deshalb sollten wir alles daran setzen sicherzustellen, dass viele weitere Generationen die Chance auf ein glückliches Leben haben. Dieser Herausforderung sollten wir uns gemeinsam stellen.

Nachhaltigkeit heist für mich...

...in die Zukunft unser Kinder und Enkelkinder zu investieren!

René Schmidpeter

Dr. René Schmidpeter, Jahrgang 1974, studierte Betriebswirtschaftslehre, Angewandte Europawissenschaften sowie Sozialethik und Gesellschaftspolitik in Deutschland, Großbritannien und den USA. Seit über zehn Jahren arbeitet und forscht er im Bereich gesellschaftliche Verantwortung von Unternehmen. Er lehrt Corporate Social Responsibility an der Hochschule Ingolstadt und ist unter anderem wissenschaftlicher Leiter des Zentrums für humane Marktwirtschaft in Salzburg, Mitglied im Dr. Karl Kummer-Institut sowie im Austrian Chapter des Club of Rome. Er hat gemeinsam mit anderen einschlägige Publikationen zum Thema CSR im Springer Gabler Verlag herausgegeben: u.a. »Corporate Social Responsibility. Verantwortungsvolle Unternehmensführung in Theorie und Praxis« (2012), »Handbuch Corporate Citizenship« (2008) sowie »CSR Across Europe« (2005).

Management by Sustainability:

Gesellschaftliche Verantwortung (Corporate Social Responsibility) als Managementansatz der Nachhaltigkeit

A) Ökonomische, soziale und ökologische Herausforderungen in der Wirtschaft

Niemand würde mehr verneinen, dass wir uns in Zeiten des weltweiten Wandels sowie erhöhter allgemeiner Unsicherheit befinden. Finanzmarktkrise, Ressourcenknappheit, Klimawandel, demografische Entwicklungen, politische Umbrüche sowie technologische Fortschritte werden zu bestimmenden Triebfedern unserer gesellschaftlichen Entwicklung. Dies hat sowohl Auswirkungen auf das Denken und Handeln der Menschen als auch auf die vorherrschenden politischen Strömungen. Aber auch die Rahmenbedingungen der nationalen und internationalen Wirtschaftssysteme sowie die Wettbewerbsfähigkeit unserer Unternehmen verändern sich dramatisch. Immer mehr Manager erkennen, dass nachhaltiges Wirtschaften zur zentralen Herausforderung ihres Unternehmens sowie der ganzen Wirtschaft wird. Die Finanz-, Energie- und Automobilbranche wurden bereits von den aktuellen Entwicklungen stark herausgefordert – und manche Unternehmen konnten nur mit massiver staatlicher Unterstützung am Leben erhalten werden. Und auch in anderen Wirtschaftszweigen ist bereits erkennbar, dass nur die Unternehmen, welche die gegenwärtigen Herausforderungen am besten meistern, d. h. die in der Krise liegenden inhärenten Chancen aktiv nutzen, die Gewinner von morgen sein werden. Die aktuellen ökologischen, sozialen und wirtschaftlichen Herausforderungen und die damit verbundenen Marktveränderungen werden daher sowohl Verlierer als auch Gewinner erzeugen. Das bedeutet für alle erfolgsorientierten Unternehmen, dass sie Innovationen (Produkt-, Prozess-Management und gesellschaftliche Innovationen) noch stärker vorantreiben und mit proaktiven Managementansätzen auf die aktuellen Herausforderungen reagieren müssen.

B) Management by Sustainability – Innovation und Ganzheitlichkeit

Diese Neuausrichtung der Geschäftsmodelle und Unternehmensprozesse gelingt nach Ansicht des Managements nur dann, wenn sie sich als Teil eines großen Ganzen begreifen und das gegenwärtige Gegensatzdenken zwischen Wirtschaft und Gesellschaft produktiv überwinden.[1] Unternehmen als Teil der Lösung und nicht als Teil des Problems zu sehen, das ist ein große Chance der Krise und vermutlich unsere einzige.

Um Unternehmen als Motoren der gesellschaftlichen Innovation zu begreifen, ist es jedoch notwendig, wirtschaftliche Überlegungen nicht nur auf rein betriebswirtschaftliche Fragestellun-

---

[1] Vgl. dazu Porter/Kramer (2011), Laszlo/Zhexembayeva (2011), Senge u.a. (2008) sowie die Beiträge in Schneider/Schmidpeter (2012).

gen zu reduzieren, sondern immer auch mit einer gesellschaftspolitischen Reflexion zu unterlegen. Die Frage nach der gesellschaftlichen Verantwortung von Unternehmen (CSR) wird damit zur zentralen strategischen Frage eines jeden Unternehmens. In der Vergangenheit hat es viele Missverständnisse bzw. falsche Interpretationen von CSR gegeben. Ziel der nachfolgenden Abschnitte ist es daher, die Eckpunkte eines modernen CSR-Management aufzuzeigen.

C) Integratives Management:
Social Case mit Business Case verbinden

Lange haben die fundamentalen Kritiker unseres Wirtschaftssystems mit den Verfechtern der einseitig am Gewinn orientierten Managementvertreter darüber gestritten, ob wirtschaftliches Handeln dem Primat der Ethik oder die Moral dem Primat der Ökonomie unterstellt ist. Allen Diskutanten ist dabei meist ein Gegensatzdenken zu eigen, welches sich in seiner eindimensionalen Sichtweise nicht konstruktiv auflösen lässt und somit in einem nicht mehr enden wollenden Konfliktdenken mündet. Jedoch ist die Antwort auf das ausschließlich intellektuell verursachte Problem relativ einfach, wenn man das in der aktuellen Debatte vorherrschende Entweder-Oder-Denken in ein pragmatisches Sowohl-als-Auch-Denken überführt. Das bedeutet, wirtschaftliche, soziale und ökologische Fragestellungen integriert betrachten und nicht isoliert gegeneinander ausspielt. Und genau hierin liegt die Stärke der aktuellen Diskussion um die gesellschaftliche Verantwortung von Unternehmen – Corporate Social Responsibility (CSR), in welcher sich eine neue produktive Sichtweise auf den Beitrag von unternehmerischer Verantwortung für das eigene Geschäft sowie die Weiterentwicklung der Gesellschaft herauskristallisiert. Sie beruht auf der Annahme, dass Unternehmertum nur dann adäquat rekonstruiert werden kann, wenn sowohl die individuelle Komponente, Gewinn (Business Case), als auch die gesellschaftliche Funktion, Schaffung von Mehrwert für die Gesellschaft (Social Case), des Unternehmens gleichermaßen berücksichtigt wird. Verantwortliches Unternehmertum hat dann zum Ziel, sowohl Mehrwert für die Gesellschaft als auch das Unternehmen selbst zu schaffen.

Als Beispiel für diese Sichtweise kann hier schon das Handeln erfolgreicher Unternehmer zu Zeiten der Industrialisierung dienen. Verantwortungsvolle Unternehmer haben auf die damaligen gewaltigen sozialen und ökologischen Herausforderungen reagiert, indem sie zum Beispiel betriebliche Pensionskassen, Mitarbeiterbeteiligung, Ausbildungskonzepte sowie Gesundheits- und Sozialprojekte entwickelten. Diese in den Unternehmen praktizierten Erfolgsmodelle wurden dann vom Staat aufgegriffen, und es entstanden so Pensionsversicherungen, duale Ausbildungssysteme sowie Gesundheitsversorgung für alle. Ähnlich wie in den Zeiten der Industrialisierung sind wir auch heute wieder auf Unternehmen angewiesen, die abermals aktiv die Rahmenbedingungen unseres Landes mitprägen und die Politik dabei unterstützen, die soziale Marktwirtschaft durch die Integration der Nachhaltigkeitsidee weiterzuentwickeln. Unternehmen sind gleichsam ein Laboratorium, in denen neues entwickelt, getestet und optimiert wird. Erst aufgrund dieser Erfahrungen wird es oft möglich, Innovationen branchenweit oder gesamtgesellschaftlich zu verbreiten bzw. durchzusetzen. Dazu müssen soziale, ökologische und wirtschaftliche Fragestellungen und Anliegen systematisch in die Managementsysteme integriert und somit zur zentralen DNA des Unternehmens werden.

Strategisches Management: Innovation statt reine PR und Compliance

Damit ist auch klar, dass CSR keine reine PR bzw. kein Greenwashing sein kann und darf. Vielmehr setzt ein modernes CSR-Verständnis voraus, dass Unternehmen als Teil der Gesellschaft definiert und existierende bzw. mögliche Konfliktfelder zwischen Unternehmen und ihrer Umwelt systematisch identifiziert werden. Durch intelligente Managementansätze bzw. durch Produkt- und Prozessinnovationen werden diese dann aufgelöst bzw. reduziert. Ziel dabei ist es, das jeweilige Geschäftsmodell so an den gegeben ökologischen, sozialen und wirtschaftlichen Rahmenbedingungen auszurichten, dass mit den jeweils vorhandenen Ressourcen sowohl unternehmerischer als auch gesellschaftlicher Mehrwert generiert wird.

Die dafür notwendigen neuen Lösungsansätze bedürfen unternehmerischer Innovation. Damit ist auch klar, dass CSR weit über reine Compliance, d.h. Gesetzeseinhaltung, hinausgeht. Compliance ist sozusagen die Pflicht und strategische CSR die Kür. Dieses zur Kenntnis nehmend, stehen nunmehr viele Unternehmen vor der Herausforderung die rein defensive, Compliance orientierte Verantwortungsübernahme zu einer proaktiven und chancenorientierten CSR-Sichtweise weiterzuentwickeln. Unternehmen »als Bürger« müssen hierzu sowohl ihre Unternehmensziele als auch ihr Verhältnis zu Politik und zur Zivilgesellschaft neu bestimmen, indem sie die aktuellen ökologischen und gesellschaftlichen Herausforderungen sowie die Interessen ihrer Stakeholder systematisch prüfen und in ihr Geschäftsmodell integrieren. Integriertes Management[2], welches Verantwortung systematisch in alle Managementprozesse einbezieht, wird daher immer mehr zur Voraussetzung für erfolgreiches wirtschaftliches Handeln.

Proaktives Management: Implizites Handeln in explizite Strategie überführen

Manche Unternehmen jedoch sehen noch nicht die Notwendigkeit, das Thema Verantwortung systematisch zu bearbeiten. Insbesondere kleine und mittlere Unternehmen stellen sich auf den Standpunkt, dass sie aufgrund ihrer engen Verbundenheit zu Mitarbeitern und zum Umfeld sozusagen automatisch verantwortlich wirtschaften. Dies ist in vielen Einzelfragen oft richtig, jedoch ersetzt dieses Vorgehen nicht einen expliziten CSR-Ansatz, welcher systematisch die Chancen verantwortlichen Wirtschaftens aufgreift und permanent weiterentwickelt. Es sollen daher die Vorteile eines expliziten CSR-Managements gegenüber einer impliziten Verantwortungsübernahme dargelegt werden: Erstens ermöglichen explizite CSR-Ansätze den stärkeren Einbezug der Mitarbeiter und auch aktueller wissenschaftlicher Erkenntnisse bei der Verantwortungsübernahme. So werden nicht nur bestehende Innovationspotenziale besser genutzt, sondern auch die Identifikation der Mitarbeiter und Führungskräfte mit der Verantwortungsübernahme erhöht. Zweitens wird bei einem expliziten CSR-Ansatz bei der Übergabe des Unternehmens

---

2 Vgl. zum Thema Integriertes Management: Lorentschitsch/Walker (2012).

die Fortführung der bestehenden Verantwortungskultur erleichtert. Denn eine explizit auch mit den Nachfolgern besprochene und ausgearbeitete Verantwortungsstrategie kann im Falle der Unternehmensübergabe mit weniger Friktionen an die nächste Generation weitergegeben werden. Drittens kann die explizite Verantwortungsstrategie dazu genutzt werden, um den eigenen Standpunkt externen Partnern (zum Beispiel internationalen Kunden, Zulieferern etc.) zu vermitteln. Viertens ist es gerade bei einer dynamischen Unternehmensentwicklung oft unabdingbar, auch die eigene Rolle in der Gesellschaft weiterzuentwickeln. Wenn zum Beispiel ein Unternehmen erfolgreich wächst, ist es meist notwendig, dass die ursprünglich vom Unternehmensgründer gelebte und gedachte Verantwortungsübernahme mitwächst. Des Weiteren wird von den Großunternehmen immer mehr Professionalität im Umgang mit Verantwortung abverlangt. Dies hat auch Konsequenzen für KMUs als Zulieferer, weil auch sie mit neuen Ansprüchen/Kriterien seitens der Großunternehmen konfrontiert werden.

Fazit: Die Entwicklung von CSR zu einem Managementkonzept für Nachhaltigkeit

Gerade weil das generelle Vertrauen in die Wirtschaft im Abnehmen begriffen ist, wird es für Unternehmen immer wichtiger, die eigenen Positionen zum Thema Verantwortung offen auszuweisen und den relevanten Zielgruppen zu kommunizieren. Dafür ist mehr Transparenz notwendig, aber das alleine reicht nicht. Im Sinne der Idee der sozialen Marktwirtschaft muss unternehmerisches Handeln immer auch zustimmungsfähig sein. Es wird sich zunehmend daran messen lassen müssen, ob und inwieweit gesellschaftliche Interessen darin berücksichtigt werden. Ohne explizite CSR-Strategie bleiben Unternehmen daher hinter dem möglichen Nutzen ihres verantwortlichen Wirtschaftens zurück, d.h. die daraus resultierenden Chancen werden nicht im vollen Umfang genutzt.

Daher hat sich CSR in den letzten Jahren von einem rein punktuellen Unternehmensengagement (Sponsoring und Spenden) sowie rechtlicher Compliance zu einem expliziten Verantwortungsmanagement im Kerngeschäft entlang der drei Säulen Ökonomie, Soziales, Ökologie entwickelt (CSR 2.0).[3] Dabei ist nicht mehr die Frage zentral, wie der Gewinn verwendet, sondern wie dieser erwirtschaftet wird. Im nächsten Schritt rückt nun die generelle Frage des Beitrages von Unternehmen für gesellschaftliche Innovationsprozesse (Social Innovation) in den Mittelpunkt. Diese bewusste strategische Positionierung in der Gesellschaft (Business in Society) hat zum Ziel, den gesellschaftlichen und unternehmerischen Mehrwert gleichzeitig zu steigern (Shared Value). Unternehmen als verantwortliche Bürger der Gesellschaft (Corporate Citizens) werden somit nicht mehr als Problem wahrgenommen, sondern liefern Lösungsbeiträge für die drängendsten Herausforderungen unserer Zeit. Diese Neuausrichtung der Unternehmen (im Sinne eines Sustainable Entrepreneurships) ist der eigentliche und fundamentale Beitrag der Wirtschaft zu einer nachhaltigen Entwicklung unserer Gesellschaft. Sie ist Investition in die Wettbewerbsfähigkeit unserer Unternehmen und in die Zukunft der kommenden Generationen.

---

3 Zum Generationen Modell und Verständnis von CSR vgl. auch die Gedanken von Peters (2009), Visser (2011) sowie Schneider (2012).

Nachhaltigkeit heißt für mich, für die Intension meines Handelns, für das Handeln selbst und für das erzielte Ergebnis Verantwortung zu übernehmen.

Holger J. Schmidt

Prof. Dr. Holger J. Schmidt, Jahrgang 1969, beschäftigt sich seit Mitte der 90er Jahre mit Marken und ihrer ganzheitlichen Führung. Er studierte Betriebswirtschaftslehre in Mannheim und Barcelona und promovierte in Hannover. Seine berufliche Laufbahn begann er bei einem mittelständischen Dienstleister und im elterlichen Unternehmen. Später wechselte er in die Beratungs- und Werbebranche. In der Folge gründete er die Markenberatung Monteverdi und war Geschäftsführer der TNT Akademie, einer Tochtergesellschaft des internationalen Logistikkonzerns TNT. Heute unterrichtet er an der Hochschule Koblenz und berät nationale sowie internationale Kunden unterschiedlicher Branchen bei Aufbau und Pflege ihrer Marken. Sein besonderes Interesse gilt der Rolle des Mitarbeiters bei der Markenbildung (Internal Branding), dem Thema Nachhaltigkeit & Marke, der Beratung von Non-Profit-Unternehmen sowie der Entwicklung neuer Geschäftsmodelle. Er ist Autor zahlreicher Veröffentlichungen und Redner auf Fachkonferenzen und Kongressen. Holger J. Schmidt ist verheiratet und hat zwei Söhne. Weiterführende Informationen: www.hs-koblenz.de, www.holgerjschmidt.de

Unternehmen brauchen eine gelebte Kultur der Nachhaltigkeit

Nachhaltigkeit ist »in«. Kein Wunder also, dass der Begriff zu den aktuellen »Buzzwords« der Wirtschaft gehört. Doch für Unternehmen lohnt es sich, genauer hinzuhören: Vor dem Hintergrund strenger Umweltgesetze, Ressourcenknappheit und der ansteigenden Lautstärke von Umwelt- und Verbraucherverbänden argumentieren nicht nur idealistische Weltverbesserer, sondern auch immer mehr Ökonomen, dass sich unternehmerisches Engagement in Sachen Nachhaltigkeit mittel- bis langfristig rechnet. Insbesondere für Unternehmen, die sich zu einer starken Marke entwickelt haben oder dieses Ziel verfolgen, scheint es unverzichtbar, sich mit Nachhaltigkeit auseinanderzusetzen und systematisches Nachhaltigkeitsmanagement zu betreiben.

Warum ist das so? Seit jeher üben starke Marken eine emotionale Anziehungskraft aus, sie erleichtern Konsumenten die Entscheidung, sie sind innovativ und nutzen globale gesellschaftliche Entwicklungen, ohne ihre Vergangenheit zu verleugnen. In vielen Branchen, wie beispielsweise in der Mode oder der Autoindustrie, bieten sie ihren Fans einen hohen ideellen Nutzen, sie sind Statussymbol und dienen ihnen als Ausdruck der eigenen Persönlichkeit. An Marken werden also hohe Anforderungen gestellt, und wenn Nachhaltigkeit eine wichtige gesellschaftliche Entwicklung ist, so muss sie auch im Markenmanagement Berücksichtigung finden – doch sicher nicht nur auf der oberflächlichen Aktionsebene, sondern im gesamten Markensystem.

Was machen sogenannte »Good Brands« anders? Sie leben den Gedanken der Nachhaltigkeit ganzheitlich: Sie wissen, worin ihre Spitzenleistungen liegen und haben diese zu attraktiven Markenwerten verdichtet. Sie drücken diese Werte in einzigartiger Weise über ihren Markenstil aus. Sie beziehen ihre Fans und Kunden über Dialog und ko-kreative Ansätze in die Wertschöpfungskette ein. Und schließlich bieten sie Sinn, indem sie für unsere Gesellschaft und Umwelt Gutes tun. Um eine solche »Good Brand« aufzubauen, ist mehr nötig als der Wille einzelner Top-Entscheider oder Vordenker. Das ehrgeizige Ziel kann nur erreicht werden, wenn im gesamten Unternehmen eine Kultur der Nachhaltigkeit gepflegt wird. Dies bedingt unter anderem, dass alle Mitarbeiter in die Entwicklungsprozesse eingebunden werden. Aus der Markenforschung wissen wir, dass hierfür drei Bedingungen erfüllt sein müssen:

1. Mitarbeiter kennen das Nachhaltigkeitsengagement des Unternehmens

Wer nicht informiert ist, kann nicht mitreden, geschweige denn mitdenken. Die Führungskräfte, vor allem auf der obersten Leitungsebene, sollten deshalb jede Chance nutzen, um der Nachhaltigkeit Raum zu geben. So sind sie gut beraten, wenn sie die Mitarbeiter aller Ebenen in den Definitionsprozess von Nachhaltigkeitszielen frühzeitig einbinden. Zudem müssen sie sämtliche Aktivitäten im Nachhaltigkeitsmanagement intern kommunizieren und diskutieren. Vor allem aber sollten sie darauf achten, dass sie das Nachhaltigkeitsengagement als Strategie zur Zukunftssicherung des Unternehmens darstellen und nicht als philanthropische Aktion, damit sie in wirtschaftlich schlechten Zeiten nicht in Erklärungsnot kommen. Schließlich ist es wichtig, dass das Nachhaltigkeitsmanagement des Unternehmens – sofern es ein echtes Anliegen ist – professionell nach außen kommuniziert wird, denn Mitarbeiter verfolgen die Außendarstellung ihres Arbeitgebers sehr genau. Es macht sie stolz, bei einem Unternehmen zu arbeiten, das für sein soziales und ökologisches Engagement in der Öffentlichkeit bekannt ist.

2. Mitarbeiter können einen eigenen Beitrag für nachhaltiges Wirtschaften leisten

Um eine Nachhaltigkeitskultur zu etablieren, sollten Mitarbeiter die Chance haben, ihren eigenen Beitrag beizusteuern. So ist es zum Beispiel unsinnig, wenn sie potenzielle Lieferanten mit einer Nachhaltigkeits-Checkliste überprüfen müssen, der Kostendruck aber so hoch ist, dass sie sich nur für den günstigsten entscheiden können. Damit Mitarbeiter ihr persönliches Nachhaltigkeits-Know-how einsetzen können, sollten deshalb Entscheidungsfreiräume geschaffen werden, dank derer Zielkonflikte auf Abteilungsebene zugunsten der Nachhaltigkeit aufgelöst werden. Idealerweise erfahren sie in Schulungen, wie sie die Nachhaltigkeit in das eigene Handeln integrieren können – sei es in der Forschung und Entwicklung neuer Produkte, in der Produktion oder im Marketing.

3. Mitarbeiter streben danach, die Nachhaltigkeitsziele zu erreichen

Neben dem »Kennen und Können« ist natürlich das Wollen ein entscheidender Punkt, um in Unternehmen eine Kultur der Nachhaltigkeit aufzubauen. Damit das gelingt, sind drei Aspekte zu beachten. Erstens: Unterstützen die Mitarbeiter das Unternehmensengagement, weil die Nachhaltigkeit zu ihrem eigenen persönlichen Wertesystem gehört? Weil Einstellungen, Überzeugungen und Werte nur schwer verändert werden können, ist den Unternehmen, die sich zur »Good Brand« entwickeln wollen, anzuraten, in ihrem Recruiting-Prozess das Wertesystem der Kandidaten zu durchleuchten. Zweitens: Besitzt das Unternehmen Anreizsysteme, die ein nachhaltiges Verhalten belohnen? Ein vorbildliches Mitarbeiterverhalten könnte etwa durch den Vorgesetzten öffentlich gelobt werden, in das jährliche Beurteilungsgespräch einfließen oder sich direkt – über klar definierte Kriterien im Entlohnungssystem – auf das Gehalt auswirken. Drittens: Leben die Führungskräfte Nachhaltigkeit vor? Viele Mitarbeiter orientieren ihr Verhalten am Verhalten ihrer Vorgesetzten. Der Schlüssel für eine Kultur der Nachhaltigkeit dürfte also darin liegen, die Führungskräfte für das Thema zu sensibilisieren.

Fazit

Halten wir fest: In Zukunft werden jene Marken besonders erfolgreich sein, die sich zu einer »Good Brand« entwickeln. Hierfür ist es unverzichtbar, eine Unternehmenskultur der Nachhaltigkeit zu etablieren. Dies kann nur gelingen, wenn Mitarbeiter die Unternehmensaktivität dazu kennen, einen eigenen Beitrag leisten können und den Willen haben, die Nachhaltigkeitsziele zu erreichen.

Nachhaltigkeit heißt für mich mir weiterhin selbst treu bleiben zu können, um einen Unterschied für die Gesellschaft in der ich lebe auszumachen.

Joachim Schü

Als geschäftsführender Gesellschafter steht Dr. Joachim Schü seit der Gründung 2001 an der Spitze der Consileon Business Consultancy. Er verantwortet die Weiterentwicklung und Internationalisierung des Beratungshauses, engagiert sich aber auch stark im operativen Geschäft. Einen Schwerpunkt bildet dabei die Ausrichtung der IT des Klienten an dessen Unternehmensstrategie. Schü hat an der Universität Karlsruhe und in den USA Informatik studiert und in Karlsruhe summa cum laude promoviert. Von 1996 bis 1999 war er in der deutschen Niederlassung einer amerikanischen Consultingfirma als Strategieberater tätig, danach bis 2001 bei einem börsennotierten Systemintegrator als Führungskraft. Weitere Informationen: www.consileon.de

»Jede Strategie sollte nachhaltig sein«

Wofür steht Consileon? Wie sieht Ihre Vision der weiteren Entwicklung des Unternehmens aus?

Consileon steht für strategische Beratung sowie organisatorische und technische Lösungen zu kritischen Geschäftsproblemen. Eine Vision skizziert ein noch nicht erreichtes Ziel. Mein Ideal der Consileon haben wir bereits verwirklicht. Dieses lässt sich jedoch weniger an Kennzahlen oder anderen harten Fakten festmachen. Ganz im Sinne der viel diskutierten Nachhaltigkeit muss man die Unternehmensvision weiter fassen. Bereits in den ersten Jahren nach unserer Gründung habe ich die Vision einer nachhaltigen Managementberatung formuliert – ohne mich näher mit dem Nachhaltigkeitsbegriff befasst und ohne ihn explizit verwendet zu haben.

Welche Entwicklungen sehen Sie in der Unternehmens- und IT-Beratung?

Gesellschaftliche Megatrends kommen früher oder später auch in der Unternehmensberatung an. Dazu einige Beispiele: Angesichts des demografischen Wandels müssen wir uns als Arbeitgeber fragen, ob wir dauerhaft darauf verzichten können, zwar unerfahrene, dafür aber hoch motivierte Absolventen anzuwerben. Auf Zukunftsthemen wie Gesundheit oder Mobilität muss sich die Beratung neu einstellen. Die klassische Ausrichtung an Branchen und betrieblichen Funktionen wird sich letztlich überholen. Als Consultants müssen wir die geforderte Interdisziplinarität vorleben. Dazu gehört Raum für unterschiedliche Talente. Über das Standing eines Beraters darf nicht allein die Qualität seiner Präsentationsfolien entscheiden.

Was leisten Social Media und Internet in Ihrem Metier?

Der leichte Zugang zu Informationen und Partnern mit den erforderlichen Kompetenzen ermöglicht auch kleineren Consultingfirmen, fachlich mit den großen zu konkurrieren. Die klassischen Strategieberater haben ihren Zenit überschritten. Wir haben schon viele Versuche von Mitbewerbern erlebt und werden weitere erleben, sich mit sogenannter Strategieberatung auf eher operativen, teils sachfremden Gebieten wie Schulung, Change-Management, IT oder Beteiligungen zu positionieren, um ihr Geschäft anzukurbeln. Das rührt daher, dass es längst nicht mehr genügend reine Strategieprojekte für alle selbst ernannten Strategieberater gibt.

Welche weiteren Tendenzen zeichnen sich ab?

Nach zahllosen Skandalen geht die Vergabe von Aufträgen an ehemalige Kollegen oder über politische Kontakte merklich zurück. In seriösen Unternehmen bearbeitet das Management strategische Fragen weitestgehend selbstständig. Externe Unterstützung braucht es vor allem beim vernetzten Denken im Rahmen der Umsetzung. Als Megatrend hat natürlich auch die Globalisierung Einzug in die Unternehmensberatung gehalten. Globale Marken können ihre starke Präsenz speziell in der Akquise und im Recruiting künftig noch stärker ausspielen. An die weltweit einsetzbaren Beraterteams, mit denen manche Häuser werben, glaube ich weniger. Auf dem Papier liest sich das nett, doch in der Praxis entscheidet nicht die einheitliche Methodik über den Projekterfolg, sondern die interkulturelle Empathie. Man braucht daher in erster Linie Mitarbeiter mit hohem EQ. Insgesamt ist nachhaltiges Handeln in der Consultingbranche noch Zukunftsmusik. Zumindest in der Strategieberatung läuft bereits die Behandlung des eigenen Personals den Prinzipien einer nachhaltigen Unternehmensführung zuwider – ich nenne hier nur die überlangen Arbeitszeiten und die noch immer gängige Up-or-Out-Politik. Allerdings werden wir mit zunehmendem Wohlstand immer mehr Mitarbeiter erleben, die nicht auf Dauer bereit sind, jede Woche neunzig Stunden in eine vermeintlich attraktive Karriere zu investieren.

Wie erklären Sie sich den Erfolg Ihres Unternehmens? Welche Rolle spielt dabei der ganzheitliche Ansatz aus Strategie- und IT-Beratung?
Umsatz, Wachstum, Rendite: Wenn das die Kriterien sind, kann sich unsere Erfolgsbilanz sehen lassen. Für mich stand und steht der Mensch im Vordergrund. Gerade deswegen hat sich bei Consileon ein materieller Erfolg eingestellt, der jeden Finanzinvestor zur Verzückung bringen würde. Ganzheitliche Beratung lässt sich leicht behaupten, doch oft bleibt sie eine Floskel. Aus dem Respekt, den wir jedem Menschen innerhalb wie außerhalb des Unternehmens unabhängig von Hautfarbe, Ausbildung und Geschlecht entgegenbringen, resultiert eine Firmenkultur, die eine Zusammenarbeit zwischen Strategie- und IT-Beratern auf Augenhöhe erst möglich macht.

Weshalb ist Nachhaltigkeit für Sie ein strategischer Managementansatz?
Eine Strategie ist ein langfristiger Plan. Wenn man es nicht gerade darauf anlegt, verbrannte Erde zu hinterlassen, muss jede Strategie im konstruktiven Sinne nachhaltig sein. Lange bevor Nachhaltigkeit zum Schlagwort wurde, haben die inhabergeführten Unternehmen solche Strategien verfolgt. Erst mit dem Siegeszug der Shareholder-Value-Ideologie wurde unternehmerisches Handeln oft kurzatmig und insofern weniger strategisch. Anders ausgedrückt: Eine gute Unternehmensstrategie ist seit jeher nachhaltig und wird es immer sein.

Was zeichnet eine nachhaltige IT-Strategie aus? Wie lässt sich ihre Formulierung, Bewertung und Umsetzung optimieren?
Geht man davon aus, dass die IT den Zielen des Unternehmens zuarbeitet, dann besteht ihre Aufgabe darin, eine wirtschaftlich, ökologisch und sozial nachhaltige Geschäftsstrategie bestmöglich zu unterstützen. Dies schließt die Bereitstellung von Kennzahlen zur Nachhaltigkeit des Unternehmens ein. Umgekehrt kann ein Geschäftsmodell nur dann als nachhaltig gelten, wenn die nötige IT-Infrastruktur umweltfreundlich ist, weil sie unter anderem wenig Strom verbraucht.

Sind der Chief Information Officer und die IT-Abteilung heute stärker gefordert als früher?
Das lässt sich schwer beurteilen. Der Chefinformatiker und sein Team waren immer gefordert. Die Arbeitsschwerpunkte haben sich jedoch verschoben. Trotzdem stelle ich nach fast zehn Jahren universitärer Informatikforschung und sechzehn Jahren im Beruf immer wieder fest, dass vielen Innovationen, die heute ihren Weg aus Hochschulen oder IT-Firmen zum Anwender finden, vergleichbare Leistungen der CIOs früherer Tage gegenüberstehen. Der Nachhaltigkeitsbegriff ist in der IT insofern neu, dass man früher weder den Stromverbrauch noch die Entsorgung ausrangierter Geräte oder sonstige ökologische Kriterien berücksichtigt hat. Im Übrigen verfolge ich mit Interesse, wie die Bewertung der IT je nach Marktlage zwischen den beiden Polen »für den Geschäftserfolg von geringer Bedeutung« und »entscheidender Wettbewerbsfaktor« alterniert. Wendet sich die Stimmung wieder einmal gegen die IT, haben es der CIO und seine Mitarbeiter natürlich schwerer.

Warum sehen viele CIOs gerade die Krise als Chance, die Weichen neu zu stellen?
Dazu bedarf es keiner Krise. Vielmehr muss der CIO Mut und Rückgrat zeigen, auch solche Entscheidungen durchzufechten, die schwer vermittelbar sind, weil sie sich nicht gleich im nächsten Quartal auswirken.

Was ist für Sie der »nachhaltigste« Gewinn aus Ihrer Studienzeit? Welche Kompetenz aus dieser Zeit sehen Sie als wichtigsten Erfolgsfaktor Ihres beruflichen Werdegangs?
Die Fähigkeit, Probleme zu strukturieren. Auf unmittelbare praktische Verwertbarkeit kam es im Studium weniger an.

Ist es sinnvoll, dass auch gemeinnützige Organisationen professionelle Planungs- und Kontrollinstrumente einsetzen?
Absolut! Im Ausland haben wir dazu bereits Pilotprojekte betreut. Bei der Spendenbeschaffung etwa sollten gemeinnützige Organisationen ihre Prozesse ebenso professionell aufsetzen wie gewinnorientierte Unternehmen.

Weshalb möchten Sie sich als Unternehmer von Interessen externer Investoren frei halten?
Aus der Zusammenarbeit mit externen Investoren habe ich zu Beginn meines Berufslebens viel gelernt. Vor allem die positiven Aspekte dieser Erfahrung haben meinen Führungsstil mitgeprägt. Doch solange es allein um die kurzfristige Rendite einer Investition geht, besteht kaum eine Chance, eine langfristige und damit nachhaltige Strategie zu entwickeln. Insbesondere als Consultant muss ich mir die Freiheit erhalten, meine Klienten auch dann in der Sache richtig zu beraten, wenn ich selbst nicht unbedingt davon profitiere. Leider haben die meisten Investoren ausschließlich den schnellen Ertrag im Blick.

Was kennzeichnet symbolisch Ihre Handschrift? Welche Botschaft soll sie auf diesem Planeten hinterlassen?
Ich möchte etwas leisten, das anderen Menschen möglichst lange nützt. So setze ich darauf, die Nachhaltigkeit unserer Firma und ihrer Beratung zu maximieren sowie in Maßnahmen zu investieren, die unsere Klienten, Mitarbeiter und Mitmenschen voranbringen.

Nachhaltige Geschäftsmodelle

Nachhaltige Geschäftsmodelle sind eine Investition in die Zukunft. Sie helfen, den Unternehmenswert in einem Umfeld zu steigern, in dem konventionelle Wachstumsstrategien an ihre Grenzen stoßen.

Mit dem Interesse an Fragen der Nachhaltigkeit sind in den letzten Jahren die Ansprüche der Gesellschaft an das Handeln der Unternehmen gestiegen. Der Unternehmenswert wird nicht mehr allein am Geschäftsergebnis gemessen, sondern auch an den ökonomischen, ökologischen und sozialen Langzeiteffekten des Geschäftsmodells sowie an der Adäquanz des Risikomanagements. Parallel dazu stellen immer mehr Führungskräfte fest, dass die klassischen Strategien zur Ertragssicherung weitgehend ausgereizt sind.

Durch Sensibilisierung für das Thema Nachhaltigkeit und den Aufbau von Kompetenzen zu deren Verbesserung schärfen Unternehmen zugleich ihren Blick für globale Trends, auf die sie sich einstellen müssen. Wer dies vernachlässigt, riskiert nicht nur Marktanteile. Auch im Werben um die besten Mitarbeiter und externen Partner werden Firmen, deren Kerngeschäft als wenig nachhaltig gilt, das Nachsehen haben.

Risiken als Chancen begreifen

Zu den Sachzwängen, denen sich Unternehmen heute stellen müssen, gehören der Druck der Kapitalmärkte, die Globalisierung der Wertschöpfung, die Verknappung natürlicher Ressourcen, der Klimawandel, die Zunahme sozialer Ungleichheit sowie geänderte Informations- und Kommunikationsbedingungen. Diese Megatrends erfordern eine vorausschauende Anpassung der Wertkette im Rahmen einer umfassenden Nachhaltigkeitsstrategie. Den Wettbewerb um innovative Ideen und Ansätze werden dabei diejenigen Akteure für sich entscheiden, die den unvermeidlichen Wandel weniger als Risiko wahrnehmen denn als Chance, ihre Marktposition auf Dauer zu festigen.

Nachhaltigkeit heißt für mich lernen, suchen, eigene Wege finden, Beiträge für eine gute Zukunft leisten und möglichst viele dabei mitnehmen.

Stefan Schulze-Hausmann

Stefan Schulze-Hausmann, Jahrgang 1960, ist Wissenschaftsjournalist und Rechtsanwalt. Er kam schon kurz nach dem Jurastudium und einigen Auslandsaufenthalten zum ZDF und moderiert dort seit 1989 verschiedene Formate. Unter anderem gab er neun Jahre der Technologiesendung »HITEC« und siebzehn Jahre dem Mobilitätsmagazin »Tipps und Trends mobil« auf 3sat ein Gesicht. Seit 1999 präsentiert Schulze-Hausmann das tägliche 3sat-Zukunftsmagazin »nano«. Stefan Schulze-Hausmann ist außerdem Geschäftsführer der Coment GmbH, einer Kommunikationsagentur mit Büros in Düsseldorf und Berlin, die seit 1990 Veranstaltungen in der Schnittmenge zwischen Unternehmen, Verbänden, Politik und Medien produziert und redaktionell betreut. Zu den Projekten gehören neben Corporate Events die öffentlichen Veranstaltungen des Bundesrates (seit 2006) und der Deutsche Umweltpreis (Moderation 2000 bis 2009). 2008 führte er zahlreiche Partner zum Deutschen Nachhaltigkeitspreis zusammen, der seitdem jährlich an Unternehmen und ab 2012 auch an Städte und Gemeinden vergeben wird. 2009 rief er die Stiftung Deutscher Nachhaltigkeitspreis e. V. ins Leben, deren Vorstandsvorsitzender er ist.

Wertschätzung ist Wertschöpfung

»Gesichter der Nachhaltigkeit« leisten ihren Beitrag für das, was sie sich für eine bessere Zukunft wünschen. Jeder wo und wie er kann. 2008 habe ich den Deutschen Nachhaltigkeitspreis (DNP) initiiert – als Fernsehjournalist geschult darin, eine neutrale Position einzunehmen und Komplexes nachvollziehbar zu erklären, als Moderator über viele Jahre mit Auszeichnungen und ihrer motivierenden Kraft vertraut. Wo eine unabhängige Sicht Not tut, wo möglichst vielen Menschen Schwieriges nahe gebracht werden muss und wo die Inspiration der Akteure hilfreich ist, setzt mein Beitrag an.

Den DNP bekommen Unternehmen, die ihre Nachhaltigkeitsleistungen in einem aufwändigen Assessmentprozess nachweisen und anschließend eine kritische Jury überzeugen. Ein Fachkongress dient dazu, dokumentierte Nachhaltigkeitsexzellenz in der Fachwelt zu kommunizieren und Akteure zusammenzuführen. Die medienwirksame Preisverleihung bringt einem breiten Publikum anhand von guten Beispielen nahe, was Nachhaltigkeit eigentlich ist. Das Wesen des Preises ist jedoch die Wertschätzung für die Sieger und ihr Handeln. Mich hat überrascht, wie kontrovers diese Frage innerhalb und außerhalb der »Nachhaltigkeitsszene« gesehen wird: Wertschätzung für Nachhaltigkeit?

Man hört: Ökologische und soziale Taten sind doch ethisch-moralisch geboten, daher zwingend und nicht weiterer Ehren wert. Das Wissen, etwas Richtiges zu tun, ist schon Lohn genug und kann als Ansporn doch genügen. Wer sich in Unternehmen für Nachhaltigkeit einsetzt, ist sowieso ein Underdog, dessen Treiben die Firma eher Geld kostet als Gewinn bringt. Warum also Anerkennung? Und umgekehrt: Wer mit Nachhaltigkeit Geld verdient, ist manchem Vertreter der reinen Lehre suspekt. Da ist Unternehmensgewinn doch Lohn genug. Wer mit Nachhaltigkeit richtig viel Geld verdient, ist außerdem noch allen ein Dorn im Auge, die das auch wollen, aber nicht so schnell oder so gut sind. Warum noch Ehre? Unternehmen, denen Nachhaltigkeitsthemen nicht oder nur bedingt wichtig sind, haben kein Interesse, Leistungen anzuerkennen, die sie selbst rückschrittlich ausschauen lassen. Und dann sind da noch die grundlegenden Ressentiments der aktiven Kleinen gegen die aktiven Großen, die Wertschätzung für deren (im Verhältnis zur Größe vermeintlich überschaubares) Engagement verhindern. Die Großen wiederum ignorieren die »minimalen« Schritte der Kleinen.

Die Zeit ist reif, diese Haltungen zu überwinden. Ich glaube, dass die Dynamik der Wertschätzung von Leistungen eine nachhaltige Entwicklung voranbringen kann. Um die besten Leistungen zu finden, sind transparente und fachlich abgesicherte Vorgehensweisen wichtig. Die Methodik ist der handwerkliche Teil, der so verlässlich und nachvollziehbar wie möglich diejenigen herausarbeitet, die es zu würdigen gilt. Die folgende öffentliche Anerkennung durch eine Auszeichnung ist geeignet, die Akteure nachhaltiger Entwicklung anzutreiben, sie kreativ zu machen, ihren Ehrgeiz wach zu halten, sie durchhalten zu lassen. In welchem Feld sind motivierte, inspirierte und durchhaltewillige Akteure wichtiger als in diesem?

Der Lichtkegel trifft die Besten und strahlt ab auf alle Akteure. Mir fällt auf, wie stark auch (und gerade) diejenigen, denen es ernst ist, sich abgrenzen und im Tagesgeschäft ihre Unterschiedlichkeit zu anderen Akteuren pflegen. Natürlich ist Reibung wichtig – keine Frage, dass vor allem das Ringen um die bessere Lösung uns voranbringt. Aber das Einende verdient aus meiner Sicht stärkere Betonung. Die Akteure nachhaltiger Entwicklung verbindet eine große Schnittmenge an Zielen. Eine Auszeichnung wie der DNP bietet innerhalb der Community die Möglichkeit, einander wertschätzender gegenüberzutreten. Breit wahrgenommene Anerkennung entfaltet ihre Wirkung im Wettbewerb, setzt Standards, bringt diejenigen unter Zugzwang, die hinter dem bepreisten Leistungsniveau zurückliegen. So kann Nachhaltigkeit weiter aus der Nische in die Breite getrieben werden. Mit Begründung kommunizierte Wertschätzung erreicht alle, die nachhaltiges Wirtschaften ermöglichen. Und das sind nicht nur die Unternehmen, sondern auch Konsumenten, Zivilgesellschaft, Forschung, Politik.

Alle diese Gruppen holen wir in den DNP. Sie bringen ihre Expertise in das Kuratorium, in die Jury und in den Kongress ein. Sie wirken als Repräsentanten von Meinungen und Strömungen, als Multiplikatoren, in der Mitte der Gesellschaft.

Den Besten Anerkennung und Wertschätzung in Form einer Auszeichnung entgegenzubringen, hat somit auch ein politisches und kulturelles Anliegen. Es geht um die Wertschätzung von Nachhaltigkeit, die signalisiert, dass sie sich ändert: Von der Philanthropie hin zu strategischen Unternehmensentscheidungen. Wertschätzung für Nachhaltigkeit gewinnt am Markt an Bedeutung und wird zu einer Herausforderung für das bisherige Denken in den Unternehmen. Eine qualifizierte Minderheit stellt sich dieser Herausforderung, der Mainstream noch nicht. Damit ist ein Preis für Nachhaltigkeit nicht Wertschätzung um ihrer selbst willen oder dazu da, ein gutes Gefühl in der Community zu erzeugen. Sie ist ein Angriff auf den Mainstream.

Der DNP ist in allen Facetten darauf angelegt, Breite zu erreichen. Er will die Netzwerke nachhaltiger Entwicklung stärken, immer mehr Akteuren Zugang zu Thesen, Trends und auch zu den Off-Themen der Nachhaltigkeitsszene verschaffen und diese Szene damit ausweiten. Er will gesunde Konkurrenz schüren, aber auch Chancen für neue Allianzen eröffnen, um gemeinsamen Zielen schneller näherkommen.

Durch die richtige Dynamik aus Begegnungen, Wettbewerb und Lerneffekten wird Wertschätzung zu Wertschöpfung.

Nachhaltigkeit heißt für mich, daß unsere Enkelkinder über uns sagen: "Sie haben die Weichen für eine tolerante und vielfältige Gesellschaft gut gestellt."

Ursula Schwarzenbart

Ursula Schwarzenbart ist Gründerin und Leiterin des Global Diversity Office der Daimler AG und in dieser Funktion verantwortlich für die Gestaltung, Einführung und Steuerung der gesamten Diversity-Aktivitäten des Konzerns weltweit. Seit August 2010 verantwortet sie zusätzlich die Weiterentwicklung und Anwendung des konzernweiten Performance & Potential Management Systems sowie die Weiterentwicklung des global einheitlichen Standards zur Potential- und Performance-Bewertung. In der Verbindung zu Diversity Management liegt hier die Chance, personen- und organisationsbezogen die notwendigen Veränderungen im Unternehmen konzeptionell und vor allen Dingen in der Umsetzung zu gestalten. Wesentliche Ziele ihrer Tätigkeit für das Unternehmen sind: Sicherstellung der Rahmenbedingungen eines globalen, konzernweit einheitlichen Performance & Potential Management Systems, Verankerung von Diversity Management in den Linienfunktionen des Unternehmens durch Kennzahlen zu Diversity Management, Unterstützung der Zielerreichung des Vorstands, bis 2020 zwanzig Prozent Frauen in leitenden Funktionen zu haben.
Weiterführende Informationen: www.daimler.com/nachhaltigkeit/diversity

Vom Wert der Vielfalt

Welche Bedeutung hat das Thema Diversity bei Daimler?
Wir schätzen das Spektrum an Eigenschaften, Talenten und Fähigkeiten unserer Mitarbeiterinnen und Mitarbeiter und richten uns konsequent darauf aus, diese Vielfalt für Daimler erfolgreich einzusetzen. Dafür umfasst unser Diversity-Programm die unterschiedlichsten internen und externen Aktivitäten und ist weltweit in allen Unternehmensbereichen verankert. Die Förderung und Nutzung der Vielfalt integrieren wir mit einem breiten Maßnahmenkatalog in unserer Unternehmenskultur. Ziel ist es, auf breiter Ebene zu sensibilisieren sowie Kompetenzen und Impulse für den Arbeitsalltag zu vermitteln.

Was sind Ziele und Nutzen des strategischen Diversity Managements in Ihrem Unternehmen?
Diversity Management ist ein strategischer Erfolgsfaktor für Daimler. Ein Grund dafür ist die demografische Herausforderung. Wenn wir künftig unseren Bedarf an Arbeitskräften decken wollen, wird die Belegschaft zwangsläufig älter, weiblicher und internationaler werden müssen. Darüber hinaus wird auch unsere Kundschaft zunehmend vielfältiger – und auch das sollte sich in der Zusammensetzung der Belegschaft widerspiegeln. Ganz grundsätzlich wollen wir unabhängig von Alter, Herkunft und Geschlecht die besten Köpfe für Daimler gewinnen. Unsere Diversity-Grundhaltung lautet: Unterschiedlichkeit fordern, Verbindungen schaffen, Zukunftsfähigkeit gestalten. Diversity ist ein nachhaltiger Beitrag für unsere Wettbewerbsfähigkeit. Innovation, effiziente Zusammenarbeit und das Gespür für unsere Zukunftsmärkte können nur dann entstehen, wenn vielfältige Kompetenzen und Talente im Unternehmen beschäftigt sind.

Welche Bedeutung hat Diversity Management für interne Prozesse und Mitarbeiter?
Aus Wertschätzung wird Wertschöpfung. Der bewusste Umgang mit Vielfalt ist ein wichtiger Baustein für die Freisetzung möglicher Potenziale. Unter anderem gehört dazu das Verständnis, dass Diversity Management eines der Kriterien zur Bewertung unserer Führungskräfte geworden ist. Dadurch fördern wir das Bewusstsein und die Kompetenz für Diversity im gesamten Unternehmen. Mit einem ganzheitlichen Maßnahmenkatalog und gemeinsamen Handeln von Führungskräften, Mitarbeiterinnen und Mitarbeitern, Personalbereichen sowie der Diversity-Organisation hat Daimler seit 2005 schon viel erreicht und bewegt. Diversity-Workshops oder Mentoring-Programme sind bewährte Maßnahmen, die wir einsetzen. Mitarbeiter-Netzwerke sind ebenfalls ein gutes Instrument. Sie bieten Raum für gemeinsame Interessen, Erfahrungen und Werte. »Netzwerken ist wie Fahrradfahren mit Rückenwind

– die eigene Bewegung gewinnt zusätzliche Dynamik. Durch den Austausch entsteht Mehrwert für uns, für die Mitarbeiter und das Unternehmen«, so Sigrun Schmalzried, Managerin Global Products, Processes & Systems Mercedes-Benz Bank und Mitglied im Women's Business Network.

Und welche Bedeutung hat Diversity für externe Prozesse und Stakeholder?
Die Bedeutung von Diversity als strategischem Erfolgsfaktor für die zukünftige Wettbewerbsfähigkeit Daimlers ist unbestritten. Die vier Megatrends Internationalisierung, Individualisierung, Demografie und Frauen führen zu einem globalen tiefgreifenden Wandel. Vielfalt eröffnet neue Wege für die Gestaltung unserer Arbeit und Produkte. Dieses Potenzial aktivieren wir mit Diversity Management und sichern damit unsere Wettbewerbsfähigkeit.

Worauf kommt es beim Generationen-Management an?
Immer mehr ältere Menschen stehen künftig den jüngeren gegenüber. Während die älteren Mitarbeiterinnen und Mitarbeiter einen großen Vorsprung im Bereich der Lebens- und Berufserfahrung besitzen, bringen jüngere Kolleginnen und Kollegen aktuelleres Wissen mit und beherrschen möglicherweise die modernen Technologien besser. Der Wissenstransfer zwischen den Generationen muss sichergestellt werden, was nicht immer ohne Probleme verläuft. Wir stehen vor der Herausforderung, eine effektive Kommunikation und Zusammenarbeit zwischen Erfahreneren und Jüngeren zu schaffen, damit die Generationen voneinander und miteinander lernen. Es bedeutet keineswegs eine hierarchische Struktur, sondern alle Generationen profitieren voneinander. Nur wenn das Zusammenspiel aller Leistungsträger funktioniert, können wir Spitzenleistungen erbringen.

Weshalb ist das Management der personell-kulturellen Vielfalt einer der großen Herausforderungen für Unternehmen und Organisationen?
Die Vorteile eines vielfältigen Teams sind wissenschaftlich belegt. Mehrere Studien haben festgestellt, dass Unternehmen mit mehr weiblichen Führungskräften und gemischten Teams ökonomisch überdurchschnittlich erfolgreich sind. Zudem wurde deutlich, dass die Nutzung von Vielfalt entscheidend zum Unternehmenserfolg beiträgt. Diversity ist kein Selbstzweck, sondern bringt unternehmerischen Mehrwert. Um Diversity Management zu leben, braucht es als Basis ein wertschätzendes und tolerantes Arbeitsumfeld. Die Grundlagen dafür und für das Verstehen und Akzeptieren von Diversity sind gelegt, am Ziel sind wir noch nicht.

Warum liegt Ihnen Diversity persönlich am Herzen?
Obwohl ich eine Frau bin, habe ich lange nicht geglaubt, dass ich etwas nicht erreichen kann. Doch die Realität hat mich gelehrt, dass es nicht selbstverständlich ist. Das widerstrebt mir und Diversity Management ist ein wichtiges Mittel, das zu ändern.

Weshalb verdienen alle Versuche, tragfähige ethische Maßstäbe in die Kultur von Unternehmen und Organisationen zu integrieren, Ermutigung?
Es ist einfach anständig und beruht auf unserem westlichen Wertesystem, das uns erfolgreich gemacht hat und das unsere Zukunft prägen sollte.

Daimler gehört zu den Erstunterzeichnern. Welche Bedeutung und Auswirkungen hat dies auf Ihr Unternehmen?
Wir waren bei Daimler von Anfang an davon überzeugt, dass ein Unternehmen, das global agiert, sich auf verschiedenen Märkten mit unterschiedlichen Kulturen behaupten muss. Zudem muss sich seine Struktur auf eine dynamische und heterogene Umwelt einstellen. Dieser notwendige Wandel kann umso überzeugender gelingen, je mehr wir Zugang zu Informationen und Best Practices branchenübergreifend gewinnen können.

Inwiefern werden bei Daimler alle Ressourcen ausgeschöpft, die mit der Einstellung und Förderung hoch qualifizierter Frauen verbunden sind?
Wir haben von Anfang an einen starken Fokus auf die Frauenförderung gelegt und speziell auf die Erhöhung des Anteils von Frauen in Führungspositionen geachtet. Es ist unser Ziel, bis 2020 zwanzig Prozent der leitenden Führungspositionen mit Frauen zu besetzen. Um dieses Ziel zu erreichen, haben wir zahlreiche Aktivitäten etabliert. Mit Hilfe von Zielkorridoren und einer Dokumentation von Besetzungsentscheidungen wird dafür gesorgt, dass transparente, strukturierte und nachvollziehbare Entscheidungen gewährleistet werden. Unser TANDEM-Mentoring-Programm unterstützt und fördert weibliche Führungskräfte, außerdem gibt es unterschiedliche Netzwerke, in denen sich unsere Frauen engagieren. Durch unsere Programme zur besseren Vereinbarkeit von Beruf und Familie müssen sich die Frauen nicht zwischen diesen Bereichen entscheiden, sondern können ihre fachliche Karriere ganz flexibel fortführen.

Diversity in der Praxis

DMN Diversity-Meister-Netzwerk. Das DMN ist Deutschlands erstes professionelles Netzwerk für Diversity im gewerblichen Bereich. Das DMN versteht sich als Ansprechpartner, Hilfesteller und Vermittler bei Vielfalt-Themen. Über die Diversity-Datenbank, die Fallberatung und den Dialog können Meisterinnen und Meister das Diversity-Potenzial werks- und spartenübergreifend aktivieren.

FNW Frauen-Netzwerk. Das am Standort Stuttgart gegründete Frauen-Netzwerk bietet seit 1999 eine Plattform für den professionellen und persönlichen Austausch von Frauen. Mit Vorträgen, Veranstaltungen, Coachings und Trainings fördern sich die Netzwerkerinnen gegenseitig und unterstützen sich beim Überwinden von Karrierehindernissen.

Women's Business Network. Vielfalt aktiv gestalten sowie persönliche und berufliche Entwicklungen fördern: Das ist das Ziel des Women's Business Network der Mercedes-Benz Bank und der Daimler Financial Services Stuttgart. Zum Programm gehören Managementgespräche, Podiums-Diskussionen, Workshops oder Business Lunches.

Daimler Türk-Treff. Das älteste Mitarbeiter-Netzwerk Deutschlands möchte Vorurteile abbauen und zeigen, wie Daimler in puncto Arbeitskultur Maßstäbe setzt. Dazu hat der Türk-Treff Kontakte in Politik, Wirtschaft, Bildung, Kultur und Sport geknüpft. Gefragt ist das Know-how zum Beispiel auch bei der interkulturellen Kundenkommunikation von Mercedes-Benz.

GL@D (Gay Lesbian Bisexual Transgender)-Netzwerk. Outing mobilisiert Potenziale. GL@D unterstützt den Wandel. Neben der Sensibilisierung von Führungskräften, Kolleginnen und Kollegen sind die Mitglieder Ansprechpartner für individuelle Anliegen. GL@D möchte Anstöße geben für die Kundenkommunkation und ein positives Arbeitgeber-Image.

Nachhaltigkeit heißt für mich, weit über den Tellerrand in die Zukunft zu schauen, aber auch die Gegenwart fest im Blick zu haben.

Hauke Schwiezer

Hauke Schwiezer, Jahrgang 1977, wuchs in der Metropolregion Rhein-Neckar auf. Nach seinem Abitur in Bensheim studierte er an der Dualen Hochschule Baden-Württemberg Mannheim. Im Studiengang Dienstleistungsmarketing erlangte er den Hochschulgrad Diplom-Betriebswirt (DH). Seine erste berufliche Station führte den passionierten Sportler als Marketingleiter zu »Anpfiff ins Leben e. V. – Das Dietmar-Hopp-Jugendförderkonzept«. Dieses bildet über 3.200 Kinder und Jugendliche ganzheitlich in den vier Säulen Sport, Schule, Beruf sowie Soziales aus und gilt als führend in Europa. Es folgte eine Station als Marketingleiter der Stadtmarketing Mannheim GmbH. In seiner Freizeit initiierte er parallel zu seinem Engagement das Netzwerk Gedankenwerk^2, in das er 40 Unternehmer, Industrievertreter, Kreative, Nationalspieler und eine Olympiasiegerin im Alter von 20 bis 40 Jahren berief, um das Mannheimer Stadtmarketing ehrenamtlich zu beraten. Heute arbeitet Hauke Schwiezer als Leiter Strategische Geschäftsfeldentwicklung & Nachhaltigkeit für eine Mediengruppe in Heidelberg. Das Mitglied des weltweiten Young Leaders Netzwerkes der BMW Stiftung Herbert Quandt ist Mitherausgeber des Buches »Gesichter der Nachhaltigkeit« und begeistert sich neben dem Netzwerken auch für gesellschaftliche Innovationen.

Beweger der Nachhaltigkeit

Sie haben als Marketingleiter für «Anpfiff ins Leben e. V.» – Das Dietmar-Hopp-Jugendförderkonzept gearbeitet. Inwiefern hat Sie die Zeit nachhaltig geprägt?

Anpfiff ins Leben als führendes ganzheitliches Jugendförderkonzept in Europa fordert und fördert nicht nur 3.200 Kinder und Jugendliche, die dort ausgebildet werden, sondern hat auch sehr positiven Einfluss auf die Mitarbeiter, die für den Verein arbeiten. Die vier Säulen Sport, Schule, Beruf, Soziales stehen hier gleichberechtigt nebeneinander. Der Satz von Benjamin Franklin »Die Investition in Wissen bringt die höchsten Zinsen«, lässt sich vor diesem Hintergrund erweitern: Die Investition in den Menschen bringt die höchsten Zinsen. Dies hat mich insofern geprägt, als ich mir darüber bewusst geworden bin, dass sich Lebensthemen nicht trennen lassen, dass alles miteinander verbunden ist – kurz, dass der Übergang von Themen wie Beruf und Familie, Gesellschaft und Soziales fließend ist.

War diese Erfahrung eine Art »Grundstein« für Ihr Interesse am Thema Nachhaltigkeit?

Ja, allerdings ist Nachhaltigkeit nur ein Wort für das, was mich schon immer interessiert und fasziniert hat: Bereits in jungen Jahren suchte ich die Kommunikation mit meinen Mitmenschen – dabei ist mir im Laufe der Zeit aufgefallen, dass viele nicht über die Gegenwart hinausdenken und die meisten nur das tun, was alle tun, ohne sich über die Konsequenzen ihres Handelns bewusst zu sein. Bei »Anpfiff ins Leben« hat sich meine Haltung verfestigt, dass nicht einzelne Säulen wie der Beruf im Leben die Hauptrolle spielen sollten, sondern der Mensch in seinem Tun als Ganzes wahrgenommen werden muss. Hier durfte ich viel vom SAP-Mitbegründer Dietmar Hopp lernen, wofür ich ihm überaus dankbar bin.

In welchen gesellschaftlichen Bereichen vermissen Sie Verantwortungs-und Selbstbewusstsein?

In allen gesellschaftlichen Bereichen ist der Verlust einer selbstbewussten Haltung zu beobachten. So gibt es immer weniger unbeugsame Persönlichkeiten, die sich vorn in den Wind stellen und auch Kritik aushalten. Gerade meine Generation ist vielfach sehr auf Harmonie bedacht, es allen recht zu machen und wenig zu polarisieren. Vielfach wird sogar von einer bequemen, oberflächlichen und wenig qualitätsorientierten Generation gesprochen. Wer anders handelt als die breite Masse, ganz gleich ob im beruflichen oder privaten Kontext, muss akzeptieren, als Exot wahrgenommen zu werden. Diese Außenseiterrolle ist aber auch mit inneren Stärken verbunden, die sich nur ausbilden können, wenn man sich seiner selbst bewusst wird. Dass das an den Rändern häufig besser gelingt als in der Mitte, liegt nicht zuletzt am weiteren Blickwinkel, den man von dort aus hat.

Weshalb bedeutet gelebte Nachhaltigkeit, das Thema vom Berufs- und Privatleben nicht zu trennen?
Mir liegt sehr daran, dass immer mehr Menschen die gesamte Spannbreite von Nachhaltigkeit erkennen und sinnvoll nutzen. Häufig wird mit Nachhaltigkeit nur ökologische Nachhaltigkeit verbunden. Es geht jedoch um Nachhaltigkeit in allen gesellschaftlichen Bereichen wie Bildung, Gesundheit, Energie, Mobilität, Konsum, Architektur, um das Verhalten jedes Einzelnen. Um Menschen zum Umdenken zu bewegen und falsche Handlungsmuster in neue, substanziell nachhaltige zu verwandeln, stehen besonders Unternehmenslenker und Führungskräfte sowie Personen des öffentlichen Lebens in ihrer Funktion als Vorbilder und Entscheider vor großen Herausforderungen.

Welche sind das?
Im beruflichen Zusammenhang werden sich besonders jene Menschen und Unternehmen positiv auszeichnen, die »People, Planet, Profit« miteinander in Einklang bringen. So fasziniert mich zum Beispiel der Ansatz des Shared Value, den ich allerdings nicht losgelöst von glaubwürdigen Nachhaltigkeits- bzw. CSR-Ansätzen betrachte, sondern als Ergänzung. Ich bin davon überzeugt, dass »substanzielle« Nachhaltigkeit, also Good Business, künftig das entscheidende Kriterium für wirtschaftlichen Erfolg von Unternehmen sein wird.

Inwiefern prägt Good Business auch das Privatleben – lässt es sich überhaupt trennen?
Die Übergänge sind fließend – es kann nicht der Weg sein, permanent unter Druck zu stehen, an Quartalsbilanzen oder Umfragewerten gemessen zu werden und sich keine Atempause gönnen zu dürfen, was sich zum Beispiel an steigenden Burn-out-Fällen zeigt. Good Business führt dazu, in seiner jeweiligen Handlung aufzugehen, im Flow zu sein. Dazu gehört natürlich auch eine gesunde Lebensführung mit ausgewogener Ernährung, viel Sport, Entspannung und sozialen Kontakten.

Welche Rolle spielen für Sie die Gesetze der Netze im Zusammenhang mit Nachhaltigkeit?
Netze geben Halt, erzeugen Win-Win-Situationen, können zuweilen auch Schwierigkeiten abfedern und funktionieren unabhängig von Hierarchien. Sie sind eine unsichtbare Kraft, über die man aktiv Einfluss nehmen und Prozesse gestalten kann: In der Zeit, in der ich für Dietmar Hopp gearbeitet habe, ist mir endgültig bewusst geworden, dass man in einem guten Team immer mehr erreichen kann als allein – vor allem dann, wenn das Team aus intelligenten und motivierten Mitstreitern aus unterschiedlichen Bereichen zusammengesetzt ist. Ein solches Umfeld finde ich beispielsweise bei der BMW Stiftung Herbert Quandt, wo ich Mitglied des weltweiten Young Leaders Netzwerkes bin, und bei Ashoka, der weltweit führenden Organisation zur Förderung von gesellschaftlichen Innovationen.

Was hat Sie veranlasst, das Buch »Gesichter der Nachhaltigkeit« umzusetzen?
Nachhaltigkeit lebt vor allem von konkreten Personen und von den Erfahrungen, die diese Personen machen und weitergeben. Das wollte ich in der gesamten thematischen Spannbreite zeigen – auch unter Berücksichtigung von Aspekten, die in der gängigen Nachhaltigkeitsdiskussion nur selten dargestellt werden. Meine eigene Sicht auf

das Thema konnte ich nur reflektieren und darstellen, indem ich ein solches Buch mache: Es verbindet alle gesellschaftlich relevanten Themen auf eine Weise, die auch meinem Denken entspricht: vernetzt. So stehen im Buch zum Beispiel namhafte Unternehmerpersönlichkeiten neben Wissenschaftlern, angehenden Führungskräften oder Innovatoren. Die eigentliche Frage des Buches lautet: Was ist wertvoll auf diesem Planeten? Was davon ist für die Menschheit insgesamt, aber auch für jeden persönlich wichtig? Wie kann ein abstraktes Thema emotionalisiert werden?

Worin zeigt sich der ganzheitliche Ansatz im Buch und darüber hinaus?
Er geht gewissermaßen von innen nach außen: Es werden vor allem Gesichter gezeigt, die auch symbolisch für eine eigene Haltung stehen. Denn Nachhaltigkeit ist zuerst immer eine innere Einstellung, die zum Handeln motiviert. Zur nachhaltigen Wertschöpfungskette eines Buches gehört aber auch, dass Druckfarben, Papier und Versand nach ökologischen Kriterien erfolgen und der Inhalt die Gestaltung bestimmt.

Was bedeutet die Illustration auf dem Cover des Buches für Sie?
Das Motiv der Berliner Künstlerin Kitty drückt meine Gedanken zur Nachhaltigkeit auf besondere Weise aus: Mit dem Fernglas symbolisch über den eigenen Tellerrand zu schauen, bedeutet für mich, nicht nur weit zu sehen, sondern auch weiter und immer wieder neu zu denken. Allerdings ist das nur möglich, wenn auch der »tiefe Blick« für das Nahe nicht vernachlässigt wird. Beides im Wechsel, Fern- und Nahblick, sind gleichermaßen wichtig, um ganzheitlich zu reflektieren, nachhaltige Entscheidungen zu treffen und entsprechend zu handeln.

Wirtschaft und Kreativität werden mit diesem Buch auf nachhaltige Weise verbunden. Weshalb ist es ein Irrtum zu glauben, dass unternehmerisches Handeln und Kreativität nichts miteinander zu tun hätten?
Unternehmen leben durch Kreativität, die jedoch nicht vor der Tür der Marketingabteilung endet. Jedes Unternehmen braucht Kreativität, um zu bestehen, sich im Markt zu etablieren und gegenüber Mitbewerbern abzugrenzen. Kreative Ideen kommen aus den Köpfen von Menschen, die etwas bewegen und nachhaltig vorantreiben wollen. Dafür steht dieses Buch, das sich zugleich vielen kreativen Köpfen verdankt.

Was zeichnet Ihre »Handschrift« aus? Was soll als Botschaft von ihr bleiben auf diesem Planeten?
Gerne möchte ich Teil einer Bewegung sein, die Nachhaltigkeit als in allen Lebensbereichen erstrebenswert ansieht und mit hohen Wert- und Moralvorstellungen entsprechend handelt.

Nachhaltigkeit heißt für mich, jeden Tag aufs Neue zu überlegen, wie ich einen kleinen Beitrag zum Erhalt unserer Umwelt leisten kann.

Carsten Seeliger

Dr. Carsten Seeliger, Jahrgang 1972, ist Geschäftsführer von Thomas Cook Central Europe und verantwortet den Bereich Service & Qualität. Zuvor war er für den gebundenen stationären Vertrieb und anschließend für den Veranstaltervertrieb verantwortlich. Vor seinem Einstieg bei Thomas Cook war Carsten Seeliger über drei Jahre für die Arcandor AG in verschiedenen Funktionen tätig und leitete u. a. das Büro des Vorstandsvorsitzenden. Davor arbeitete er knapp sieben Jahre für Roland Berger Strategy Consultants. Carsten Seeliger hat an der Handelshochschule Leipzig (HHL) Betriebswirtschaftslehre studiert und erlangte einen Master of Business Administration der University of Sydney/Australien. Sein Promotionsstudium führte er an der Otto-Friedrich-Universität Bamberg durch. Er ist zudem ausgebildeter Bankkaufmann. »Als Touristikunternehmen ist die Thomas Cook AG in einer Branche tätig, die wie kaum eine Zweite von der Natur abhängt, denn Urlaub und Umwelt gehören untrennbar zusammen. Das Geschäft als Reiseveranstalter beruht auf zwei Säulen: dem Bedürfnis der Menschen zu reisen, und ihrem Wunsch, dabei eine intakte Umwelt zu erleben. Thomas Cook hat den Anspruch, seinen Kunden heute und in Zukunft unbeschwerte Urlaubserlebnisse zu ermöglichen.« *(Website Thomas Cook)*
Weiterführende Informationen: www.thomascook.info.

Nachhaltiger Tourismus

Für jeden Reiseveranstalter sollte das Thema Nachhaltigkeit von großer Bedeutung sein. So ist es auch das Selbstverständnis des Thomas Cook-Konzerns, Nachhaltigkeit als gesellschaftliche Verpflichtung und als immer wichtiger werdendes Kundenbegehren ganz pragmatisch im Tagesgeschäft zu leben. Das Nachhaltigkeitsprogramm von Thomas Cook Central Europe (D/A/CH) umfasst eine Vielzahl von Initiativen mit sehr unterschiedlichen Schwerpunkten, von denen drei kurz vorgestellt werden.

Aktivitäten im Zielgebiet

Beim Thema Nachhaltigkeit denkt jeder mit Sicherheit zunächst an Initiativen in touristischen Zielgebieten. Thomas Cook ist dort unter anderem durch seine Mitgliedschaft in der im Jahr 2009 gegründeten Nachhaltigkeitsinitiative Futouris e. V. involviert. Mit diesem Engagement will Thomas Cook einen Beitrag leisten, die Lebensverhältnisse in touristischen Regionen zu verbessern und mithelfen, die kulturelle Identität in den Gastgeberländern zu bewahren. Futouris fördert derzeit Projekte in Kambodscha, Kuba, Borneo, Nepal und Thailand.

Trend zum »Grünen Urlaub«

Auch aus Kundensicht wird nachhaltiger Tourismus immer stärker gefordert und Branchenexperten sehen für die kommenden Jahre in dieser Hinsicht einen wachsenden Markt. Laut GfK sind bereits jetzt ca. 35 Prozent der reiseaktiven deutschen Haushalte potenzielle Nachfrager für »grünen Urlaub«. Seit 2011 ist die Thomas Cook Group plc als erstes multinationales Touristikunternehmen Mitglied bei Travelife, einem international anerkannten Zertifizierungssystem, das die Nachhaltigkeit von Hotels sowie von anderen Leistungsträgern in den Zielgebieten auf der ganzen Welt überprüft und bewertet. Basis hierfür sind rund 100 Kriterien wie z. B. eine faire Entlohnung in den Hotels, die Verringerung von Umweltbelastungen genauso wie die Verwendung von Waren aus überwiegend lokalem Anbau und örtlicher Produktion. Werden die Kriterien erfüllt, dürfen die beteiligten Hotels ein entsprechendes Nachhaltigkeits-Siegel tragen. Die Travelife-Zertifizierung ist Teil der Einkaufsverhandlungen von Thomas Cook mit den Hoteliers, da diese einen immer wichtigeren Buchungsanreiz für die Kunden darstellt. In den Katalogen der deutschen Thomas Cook Veranstalter sind alle Hotels, die ökologische und soziale Verantwortung im Rahmen der Travelife-Standards übernehmen, mit diesem Siegel gekennzeichnet, um so den Kunden eine Hilfestellung bei der Auswahl ihres Hotels zu geben. Waren im Winter 2011/12 bereits 43 Hotels zertifiziert, so sind es im Sommer 2012 schon mehr als 90, die das Travelife-Gütesiegel tragen und in das Programm der Thomas Cook Veranstaltermarken aufgenommen wurden.

Eigene nachhaltige Hotelkette

Das Nachhaltigkeitsengagement von Thomas Cook geht aber noch weiter. So wurde im Jahr 2009 mit den Sentido Hotels & Resorts als Franchise-Konzept eine internationale Hotelkette gegründet, die im Rahmen des selbstdefinierten Qualitätsmanagements den Anspruch verfolgt, sorgsam mit Natur und Umwelt umzugehen. Bereits jetzt haben knapp ein Drittel der über 30 Sentido Hotels die begehrte Travelife-Auszeichnung erhalten. Viele weitere befinden sich im Augenblick in der Qualifizierungsphase.

Nachhaltigkeit im Arbeitsalltag

Es sind aber insbesondere die alltäglichen Dinge, die umweltbewusstes und ressourcenschonendes Handeln in der Kultur eines Unternehmens »nachhaltig« verankern. Diese Dinge sind in der Regel auch nicht branchenspezifisch und auch kein »exotisches« Fernziel, sondern fangen direkt vor der eigenen Haustür an. So arbeitet Thomas Cook seit 2011 mit dem Umwelt-Kooperationsprojekt »Ökoprofit Hochtaunus« zusammen und wurde für sein Engagement am Firmenstandort Oberursel als »Ökoprofit-Betrieb« ausgezeichnet. Im Thomas Cook Hauptgebäude wurden beispielsweise alle Deckeneinbaustrahler von 40 auf umweltfreundliche 6 Watt umgerüstet. Alleine durch diese Maßnahme können jährlich rund 9.000 Kilowattstunden Strom gespart werden. Viele weitere Einzelmaßnahmen wurden umgesetzt, von denen einige exemplarisch genannt werden:
- Drucker- und Kopierräume sowie WC-Anlagen wurden mit Bewegungsmeldern für die Lampen ausgestattet.
- Nachhaltigkeitskriterien für Lieferanten wurden definiert und eingeführt.
- Ab 2013 wird nur noch Ökostrom bezogen.
- Zwecks Reduktion des Papierdrucks wurde eine Handout-Policy eingeführt, die besagt, dass Dokumente, die für Meetings bereits via E-Mail versendet wurden, nicht noch einmal durch den Präsentierenden für alle Teilnehmer in Papierform ausgedruckt und verteilt werden.

Einhergehend mit diesem Maßnahmenpaket finden eine regelmäßige und umfassende Kommunikation sowie eine ständige Überprüfung der Aktivitäten statt. Dies ist ein wichtiger Baustein, um alle Mitarbeiter für einen ressourcenschonenden Umgang mit unserer Umwelt zu sensibilisieren und weitere Potenziale zur Verbesserung der Nachhaltigkeit zu identifizieren.

Alle realisierten Maßnahmen haben gemeinsam, dass ein Beitrag zum Umwelt- und Klimaschutz geleistet wird und dabei alle Mitarbeiter im Tagesgeschäft involviert sind. Als schöner Nebeneffekt können vielfach sogar Kosten gesenkt werden.

Zusammenfassend ist das Nachhaltigkeits-Engagement einer ganzen Branche genauso wichtig wie die kleinen und vermeintlich einfachen Dinge, die einen wichtigen Umwelt- und Klimabeitrag leisten und Nachhaltigkeit für jeden Mitarbeiter täglich erlebbar machen.

Nachhaltigkeit heißt für mich:
Wirtschaftliches Handeln unter sozialen
und ökologischen Nebenbedingungen.

Wolfgang Spiess-Knafl

Dr. Wolfgang Spiess-Knafl, Jahrgang 1982, schloss das Studium des Wirtschaftsingenieurwesen-Maschinenbaus an der Technischen Universität Wien mit einjährigen Studienaufenthalten an der INSA Rouen und der PUC Rio de Janeiro 2007 als Diplom-Ingenieur ab. Nach dem Studium arbeitete er als Financial Analyst in der Investment Banking Division von Morgan Stanley in Frankfurt. Von 2009 bis 2012 promovierte er zum Thema »Finanzierung von Sozialunternehmen« bei Prof. Ann-Kristin Achleitner an der TU München zum Dr. rer. pol. Seit 2012 ist er mit dem Ziel einer Habilitation als wissenschaftlicher Mitarbeiter am Civil Society Center und dem Lehrstuhl für Strategische Organisation und Finanzierung von Prof. Stephan A. Jansen an der Zeppelin Universität tätig. Er arbeitet unter anderem zu Finanzierungs- und Organisationsfragen sozialer Innovationen.
Weiterführende Informationen: www.zu.de

Neue Formen der Finanzierung von Sozialunternehmen

Sozialunternehmen stehen je nach wissenschaftlicher Denkschule für die nachhaltige Umsetzung sozialer Innovationen oder für die Etablierung von Einkommensmodellen. Unabhängig von der Definition benötigen Sozialunternehmen zur Erreichung ihrer Ziele finanzielle Ressourcen. Dazu sind sie in der Regel auf externe Kapitalgeber angewiesen.

Derzeit übliche Finanzierungsmodelle sind in ihrer Unnachhaltigkeit allerdings schwer zu übertreffen: Nicht nur, dass die Finanzierung in der Regel wie reduzierte Ware im Supermarkt ein kurzes Ablaufdatum hat. Die Finanzierung beeinflusst auch noch die Umsetzung des sozialunternehmerischen Geschäftsmodells.

Ein fiktives Beispiel

Ein fiktives, aber realistisches Beispiel kann das illustrieren. Die MiZe gGmbH bietet im Großraum Stuttgart Nachhilfe für Kinder an. Die Räume werden von Schulen zur Verfügung gestellt, Studenten leisten ehrenamtlich Nachhilfe, Unternehmen und Privatpersonen stellen gebrauchtes IT-Equipment kostenfrei zur Verfügung und die Kinder leisten einen Beitrag, der zur Deckung der Kosten ausreicht. Da das Sozialunternehmen neueste Lernkonzepte einsetzt und bundesweit jede in Frage kommende Auszeichnung erhalten hat, ergibt sich daraus gewissermaßen eine Verpflichtung, das Konzept auch an anderen Standorten anzubieten. Für die Einrichtung neuer Standorte und zur Deckung von Anlaufkosten benötigt das Sozialunternehmen 300.000 Euro. Dazu hat das Sozialunternehmen im Wesentlichen zwei Optionen: Verzinsliche Finanzierungsinstrumente und Spenden.

Verzinsliche Finanzierungsinstrumente sind die erste Option, die etwa in Form von Darlehen mit einer Zinshöhe von ungefähr 6 % zur Verfügung stehen. Bei einem Darlehen in Höhe von 300.000 Euro muss dem Sozialunternehmer bewusst sein, dass neben den jährlichen Zinszahlungen in Höhe von 18.000 Euro innerhalb einiger Jahre auch das Darlehen in der gesamten Höhe zurückgezahlt werden muss. Diese Summe kann nur mit einer zusätzlichen Einkommensquelle oder mit einer Erhöhung der Schülerbeiträge aufgebracht werden. Es zeigt sich also, dass die Finanzierung einen Einfluss auf das ursprüngliche Geschäftsmodell hat.

Spenden oder Stiftungsbeiträge sind die zweite Option, mit deren Hilfe das Sozialunternehmen die Skalierung vorantreiben kann. Die Mitteleinwerbung ist jedoch von der Ansprache bis hin zur administrativen Abwicklung mit erheblichem Aufwand verbunden. Nicht immer kann den Spendern und Stiftern ein komplexes sozialunternehmerisches Geschäftsmodell erklärt werden. Einem Spender kann beispielsweise nur schwer vermittelt werden, dass ein Teil der Spenden für Zinsen verwendet wird und nicht unmittelbar der Zielgruppe zufließt. Das führt dazu, dass Sozialunternehmen unter Umständen versuchen, die soziale Rendite zu erhöhen, um den Interessen der Kapitalgeber sichtbarer gerecht zu werden.

Das Problem zeigt sich also in der Tatsache, dass sich Sozialunternehmen selber zwischen spenden- und profitorientierten Geschäftsmodellen bewegen, die Finanzierung allerdings nur diese zwei Ausprägungen kennt. Das wird eine Auswirkung auf die Ausrichtung des sozialunternehmerischen Geschäftsmodells haben. Man kann folglich davon ausgehen, dass die Strategie des Sozialunternehmens der Finanzierung folgt.

Finanzierung deutscher Sozialunternehmen

Im Rahmen eines von der Stiftung Mercator finanzierten Projekts zur Vermessung des sozialen Unternehmertums durch drei Universitäten (TU München, Zeppelin Universität, CSI Heidelberg) wurden neben allgemeinen Strukturvariablen auch Daten zur Finanzierungsstruktur erhoben. In der ersten empirischen Untersuchung gaben 208 Sozialunternehmen vollständige Daten zu ihrer Finanzierung an.

30,8% der befragten Sozialunternehmen weisen jährliche Einnahmen von über einer Million Euro auf. Das sind beträchtliche Beträge und es unterstreicht die Bedeutung sozialen Unternehmertums. Anderseits verfügen 28,3% der Sozialunternehmen über jährliche Einnahmen, die 50.000 Euro nicht überschreiten. Die relativ hohe Anzahl an Unternehmen mit geringem Budget kann aus zwei Gründen erklärt werden. Nichtmarktliche Ressourcen wie etwa ehrenamtliches Engagement kann die Leistungserbringung selbst bei geringen Budgets ermöglichen. So haben die »Kleinstunternehmen« zwar ein geringes Budget, aber verfügen im Mittel über 12 ehrenamtliche Mitarbeiter. Darüber hinaus ist die Gründung von Unternehmen im Sozialsektor aufgrund der Verfügbarkeit einfacher Rechtsformen (z.B. der eingetragene Verein e.V.) mit wenig Aufwand möglich.

Zur laufenden Finanzierung ihrer Tätigkeit können Sozialunternehmen auf unterschiedliche Einnahmequellen setzen. Im Durchschnitt über alle Größenklassen stehen Leistungsentgelte der öffentlichen Hand für 20,8% und Umsätze mit der Zielgruppe für 21,0% der Gesamteinnahmen. Der Rest verteilt sich auf Zuschüsse der öffentlichen Hand (15,4%), Spenden (10,3%), Stiftungsbeiträge (7,1%), Sponsoring (8,0%), Mitgliedsbeiträge (5,0%) und andere Einkommensquellen (12,6%). Zwar sind die Einnahmequellen gut diversifiziert, auf einer Einzelebene ist die Diversifizierung jedoch geringer ausgeprägt. In der Regel setzen Sozialunternehmen auf eine primäre Finanzierungsquelle.

Es fällt auch auf, dass größere Sozialunternehmen hauptsächlich auf die öffentlichen Finanzierungsquellen und die Umsätze mit der Zielgruppe setzen. Gerade die Gelder der öffentlichen Hand versprechen Skalierbarkeit und Stabilität. Das überrascht nicht, wenn man bedenkt, dass nach Angaben der OECD mehr als die Hälfte der Staatsausgaben für Sozialausgaben aufgewendet werden. Die öffentlichen Förderprogramme sind allerdings für Sozialunternehmen in der Regel schwer zugänglich und erfordern insbesondere in der Abwicklung eine gewisse Kompetenz und Erfahrung.

Die Relevanz von Spenden, Stiftungsbeiträgen oder Sponsoring für die Finanzierung größerer Sozialunternehmen ist eher gering. Das kann sich durch die Volatilität und die geringe Planbarkeit dieser Finanzierungsquellen erklären.

Finanzierungsproblematiken

38,8 % der Sozialunternehmen gaben in der Studie nämlich an, dass die Finanzierung bis zu einem Jahr gesichert ist. Das ist ein unbefriedigend hoher Anteil und deutet eben auf diese Volatilität von Spenden und Stiftungsgeldern. Dieser geringe Planungshorizont erschwert langfristige Investitions- und Geschäftsplanungen.

Neben der Fristigkeit scheint auch der Zugang zu Kapital eine Herausforderung zu sein. Zwar gaben 28,1 % der Sozialunternehmen an, dass sie Fremdkapital nutzen, und 13,5 % haben abgesehen von den Gründern noch weitere Gesellschafter. Es stellt sich allerdings die Frage, aus welchen Gründen die verbleibenden Sozialunternehmen keine Finanzierung aufnehmen. Auf die Frage, ob sie in der Lage wären, jährliche Beiträge in der Form von Zinsen oder Ausschüttungen für das aufgenommene Kapital zu leisten, antworteten 32,5 % der Sozialunternehmen positiv und 67,5 % negativ. Dieser Anteil von Sozialunternehmen, die keine Möglichkeit zur Eigen- oder Fremdkapitalaufnahme sehen, ist doch relativ hoch und deutet auf Finanzierungsbarrieren hin.

Lösungsansätze

Universitäten leisten einen Beitrag, um diese Barrieren abzubauen. Das »Social Investment Manual«, das in Kooperation der TU München und der Schwab Foundation for Social Entrepreneurship entstanden ist, erläutert die verfügbaren Finanzierungsinstrumente aus Sicht des Sozialunternehmers. Am Civil Society Center der Zeppelin Universität wird an der Konzeption und Strukturierung sektorenübergreifender Partnerschaften gearbeitet, um damit Sozialunternehmen zusätzliche Skalierungswege zu eröffnen.

Ein Lösungsansatz muss auch in der Ausgestaltung passgenauer Finanzierungsformen liegen. Die Grundlagen dafür sind vorhanden. In Großbritannien wurde Big Society Capital als Investmentbank für den Sozialsektor mit einer Kapitalisierung von 600 Millionen Pfund gegründet. In Deutschland etabliert sich die KfW-Förderbank als Co-Investor privater Investoren in Sozialunternehmen. Nach Zahlen der European Venture Philanthropy Association (EVPA) haben europäische Venture-Philanthropy-Fonds, die den Venture-Capital-Ansatz in den Sozialsektor übertragen, bislang mehr als eine Milliarde Euro investiert. Die GLS Bank bietet im Rahmen von »Leih- und Schenkgemeinschaften« die Möglichkeit, langfristige Spendenzusagen kostengünstig in sofort verfügbare Auszahlungen zu transformieren.

Neue Finanzierungsinstrumente

Vor dem Hintergrund eines differenzierten sozialen Kapitalmarkts erstaunt es, dass es nicht mehr Finanzierungsinstrumente gibt, die – technisch gesprochen – eine nicht-negative absolute Rendite mit einem negativen Nettobarwert verbinden. Das bedeutet, dass man zwar keinen finanziellen Verlust erleidet, aber die Rendite eben auch unter der marktüblichen Verzinsung liegt. Insbesondere drei Finanzierungsinstrumente, die die angesprochenen Problematiken vermeiden, wären aus Sicht des Sozialunternehmens besonders wünschenswert: (1) Zinslose Darlehen, (2) Bürgschaften und (3) Umsatzbeteiligungsmodelle.

Bei einem zinslosen Darlehen verzichtet der Kapitalgeber zugunsten des sozialen Zwecks auf eine Verzinsung. Bei einer Darlehenshöhe von 300.000 Euro und einer Verzinsung von 6% beträgt die jährliche Spende durch den Zinsverzicht 18.000 Euro. In unserem fiktiven Fall könnte das Sozialunternehmen über einen längeren Zeitraum mit diesem Kapital arbeiten und das entsprechende Kapitalpolster aufbauen, um das Darlehen am Ende der Laufzeit zurückzahlen zu können.

Das zweite Finanzierungsinstrument sind Bürgschaften. Sozialunternehmen haben aufgrund ihrer geringen Profitabilitätserwartungen und der Charakteristika des Geschäftsmodells Schwierigkeiten, Bankkredite zu erhalten. Diese Bankkredite sind in der Regel leichter zu erhalten, wenn ein Sozialinvestor die Bürgschaft für den Kredit übernimmt und durch die Übernahme die Kreditwürdigkeit des Sozialunternehmens erhöht. Bei einem Ausfall müsste der Sozialinvestor zwar für die verbleibende Kreditsumme einstehen, jedoch muss er nicht vorab die gesamte Kreditsumme zur Verfügung stellen.

Einen weiteren Ansatz zur Verbesserung der Finanzierungsmöglichkeiten stellen sogenannte Umsatzbeteiligungsmodelle dar. In diesem Modell beträgt die Finanzierung ebenfalls 300.000 Euro aber die Rückzahlung bemisst sich an der Höhe des Umsatzes. Damit werden aus Fixkosten variable umsatzabhängige Kosten und erhöhen somit die Flexibilität des Unternehmens. In dem fiktiven Unternehmen wird ein bestimmter zu verhandelnder Prozentsatz der Einnahmen als Umsatzbeteiligung an den Sozialinvestor gezahlt. Damit verringert sich das Risiko einer Zahlungsunfähigkeit aufgrund fixer Zahlungen und der Sozialinvestor beteiligt sich direkt am sozialunternehmerischen Risiko.

Diesen Modellen ist gemein, dass es noch steuerrechtliche Unsicherheiten etwa bezüglich der Spendenanrechnungsfähigkeit gibt. Der Einsatz dieser Finanzierungsinstrumente ermöglicht jedoch die Beibehaltung des vorhandenen Geschäftsmodells, ohne an den verschiedenen Stellschrauben des Geschäftsmodells drehen zu müssen. Darüber hinaus geben sie dem Sozialunternehmer die notwendige unternehmerische Flexibilität und ermöglichen eine langfristige Investitions- und Geschäftsplanung.

„Nachhaltigkeit heißt für mich, langfristiges, ganzheitliches Denken und Handeln."

René Sturm

René Sturm, Jahrgang 1967, ist seit Mai 2012 Geschäftsführer der ENTEGA Privatkunden GmbH & Co. KG., Vertriebstochter der HEAG Südhessische Energie AG (HSE). Der Diplom-Kaufmann René Sturm hat an der Johann-Wolfgang-Goethe-Universität in Frankfurt Betriebswirtschaftslehre mit den Schwerpunkten Marketing, Industriebetriebslehre und Umweltökonomie studiert. Bevor er zur HSE kam, arbeitete er in unterschiedlichen Positionen im Vertrieb des Sportartikelunternehmens adidas. Im HSE-Konzern hatte Sturm seit 2006 verschiedene Führungspositionen inne und war mit Aufgaben in drei Vorstandsbereichen betraut. Unter anderem war er Geschäftsführer der HSE-Stiftung und Leiter des Bereichs Regionalmanagement & Gremien. Zu seiner Geschäftsführertätigkeit bei ENTEGA leitet Herr Sturm seit August 2012 das HSE-Projekt »Green Region«, was den Schwerpunkt des Ausbaus von Energieeffizienzdienstleistungen mit dem Ziel CO_2 Reduzierung verfolgt. Dabei soll die Region Rhein-Main-Neckar zu einer Vorzeigeregion bei der Bündelung von ökonomischen, ökologischen und regionalen Kräften entwickelt werden. René Sturm ist verheiratet und hat zwei Söhne. Weiterführende Informationen: www.entega.de

Mit grünen Ideen schwarze Zahlen schreiben

Vom klassischen Energieversorger zum nachhaltigen Energiedienstleister

Kaum eine andere Branche hat einen solch tiefgreifenden Wandel und dynamische Veränderungen erlebt wie die Energiewirtschaft. Bis zur Liberalisierung des Strommarktes im Jahre 1998 hatten die monopolistisch organisierten Energieversorger den Markt unter sich aufgeteilt und erwirtschafteten stabile Gewinne – ohne Innovationsdruck und ohne ökologische Veränderungsbereitschaft. Die Behäbigkeit vieler Unternehmen rächte sich: Die Öffnung des Marktes und die knallharte Konkurrenz zwangen zu einem radikalen Umdenken. In Zukunft werden Energieunternehmen mehr denn je gefordert sein, neue Geschäftsfelder zu erschließen und ihre Wertschöpfungskette auszubauen.

Eine Strategie zu erarbeiten und erfolgreich umzusetzen, die angesichts des sich verändernden Marktes und wachsender Anforderungen langfristig in die Zukunft trägt, war und ist die Herausforderung für die HSE und ENTEGA. Wir können heute stolz sagen, dass uns der Wandel vom klassischen Regionalversorger zum nachhaltigen Energiedienstleister als einem der ersten Unternehmen in der deutschen Energiewirtschaft gelungen ist. Konsequent verfolgen wir dabei unseren strategischen Dreiklang »CO_2 vermeiden, vermindern und kompensieren«. Die HSE ist heute mit ihrer Vertriebstochter ENTEGA nach Kundenzahlen der zweitgrößte Ökostromanbieter und mit Abstand der größte Anbieter klimaneutralen Erdgases in Deutschland. Auf unserem Erfolg ruhen wir uns nicht aus: Nächster Schritt in der Konzernstrategie von HSE/ENTEGA ist es, umfassend das gewaltige Feld der Energieeffizienzdienstleistungen zu erschließen und die Region Südhessen mit der Initiative »Green Region« zum Vorreiter der Wertschöpfung in diesem Bereich zu machen.

Die ENTEGA-Erfolgsgeschichte begann 2007. Basierend auf den Erfahrungen der HSE-Konzerntochter NATURpur Energie AG, die bereits Ende der 1990er Jahre den Ausbau erneuerbarer Energien vorantrieb, schuf ENTEGA das Angebot eines wettbewerbsfähigen Ökostrom-Produkts für das Massengeschäft. »First Mover« ist ENTEGA zudem in Sachen Energiewende: Seit 2008 – und somit lange vor den meisten anderen Anbietern sowie der Katastrophe in Fukushima – verzichten wir konsequent auf Atomstrom. Während andere nur über die Energiewende sprechen, handelt die HSE/ENTEGA entschlossen. Unser Ziel ist es, das bisherige System der Energieversorgung grundlegend in Richtung Nachhaltigkeit, Dezentralität und Unabhängigkeit zu verändern. Dieser Aufgabe stellen wir uns ganzheitlich über alle Geschäftsfelder hinweg. Mit der Maßgabe, dass dauerhaft nur Nachhaltigkeit für das Unternehmen, aber insbesondere auch für die Kunden erzielt werden kann, wenn der regenerative Strom zu einem signifikanten Teil aus eigenen Quellen stammt, investiert HSE/ENTEGA bis 2015 über eine Milliarde Euro in Erneuerbare. Ziel ist, ein Viertel des verkauften Stroms selbst regenerativ zu erzeugen.

Die Unternehmensergebnisse der vergangenen Jahre belegen den Erfolg unserer Strategie: Die HSE erwirtschaftet stabile Gewinne. Wir schreiben mit grünen Ideen schwarze Zahlen. Im Jahr 2011 hat ENTEGA über zwei Terawattstunden Ökostrom und mehr als eine Terawattstunde klimaneutrales Erdgas abgesetzt – mehr als jedes andere Unternehmen in Deutschland. Durch Fukushima und den daraufhin entstandenen politischen Konsens der Energiewende hat sich die Marktlage in der Energiewirtschaft grundlegend verändert. Vor diesem Hintergrund ist es unsere Strategie, den von uns erarbeiteten Entwicklungsvorsprung in den Bereichen Klimaneutralität sowie Energieeffizienz zu nutzen. Nicht alle CO_2-Emissionen sind vermeidbar. Gleichzeitig ist Klimaneutralität für immer mehr Unternehmen ein wichtiger Wettbewerbsfaktor. Mit der Konzerntochter Forest Carbon Group haben wir das Geschäftsfeld der CO_2-Kompensation erschlossen. Diese schafft für Unternehmen maßgeschneiderte Lösungen, indem sie eine Kompensation von Emissionen durch Aufforstung von Waldökosystemen anbietet. Seit ihrer Gründung 2009 hat die Forest Carbon Group über 125.000 Bäume gepflanzt. Experten gehen davon aus, dass rund 40 Prozent des aktuellen Energieverbrauchs in Deutschland durch einen effizienteren Umgang eingespart werden können. ENTEGA bietet nicht nur maßgeschneiderte und alltagstaugliche Lösungen im Bereich Energieeffizienz, sondern kommuniziert darüber hinaus die Verschwendung von Energie offensiv. Vor diesem Hintergrund wurden die ENTEGA-»Denkanstöße« initiiert. Die Schneemann-Demo in Berlin oder das aufsehenerregende Kühlschrank-Iglu »Stromfresser«, das eindrucksvoll die tägliche Energieverschwendung vor Augen führte, fanden große öffentliche Aufmerksamkeit. Mit der im Sommer 2012 aufgelegten Initiative »Green Region« verfolgt HSE/ENTEGA das Ziel, nachhaltiger Wachstumsmotor für die Region Rhein-Main-Neckar zu sein und diese zur Vorzeigeregion der Wertschöpfung durch intelligente, ökologische Energiedienstleistungen zu entwickeln. HSE/ENTEGA dient in diesem Prozess als Netzwerker, um in der Modellregion alle ökonomischen, ökologischen und regionalen Kräfte und Interessen zu bündeln, Kooperationen anzustoßen und den gewaltigen Markt der Energieeffizienz für das eigene Unternehmen, aber auch für Handwerk, Zulieferer, produzierendes Gewerbe und Industrie zu erschließen. Mit dem Projekt »Green Region« konzentrieren wir unsere Anstrengungen auf das Verringern von CO_2, unsere Entwicklung zum Energieeffizienzdienstleister steht im Vordergrund. Auch bei der Erschließung dieses neuen Marktes wird HSE/ENTEGA Vorreiter und Wegweiser in der Energiewirtschaft sein. Denn nur Unternehmen, die die Herausforderung annehmen und sich mit ökologischen Innovationen einen Marktvorteil erarbeiten, werden in der dynamischen Energiebranche nachhaltig wirtschaften und so mit grünen Ideen schwarze Zahlen schreiben.

Heiner Thorborg

Heiner Thorborg ist Diplom-Kaufmann der Universität Hamburg (1969). Nach ersten Industrieerfahrungen war er von 1973 bis 1979 als Managing Director der BOMAG South Africa (PTY) Ltd. in Johannisburg tätig. 1979 absolvierte er das International Senior Managers Program der Harvard Business School. 1979 bis 1989 war er Partner bei Egon Zehnder International und zuständig für den Aufbau und die Leitung des Frankfurter Büros. 1989 machte er sich als Personalberater mit Sitz in Frankfurt selbstständig. Seitdem berät er Konzerne und Familiengesellschaften bei der Besetzung oberster Führungspositionen sowie von Aufsichtsrats- und Beiratsmandaten. Vor kurzem gründete er zusätzlich The Female Factor GmbH (www.the-female-factor.com), die erste Personalberatung ausschließlich für weibliche Managementtalente. Heiner Thorborg ist Gründer der Initiative Generation CEO. Seit Anfang der achtziger Jahre hat sich Heiner Thorborg aktiv in die weltweite Alumni Organisation der Harvard Business School eingebracht, er ist heute Ehrenpräsident der Harvard Business School Association of Germany. Weiterführende Informationen: www.heinerthorborg.com, www.generationceo.com, www.the-female-factor.com

Generation CEO – Die Zukunft ist weiblich

Seit über 30 Jahren gehören Sie zu den erfolgreichsten Personalberatern in Deutschland. In dieser Zeit haben Sie fast ausschließlich männliche Top-Führungskräfte erlebt. Woran liegt es, dass in deutschen Unternehmen Frauen so schwer im oberen Management Fuß fassen?

Frauen haben in der Vergangenheit nicht nur in Unternehmen keinen Platz im oberen Management gefunden; dies galt gleichermaßen für Wissenschaft und Politik. In den Ministerien finden Sie auch heute nur sehr wenige weibliche Führungskräfte. Das Ganze hat zu tun mit der deutschen Kultur, die über Jahrhunderte vom traditionellen Rollenbild von Mann und Frau geprägt worden ist. Danach war es Aufgabe der Frau, für die Erziehung der Kinder und das heimische Wohlergehen verantwortlich zu zeichnen. Als nach dem Zweiten Weltkrieg die »Trümmerfrauen« den Wiederaufbau Deutschlands beherzt in die Hände nahmen, dauerte dies gerade so lange, bis die Männer aus der Kriegsgefangenschaft zurückkehrten und das Zepter wieder übernahmen, Konsequenz: Frau verschwand wieder in der Küche. Dieses Rollenverständnis bekommt man nur sehr langsam aus den Köpfen heraus. Das hat zur Folge, dass in der Vergangenheit die Frauen selbst die falschen Fächer studiert und nicht mutig genug Karrieremöglichkeiten eingefordert haben, sodass wir es heute mit einem Teufelskreis zu tun haben. Man möchte Frauen gern fördern und befördern, sie sind aber noch nicht in dem Maße verfügbar, wie es auch aus Sicht der Unternehmen wünschenswert wäre.

Welche Qualifikationen und Eigenschaften machen für Sie generell einen nachhaltig erfolgreichen Topmanager, ob männlich oder weiblich, aus? Worin sind Frauen den Männern oft voraus?

Neben aller Fachkompetenz werden Sie nur dann ein nachhaltig erfolgreicher Topmanager/-managerin sein, wenn Sie sich selbst nicht so wichtig nehmen. In diesem ganz entscheidenden Punkt sind Frauen den Männern oft voraus. Sie definieren sich häufiger über die Leistung des Teams und agieren seltener ichbezogen. Frauen können leichter teilen, das gilt auch für die Macht.

Schon Ende der 1980er Jahre haben Sie sich für mehr Frauen in den Führungsetagen ausgesprochen. Woher kam diese Weitsicht?

Ich habe immer sehr gern mit Frauen zusammengearbeitet. Deshalb habe ich früh den Mangel an weiblichen Führungskräften thematisiert. Damit stieß ich häufig auf Unverständnis, weil bei meinen Klienten dieser Mangel nicht negativ empfunden wurde, ganz im Gegenteil, man war sehr gern unter sich. Glücklicherweise stieß ich aber bei einigen Klienten auf eine große Bereitschaft, den Frauen Karrierechancen zu bieten, sodass ich dann doch nicht mit diesem Thema alleinstand.

Es war also bei mir eine emotionale Weitsicht, die sich im Nachhinein als sachlich richtig erweist.

Was sind für Sie die größten Hürden für Frauen in Deutschland, um »Karriere« zu machen? Wie können diese überwunden werden?
In vielen Fällen bauen Frauen die Hürden selbst auf. Sie haben in der Vergangenheit eher selten den Mut gehabt, ihrer Leistung entsprechend eine Karriereentwicklung einzufordern. Häufig waren es aber auch die gesellschaftlichen Hindernisse, karriereorientierte Mütter wurden nicht selten sozial ausgegrenzt. Nicht vergessen sollten wir in diesem Zusammenhang auch die fehlende Infrastruktur mit Ganztagsschulen, professioneller Kinderbetreuung etc. Unseren Unternehmensführern muss man andererseits vorwerfen, dass sie erst in den letzten Jahren erkannt haben, dass sie ein riesiges Talentpotenzial links haben liegen lassen. Ja, der Gedanke kam überhaupt nicht auf, Frauen in die Führungsetagen der deutschen Wirtschaft zu befördern. Zurzeit findet auf beiden Seiten ein tiefgreifender Bewusstseinswandel statt. Die Unternehmensleitungen haben inzwischen begriffen, dass sie mit einem signifikanten Frauenanteil in der obersten Unternehmensführung deutlich besser fahren. Die Frauen selbst zeigen mehr Selbstbewusstsein, sie werden mutiger und stellen fest, dass es tatsächlich möglich ist, und es wird immer leichter, bis nach ganz oben vorzustoßen. Diese Entwicklung stimmt mich sehr optimistisch.

Weshalb lehnen Sie eine Frauenquote ab?
Eine gesetzlich verankerte Quote verändert nicht das Denken in den Köpfen. Darum geht es doch letztlich, wenn wir Dinge nachhaltig verändern wollen. Da wir aber auch wissen, dass der Mensch an sich veränderungsunwillig ist, benötigen wir Druck, öffentlichen Druck, Druck durch die Politik, aber auch Druck von innen. So finde ich es richtig, dass unsere Unternehmen ihre Ziele und Maßnahmen zur Erhöhung des weiblichen Anteils in den Führungsetagen kommunizieren. An diesen Zielen sollten sie gemessen werden, nicht an einer vom Gesetzgeber verordneten Quote. Langfristig werden nur solche Unternehmen die besten weiblichen Talente gewinnen können, die es wirklich ernst meinen. PR-Spielchen werden von den Frauen sehr schnell durchschaut.

Sie sind Gründer des Netzwerkes Generation CEO. Welche Zielsetzung verfolgen Sie?
Generation CEO habe ich vor sechs Jahren mit dem Ziel gegründet, weibliche Führungskräfte in der Öffentlichkeit sichtbar zu machen. Davon profitieren die Mitglieder dieser Initiative, aber natürlich auch die Unternehmen selbst.

Wie werden die bislang 101 Preisträgerinnen der Generation CEO gefördert? War die Auszeichnung für viele der Management-Talente ein Karriereschub?
Neben quantitativen Kriterien wie Ausbildung, Internationalität und Berufserfahrung ist ein hoher Sympathiefaktor das wichtigste qualitative Auswahlkriterium für eine Mitgliedschaft in Generation CEO. Damit ist nämlich sichergestellt, dass diese Frauen untereinander sich nicht nur helfen, sondern enge Freundschaften schließen. Unsere Sponsoren haben außerdem die finanzielle Grundlage dafür geschaffen, dass in regelmäßigen Abständen in Deutschland und in der Schweiz Veranstaltungen durchgeführt werden, die inhalt-

lich von hoher Qualität sind und darüber hinaus dem Networking dienen.

Der Erfolg kann sich sehen lassen, über 20 Prozent haben inzwischen ein oder mehrere Mandate in Aufsichts-, Beirats- und Verwaltungsratsgremien. Die Zahl der Karriereschritte, die innerhalb der letzten Jahre von den Mitgliedern dieses Netzwerks realisiert werden konnte, ist hoch, das erfüllt mich als Initiator der Initiative mit großem Stolz.

Welche Vision verfolgen Sie mit dem Netzwerk?
Ich habe die begründete Hoffnung, dass wir in zehn Jahren nicht mehr über die Initiative Generation CEO sprechen, sondern mit großer Genugtuung feststellen werden, dass Generation CEO tagtäglich in den Unternehmen stattfindet.

Als Tochtergesellschaft der Heiner Thoborg GmbH & Co. KGaA haben Sie gerade The Female Factor gegründet. Weshalb eine zweite Beratungsgesellschaft?
The Female Factor ist gegründet worden aus der Einsicht heraus, dass die Nachfrage nach weiblichen Führungskräften wesentlich größer ist als das Angebot. Um dieser Tatsache Rechnung zu tragen, bauen wir mit The Female Factor einen täglich größer werdenden Circle von talentierten weiblichen Führungskräften für die zweite und dritte Führungsebene auf. Im Dialog mit interessierten Unternehmen möchten wir als Matchmaker agieren, dabei sowohl die Interessen dieser ambitionierten Frauen wahren als auch die Bedürfnisse der interessierten Unternehmen befriedigen.

Weshalb ist es eine Besonderheit im Markt, dass Sie sich hier ausschließlich auf Erfolgsbasis bezahlen lassen?
Das Besondere an The Female Factor ist die Tatsache, dass wir explizit keine Suchaufträge annehmen und durchführen. Wir möchten weibliche Führungskräfte platzieren, die wir persönlich kennen. Die Mitglieder dieses Circles sind sorgfältig ausgewählt worden, sind keine Bewerberinnen im herkömmlichen Verständnis, sondern karriereinteressierte Frauen, die wechselwillig sind, wenn das Angebot stimmt. Da wir natürlich keinen Erfolg garantieren können, sind wir der Meinung, dass ein Erfolgshonorar der einzig richtige Lösungsansatz ist, wir glauben, damit eine Win-Win-Situation für alle Beteiligten kreiert zu haben.

Wie ist The Female Factor angelaufen? Wohin soll der Weg führen?
Das Interesse an The Female Factor ist von beiden Seiten sehr hoch. Die Unternehmensleitungen wissen, dass über den Weg regulärer Suchaufträge, bei denen stets weibliche und männliche Kandidaten präsentiert werden, sie nicht aus der Sackgasse geführt werden. Zu häufig enden diese Aufträge mit einer männlichen Besetzung. Die Frauen sind fasziniert, sie befinden sich bei The Female Factor in einem total geschützten Raum, sie können mit uns vertrauensvoll über Karriereperspektiven und persönliche Entwicklungsschritte sprechen, ohne dass sie sich in die Rolle einer Bewerberin begeben müssen. Das große übergeordnete Ziel ist, Unternehmen in die Lage zu versetzen, über die Platzierung weiblicher Führungskräfte unterhalb der Vorstands- bzw. Geschäftsführungsebene Talente an sich zu binden, die in einem nächsten Schritt dann in die erste

Reihe aufrücken können. Damit wird die Gefahr eines Scheiterns minimiert.

Wie sieht für Sie die ideale Arbeitswelt der Zukunft aus?
Es wird höchste Zeit, mentale und operative Mauern einzureißen. Das Thema Diversity darf sich nicht auf Gender Diversity beschränken. Vielfalt in jeder Beziehung ist betriebswirtschaftlich sinnvoll und würde wahrscheinlich die Welt ein bisschen sicherer machen. Trotz allen Wettbewerbs, der in freien Marktwirtschaften herrschen muss, wünsche ich mir Kooperation statt Konfrontation, das gilt für die einzelnen Marktwirtschaften genauso wie für ihre individuellen Teilnehmer.

Was zeichnet Ihre »Handschrift« aus? Was soll als Botschaft von ihr bleiben auf diesem Planeten?
Ich habe meiner 14-jährigen Tochter versprochen, alles was in meiner Macht steht zu tun, damit sie in ein barrierefreies Berufsleben eintreten kann, in dem nicht die Frage Mann oder Frau, sondern die Antwort auf Leistung ja oder nein karriereentscheidend ist.

Nachhaltigkeit heißt für mich, aus Geld nicht nur Wissen, sondern aus Wissen auch wieder Geld zu machen.

Christian Tidona

Dr. Christian Tidona, Jahrgang 1971, ist Biotech-Unternehmer und Geschäftsführer des BioRN Clusters in Heidelberg, einem der stärksten regionalen Netzwerke für Gesundheitsforschung in Europa. Er studierte Biologie an der Universität Heidelberg und promovierte dort 1999. Noch während der Doktorarbeit gründete er sein erstes Biotech-Unternehmen. In den Folgejahren war er an mehreren Biotech-Startups maßgeblich beteiligt. Im Jahr 2008 entwickelte Herr Tidona eine regionale Entwicklungsstrategie für den Biotech-Cluster Rhein-Neckar (BioRN), auf deren Basis das Bundesforschungsministerium BioRN als einen der fünf stärksten Hochtechnologie-Standorte Deutschlands (Spitzencluster) auszeichnete. Mit der neu gegründeten BioRN Cluster Management GmbH übernahm Herr Tidona 2008 die Leitung des BioRN Spitzenclusters und damit das Management der regionalen Entwicklungsprojekte mit einem Gesamtvolumen von 80 Millionen Euro. Unter seiner Leitung wurde 2011 die Health Axis Europe Allianz zwischen den in Europa führenden Biomedizin-Clustern in Cambridge (UK), Leuven (Belgien) und Heidelberg gegründet. Herr Tidona lehrt seit 2009 Entrepreneurship an der Universität Heidelberg und ist Mitglied des World Young Leaders Forum der BMW Stiftung Herbert Quandt. Er ist verheiratet und Vater von zwei Kindern. Weiterführende Informationen: www.biorn.org

Nachhaltige Zusammenarbeit zwischen Wissenschaft und Wirtschaft

Der lange Weg von der Beutegemeinschaft zur Innovationsfabrik

Die Wertschöpfung in der heutigen globalen Wirtschaft basiert auf Wissen und unterscheidet sich damit grundlegend von der Wertschöpfung in einer agrarischen oder industriellen Ökonomie. Wir leben seit Mitte der 60er Jahre im Zeitalter des Mooreschen Gesetzes, das heißt, dass sich seit dieser Zeit die Geschwindigkeit, mit der neues Wissen generiert wird, etwa alle zwei Jahre verdoppelt. Hinzu kommt der Effekt der globalen Vernetzung, der dazu führt, dass man eine Innovationsführerschaft nur noch dann erreichen kann, wenn man in der Lage ist, die besten Köpfe der Welt in gemeinsamen Forschungs- und Entwicklungsprojekten zusammenzubringen. Isolierte Forschungsstandorte sind der Innovationskraft und -Geschwindigkeit globaler Spitzenkonsortien in der Regel hoffnungslos unterlegen.

Ein erster Schritt: Der deutsche Spitzencluster-Wettbewerb

Die Frage, die sich seit etwa zwei Jahrzehnten viele Staatsregierungen stellen, lautet: Welche Rahmenbedingungen und Anreize sind erforderlich, damit sich im eigenen Land möglichst viele international vernetzte Spitzenstandorte entwickeln? Am Anfang einer entsprechenden nationalen Innovationsstrategie steht immer der ernst gemeinte politische Wille, Kapital und politische Aufmerksamkeit auf einige wenige Spitzenstandorte mit hohem Entwicklungspotenzial zu konzentrieren. Es ist offensichtlich, dass eine solche Strategie politisch nicht leicht durchsetzbar ist, da die Mehrheit der Wähler definitionsgemäß nicht in den Spitzenstandorten lebt. Gleichwohl hat die deutsche Bundesregierung im Rahmen ihrer Hightech-Strategie im Jahre 2007 den Mut und die Kraft aufgebracht, einen ersten Schritt in diese Richtung zu gehen: Sie schrieb den Spitzencluster-Wettbewerb aus. Das Ziel dieses in Europa beispielhaften Wettbewerbs war es, die 15 stärksten und ambitioniertesten Hochtechnologiestandorte in Deutschland zu identifizieren und ihnen durch eine Fördersumme von jeweils 40 Millionen Euro einen Impuls in Richtung der europäischen Spitzengruppe zu geben. Mit diesem Wettbewerb wurden zwei aus volkswirtschaftlicher Sicht sinnvolle Neuerungen in die deutsche Forschungsförderung eingeführt:

1. Volkswirtschaftlich relevante Leistungskennzahlen

In Deutschland ist die Freiheit der Forschung im Grundgesetz festgeschrieben (vgl. Art. 5 Abs. 3 GG). Eine Ermutigung oder gar Verpflichtung zur wirtschaftlichen Verwertung öffentlich finanzierter Forschungsergebnisse zum Wohl der Gesellschaft fehlt indes. In der Ausschreibung des Spitzencluster-Wettbewerbs forderte das Bundesforschungsministerium erstmals die Anwendung volkswirtschaftlich relevanter Leistungskennzahlen (Key Performance Indicators) für die Zieldefinition und Erfolgsmessung. Als wichtige Parameter wurden die neu geschaffenen Arbeitsplätze, die mobilisierten privatwirtschaftlichen Investitionen sowie die Rückflüsse aus der wirtschaftlichen Verwertung der Forschungs- und Entwicklungsergebnisse durch ein unabhängiges Gutachtergremium begleitend ermittelt und dokumentiert. Dadurch setzte der Fördermittelgeber erstmals einen deutlichen Anreiz für nachhaltige wirtschaftliche Wertschöpfung.

2. Zentralisiertes lokales Projektmanagement (Clustermanagement)

Große Veränderungen können in einem regionalen Umfeld nur erzielt werden, wenn sich die Schlüsselindividuen aus den Bereichen Wirtschaft, Wissenschaft, Politik und Kapital auf eine gemeinsame Strategie einigen und diese engagiert unterstützen. Persönliche Kontakte und gewachsenes Vertrauen zwischen den Schlüsselindividuen sind die wichtigsten Grundelemente jeder regionalen Entwicklungsstrategie. Aus diesem Grund ist das geografische Territorium, in dem ein Spitzenstandort (Cluster) seine volle Innovationskraft und Hebelwirkung entfalten kann, naturgemäß auf einen Radius von maximal 50 Kilometern begrenzt. Im Spitzencluster-Wettbewerb forderte das Bundesforschungsministerium von den Antragstellern zwingend die Einrichtung eines zentralisierten lokalen Clustermanagements, das im Schulterschluss mit allen wesentlichen regionalen Schlüsselindividuen eine Verwendung der Fördermittel im Sinne einer nachhaltigen volkswirtschaftlichen Wertschöpfung sicherstellt.

Die Herausforderung: Nachhaltige Zusammenarbeit

Bei genauer Betrachtung wirken öffentliche Fördermittel für kooperative Forschungs- und Entwicklungsprojekte meist wie ein verwundetes Beutetier, das verschiedenste Räuber anzieht, die nur ein einziges gemeinsames Primärinteresse haben: Fressen. Es bilden sich Beutegemeinschaften, die so lange zusammenbleiben, bis der Kadaver vollends verzehrt ist. Nachhaltige Zusammenarbeit zwischen sehr unterschiedlichen Partnern (z. B. zwischen akademischer Forschung und Industrie) kann nur entstehen, wenn der Impuls der öffentlichen Fördermaßnahme konsequent für die Generierung eines gemeinsamen Erfolges genutzt wird. Aus dem Erfolg entstehen Vertrauen und gegenseitige Wertschätzung, die nach Ende der Förderung als Anreize für weitere Zusammenarbeit an die Stelle der öffentlichen Fördermittel treten. Die vorrangige Aufgabe eines lokalen Projektkoordinators oder Clustermanagers muss es also immer sein, mit einem minimalen Einsatz öffentlicher Fördermittel eine maximale Anzahl und Qualität gemeinsamer Erfolge zu erzielen. Die Ergebnisse werden anhand der zuvor genannten Leistungskennzahlen gemessen, woraus sich der volkswirtschaftliche Nutzen (Return on Investment) der jeweiligen Fördermaßnahme errechnen lässt. Als weiteres Mittel zur Vorbeugung gegen Beutegemeinschaften dient eine faire und transparente Governance der Mittelverteilung, die einzig und allein der Qualität der Projekte – und nicht etwa dem Proporz – als zentralem Maßstab verpflichtet ist. Die Umsetzung erfolgt erfahrungsgemäß am besten durch ein unabhängiges Gutachtergremium, dessen Mitglieder den Respekt und das Vertrauen aller Beteiligten genießen.

Missing Link: Der Technologietransfer

In der Wertschöpfungskette von der akademischen Forschung zum marktfähigen Produkt klafft seit jeher ein tiefer Abgrund: das sogenannte Tal des Todes (Valley of Death). Ungeachtet der Höhe der öffentlichen Investitionen in Forschung und Entwicklung endet diese Wertschöpfungskette nicht selten im Labor einer Universität. Das teuer erkaufte Potenzial zur Wertschöpfung verpufft und geht der Volkswirtschaft unwiederbringlich verloren. Die Ursache ist nicht etwa eine grundsätzliche Lücke in einer ansonsten geschlossenen Prozesskette. Es ist der kulturelle Unterschied zwischen öffentlichen Forschungseinrichtungen und privatwirtschaftlichen Unternehmen. Wer beide Seiten von innen kennt, kann ermessen, wie unterschiedlich die Wertvorstellungen wirklich sind. Auf der einen Seite ist das höchste Ziel eine herausragende wissenschaftliche Publikation, auf der anderen ein patentgeschütztes Produkt, das sich möglichst profitabel verkaufen lässt. Bei der Vermittlung zwischen diesen beiden Welten kommt dem Technologietransfer an Hochschulen und außeruniversitären Forschungseinrichtungen eine Schlüsselrolle zu. Mit Ausnahme der Technischen Hochschulen fehlt den meisten öffentlichen Forschungseinrichtungen jedoch der Anreiz für die Anbahnung einer wirtschaftlichen Verwertung ihrer Forschungsergebnisse. Vor dem Hintergrund einer Sättigung durch öffentliche Forschungsmittel spielen privatwirtschaftliche Drittmittel – und damit der Technologietransfer – an vielen deutschen Universitäten praktisch keine Rolle (vgl. USA). Ein geeigneter Anreiz wäre es, einen Teil der öffentlichen Grundfinanzierung an die Fähigkeit einer Einrichtung zu koppeln, diese durch privatwirtschaftliche Drittmittel zu komplementieren. Die wirtschaftliche Verwertung von Forschungsergebnissen würde dadurch zum Leistungskriterium erhoben. Somit hätten Wissenschaft und Wirtschaft in Deutschland erstmals einen gemeinsamen Wertemaßstab als Basis für eine nachhaltige erfolgreiche Zusammenarbeit.

Das eigentliche Ziel: Die Talente der Welt

Politisch getriebene Regionalentwicklung hat bei genauer Betrachtung nur ein einziges vorrangiges Ziel: die Erhöhung des Gewerbesteueraufkommens. Dies wird einerseits durch die Unterstützung der Bestandsunternehmen bei Erweiterungsvorhaben erreicht, andererseits aber auch durch die Gründung und Ansiedlung neuer Unternehmen. Als Anreiz dienen in der Regel Subventionen, die den Kapitalbedarf während der Aufbauphase niedrig halten. Ein Paradebeispiel für diese Art der Wirtschaftsförderung ist Singapur: Exzellente Infrastruktur, beispielhafter Service (geringe Bürokratiehürden) und attraktive Subventionspakete haben dazu geführt, dass der Stadtstaat in den vergangenen zwei Jahrzehnten mehr Niederlassungen von globalen Großunternehmen als die meisten anderen Spitzenstandorte weltweit ansiedeln konnte. Doch selbst diese Masse an neuen Unternehmen führte bislang nicht zum erwarteten Wirtschaftswachstum. Der Grund hierfür ist relativ einfach. Neben der »Verpackung« wurde der eigentliche Inhalt vernachlässigt: die hochqualifizierten Köpfe, die in den Unternehmen arbeiten und wirtschaftliche Wertschöpfung betreiben. Nachhaltige Regionalentwicklung muss sich daher auf die Schaffung eines lokalen Innovationsraumes mit kritischer Masse und internationaler Strahlkraft konzentrieren, der Top-Talente aus aller Welt anzieht und auf sich vereinigt. Das Kapital und die innovativen Unternehmen zieht es von selbst dorthin, wo die besten Talente zuhause sind – sofern die Qualität stimmt sogar ohne Subventionen.

Die Zukunft: Internationale Innovations-Allianzen

Der weltweit mit großem Abstand führende Innovationsstandort ist nach wie vor das Silicon Valley in den USA. Betrachtet man verschiedene Indikatoren wie die Anzahl hochqualifizierter Arbeitsplätze in der Hochtechnologie, die Menge jährlich investierten Risikokapitals, die Anzahl jährlich gegründeter Hochtechnologie-Unternehmen, die Anzahl wirtschaftlich erfolgreich verwerteter Patente oder den Grad der inneren Vernetzung: Die 30 führenden Innovationsstandorte in Europa – allen voran Cambridge in Großbritannien – liegen alle um ein bis zwei Größenordnungen darunter. Europa ist fragmentiert. Trotz des gemeinsamen Euros führen sprachliche, kulturelle und gesetzliche Barrieren dazu, dass Partikularinteressen dominieren und eine gemeinsame Vision sich nicht durchsetzen kann – zumindest noch nicht. Für die Politik ist es zu früh, Kapital und politische Aufmerksamkeit konsequent auf wenige Spitzenstandorte zu konzentrieren. Der Aufstieg eines einzelnen europäischen Innovationsstandorts in die globale Champions League ist daher höchst unwahrscheinlich.

Einen Ausweg aus diesem Dilemma bieten paneuropäische Innovations-Allianzen, in denen starke Standorte ihre Ressourcen und ihre Innovationskraft bündeln. Vor diesem Hintergrund wurde im Juni 2011 die »Health Axis Europe« zwischen den in Europa führenden Biomedizin-Clustern in Cambridge (Großbritannien), Leuven (Belgien) und Heidelberg gegründet. Jeweils zehn Schlüsselindividuen der drei Partnerstandorte definieren gemeinsam die strategischen Ziele und Projekte der Health Axis Europe und setzen diese konzertiert um. Ein erstes Ergebnis nach nur einem Jahr der Zusammenarbeit ist eine gemeinsame paneuropäische Online-Plattform für Gesundheitsforschung (www.health-axis.eu). In ihr werden Top-Lebenswissenschaftler aus Akademia und Industrie aus ganz Europa und Partnerländern wie Israel systematisch mit großen öffentlichen Ausschreibungen (insbesondere der Europäischen Kommission) in Kontakt gebracht. Zertifizierte Koordinationsbüros sorgen für eine direkte Anbindung der Wissenschaftler an die Innovationskraft der Health Axis Europe und ihrer Leistungsträger. Die Arbeitshypothese der Plattform ist es, dass sich damit der Vernetzungsgrad der besten Köpfe in Europa und somit die Leistungsfähigkeit des gesamten Systems nachhaltig steigern lässt. Sofern es gelänge, mit dieser Strategie in den nächsten Jahren sichtbare gemeinsame Erfolge zu erzielen, so wäre dies eine gute Basis für eine nachhaltigere Zusammenarbeit zwischen Wissenschaft und Wirtschaft in Europa.

Nachhaltigkeit heißt für mich, jeglichen Konsum bewußt und vor allem Sinn stiftend durchzuführen. Im Großen, wie im Kleinen.

Michael Vogt

Michael Vogt, geboren 1970 in München, absolvierte zunächst eine Ausbildung zum Werbekaufmann. Es folgten Zusatzqualifikationen zum Kommunikationswirt und Electronic Marketing Fachwirt an der BAW. Seine berufliche Karriere startete der damals noch begeisterte Autofahrer in einer Werbeagentur. Nach weiteren Stationen in der Kommunikationsbranche gründete er im Jahr 2003 als geschäftsführender Gesellschafter eine eigene strategische Marketingberatung in München. Mit der Idee Fahrräder als Lifestyle-Objekte zu präsentieren und zu verkaufen, gründete er 2008 gemeinsam mit seiner Geschäftspartnerin Tina Umbach die stilrad°° GmbH. Inzwischen ist stilrad°° mit fünf Showrooms in Berlin, Frankfurt, München, Wien und Zürich präsent. Michael Vogt lebt mit seiner Frau und seinen vier Kindern in München Schwabing und genießt den Luxus in der Stadt, alle Ziele mit dem Fahrrad erreichen zu können. Weiterführende Informationen: www.stilrad.com

Nachhaltige Lebensqualität »erfahren«

Wie nehmen Sie die Verkehrssituation in den großen Städten in Europa wahr?
Der Verkehr wird nicht nur dichter, es fällt auf, dass es auch stressiger und damit aggressiver wird, sich in der Stadt zu bewegen.

Sehen Sie das Fahrrad als einzig logisches Verkehrsmittel in der Stadt an?
Nein, sicher nicht. Es ist in Sachen Individualmobilität ein logischer Bestandteil einer klugen Kombination. Zum Beispiel aus modernem Carsharing, öffentlichem Nahverkehr und Fahrrad.

Sind die Menschen in Kopenhagen und Stockholm in ihrem Denken viel weiter als wir in Deutschland, was Mobilität in der Stadt betrifft?
Auf jeden Fall. Allein, weil dort lange das Auto als Statussymbol ausgedient hat. Vor allem aber, weil Städte und Bewohner erkannt haben, dass mit der Abnahme der Autos die Lebensqualität steigt. 13 der 20 lebenswertesten Städte der Welt sind inzwischen Fahrradstädte.

Was hat Sie bewegt, im Jahr 2008 Ihren gut dotierten Job als Unternehmensberater aufzugeben und ein neues Vertriebskonzept für Fahrräder an den Markt zu bringen?
Die Erkenntnis, dass ein Markt entsteht, der noch von keinem bedient wird. Gepaart mit dem Wissen, dass ein Konzept wie stilrad°° nur funktioniert, wenn es zu hundert Prozent konsequent umgesetzt wird. Und ehrlicherweise lief und läuft die Marketingberatung ja noch parallel. Mit stilrad°° als Referenz, weil so mancher dadurch entdeckt, dass eine kluge Positionierung viel erfolgreicher ist als noch eine Kampagne.

Wünschen Sie sich allgemein mehr Mut zum Unternehmertum in Deutschland?
Auf jeden Fall. Es macht mich traurig, dass so viele schöne Ideen nie realisiert werden, weil der Deutsche dann doch oft ein Bedenkenträger ist.

Wie definieren Sie das Erfolgsgeheimnis von stilrad°°?
Wir haben uns nie von unserem Weg abbringen lassen, unseren Kunden ausschließlich die beste Produktauswahl in Sachen urbaner Mobilität mit einer Premium-Dienstleistung anzubieten. Der glückliche Kunde ist uns einfach wichtiger als der schnelle Umsatz.

Sie verkaufen also nicht in erster Linie Technik, sondern urbane Lebensqualität?
Absolut, Technik hat im Prinzip kaum Relevanz, da sie bei einem Fahrrad obligatorischer Bestandteil ist. Der Genuss, sich gut angezogen auf einem schönen Fahrrad zu bewegen, ist allerdings in der Tat ein Zugewinn an Lebensqualität.

Welche Rolle spielen E-Bikes in ihrem Sortiment? Wie sehen Sie die Entwicklung in diesem Segment?
Keine wirklich große. Unsere Kunden wollen sich bewegen und bewusst Fahrrad fahren. Ich glaube auch, dass das Thema E-Bikes medial sehr gepuscht ist und die wahren Verkaufszahlen bei weitem nicht so hoch sind.

Aus welchem Grund haben Sie stilrad°° in München gegründet und nicht etwa in der Fahrradstadt Münster? An wie vielen Standorten gibt es inzwischen stilrad°° Boutiquen?
Weil Münster zwar viele Fahrradfahrer hat, aber sicher nicht den Lifestyle und die Kaufkraft wie München. Und schlicht und ergreifend bin ich Münchner und damit meiner Heimat verpflichtet. Nach München gibt es nun stilrad°° in Zürich, Berlin, Frankfurt und Wien. More to come …

Wie wichtig sind Online-Verkauf und Social Media für Sie?
Immer wichtiger. Es ist ganz erstaunlich, wie gut sich die Kunden teilweise bereits online informiert haben. Viele sind dann zwar noch in einem der Showrooms, um auch das haptische Erlebnis zu haben, bestellen dann aber über den Online-Shop. Facebook und Co. nutzen wir natürlich, nicht nur, weil es zeitgemäß ist, sondern weil wir sowieso eine enge Beziehung zu unseren Kunden pflegen.

Inwiefern ist Ihr unternehmerisches Wirken auch ein ökologisches Statement?
Es ist nur ein indirektes Statement, aber weil wir nicht den Zeigefinger erheben, sind wir wahrscheinlich doch ökologisch korrekt. Wir sind sicher keine grüne Bewegung, aber wir leben und lieben den Respekt vor unserer Umwelt.

Wird das Auto in den Städten immer mehr an Bedeutung verlieren?
Ganz sicher wird es das, vermutlich schneller als wir es uns vorstellen können. Wenn man mal ein wenig weiter zurückschaut, dann wird klar, dass die Städte – zumindest die historisch gewachsenen – nie für Autos gebaut wurden. So gesehen hat sich das Auto sehr schnell und massiv seinen Platz genommen, den es jetzt Stück für Stück wieder zurückgibt, unter anderem an die Fahrräder.

Wie sehen Sie die Zukunft der urbanen Mobilität, und was ist Ihre Vision mit stilrad°°?
Mobilität wird sich wandeln, vom Besitztum zur Verfügbarkeit. Also das richtige Verkehrsmittel zur richtigen Zeit am richtigen Fleck.

Welches sind für Sie die Herausforderungen auf dem Weg zu einer nachhaltiger lebenden Gesellschaft?
Die Herausforderung wird sein, Nachhaltigkeit nicht mit Zwang und Einschränkung zu verbinden, sondern zu zeigen, dass am Ende des Tages jeder Einzelne davon profitiert. Es darf auch Spaß machen.

Was zeichnet Ihre »Handschrift« aus? Was soll als Botschaft von ihr bleiben auf diesem Planeten?
Wenn ich allen ein wenig Mut geben kann, etwas zu probieren, von dem sie überzeugt sind, dann würde es mich freuen. Vielleicht erinnern sich die, die mich kennen, an mich als einen, der »immer gemacht hat«. Dann wäre das eine schöne Botschaft.

Nachhaltigkeit bedeutet für mich Kindern eine Chance zu geben, damit sie gesund aufwachsen. Sie sind eine Quelle der Inspiration für uns alle, die nicht versiegen darf.

Rose Volz-Schmidt

Rose Volz-Schmidt, Jahrgang 1955, ist Mutter von drei Kindern und ausgebildete Sozialpädagogin und Supervisorin. Über zwanzig Jahre leitete sie die Familien-Bildungsstätten im Kirchenkreis Hamburg-Niendorf. In dieser Zeit entstanden innovative Ideen zur Unterstützung von Familien, unter anderem das Konzept von wellcome. Seit 2009 widmet sich Rose Volz-Schmidt ausschließlich der Weiterentwicklung und Multiplikation von wellcome und ist geschäftsführende Gesellschafterin der gemeinnützigen wellcome GmbH. Dies ist ein Angebot für Familien und wird nach einem Social-Franchise-Verfahren bundesweit verbreitet. Es verbindet bürgerschaftliches Engagement mit fachlicher Hilfe. wellcome, eine mehrfach ausgezeichnet soziale Idee, wurde 2002 in Hamburg gegründet und ist inzwischen bundesweit an über 200 Standorten vertreten. Rose Volz-Schmidt wurde zweimal als Social-Entrepreneur ausgezeichnet, erhielt den Prix Courage und ist Trägerin des Bundesverdienstkreuzes. Sie ist unter anderem Jury-Mitglied bei der Robert Bosch Stiftung, der Schwab Foundation und der Boston Consulting Group. Weiterführende Informationen: www.wellcome-online.de

wellcome – für das Abenteuer Familie

Ihr erstes Kind war ein Wunschkind, dann folgte eine schwierige Geburt. Vor diesem Hintergrund hatten Sie die Idee, ein Projekt zu initiieren, das Familien hilft, den Baby-Stress zu bewältigen und Mütter aus der Isolation zu holen. 2002 gründeten Sie das Projekt »wellcome – praktische Hilfe für Familien nach der Geburt«. Welches konkrete Konzept steckt dahinter?
wellcome wendet sich an Familien in einer existentiellen Übergangssituation. Wer in dieser Situation kein privates Netzwerk durch Familie oder Nachbarn hat, bekommt einen ehrenamtlichen »wellcome-Engel« von uns vermittelt. Diese erfahrenen Ehrenamtlichen gehen zweimal die Woche für zwei bis drei Stunden und helfen praktisch und individuell – je nach Lage der Dinge für mehrere Wochen oder Monate. In jedem Fall so lange, bis der Übergang in die neue Lebenssituation gemeistert ist.

Als Sozialpädagogin haben Sie über zwanzig Jahre eine evangelische Familien-Bildungsstätte im Kirchenkreis Hamburg-Niendorf geleitet. Welche Bedeutung hat diese Zeit für das wellcome-Projekt? Welche Erfahrungen, positive und negative, waren besonders prägend?
Bertolt Brecht hat einmal gesagt: »Erst kommt das Fressen – dann kommt die Moral.« Auf Elternschaft übertragen heißt das: Wie will ich von Eltern erwarten, dass sie zu Vorträgen oder Workshops über Erziehungsfragen kommen, wenn sie es nicht einmal schaffen, Brot und Milch einzukaufen, weil der Babystress sie überrollt? Mir ist aufgrund der eigenen Erfahrung deutlich geworden, dass Familienbildung mehr auf die veränderten Bedingungen von Familien eingehen muss, wenn sie die Eltern noch erreichen möchte. Und individuelle, praktische Hilfe, verbunden mit Erfahrungswissen, fehlt aufgrund der wachsenden gesellschaftlichen Mobilität jungen Eltern ganz besonders. In der Familienbildung habe ich gelernt, wie abhängig Familien von den jeweils herrschenden gesellschaftlichen Rahmenbedingungen sind: Während sich vor zwanzig Jahren Mütter rechtfertigen mussten, wenn sie berufstätig werden wollten, müssen sie heute begründen, warum sie eine längere berufliche Pause einlegen wollen. Vor lauter Rechtfertigungsdruck kommen die Partner oft nicht mehr dazu zu überlegen, was sie eigentlich wollen und zahlen dafür einen hohen Preis. Die Scheidungszahl junger Eltern steigt. Zu den Chancen: Es gibt kaum eine Lebensphase, die so viele Möglichkeiten bietet, sich selbst neu zu entdecken und zu verändern als die, wenn Paare Eltern werden. Ein Rollenzuwachs, der sehr viel Erfüllung mit sich bringen kann, wenn man sich darauf einlässt. Erinnerungen an die eigene Kindheit, an alte Träume und Werte, Sensibilität für Umwelt und Gesundheit – der Anfangszauber ist allgegenwärtig. Eine echte Aufbruchszeit.

2006 gründeten Sie die gemeinnützige Organisation wellcome gGmbH – weshalb sind die Ehrenamtlichen für Sie das Herzstück? Und wie viele wellcome-Teams sind derzeit bundesweit im Einsatz?

Die Ehrenamtlichen sorgen dafür, dass die wellcome-Idee greift und wirklich ankommt. Sie sind sehr glaubwürdig und werden von den Familien geschätzt, von den Geschwisterkindern oft geliebt. Meist sind es Frauen, die sich bewusst für dieses freiwillige Engagement entschieden haben. Sie wollen helfen, ohne sich aufzudrängen. Sie geben eigene Erfahrungen weiter, ohne besserwisserisch zu sein. Sie sind da, hören zu und geben den Müttern das Gefühl, nicht mehr alleine zu sein. Auch die Fachfrauen haben ihren Platz im wellcome-System: Sie begleiten und unterstützen die Ehrenamtlichen und lotsen die Familien weiter, die andere Hilfen brauchen. So ergänzt sich bei wellcome Ehrenamt und Fachlichkeit perfekt. Bundesweit gibt es mehr als 200 solcher Teams. Bis Ende 2013 sollen es ca. 250 bundesweit sein.

Wie ist die Organisation von wellcome aufgebaut?

wellcome funktioniert als Social Franchise: Träger der freien Jugendhilfe (z.B. Familienbildungsstätten, Mütterzentren oder Mehrgenerationenhäuser) übernehmen das Konzept, werden geschult, schließen einen Kooperationsvertrag mit der wellcome gGmbH. Sie sorgen dafür, dass die Qualitätsstandards eingehalten werden und die wellcome gGmbH unterstützt sie dabei. Inzwischen gibt es in den großen Bundesländern mit vielen wellcome-Teams auch Landeskoordinatorinnen, die wiederum die Begleitung der lokalen Teamkoordinatorinnen übernehmen. Wir sind ein lernendes System, das durch das stetige Wachstum auch organisatorisch immer wieder neue Herausforderungen zu bewältigen hat.

Auf welchen Säulen basiert die Finanzierung der gGmbH?

wellcome weist eine stabile Mischfinanzierung auf. Unser Ziel als gemeinnützige Organisation ist die »schwarze Null«. Das erreichen wir durch Kooperationsgebühren der Einrichtungen, durch Förderer und Spender und durch einen Bundeszuschuss zur Qualitätssicherung.

Sind wir in Deutschland auf einem guten Weg, uns diesem Ideal anzunähern?

Trotz aller Bemühungen um Elterngeld und Co. – nicht wirklich. Im Augenblick beobachten wir, dass junge Familien extrem unter Druck stehen, dass von 50 Prozent der Scheidungen Kinder betroffen sind. Die frühe Berufsrückkehr, die an sich nicht verkehrt ist, überfordert viele junge Eltern und damit auch die Partnerschaften, weil es zu wenig Unterstützung gibt. Eltern besser auf die Berufsrückkehr vorzubereiten und Unternehmen für die Bedürfnisse von Eltern zu sensibilisieren, wird eines der nächsten wellcome-Projekte werden, das ich für absolut erforderlich halte, wenn wir künftig noch Kinder in unserem Land haben wollen.

Weshalb ist Hilfe zur Selbsthilfe der beste und nachhaltigste Weg?

Ich gehe fest davon aus, dass Menschen gerne ihren eigenen Weg gehen und dass sie für ihre Kinder und für sich selbst sorgen wollen. Bevormundung auf Dauer macht schwach und abhängig. Das entspricht nicht meinem Menschenbild. Wir entdecken immer wieder, wie viel Energie Familien haben, denen man das nicht zutrauen würde. Für wellcome-Familien ist die Tatsache, dass unsere Engel wieder gehen, häufig der Grund, überhaupt erst anzurufen. Sie erhalten Unterstützung auf Zeit und sind gleichzeitig sehr motiviert, später auch einmal anderen ihre Hilfe anzubieten, weil sie gemerkt haben, wie gut das tut. Wir verbrennen in Deutschland sehr viel Geld in Systemen, die Armut etc. verwalten, anstatt sie zu beseitigen. Ähnlich wie die Energiewende braucht Deutschland dringend eine Sozialwende.

Inwiefern können die Bürgerinnen und Bürger helfen, hier eine spürbare Verbesserung zu erreichen?
Bei wellcome arbeiten mehr als 2000 Ehrenamtliche mit und über 1000 unserer Paten geben Familien in Not finanzielle Unterstützung. Wir erleben eine wachsende Sensibilität der Bürger. Sie wollen helfen und erkennen, dass der Sozialstaat allein nicht die Lösung aller Probleme sein kann. Ich finde, jede und jeder kann sich einbringen: mit Zeit, Erfahrung oder Geld. Es gibt sehr viele Initiativen in Deutschland, die sich inzwischen auf eine neue Generation Ehrenamtlicher einstellen – alles Menschen, die sich auf Augenhöhe engagieren wollen.

Weshalb ist die Beschäftigung mit Nachhaltigkeit immer auch ein privates Thema, das sich vom beruflichen Engagement nicht trennen lässt? Wie setzen Sie persönlich Nachhaltigkeit im täglichen Leben um?
Unsere private Nachhaltigkeitsstrategie begann mit dem Tag der Geburt unserer ältesten Tochter. Ganz gleich ob es um Ernährung, Erziehung oder Schulbildung geht: Der Nachhaltigkeitsgedanke ist plötzlich allgegenwärtig – ob man will oder nicht. Vieles, was für den Augenblick vertretbar wäre, ist es nicht, wenn ich an die Nachhaltigkeit denke. Kinder brauchen Kontinuität und Verlässlichkeit, um zu verstehen, warum manche Produkte nicht gekauft werden, warum Grenzen gesetzt werden, warum Hausaufgaben wichtig sind etc. Natürlich macht man täglich Kompromisse und Ausnahmen – beim Naschen, beim Fernsehen etc. Aber das gesunde Aufwachsen von Kindern ist ein kontinuierlicher Prozess, der gemeinsam geübt werden will. Persönlich kann ich sagen, dass das mit dem Älterwerden der Kinder eher leichter fällt, da sie die Zusammenhänge z. B. zwischen Preisgestaltung und Produktionsbedingungen eher verstehen und zum Teil selbst bei ihren Kaufentscheidungen die Nachhaltigkeitsidee im Kopf haben.

Was sind für Sie die Herausforderungen auf dem Weg zu einer nachhaltigen Gesellschaft? Und welche Rolle spielt dabei das Ehrenamt?
Eine nachhaltig denkende Gesellschaft braucht mündige Bürger, die mitgestalten wollen – die aber auch bereit sind, Verantwortung zu übernehmen. Nur gegen etwas zu sein – den Staat, den Euro oder was auch immer – hilft keinem. Und dies ist für uns eine echte Herausforderung. Wir leben mental immer noch zwischen den politischen Postulaten der 70er Jahre, die da hießen: »Freie Fahrt für freie Bürger« bzw. »Vater Staat kümmert sich um den Steuerzahler«. Auch wenn wir wissen, dass dieses Denken längst überholt ist, handeln wir in vielen Bereichen noch so. Wir reparieren und therapieren, statt klug vorzusorgen. Wir erwarten Hilfe von außen, statt uns selbst zu kümmern. Wir wissen viel und setzen wenig um. Wer anfängt, sich ehrenamtlich zu en-

gagieren, hat die erste Hürde genommen, nämlich sich selbst zu bewegen.

Die Unternehmensberatung Boston Consulting Group, das Wirtschaftsmagazin Capital und die Schwab-Stiftung haben Sie zum »Social Entrepreneur 2007« gekürt. Was bedeutet Ihnen diese Wertschätzung auch durch Ashoka? Und wie konnte wellcome konkret davon profitieren?
Die mit den Auszeichnungen verbunden Zugänge zu Netzwerken und teilweise internationalen Foren haben wellcome ohne Frage einen Schub gegeben. Es ist fantastisch, sich auf höchstem Niveau mit anderen Social Entrepreneurs auszutauschen, die ähnlich unterwegs sind wie man selbst und auf der anderen Seite CEOs internationaler Konzerne zu erleben und dadurch zu verstehen, was Globalisierung bedeutet, welche Folgen sie für uns haben wird und dass Europa schon längst nicht mehr der Mittelpunkt der Welt ist. Besonders die Teilnahme an den Weltwirtschaftsforen war für mich als »Sozialer« ein wesentlicher Blick über den Tellerrand. Ich habe bei weitem nicht alles gut gefunden, was ich da gehört und gesehen habe – aber ich habe in Unternehmen und Konzernen eben auch Menschen getroffen, die sich mit Nachhaltigkeit glaubwürdig auseinandersetzen.

Bundeskanzlerin Angela Merkel plädiert für eine »Kultur des Hinschauens«, wie sie beispielsweise von wellcome praktiziert wird. Deshalb übernahm sie die Schirmherrschaft für Ihr Projekt. Was bedeutet Ihnen dies? Und welche nachhaltige Wirkung geht davon aus?
Die Schirmherrschaft der Kanzlerin hat sich für wellcome wie ein besonders wertvolles Qualitätssiegel ausgewirkt, weil sich die mächtigste Frau im Staat ausgerechnet einem Thema zuwendet, das besonders stark verharmlost wird: Familie und Ehrenamt. Manche haben die Relevanz begriffen und uns unterstützt. Allerdings war es für uns auf der anderen Seite eine besondere Verpflichtung, die mit dem Vertrauen verbundene Erwartung in unsere Arbeit auch zu erfüllen. Heute können wir sagen: Es ist uns gelungen, nicht nur den Respekt der Kanzlerin zu erhalten, sondern ihn auch zu bewahren. Im fünften Jahr ihrer Schirmherrschaft hat sie in diesem Frühjahr die Festrede zum zehnten Geburtstag von wellcome gehalten.

Nachhaltigkeit bedeutet für mich, zu Ideen zu stehen und sie mit Mut durchzusetzen!

Lars Wallrodt

Lars Wallrodt, Jahrgang 1975, wuchs in Neumünster auf. Er studierte Sportwissenschaften an der Christian-Albrechts-Universität in Kiel. Schon während seines Studiums arbeitete er als Sportjournalist beim Holsteinischen Courier. Von 2001 bis 2008 arbeitete er für die Berliner Zeitung »BZ« und berichtete als Reporter von Hertha BSC und der deutschen Nationalmannschaft. Anfang 2009 wechselte er zur »Welt/Welt am Sonntag«. Dort wurde er 2011 Fußballchef. Er ist verheiratet und hat zwei Töchter. Weiterführende Informationen: www.welt.de

Das Dortmunder Modell

Wie die Gesellschaft hat sich auch der Fußball gewandelt. Einst prägten Werte wie Geselligkeit, Zusammengehörigkeitsgefühl und gegenseitige Verantwortung den beliebtesten Sport dieses Landes. Auch im Hochleistungsbereich. Bis in die 60er Jahre hinein kamen selbst die Spieler der Erstligaklubs zum Großteil aus der Region. Der Erfolg ergab sich aus den Ressourcen, die die Umgebung bot. Millionenablösesummen und das heute immer schneller rotierende Transferkarussell waren unbekannt. Oft spielten Spieler ihre gesamte Karriere bei einem Klub wie Fritz Walter und Uwe Seeler. Im Extremfall wurde dem Stadtrivalen ein guter Mann abgeluchst, der dafür ein paar Mark oder eine Arbeitsstelle geboten bekam.

Heute ist der Profi-Fußball ein Sammelbecken für Glücksritter, Getriebene und Geheimniskrämer. Spieler wechseln wild hin und her. Eine gute Mannschaft zusammenzustellen ist in diesem Wirbel zu einer Geheimwissenschaft geworden, zur Alchemie des modernen Sports.

Doch wie beim Versuch, aus wertlosem Material Gold herzustellen, sind auch im Fußball Blender und Scharlatane unterwegs. Zahllose Klubs sind bereits kollabiert, weil zwielichtige Sponsoren oder Mäzene Geld in den Verein gepumpt haben. Nach ihrem Rückzug sackte das aufgeblasene Konstrukt in sich zusammen.

Auch Borussia Dortmund hätte um ein Haar einen ähnlichen Weg genommen. 1997 hatte der Klub die Champions League gewonnen, drei Jahre später ging der BVB als erster deutscher Verein an die Börse, was umgerechnet 143 Millionen Euro in die Vereinskasse spülte. Der Klub schickte sich an, den FC Bayern München dauerhaft von der Spitze der Bundesliga zu verdrängen.

Doch der Griff nach den Sternen ging gründlich schief. Statt vor der nationalen Machtübernahme stand Borussia Dortmund plötzlich vor dem Kollaps. Binnen vier Jahren verzockten die Verantwortlichen das Geld. Abstrakt hohe Ablösesummen wie für den Brasilianer Marcio Amoroso, der 2001 für 50 Millionen Mark (rund 25 Millionen Euro) geholt wurde, und unternehmerische Fehlentscheidungen beim Stadionausbau hatten das Kapital aufgefressen. Plötzlich stand der Ballspielverein Borussia 09 mit dem Rücken zur Wand und mit 118 Millionen Euro Schulden da. Im November 2004 kämpften der neue Präsident Reinhard Rauball und Geschäftsführer Hans-Joachim Watzke um das Überleben des Klubs. »Es war der härteste Kampf, den ich je ausgefochten habe. Das war durch nichts zu überbieten«, sagte Rauball einige Jahre später. Der Verein überlebte und steht heute besser da denn je. 2011 wurde er Deutscher Meister, ein Jahr später gelang die Titelverteidigung und – als Krönung – auch noch der Gewinn des DFB-Pokals.

Doch wie war dieses Kunststück gelungen? Durch einen Schwur: »Wir, Reinhard Rauball, Manager Michael Zorc und ich, haben uns in die Hand versprochen, diesen Verein nie wieder in Gefahr zu bringen«, sagte Geschäftsführer Watzke. Die Troika verständigte sich dafür auf ein nachhaltiges Konzept: »Wir haben 2007 beschlossen, das Fundament zu legen, indem wir in ein hochmodernes Trainingszentrum investiert haben. 2005 hatten wir nur einen Trainingsplatz – für Profis und Amateure. Der Rest musste auf Ascheplätzen trainieren. Dazu haben wir unsere Scoutingabteilung bahnbrechend ausgebaut. Alles, was wir erübrigen konnten, ist da reingeflossen. Heute ernten wir die Früchte«, sagte Watzke in einem Interview mit der »Welt«. Ab sofort setzte der BVB auf junge, talentierte Spieler, die im Idealfall auch noch selbst ausgebildet wurden.

Nachwuchsarbeit, junge Talente, Scouting: Das klingt zunächst nicht sonderlich innovativ. Ähnliche Ansätze sind von jedem zweiten deutschen Profi-Klub zu hören. Doch der Unterschied ist: Die Dortmunder meinten es ernst. Es macht nämlich einen beträchtlichen Unterschied, nur zu sagen, dass man auf den Nachwuchs setzen will und diesen Ansatz beim ersten Gegenwind auch wirklich beizubehalten. Und es bedarf einer weiteren, entscheidenden Komponente, um eine Mannschaft an die Spitze zu führen. »Das alles bringt nichts, wenn man nicht den richtigen Trainer dafür hat«, sagte Watzke. Vielleicht war die Verpflichtung von Jürgen Klopp im Jahr 2008 der entscheidende Schritt. Und sicher benötigt man auch ein bisschen Glück, damit Nachhaltigkeit funktioniert. Doch vor allem bedarf es Mut, nachhaltig zu handeln. Denn Nachhaltiges erzeugt selten schnellen Erfolg.

Was oft vergessen wird im aktuellen Glanz der Meistermannschaft: In den ersten beiden Spielzeiten unter Jürgen Klopp belegte der BVB die Plätze sechs und fünf. Das waren solide Resultate, nicht mehr und nicht weniger. Doch Watzke, Rauball und Zorc ließen sich nicht nervös machen. 2010 verlängerten sie Klopps Vierjahresvertrag vorzeitig bis 2014, zwei Jahre später bis 2016. »Ich schließe wenig im Leben aus. Aber ich kann ausschließen, dass ich bis 2016 zu Jürgen Klopp sagen werde: ›Wir müssen uns trennen‹. Wir ziehen das durch. Wir geben Jürgen langfristig Zeit. Da werden wir auch mal eventuelle Durststrecken überstehen«, sagte Watzke.

Das Dortmunder Modell ist derzeit das beste und spektakulärste Beispiel, wie ein durchdachtes und konsequent umgesetztes Konzept einen Verein befruchten kann.

Jetzt, morgen und vielleicht sogar für die Zeit danach...

Wolfgang Watzke

Wolfgang Watzke, Jahrgang 1952, ist Geschäftsführer der 2001 gegründeten DFB-Stiftung Egidius Braun für Soziale Integration, Kinder in Not und Mexico-Hilfe. Nach dem Studium der Politikwissenschaft, Geschichte und Jura (M.A.) begann er 1980 als Jugendsekretär und Pressereferent beim Fußball-Verband Mittelrhein in Köln und übernahm 1986 ehrenamtlich die Koordination der Mexico-Hilfe. 2009 wurde ihm zusätzlich die Geschäftsführung der DFB-Stiftung Sepp Herberger übertragen. Seit 2010 ist Wolfgang Watzke für den Bereich Soziale Verantwortung in der Nachhaltigkeitskommission des Deutschen Fußball-Bundes verantwortlich. www.egidius-braun.de

Fußball – Mehr als ein 1:0!

Die Idee der DFB-Stiftung Egidius Braun als Sozialstiftung des Deutschen Fußball-Bundes

»Manches, was wir hier gesehen und erlebt haben, diese wunderbaren Menschen, die uns geliebt haben – das können wir nicht vergessen – da können wir nicht einfach weggehen«, so begründete Egidius Braun nach seiner Rückkehr von der Fußball WM in Mexico 1986 die Gründung einer Hilfsinitiative für Kinder in Not. 15 Jahre später wurde die Mexico-Hilfe zentrales Standbein der 2001 gegründeten DFB-Stiftung Egidius Braun. Bis heute haben unzählig viele Kinder in Kindergärten, Waisenhäusern und Bildungseinrichtungen davon profitiert. Ihr Leben wurde verändert. Das unsere übrigens auch.

Egidius Braun war es auch, der nach dem Zerfall der Sowjetunion in zahlreichen sich neu formierenden Staaten Osteuropas dem Fußball beim Neuaufbau half. Kein Wunder, dass es wieder die Kinder waren, die Hilfen erfuhren. Seit den 1990er Jahren gibt es Projekte in vielen Ländern, die folgerichtig in der Stiftung weiter betreut werden. Die polnischen und ukrainischen haben sogar Kontakte mit der Nationalmannschaft während der EM 2012 gehabt, Freude für arme Kinder weit über den Tag hinaus.

Ist die Mexico-Hilfe bis heute ein Hilfswerk, das sich ausschließlich aus Spenden und Benefizaktivitäten finanziert, hat der DFB die Unterstützungen in Osteuropa, Afrika und natürlich auch in Deutschland mit einem alle zwei Jahre stattfindenden Benefizländerspiel, das die DFB-Stiftung Egidius Braun durchführt, hervorragend ausgestattet. Ein Großteil der unvermeidlichen Verwaltungskosten wird zudem durch Anteile an Strafgeldern, die jedes Jahr anfallen, abgedeckt, sodass die Philosophie der Stiftung »Jeder gespendete Euro kommt ohne Abzüge im Projekt an« leicht durchgehalten werden kann.

Das alles ist die Basis für das operative Handeln. Und wie wird gehandelt?

Dazu gibt es Wertmaßstäbe. Allen voran die Zielgruppe Kinder. Selbstverständlich gibt es Situationen, wo es um die einfachsten Bedürfnisse geht. Selbstverständlich kommt man irgendwo hin, wo man Kindern einfach nur eine Freude macht, einen schönen Tag. Das ist gut und richtig. Aber das kann nicht alles sein. Der Aufbau und der Betrieb eines Vorschulkindergartens in einem Waisenhaus ermöglichen diesen Kindern oft einen besseren Schulstart als manchen Kindern aus intakten Familien. Der Bau einer modernen Schule mitten in einem Elendsviertel gibt nicht nur den Kindern eine ungeahnte Chance, sondern bringt einen ganzen Stadtbezirk in Bewegung – Menschen werden neu motiviert, ihr Leben mutig in die Hand zu nehmen.

Straßenkinder aus der Großstadt lernen, in einem Gehöft auf dem Lande zu leben, sich aus dem Land selbst zu versorgen, werden Koch oder Bäcker und finden eine soziale Heimat. Andere haben einen Treffpunkt, wo sie nachmittags musizieren, tanzen, werken, Hilfe finden bei den Hausaufgaben, Vertrauen schöpfen in fremde Menschen, in sich selbst.

Das sind die Ansätze, die wir suchen – oft hilft erst der Fußball, Zugang zu Kindern in ihrer Not zu finden. Dann ist Fußball tatsächlich mehr als ein 1:0. Dann spürt man die Verantwortung, diese Chance des Fußballs auch tatsächlich zu nutzen. Aber bisweilen drückt diese Verantwortung schon sehr: Mal etwas schenken ist nett, bleibt aber unverbindlich. Man bleibt frei.

Investitionen in Vertrauen, soziale Heimat, in Ausbildung müssen zu Ende gedacht werden. Was machst Du mit einem Kind, das aus schlimmsten Verhältnissen mit unserer Hilfe sich durchbeißt, ein glänzendes Abitur macht und eigentlich studieren muss? Schafft man das auch noch? Ab wann geht Hilfe zu weit? Wann kümmert man sich zu viel um einen einzelnen Menschen, obwohl die Not bei so vielen so groß ist? Wann kommen wir an unsere psychischen, organisatorischen und wirtschaftlichen Grenzen?

Diese Fragen müssen an dieser Stelle nicht beantwortet werden. Sie sollen aber zeigen, dass durch Gutes tun die Verantwortung wachsen kann und die Folgen des eigenen Handelns, der eigenen Entschlüsse bereits mit dem Start bedacht werden müssen. Das ist schwer genug, weil die Konsequenz manchmal auch ein »Nein« sein muss, das weh tut.

Ein Engagement, wie es die DFB-Stiftung Egidius Braun immer neu anstrebt, kann daher nicht Teil kurzfristiger Strategien sein. Das ist eben charakteristisch für den Gedanken »Stiftung«. Wir reden über Jahre und Jahrzehnte …

Nachhaltigkeit heißt für mich,
Beziehungen mit Menschen zu gestalten, die auf
gegenseitigem Vertrauen beruhen!

Angelika Werner

Angelika Werner, Jahrgang 1967, studierte Amerikanische Literaturwissenschaften und Politikwissenschaften an der Universität Konstanz und der University of Sussex in Brighton. Beim US-amerikanischen IT-Dienstleister EDS, der heute zu HP gehört, sammelte sie erste Erfahrungen in der Kommunikationsarbeit. Seit 2001 ist sie für die Frankfurt School of Finance & Management tätig, deren Kommunikationsabteilung sie aufbaute und bis heute leitet. Angelika Werner ist Mitglied im Präsidium des Bundesverbandes deutscher Pressesprecher. Im aktuellen Ranking von Hochschulpressestellen des PR Magazins belegt sie den ersten Platz. Weitere Informationen: www.frankfurt-school.de, www.frankfurt-school.de/newsroom

Keine Lizenz zum Täuschen

Anmerkungen
zu nachhaltiger Kommunikation

Ich bin überzeugt, dass der Gradmesser »Nachhaltigkeit« die Diskussion um professionelle Kommunikation bereichern kann.

In meiner persönlichen Kurzformel von »Nachhaltigkeit« geht es um moralisch und ethisch richtiges Verhalten, das durch – langfristigen – Erfolg belohnt wird. Leider scheitert die Devise »Doing well by doing good« nur zu häufig an der Realität. Mit einer Ausnahme: der Kommunikationsarbeit. Für Kommunikatoren trifft dieser Leitsatz praktisch immer zu. Sich authentisch und ehrlich zu verhalten, transparent zu arbeiten, zahlt sich aus. Denn mit nachhaltiger Kommunikation erwirbt man eine persönliche Reputation, deren Fundament fest und schwer zu beschädigen ist.

Nachhaltigkeit ist demnach ein Leitmotiv, mit dem sich Kommunikation sehr gut bewerten, steuern und verbessern lässt. Wenn es um menschliche Beziehungen und den Austausch von Informationen geht, ist der nachlässige Umgang mit unserer wichtigsten Ressource für gelungene Kommunikationsarbeit – Vertrauen – nicht nur schädlich, sondern vernichtend. Zerstörtes Vertrauen wächst sehr langsam nach, wenn überhaupt. Und wie man eine Information einschätzt, hängt eben stets davon ab, ob und wie sehr man dem Überbringer der Botschaft vertraut. Das gilt im Zeitalter von Social Media mehr als zuvor. Früher hieß es: »Man trifft sich immer zwei Mal im Leben.« Das kann ein unehrlicher, rücksichtsloser Kommunikator im Zweifel sogar noch verkraften. Heute aber trifft man sich viel schneller und häufiger wieder, weil die neuen Kommunikationskanäle es erlauben und befördern, schlechte Erfahrungen umgehend rückzukoppeln und zu vervielfältigen. Ausnahmslos gut zu scheinen, ohne es zu sein, wird schnell gefährlich. Viele Journalisten, die die Frankfurt School of Finance & Management besuchen, staunen über unsere kleinen Seminarräume, die offenen Professorenbüros und eine Studienbetreuung, die auch nach 18 Uhr noch geöffnet ist. Berichten sie im Anschluss allerdings ausschließlich über unsere Infrastruktur und vernachlässigen konstruktive Kritik, kann das die Erwartungen potenzieller Studenten überhöhen. Dabei sind uns Studienbewerber lieber, die im Vorfeld einen realistischen Eindruck von unserer Business School gewonnen haben und die wir vielleicht sogar noch positiv überraschen können, als junge Menschen, die mit einer überzogenen Anspruchshaltung bei uns studieren.

Wir sind seit Jahren auf Wachstumskurs und stellen jeden Monat neue Mitarbeiter ein. Ich bin noch nie mit Budgetkürzungen konfrontiert worden und kann jede Dienstreise und jede Konferenz, die ich für wichtig erachte, unternehmen. Wir sind nicht börsennotiert und müssen in der Pressearbeit keine Rücksicht auf die Märkte und Sperrfristen nehmen. Doch: Bildung ist ein virtuelles Gut. Ihr Mehrwert wird auch durch Reputation vermittelt. So kommt der Kommunikationsarbeit an der

Frankfurt School eine große Bedeutung für den Erfolg der »Produkte« zu.

Es reicht selbstverständlich nicht, von nachhaltiger Kommunikation zu sprechen und sich mit Trendworten wie Authentizität und Transparenz herauszuputzen. Den Vorwurf, inhaltsleere Phrasen zur Profilierung verwenden zu wollen, möchte ich mir nicht machen lassen – denn für mich ist genau das das Gegenteil nachhaltiger Kommunikation. Daher gilt es, den Begriff der nachhaltigen Kommunikation klar zu definieren. Sie ist damit letztendlich einfach gute Kommunikation, die klaren Kriterien folgt, an denen sie sich messen lässt.

Wer nachhaltig kommuniziert, muss dies im Einklang mit den Werten der Organisation tun, für die er spricht. In welcher Form diese Leitplanken formuliert sind und ob sie nur für die interne Verwendung oder auch für externe Einsicht formuliert wurden, ist zweitrangig. Vielleicht ist es sogar besser, keine abgeschliffenen Schlagwort-Sätze in Hochglanzbroschüren zu drucken, sondern stattdessen innerhalb der Organisation, für den Hausgebrauch, klare Grenzen und Ziele zu setzen. Leistungsbereit, unternehmerisch, partnerschaftlich und integer – das sind die Eigenschaften, die das Handeln von uns allen an der Frankfurt School leiten. Das gilt auch und gerade für den Kontakt mit Medienvertretern. Deren Fragen beantworten wir nur, wenn wir überzeugt sind, Expertise auf dem entsprechenden Gebiet zu haben. Anfragen abzulehnen, ist auch ein Ausdruck von Integrität.

Ein Beispiel: Die Journalistin eines großen Wirtschaftsmagazins schrieb an einer Geschichte über einen Top-Manager eines DAX-Unternehmens, den sie »in die Pfanne hauen wollte« – wie sie frank und frei am Telefon erklärte. Nun suchte sie einen Wissenschaftler, mit dessen Autorität sie die Missmanagement-Vorwürfe gegen den Mann erhärten wollte. Dabei war dieser in keine bekannten Pleiten, Korruptionsvorwürfe oder Skandale verstrickt. Selbstverständlich haben wir dieses Anliegen nicht weiter verfolgt – und der Journalistin auch erklärt, warum wir ihr dabei nicht helfen.

Ein weiterer Grundsatz: Wir lügen nicht. Einfacher lässt sich eine Regel nicht formulieren, und gerade deshalb ist ihre Umsetzung anspruchsvoll – aber lohnend. So treibt uns derzeit ein Plagiatsfall um, über den die Medien auch berichtet haben. Die notwendige Überprüfung der fraglichen Promotion zur Routine herunterzuspielen oder den Fall gar abzustreiten, ist für uns keine Option. Wir haben uns den Medienanfragen gestellt und das Verfahren, mit dem wir die Doktorarbeit überprüfen, detailliert vorgestellt. Die Folge: eine ausgewogene Berichterstattung, die unsere Reputation nicht in Frage stellte, sondern untermauerte. Wenn die verschiedenen internen und externen Stakeholder vertrauen können, dass man sie nach bestem Wissen und Gewissen mit der Wahrheit versorgt, lassen sich auch öffentliche Auseinandersetzungen leichter managen. Nicht zu lügen, heißt aber nicht, alles zu erzählen. Es ist erlaubt, Dinge zu verschweigen, oder um Verständnis dafür zu bitten, dass man sich zu bestimmten Dingen (derzeit) nicht äußert. Natürlich ist jede interne und externe Kommunikation für ein Unternehmen oder eine Organisation immer interessengeleitet. Als Pressesprecher nimmt man Teil an einem Meinungsbildungsprozess, in dem man die eigene Weltsicht vertritt, Aspekte und Interessen der Organisation positioniert. Daran ist nichts Schlechtes. Denn es ist durchaus möglich, diese Interessen transparent herauszustellen. PR ist keine Lizenz zum Täuschen. Konsistenz führt zur Glaubwürdigkeit.

Nachhaltigkeit ist für mich,
wenn der Punkt erreicht ist, an dem Wohlstand
und Sicherheit nicht mehr auf Kosten der Umwelt
oder nachfolgender Generationen gehen

Markus Wirth

Markus Wirth, Jahrgang 1977, ist Mitgründer und Vorstand der WIRSOL SOLAR AG. Sein Diplom als Betriebswirt mit Fachrichtung Industrie hat er an der Dualen Hochschule Karlsruhe abgeschlossen. Seine erste Führungsposition übernahm er als Geschäftsführer der Fenster Würges GmbH in Waghäusel. Gemeinsam mit seinem Vater Hans Wirth und dem Geschäftspartner Stefan Riel gründete er 2003 die Hausrenovierer GmbH, aus der die heutige WIRSOL SOLAR AG hervorgegangen ist. Mit WIRSOL spezialisierte sich das Trio zunehmend auf den Bereich Photovoltaik. Als operativer Kopf des mittlerweile weltweit agierenden Solar-Dienstleisters verantwortet Wirth die Bereiche Technik, Produktmanagement und Vertrieb. Beim Aufbau der neuen WIRSOL Geschäftsfelder Windenergie und E-Mobility, denen er jeweils als Geschäftsführer vorsteht, war er die treibende Kraft. Als gemeinsames Projekt von WIRSOL und der Abfallverwertungsgesellschaft des Rhein-Neckar-Kreises (AVR) hat er 2012 die AW Energie gegründet, um regenerative Projekte aufzuzeigen und Synergieeffekte vor Ort konsequenter umsetzen zu können. Markus Wirth ist verheiratet und hat drei Kinder. Privat trifft man den ehemaligen Deutschen Meister im Ringen mit seiner Familie beim Segeln oder auf dem Fußballplatz. Weiterführende Informationen: www.wirsol.de

Energiewende: Kollektives Nachsitzen für alle

Als Projektierungsgesellschaft und Dienstleister im Bereich der erneuerbaren Energien sind wir es bei WIRSOL gewissermaßen gewohnt, in Vorleistung für zukünftige Generationen zu treten. Trotz rasanten Wachstums hat WIRSOL seine Wurzeln immer noch im Mittelstand – dem Innovationsmotor der Energiewende. Knapp 270 Mitarbeiter arbeiten für uns an diesem besonderen Projekt, das ich bei dieser Gelegenheit in ein etwas ungewöhnliches Licht rücken möchte:

Die Entscheidung zur Energiewende war richtig, denn die Lösung eines gesellschaftlichen Problems zu erkennen, verpflichtet uns aus moralischer Sicht auch zur Umsetzung. Die Entscheidung war mutig, denn sie hat viele aus ihrer Wohlfühlzone gerissen und fordert dazu ein massives Umdenken und stete Innovation. Letztendlich war sie auch ein Stück weit radikal, denn sie ordnet unseren Alltag einer Idealvorstellung unter und versieht diese auch noch mit einem Zeitplan. Wie realistisch sind 80 Prozent Strom aus erneuerbaren Quellen bis 2050? Und wem sollte man diese Fragen stellen? Dieselbe Gesellschaft, die sich zur Energiewende bekannt hat, war im Grunde unvorbereitet, dieses historische Projekt zu diskutieren. Es ist nicht zu übersehen, wie emotional und mit welch harten Bandagen nun der Kampf um die Deutungshoheit geführt wird.

Sicherlich – im internationalen Vergleich bringt Deutschland beste Voraussetzungen mit, doch viele Fragen bleiben offen oder werden erst in der praktischen Anwendung beantwortet werden können. Viel zu oft erleben wir, wie diese Unsicherheit durch den Versuch instrumentalisiert wird, Menschen in ihren Entscheidungen zu beeinflussen. Auch diese Erkenntnis hält einen klaren Handlungsauftrag bereit: Aufklärung – und zwar so früh und umfassend wie möglich.

Die erneuerbaren Energien sind längst auf den Lehrplänen gelandet. Das ist auch gut so, denn die Gestaltung einer nachhaltigen Energieversorgung ist eine der größten Herausforderungen unserer Zeit und dabei Garant für Klimaschutz, Wohlstand und die Sicherheit ganzer Regionen. Zentrale Fragestellungen um ihre Kosten und Möglichkeiten werden unsere Gesellschaft auf Jahrzehnte hinaus prägen und beeinflussen. Aufgrund der rasanten technischen Entwicklung und der hohen politischen Brisanz herrscht konstanter Informationsbedarf. Nur eine speziell abgestimmte Pädagogik kann den Akteuren von morgen eine belastbare Entscheidungsgrundlage zur Verfügung stellen. Auch viele Lehrerinnen und Lehrer sind überwältigt von der Komplexität des Themas und daher dankbar für Hilfestellung. Diese zu leisten, haben wir uns entschlossen – und zwar mit der Errichtung eines außerschulischen Lernplatzes.

In Zusammenarbeit mit der Universität und der Pädagogischen Hochschule Heidelberg wurde ein didaktisches Konzept erstellt, welches den altersgemäßen Zugang zu den erneuerbaren Energien ermöglicht. Die Entwicklung und Betreuung dieser innovativen Lehr-Lern-Einheiten erfolgt durch Examenskandidaten und Doktoranden. Die Studierenden betreuen dabei auch die Schülergruppen vor Ort und wenden hier ihre im Studium erworbene didaktische Kompetenz praktisch an. Durch die Integration des außerschulischen Lernorts in die universitäre Ausbildung der Lehramtskandidaten wird eine zusätzliche Nachhaltigkeit erzielt. Die entsprechenden Grundlagen werden ihnen im Rahmen von eigens angebotenen Begleitvorlesungen vermittelt.

Selbstgesteuertes Lernen im außerschulischen Lernort
Inhaltlich liegt unser Augenmerk auf selbstgesteuerten Experimenten zu erneuerbaren Energien. Durch die enge Verzahnung mit dem naturwissenschaftlichen Unterricht gewährleisten wir ein hohes Maß an Nachhaltigkeit der Lernerfahrung bei den Schülerinnen und Schülern, aber auch bei Pädagoginnen und Pädagogen. Eigens entwickelte Lern-Arrangements behandeln Fragestellungen rund um eine regenerative Modellstadt und werden im Vorfeld konzipiert und kontinuierlich evaluiert. Die deutliche Praxisrelevanz schlägt dabei die Brücke ins tägliche Leben und schafft einen wichtigen Realitätsbezug.

Da das Thema »Regenerative Energien« bzw. »Klimaschutz« in der Schule einen stetig steigenden Stellenwert einnimmt, erhält auch das Schulsystem selbst einen hohen nachhaltigen Nutzen aus diesem Projekt: Lehrerinnen und Lehrern werden Unterrichtseinheiten mit ausgearbeiteten Arbeitsmaterialien an die Hand gegeben. Durch sukzessive Fortbildungen werden sie gezielt in die Lage versetzt, dieses komplexe Thema kompetent zu unterrichten.

Eines kann nicht klar genug herausgestellt werden: Bildung ist kein Selbstzweck und existiert nicht im luftleeren Raum. Über das Lehrkonzept hinaus werden die Schülerinnen und Schüler zu konstruktiven Diskussionen rund um die Energiewende und eine im Wandel befindliche Gesellschaft angeregt – kritisch und differenziert.

Technik verstehen, Wirtschaftlichkeit überprüfen, Politik gestalten
Die Einbindung weiterer Akteure aus Forschung, Bildung, Industrie und Gesellschaft lassen einen hohen öffentlichen Wissens- und Informationstransfer sowie viele Synergieeffekte erwarten. Es liegt in unserer Verantwortung, diese Synergien einzugehen und jene Unterrichtskonzepte zu fördern, welche die Vermittlung derart komplexer Inhalte gestatten. Nur so kann der notwendige Bezug geschaffen werden, um das Thema »erneuerbare Energien« im Spannungsfeld zwischen Technik, Wirtschaftlichkeit und Politik darzustellen.

Jüngeren Generationen muss ermöglicht werden, sich eine solide Entscheidungsgrundlage zu erarbeiten, um die Entwicklung unserer Energieversorgung kompetent gestalten zu können. Diese Aufgabe halten wir für derart zentral, dass wir uns trotz der gegenwärtigen Konsolidierungsphase in der Solarbranche und begrenzten Ressourcen zu diesem Engagement entschlossen haben.

Nur so kann gewährleistet werden, dass künftige Entscheidungen auf belastbaren Informationen und nicht auf diffuser Emotion gründen. Mündige Bürger sind die Grundvoraussetzung für eine funktionierende Demokratie und wir möchten jedem Menschen ermöglichen, daran teilzuhaben.

Nachhaltigkeit heißt für mich, individuelle Chancen und Möglichkeiten sinnvoll, effektiv und vorausschauend zum Wohle der Gesellschaft einzusetzen, um dauerhafte Veränderungen (mit-) anzustoßen.

Tobias Wrzesinski

Tobias Wrzesinski, Jahrgang 1983, absolvierte nach Abitur und Zivildienst ein Studium der Betriebswirtschaftslehre mit den Schwerpunkten Sportmanagement und Sportmarketing an der SRH Hochschule Heidelberg. Mit dem Abschluss zum Diplom-Betriebswirt (FH) wechselte Wrzesinski im Oktober 2008 als hauptamtlicher Mitarbeiter in die Zentrale des Deutschen Fußball-Bundes (DFB). Dort war er seit Mai 2007 bereits als Praktikant, Werkstudent und Diplomand beschäftigt. Im November 2009 kam er als stellvertretender Geschäftsführer zur DFB-Stiftung Sepp Herberger. Seit Januar 2011 ist er in gleicher Funktion auch für die DFB-Stiftung Egidius Braun tätig. Tobias Wrzesinski ist selbst aktiver Fußball-Schiedsrichter und war während des Studiums Stipendiat der Friedrich-Ebert-Stiftung. An der SRH Hochschule Heidelberg hat Wrzesinski einen Lehrauftrag im Bereich Sportmanagement. Weiterführende Informationen: www.sepp-herberger.de

»Wer oben ist, darf die unten nicht vergessen«

Einblicke in die Arbeit der Sepp-Herberger-Stiftung des Deutschen Fußball-Bundes

Die aktuelle Statistik des Deutschen Fußball-Bundes (DFB) weist rund 6,8 Millionen Mitgliedschaften in bundesweit knapp 26.000 Fußballvereinen aus. Jedes Wochenende sind die ca. 180.000 Mannschaften in rund 90.000 Spielen am Ball. Mindestens eine Million Menschen engagieren sich ehrenamtlich in den Klubs. Der DFB zählt damit als Non-Profit-Organisation des dritten Sektors zu den größten Einzelsportverbänden der Welt.

Die Zahlen unterstreichen, welchen gesellschaftlichen Stellenwert der Fußballsport in Deutschland heute einnimmt. Hinzu kommt, dass sich rund 76 Prozent der deutschen Bevölkerung generell als fußballinteressiert bezeichnen. Aus dieser Bedeutung heraus ergibt sich eine besondere gesellschaftliche Verantwortung. Bereits 1951 gründete der DFB den sogenannten DFB-Sozialausschuss. 1977 wurde gemeinsam mit Alt-Bundestrainer Sepp Herberger die nach ihm benannte DFB-Stiftung gegründet. Ein Novum zur damaligen Zeit.

Sepp Herberger, dessen Ehe mit seiner Frau Eva kinderlos blieb, hatte – getreu seinem Lebensmotto: »Wer oben ist, darf die unten nicht vergessen« – den Wunsch, seinen Nachlass sozialen und karitativen Zwecken zur Verfügung zu stellen. Die Stiftung hat als Rechtsnachfolgerin neben dem Finanzvermögen auch die von Sepp Herberger über Jahre akribisch gesammelten Unterlagen geerbt: Mehr als 26 Aktenmeter mit insgesamt 361 Aktenordnern bilden den wohl wertvollsten fußballhistorischen Nachlass der Bundesrepublik.

Die Arbeit der Sepp-Herberger-Stiftung gliedert sich in vier satzungsgemäße Schwerpunktbereiche: Resozialisierung von Strafgefangenen, Behindertenfußball, Schule und Vereine sowie das DFB-Sozialwerk. Insgesamt organisiert und finanziert die Stiftung aktuell sechs eigene Projekte und bemüht sich dabei, gesellschaftspolitische Akzente zu setzen. So sind im Bereich des Behindertenfußballs beispielsweise die Schaffung öffentlicher Aufmerksamkeit für die sportlichen Leistungen behinderter Fußballer sowie die Integration beeinträchtigter Menschen in die Strukturen des Fußballs wesentliche Anliegen der Stiftungsarbeit.

»Fußball grenzt ein – nicht aus« und kann beeinträchtigten Menschen in die oft zitierte »Mitte der Gesellschaft« verhelfen. Am meisten hilft beim Transport dieser Idee die Blindenfußball-Bundesliga. Seit 2011 werden die Ligaspiele der europaweit einzigartigen Spielrunde für blinde und sehbehinderte Menschen als Städteserie organisiert. Auf zentralen öffentlichen Plätzen zeigen die Spieler, wie aufregend und faszinierend ihre Facette des Fußballs ist. Die Liga steht unter der Schirmherrschaft des Bundespräsidenten und gehört im Jahr 2012 zu den 365 ausgezeichneten Orten der Standortinitiative »Deutschland – Land der Ideen«.

Zur Schaffung nachhaltiger Organisationsstrukturen finanziert die Stiftung in den DFB-Landesverbänden Beauftragte für Fragen des Behindertenfußballs. Damit stehen in den Fußballverbänden erstmals bundesweit Ansprechpartner für Fußballer mit Behinderungen zur Verfügung. Das wichtigste Ziel ist es dabei, möglichst vielen beeinträchtigten Fußballerinnen und Fußballern den Zugang in die Fußballvereine zu ebnen. Die Stiftung kann hier Ideen- und Impulsgeber sein. Bereits heute treiben in vielen DFB-Vereinen beeinträchtigte Fußballer Sport und sind in die Vereinsstrukturen integriert: Der FC St. Pauli hat mit einigem Erfolg eine Blindenfußball-Abteilung in seinen Reihen aufgebaut. Der VfB Gelsenkirchen weiß unter seinen Mitgliedern rund zehn Prozent blinde und sehbehinderte Menschen. Die Werkstatt-Fußballer der Reha-Werkstatt Oberrad kooperieren erfolgreich mit dem Frankfurter Turnverein 1860. Die psychischkranken und geistig-beeinträchtigten Menschen nehmen nunmehr sogar am Liga-Spielbetrieb des Hessischen Fußball-Verbandes teil. Im südpfälzischen Offenbach kooperieren die Südpfalzwerkstatt und der FSV Offenbach seit Jahren sehr erfolgreich. Der Fußballsportverein bietet dabei für die Werkstatt-Mitarbeiter einmal pro Woche ein Fußballtraining auf der Klubanlage an. Beispiele von denen man lernen kann, die man fördern, darstellen und zur Normalität machen will. Jedes für sich ein gelungenes und gelebtes Stück »Inklusion«. Die Stiftung wendet etwa ein Drittel ihres Jahresbudgets in Höhe von knapp einer Million Euro in diesem Schwerpunktbereich auf.

Für den Fußball. Für die Menschen.

Nachhaltigkeit ist für mich das Gegenteil von „nach mir die Sintflut". Also, stattdessen so zu handeln, daß wir es auch gegenüber unseren Kindern und Enkeln verantworten können.

Dieter Zetsche

Dr. Dieter Zetsche, Jahrgang 1953, ist Vorsitzender des Vorstands der Daimler AG und Leiter Mercedes-Benz Cars. Er studierte Elektrotechnik an der Universität Karlsruhe. Seine Diplomarbeit schrieb er bei der Daimler-Benz AG in Stuttgart, wo er 1976 seine Karriere im Forschungsbereich begann. 1982 promovierte er an der Universität Paderborn zum Dr.-Ing. Nach Stationen bei den Nutz- und Geländefahrzeugen wurde er zunächst Mitglied der Geschäftsleitung bei Mercedes-Benz do Brasil und 1989 Präsident von Mercedes-Benz Argentina. 1991 übernahm er in den USA den Vorstandsvorsitz beim Lkw-Bauer Freightliner, einer hundertprozentigen Konzern-Tochter. 1992 wurde er als Pkw-Entwicklungschef in den Vorstand der Mercedes-Benz AG berufen, ab 1995 war er im Vorstand für den Vertrieb zuständig. 1998 trat er in den Vorstand der DaimlerChrysler AG ein, wo er zunächst für den Vertrieb und dann für die Nutzfahrzeugsparte verantwortlich war. 2000 wurde er Präsident und Geschäftsführer der DaimlerChrysler Corporation. Seit 2006 ist er Vorstandsvorsitzender der Daimler AG. Privat schätzt Zetsche Reiten, Segeln sowie Lesen und verbringt gerne Zeit mit seinen drei erwachsenen Kindern.
Weiterführende Informationen: www.daimler.com

Erfolgsmotor Nachhaltigkeit

Nur wer nachhaltig wirtschaftet, ist auch nachhaltig erfolgreich – das schreibe ich nicht, weil es sich in einem Buch wie diesem gut liest, sondern weil es ein grundlegendes Prinzip unseres unternehmerischen Handelns beschreibt. Kein Autobauer kann auf eine längere Tradition zurückblicken als Daimler. Dieser Erfolg hängt auch damit zusammen, dass wir noch nie kurzfristig orientiert waren. 2010 haben wir den Begriff der Nachhaltigkeit auch »offiziell« in unser strategisches Zielsystem aufgenommen.

Doch was bedeutet Nachhaltigkeit für uns konkret? Kurz gesagt: Ökonomische, ökologische und soziale Ziele müssen miteinander im Einklang stehen. Das ist nicht immer einfach. Aber es ist machbar – und auf lange Sicht ohne Alternative. Unsere Richtschnur ist dabei der »Global Compact« der Vereinten Nationen. Dass wir seit Ende 2010 auch zur LEAD-Gruppe der vom ehemaligen UN-Generalsekretär Kofi Annan ins Leben gerufenen Initiative gehören, ist für uns Anerkennung und Ansporn zugleich. Denn was langfristig droht, wenn man wirtschaftliche Ziele ohne Rücksicht auf Risiken und Nebenwirkungen verfolgt, haben uns die Finanz- und jüngst auch die diversen Staatsschuldenkrisen vor Augen geführt. Andererseits können wir nur wenig für Umwelt und Gesellschaft tun, wenn wir geschäftlich nicht wettbewerbsfähig sind. Ökonomie, Ökologie und Soziales bedingen einander.

Beispielhaft zeigt das die technologische Wende in der Automobilindustrie: Wir stehen am Anfang vom Ende des Ölzeitalters. Wurden Automobile über ein Jahrhundert lang fast ausschließlich auf der Basis von Erdöl betrieben, so werden elektrische Antriebskomponenten in Zukunft an Bedeutung gewinnen. Ökologische und ökonomische Ziele gehen damit eine Symbiose ein: Nur wer in »grüne« Antriebe investiert, wird auch langfristig »schwarze« Zahlen schreiben. Wir haben im Jahr 2011 rund die Hälfte unseres gesamten Forschungsbudgets von 5,6 Milliarden Euro in grüne Technologien investiert. Denn zu einem Premium-Automobil gehört auch ein erstklassiger Verbrauchswert. Und bei Mercedes-Benz wollen wir dem Kunden das jeweils sauberste Fahrzeug seiner Klasse anbieten. Mittelfristig bleiben innovative Verbrennungsmotoren der wirksamste Hebel zu Senkung von Verbrauch und Emissionen. Ein aktuelles Beispiel ist unsere neue A-Klasse – sie ist nicht nur optisch ein sprichwörtlicher »Hingucker«, sondern kann sich auch mit Emissionswerten ab 98 Gramm CO_2 pro Kilometer mehr als sehen lassen. Unsere Nutzfahrzeuge müssen den Vergleich ebenso wenig scheuen: Trucks und Busse aus dem Hause Daimler sind schon seit längerem die »grünsten« der Branche.

Wahr ist aber auch: Selbst wenn der letzte Verbrennungsmotor optimiert, das letzte Haus gedämmt und die letzte Glühbirne verboten ist, wird die Welt angesichts der global wachsenden Bevölkerung und dem damit einhergehenden Energie- und Mobilitätsbedarf immer noch ein CO_2-Problem haben. Was wir langfristig brauchen, ist deshalb ein echter Paradigmenwechsel. Die Frage ist nicht mehr, ob Diesel und Benzin von Wasserstoff und Strom ersetzt werden – die Frage ist nur noch wann. Deshalb treiben wir bei Daimler seit Jahren die Entwicklung alternativer Antriebe voran. 2012 kommt die dritte Generation unseres Elektro-Smart zu den Händlern. Und dass auch der Brennstoffzellen-Antrieb marktreif ist, haben wir 2011 gezeigt. Drei B-Klassen F-CELL sind einmal um die Welt gefahren: 30.000 Kilometer – ohne Panne und vor allem: ohne Emissionen!

Nachhaltigkeit ist jedoch nicht nur beim Klima- und Umweltschutz unser Leitprinzip, sondern auch bei der Frage, wie wir unser Unternehmen führen. Wir streben eine Kultur an, die hohen ethischen Standards genügt. »Saubere Produkte – saubere Geschäfte« – das ist die Devise. Deshalb haben wir seit 2011 als erster Automobilkonzern ein eigenes Vorstandsressort für »Integrität und Recht«. Um Integrität fest im Geschäftsalltag zu verankern, erarbeiten wir in einem unternehmensweiten Dialog mit unseren Mitarbeitern, was Integrität für uns bei Daimler heißt. Mit unserem 2012 eingerichteten Beirat für »Integrität und Unternehmensverantwortung« schauen wir über den eigenen Tellerrand hinaus und suchen das Gespräch mit Experten aus Wissenschaft, Medien, Politik, Verbänden und Nichtregierungsorganisationen. Damit knüpfen wir an die erfolgreiche Tradition unserer »Nachhaltigkeitsdialoge« an, die uns bereits seit 2008 wertvolle Impulse liefern.

Der wichtigste Kreativmotor bei all unseren Nachhaltigkeits-Aktivitäten sind und bleiben jedoch unsere Mitarbeiterinnen und Mitarbeiter – ihre Fähigkeiten und ihre Motivation sind die Basis unseres nachhaltigen Erfolgs. Und sie verbindet ein gemeinsames Ziel: Spitzenleistung. Dabei haben wir die Erfahrung gemacht, dass Leistung keine Frage von Herkunft, Alter oder Geschlecht ist. Unter dem Stichwort »Diversity Management« – der Förderung von Vielfalt im Unternehmen – setzen wir uns für Chancengleichheit ein und schaffen die Voraussetzungen, damit sich alle Mitarbeiter optimal einbringen können. Insbesondere können wir es uns nicht leisten, auf weibliche Talente zu verzichten. Bis zum Jahr 2020 wollen wir deshalb den Anteil von Frauen in Führungspositionen auf 20 Prozent erhöhen. Dazu setzen wir beispielsweise auf flexible Arbeitszeitmodelle und unternehmenseigene Kinderkrippen.

All das belegt, dass Nachhaltigkeit bei Daimler kein wohlfeiles Lippenbekenntnis ist, sondern ein Grundsatz, der sich wie ein roter Faden durch alle Bereiche unseres Handelns zieht. Er ist ein ethischer Maßstab, aber eben auch ein Gebot legitimen unternehmerischen Eigeninteresses. Er hat mit gesamtverantwortlichem, zukunftsorientiertem Handeln zu tun. Und er gilt jeden Tag, überall – und für alle 271.000 »Gesichter der Nachhaltigkeit« im Daimler-Team.

Nachhaltigkeit heißt für mich, nicht warten, nicht aufschieben, sondern anfangen die Dinge zu verändern.

Josef Zotter

Josef Zotter, geboren 1961 in Feldbach (Österreich), ist Chocolatier und Landwirt. Er erfand die handgeschöpfte Schokolade und eröffnete den »Essbaren Tiergarten«, wo er für Transparenz und Wertschätzung von Lebensmitteln wirbt. Zotter machte mit dem Schoko-Laden-Theater seine Manufaktur für Besucher zugänglich und produziert ausschließlich in Bio- und Fair-Qualität. Privat ist er Selbstversorger. Innovationen und Nachhaltigkeit gehören bei ihm zusammen und mittlerweile zählt sein Unternehmen zu den nachhaltigsten Österreichs. Selbst die angesehene Harvard Business School lässt ihre Studenten den Fall Zotter studieren. Seine Ansichten zur Wirtschaft und Nachhaltigkeit veröffentliche er jüngst in seinem neuen Buch »Kopfstand mit frischen Fischen«. Josef Zotter ist verheiratet und Vater von drei Kindern. Weiterführende Informationen: www.zotter.at

»Schau deinem Essen in die Augen«

90 Prozent der Österreicher und 88 Prozent der Deutschen wünschen sich laut einer Umfrage der Bertelsmann-Stiftung vom Juli 2010 eine »neue Wirtschaftsordnung«. Was macht Wirtschaft für Sie aus? Wie denken Sie Wirtschaft (neu)?

Wenn Sie mich fragen würden, dann würde ich mir auch ein anderes Konsumverhalten wünschen. In der Fragestellung liegt schon das ganze Dilemma. Immer sind die anderen verantwortlich, nur man selbst nicht. Alle wünschen, niemand fängt an. Man müsste mal die Konsumenten fragen, ob sie sich ein anderes Konsumverhalten wünschen. Das fände ich spannender. Ich selbst habe diese Ruhe nicht, ich kann einfach nicht warten, bis mein Nachbar gedenkt, etwas zu verändern. Mir geht es um das Produkt und nicht um Verkaufszahlen und Gewinnzuwächse. Ich bin kein Buchhalter, sondern Chocolatier. Zahlen und Statistiken dominieren die ganze Wirtschaftswelt. Wir sind Gefangene der Zahlen, die eine solche Macht haben, dass sich niemand mehr traut, etwas zu sagen oder zu tun, was nicht im Sinne der Zahlen ist. Das ist absurd! Warum immer diese Wachstumsraten? Wohin soll man wachsen? Wieder 2 bis 5 Prozent zugelegt und das per anno, wozu machen wir das? Ich würde mir wünschen, dass es wieder um den Inhalt geht, und so machen wir das auch bei uns in der Manufaktur.

Wie kann ein Konsument tatsächliches nachhaltiges Wirtschaften von reinem »Greenwashing« unterscheiden?

Man muss sich zunächst einmal fragen, wer produziert das eigentlich? Was steckt dahinter? Ich weiß, dass es schwierig ist und es gibt eine Reihe von Produkten wie Autos oder Smartphones, bei denen man eigentlich keine Auswahl mehr hat. Ich kann Ihnen keinen Smartphone-Hersteller nennen, der irgendwie nachhaltig ist. Bei Autos ist es auch schwierig. Immerhin haben wir uns für die Firma gerade ein zweites Elektroauto, den Opel Ampera, gekauft. Man kann sich schon bewusst für ein Produkt entscheiden, das eine bessere Ökobilanz hat. Ansonsten habe ich für mich die Strategie entwickelt, mehr bei kleinen und mittelständischen Unternehmen einzukaufen, weil da noch jemand hinter dem Material steht und es keinen Vorstand gibt, der nur auf Basis von Wachstumszahlen Entscheidungen trifft. Es gibt wahnsinnig viele kleine Unternehmer, gerade in der Lebensmittelbranche, die aus Überzeugung nachhaltig sind. Die müssen ihr Publikum finden. Gleichzeitig haben sie auch nicht die Werbeplattform. Also sollte man diese Unternehmen suchen und unterstützen. Im Grunde genommen muss man sich auch nur die Produktpalette des Unternehmens ansehen. Gibt es nur einzelne »Öko-Produkte« oder wird alles nachhaltig hergestellt? Man kann auch ganz einfach nach dem

Fairtrade-Label Ausschau halten. Fairtrade hat in all den Jahren wahnsinnig viel bewegt. Durch das Fairtrade-System haben die Kleinbauern auf dem Land eine Chance. Sie müssen nicht in die Slums der Großstädte ziehen und auf bessere Zeiten hoffen. Fairtrade ist wirklich eine super Sache, die der Konsument bei seinem Einkauf unterstützen kann. Bislang sieht es noch so aus, dass nur 0,1 Prozent der Weltkakaoernte fair gehandelt wird. Da würde ich mir ausnahmsweise doch mal Wachstum wünschen.

Sie sagten einmal, dass jeder Unternehmer in der Produktionskette mehr Verantwortung übernehmen muss und nicht so tun sollte als ob ...
Leider neigen einige Unternehmer dazu, zu sagen, dass wir produzieren sollen, was der Markt verlangt. Doch damit liegt die Verantwortung woanders. Ich bin jedoch der Meinung, dass die Unternehmen die Verantwortung für das haben, was passiert und nicht der Konsument – der kennt sich kaum mehr aus bei der Fülle an Informationen. Der Konsument nimmt das, was da ist.

Können Sie den von Hartwig Kirner, Geschäftsführer von Fairtrade Austria, kommentierten Konsumtrend bestätigen, dass die Devise »Geiz ist geil« – zumindest was den Lebensmittelhandel angeht – zutrifft?
Die Wertschätzung von Lebensmitteln ist tatsächlich rapide gesunken. Billig ist Trend, sonst würde es all die Discounter nicht geben. Das hat viele Gründe. Zum Beispiel die Entfremdung von Bauer und Konsument. Niemand wird Bauer und kaum jemand kennt noch Bauern. Die meisten Menschen scheinen auch vergessen zu haben, wie viel Arbeit und Zeit in einer ökologischen oder traditionellen Landwirtschaft steckt. Die Gesellschaft ist zu satt. Alles ist verfügbar, zu jeder Zeit. Aber es gibt auch Gegenbewegungen und Trends wie Bio und regional. Wichtig wäre es im Lebensmittelbereich Transparenz zu schaffen, damit die Käufer eine reale Entscheidung treffen können. Es gibt einen Wust an Kennzeichnungen, aber ironischerweise läuft es darauf hinaus, dass wir beginnen, die Produkte mit dem zu bewerben, was nicht drin ist. Genfrei, ohne Farbstoffe, ohne Konservierungsmittel, ohne Zuckerzusatz ... Man merkt, dass hier etwas völlig verkehrt läuft. Diejenigen, die diese Inhaltsstoffe verwenden, müsste man zur Kennzeichnung verpflichten.

Weshalb ist Essen auch eine politische Angelegenheit, die beim Einkaufen anfängt?
Jeden Euro kann man nur einmal ausgeben. Man kann mit seinem Euro Massentierhaltung unterstützen oder ihn für biologische Landwirtschaft ausgeben. Das sind Systementscheidungen. Und man darf nicht vergessen, dass der Bauer nicht nur ein Produkt anbietet, sondern auch über die Qualität unserer Böden und unseres Wassers entscheidet. Die Milch, die wir für unsere Produktion brauchen, kaufen wir bei den Tiroler Bio-Bergbauern ein. Wir könnten Bio-Milch auch billiger einkaufen, aber wir haben uns bewusst dafür entschieden, die Bergbauern zu unterstützen. Denn pro Liter Bio-Milch aus Tirol werden acht Quadratmeter Almfläche genutzt und bewahrt. Wir verbrauchen im Jahr eine Million Liter Milch. Das bedeutet 800 Hektar biologisch bewirtschafteter Fläche mit Artenvielfalt, Grundwasserschutz und Bodenschutz. Diese Fläche bleibt »Bio«, allein durch unsere Entscheidung, welche Milch wir einkaufen. Wenn ich meine Rohstoffe fair gehandelt

einkaufe, entscheide ich mich bewusst für Fairness im Handel. Ich finde, dass es die normalste Sache der Welt ist, dass man Arbeit fair entlohnt. Aber wir müssen schon überlegen, wohin sich unsere Wirtschaft entwickelt hat, wenn jemand, der einfach nur einen fairen Preis zahlt, als besonders gemeinnützig gilt. Wenn man selbst einen fairen Lohn will und mit Tarifverträgen und Gewerkschaften dafür kämpft, dann versteh ich nicht, dass man es anderen nicht zubilligt und stillschweigend mit seinem Einkaufsverhalten unterstützt, dass andere Menschen ausgebeutet werden. Und schon geht die Spirale los. Die Produktion wandert aus, weil man anderswo billiger produzieren kann, und die verbliebenen Firmen betreiben Lohndumping, damit das Unternehmen konkurrenzfähig bleibt. Für billige Lebensmittel zahlt einfach jemand den Preis, und vieles geht auf Kosten der Umwelt. Macht nichts, sieht ja in der Bilanz ganz schön aus, denn die Kosten für die Umweltzerstörung zahlen erst unsere Kinder.

Familien geben heute nur etwa elf Prozent für Essen aus. Früher waren es 50 Prozent. Sind Lebensmittel zu billig geworden? Kommt der Wert der Nahrung in der heutigen schnelllebigen Zeit zu kurz?
Das hat nichts mit Schnelllebigkeit zu tun, sondern etwas mit wahnsinnigem Konsum. Wenn man alles haben will, muss alles billig sein. Nur übersehen die Schnäppchenjäger, dass andere dafür den Preis zahlen. Das ist der fatale Egozentrismus unserer Zeit. Jeder ist sich selbst am nächsten. Für diese elf Prozent bekommt man heutzutage sogar noch mehr Essen als damals. Es werden ja Unmengen an Lebensmitteln in die Mülltonne geworfen. Dieses Verhalten zeigt am deutlichsten, dass Lebensmittel fast keinen Wert mehr besitzen. Mit den sinkenden Preisen sinkt auch die Wertschätzung. Manche behaupten, dass Lebensmittel einfach billiger geworden sind, weil die Produktion so effizient ist. Ein schickes Wording für den Raubbau an der Natur. Lebensmittel sind viel zu billig, insbesondere Fleisch. Wenn Sie jetzt wieder eine Umfrage machen würden, würde sich niemand für Massentierhaltung aussprechen. Trotzdem kaufen alle gern die Super-Angebote – Fleisch ist Schleuderware geworden. Im Durchschnitt essen Steirer 100 Kilo Fleisch pro Jahr. Das ist Wahnsinn und hat auch fatale Folgen für die Umwelt. Unser ökologischer Fußabdruck ist riesig. Für unseren Konsum bräuchten wir fünf Erden. Wir haben aber nur die eine und ziehen alles aus ihr raus. Unsere Fleischeslust ist besonders problematisch, weil man das Fünf- bis Zehnfache an Getreide anbauen muss, um ein Kilo Fleisch zu bekommen. Wer also etwas Sinnvolles für unsere Umwelt tun will, isst am besten weniger Fleisch. Durch höhere Lebensmittelpreise würde sich der Konsum natürlich automatisch regulieren, weil die Leute dann vielleicht doch zur Abwechslung einen Eintopf kochen oder Nudeln essen würden.

Weshalb sollte jedes Unternehmen verpflichtet werden, für seine Mitarbeiter frisch zu kochen?
Das fördert den Lebenssinn, die Kommunikation, senkt die Stückkosten und senkt gleichzeitig die Krankenstände. Das ist ein enormes Potenzial, das aus meiner Sicht völlig unterschätzt wird. Ein Unternehmer hat auch für die Gesundheit seiner Mitarbeiter zu sorgen, wenn die ihm was Wert sind? Und außerdem ist frisch gekochtes Bioessen die beste Präventivmedizin.

Weshalb haben Sie das Gefühl, dass sich in der Gesellschaft nichts ändern wird, bevor der letzte Tropfen Öl und das letzte Gramm Phosphor für Kunstdünger verbraucht ist?
Warum? Weil ich jetzt keine radikale Öko-Revolution auf uns zukommen sehe. Sie etwa? Natürlich gibt es Trends, aber es gibt leider zu wenig Menschen, die ganzheitlich denken. Trend ja, aber trotzdem 70 neue Klamotten im Jahr kaufen und zum Grillen wird so viel Fleisch wie für eine Hochzeit eingekauft. Ideen und Lösungen gibt es viele, nur will kein Politiker in seinen vier Jahren Amtszeit etwas riskieren, kein Unternehmer will investieren und die Konsumenten wollen auf nichts verzichten. Durch meine Arbeit habe ich mit vielen Wissenschaftlern oder Aktivisten aus dem Nachhaltigkeitsbereich zu tun, die lassen den Kopf nie hängen, weil sie wie ich leidenschaftlich dabei sind, aber eine Wende sieht niemand kommen. Fisch gibt es eben erst nicht mehr, wenn die Meere leer sind. Dass dies in 40 Jahren schon der Fall ist, scheint nicht sehr viele zu bekümmern. Mit Warnungen können die Menschen nichts anfangen, ich selbst ja auch nicht. Man braucht die Überzeugung, aber das ganze Jammern hilft eben nicht.

Inwiefern haben kleine und mittelständische Unternehmen die Chance, für mehr Diversität zu sorgen? Wie wird dies bei Zotter gelebt?
Jeder Unternehmer hat seinen Stil und seine Produkte. Je größer die Zahl der Unternehmen, je größer die Produktvielfalt und die Auswahl. Umso mehr Unternehmen fusionieren und als Großkonzerne dem Markt dominieren, desto weniger unterschiedliche Produkte gibt es. Man kann dann auf der ganzen Welt das Gleiche kaufen. Je mächtiger ein Unternehmen ist, desto schwieriger ist es zu kontrollieren. Die Macht der Konsumenten schwindet mit der Massenware. Wir selbst haben ein sehr breites Angebot mit über 300 unterschiedlichen Schokoladen, und wir kaufen unsere Zutaten und Rohstoffe bei vielen ambitionierten Produzenten ein. Hinter jeder Schokoladentafel verbirgt sich ein großes Bio-Netzwerk. Das ist Vielfalt. Außerdem lautet meine Devise, niemals den Markt fragen, der kennt sich nicht aus. Der Markt hat nicht die geringste Ahnung, was er gerne hätte, und wenn er gefragt wird, sagt er halt das, was er eh schon kennt. Und so schauen auch die Regale aus: immer das Gleiche. Weil immer alle den Markt fragen. Wir stellen nur Schokoladen her, die wir selbst gut finden und gern essen. Normalerweise wird bei der Produktentwicklung erst der Preis fixiert. Das machen wir nicht, sonst wären viele Sorten gar nicht möglich. Bei uns wird aus der Idee ein Rezept und dann geht sie ins Sortiment. Der Preis ist für uns nicht entscheidend. In unserem »Essbaren Tiergarten« gibt es auch eine Reihe von Nutztieren, die auf der roten Liste stehen. Sie sind fast ausgestorben, weil sie optimal an unsere Umwelt angepasst sind. Aber Nutztiere leben heute nicht mehr im Freien. Deshalb sind nur noch Rassen gefragt, die an die Stallbedingungen angepasst sind und unmöglich schnell wachsen. Das sind Kreaturen, die aus Frankensteins Labor sein könnten. Einige sind sogar unfähig sich selbst fortzupflanzen. Für mich ist das ein Alptraum. Deshalb muss es Alternativen geben.

In Ihrem »Essbaren Tiergarten« geben Sie dem Thema Nachhaltigkeit ein Gesicht, indem Sie gemäß dem Motto »Schau deinem Essen in die Augen« biologische Landwirtschaft und artgerechte

Tierhaltung zeigen. Wie sind Sie auf diese Idee gekommen, und wie sind die Reaktionen darauf?
Mich fasziniert das Thema Selbstversorgung. Privat hab ich meinen eigenen Bio-Hof, und meinen Strom beziehe ich von der Sonne. In unserer Manufaktur haben wir eine kostenlose Bio-Kantine und ich habe die Tiere, die meine Mitarbeiter irgendwann verspeisen werden, direkt vor der Manufaktur auf der Weide grasen lassen. Von der Weide auf den Teller sozusagen. Dadurch entstand eine ganz neue Wertschätzung und Sensibilität bei den Mitarbeitern, denn sie wussten, was sie essen. Diese Einstellung gefällt mir, und ich wollte das Konzept im großen Stil auch für alle Besucher der Manufaktur anbieten. Ich kann einfach nicht zusehen, wie sich die Menschen bei uns eininhalb Stunden mit Bio und fairem Handel beschäftigen, begeistert sind und dann rauskommen und in eine Wurstsemmel beißen, deren Fleisch aus Massentierhaltung stammt. Also wollte ich zumindest die Alternative anbieten. Jetzt kann man bei uns essen, was im Tiergarten wächst und lebt. Ich will einfach zeigen, wo Lebensmittel herkommen, Nähe schaffen und dadurch vielleicht auch ein Umdenken anregen. Sie müssten sich bei uns in der Region mal umsehen, da sehen Sie kein einziges Tier, aber ein Maisfeld nach dem anderen. Wo sind die Tiere, die wir essen? Deshalb auch unser Motto: »Schau dem Essen in die Augen«. Die meisten Besucher lieben den Tiergarten, weil wir ja im Grunde genommen genau jene Idylle bieten, die die Menschen sich wünschen. Nur mit dem Unterschied, dass wir keine Mogelverpackung mit glücklichen Hühnern und Kühen auf Almen abbilden und was völlig anderes hineingeben. Nein, bei uns leben die Tiere wirklich so und zudem können die Besucher sie auch noch ansehen und streicheln.

Ironischerweise haben wir die meiste Ablehnung von Tierschützern und Vegetariern bekommen. Vorausgesetzt, sie waren noch nicht bei uns. Tierschützer, die unseren Tiergarten wirklich besucht haben, fanden ihn super. Sie haben verstanden, dass man keinem Menschen das Fleischessen abzwingen kann, aber dass wir sehr wohl versuchen, unseren Tieren das bestmögliche Leben zu bieten, bevor wir sie essen. Es ist eine Alternative.

Was zeichnet Ihre »Handschrift« symbolisch aus? Welche Botschaft soll sie auf diesem Planeten hinterlassen?
Wenn man überzeugt ist, kann man wirklich etwas bewegen und verändern. Sich einbringen, aktiv sein, verändern, die Sachen neu denken – das macht das Leben reicher. Wir müssen nicht im Strom schwimmen. Gegen den Strom ist zwar anstrengend, aber auch spannender und man bleibt sportlich. Wir nehmen uns sehr viel von der Erde, also sollten wir auch etwas zurückgeben. Nachhaltig leben, bedeutet seine Balance zu finden und Lebensqualität zu gewinnen. Denn weniger zu besitzen, ist der wahre Luxus.

Nachhaltiges Design als Vorbote des Inhalts

Ein Gespräch mit Andreas H. Gratze

Andreas H. Gratze, geboren 1962, hat die Linie der Zotter-Schokolade erdacht und ist für ihre künstlerische Gestaltung verantwortlich. Koch-Kellnerlehre, Bühnenbildstudium in Graz. Bühnenbilder und Raumgestaltungen in der Off-Theaterszene (Graz/Wien). Seit 1986 private Weiterbildungen und Studien der Malerei, Drucktechniken und der Computergrafik. Seit 1987 freischaffender Künstler (Malerei, Grafik-Art, skulpturelle Interpretation). Einzel- und Gruppenausstellungen in Galerien, Graz/Wien, Teilnahme an Kunstmessen in Dresden, Düsseldorf, Ljubljana und Salzburg. Illustrationen und Karikaturen für Bücher, Zeitschriften und CD's. Auftragsarbeiten für Firmen, Gründung der Kunstrichtung pack-art. 2000 Beginn der One-Day-Ausstellungen. Veröffentlichung des Graz-Dach-Buches. Studienreisen nach Italien, Slowenien, Kroatien, Frankreich und Polen. Seit 2002 in Berlin freier Bühnenbildner des Orphtheaters. 2004 Mitgestalter der Designplattform Berlinomat. Veröffentlichung des Buches Schoko l'art von und über Zotter und Gratze (2005). Gründung der Werkstätte Klamphug.inc. Weiterführende Informationen: www.a-h-g.at

Weshalb muss jemand, der seine Grenzen überschreiten will, immer wieder eine neue Sprache finden, die sein eigenes Leben beschreibt?
Eine neue Sprache oder in meinem Fall eine neue visuelle Sprache zu suchen und zu finden, ist wie reisen im Kopf. Jeder kennt das Gefühl, in einem fremden Land auf sich selbst zurückgeworfen zu sein und die Erfahrung, wie sich in der Fremde das Wesentliche aus der Umgebung herausschält. Dieses Wesentliche nehme ich mit, wenn ich neue Räume betrete, die es neu zu gestalten und neu zu definieren gilt. Ich glaube, dass es sich trotz aller Ortswechsel und Grenzgänge um mein eines Leben handelt – das sich eben kontinuierlich oder eruptiv verändert.

Weshalb werden Grenzüberschreiter in der Gesellschaft gebraucht?
Die Gesellschaft ist als riesiger Interessenpool und per se konservativ. Deshalb braucht es Grenzüberschreiter, die über den Ozean schippern oder einfach ein schwarzes Quadrat auf weißen Grund malen. Ohne Menschen, die sich aus den bestehenden Konventionen entfesseln und diese kritisch hinterfragen, gäbe es keine Weiterentwicklung und keine Veränderung. Grenzgänger leben Visionen und lassen diese in die Gesellschaft einfließen. Es geht aber nicht nur um eine enthemmte Entwicklung, sondern um eine Reaktion. Mit meinem Design reagiere ich beispielsweise auf Umwelt- und Wirtschaftsentwicklungen und versuche, der Monochromisierung der Wahrnehmung entgegenzuwirken. Die vielen Wege der Grenzgänger machen die Gesellschaft bunter, heterogener, vielgestaltiger und im Endeffekt lebendiger.

Ist Kreativität ein wesentlicher Faktor für die Weiterentwicklung der Gesellschaft?
Kreativität ist Individualität – ist Ausdruck gelebter Persönlichkeit. Gesellschaft wiederum wächst an den Impulsen, die sie von Individuen bekommt. Natürlich wird das kreative Potenzial unterschiedlich stark gelebt und ist entsprechend unterschiedlich auf die Einzelnen verteilt. Kreativität ist sogar eine menschliche Domäne und damit wesentlicher Bestandteil der Gesellschaft. Kreativität kann für Sekundenbruchteile die Pforten zur Zukunft öffnen, sie sorgt für Veränderungen und macht uns fit für die Zukunft.

Ist Zorn, dieser unheimliche menschliche Affekt, eine Kraft, die uns voranbringt?
Sicherlich auch! Emotionen sind sehr bewegliche Triebfedern. Aber was mich anbetrifft, so habe ich meine besten Arbeiten aus Liebe geschöpft.

Was macht Sie zum Grenzüberschreiter?
Meine Phantasie, meine Unruhe und meine Eigensinnigkeit ...

Gibt es Situationen in Ihrem Leben, in denen Sie zu weit gegangen sind und das bereuen?
Nein, eher nicht. Ich bereue es eher, manchmal nicht weit genug gegangen zu sein. Da habe ich kreative Einfälle in Besonnenheit erstickt.

Karl Lagerfeld sagte einmal: »Das Leben ist wie ein Puzzle. Um das ganze Bild zu haben, muss alles da sein.« Was bedeutet Ihnen diese Aussage?
Das macht mich zum »Puzzleholicer«. Mein Leben ist ein Sammeln und Zusammensetzen von Situationen und Momenten, die ich in Bildern oder Bühnenbildern verarbeite. Es gibt nichts, das einfach so dasteht. Alles hat eine Beziehung, wobei wir manchmal auch von Gründen sprechen. Jedes Teil, jeder Moment oder jede Situation hat sich aus einer anderen heraus entwickelt. Jedes dieser Puzzlestücke ist zu etwas nutze oder eine Reaktion auf etwas. Und ich bin mittendrin.

»Der Mensch ist, wie er isst« und »Ästhetik kommt nun einmal von ›ich schmecke‹ her«. Was bedeuten Ihnen diese Sätze, die Anfang des 19. Jahrhunderts der Mediziner und Psychiater Gustav B. Blumenröder (Pseudonym »Anthus«) geschrieben hat?
Wir haben heute in Europa eine ganz andere Situation, da wir ein überdimensionales Angebot an Nahrung haben, und jeder kann zwischen Slow Food und Fast Food wählen. Ästhetik ist aber eine Notwendigkeit und ein Ausdruck der Wertschätzung, die man dem Essen und dem Lebensmittel beimisst. Selbst in Ländern, in denen Nahrungsmittel knapp sind, wird auf Ästhetik großen Wert gelegt. Was die Ästhetik ernsthaft bedroht, ist die Massenproduktion bis hin zur massenhaften Lebensmittelvernichtung des Überschusses. Wir brauchen dringend wieder eine Esskultur und ein gemeinsames Genießen mit Zeit und Maß.

Was ist das Besondere an Ihrer Freundschaft zu Josef Zotter? Was macht sie aus?
Der Austausch an Gedanken und Ideen, die gegenseitige Befruchtung, denn wir arbeiten beide mit den Sinnen – er mit dem Geschmackssinn und ich mit den visuellen Reizen. Und wir sind beide Kinder in Erwachsenenkörpern. Wir können uns total für x-mal Gesehenes wie den Flug von Insekten begeistern und unbändig Ideen ausbrüten, die weit von jeder Nutzbarkeit im Absurden sind.

Es sind der Spieltrieb und der Humor, die Aufschwung und Leichtigkeit verleihen – das lässt uns niemals müde und niemals satt werden.

Sie sind der Gestalter der berühmten Zotter-Schokolade. Sie haben über 150 Verpackungen gestaltet. Können Sie den kreativen Entstehungsprozess beschreiben?
Es sind sehr viel mehr Verpackungen – schließlich tauschen wir zu Beginn jeder Saison etliche Produkte aus, um neue an Bord zu nehmen. Der Entstehungsprozess ist sehr unterschiedlich. Grob skizziert passiert Folgendes: Möglichkeit I: Ich höre die Zutaten, und diese lösen sofort Bilder in meinem Kopf aus. Möglichkeit II: Ich begebe mich auf Recherche nach den Zutaten, deren Ursprüngen und Mythen, und ich starte meinen Assoziationsmotor, erstelle neue Zusammenhänge, die beim Betrachter Geschmack visualisieren. Beispielsweise bei der Bildwerdung von »Paradiesapfel und flüssige Oliven« oder »Balsam-Caramel«. Manche Zutaten haben eine interessante Form oder Farbe, die ich mitnehme oder als Ausgangspunkt wähle. Auf jeden Fall sammle ich und stelle erst mal eine Menge Material zusammen, aus dem ich dann fröhlich Kombinationen schaffe und verwerfe. Beim Erfinden der Verpackung habe ich aber auch immer das gesamte Sortiment vor Augen, damit am Ende das Gesamtbild stimmt und nicht von Rot oder Kerndel-Männchen dominiert wird. Es ist eben wie beim Puzzeln.

Lassen Sie zuerst den Geschmack der Schokolade auf sich wirken und setzen ihn dann in Bilder um?
Am Anfang haben wir schon so gearbeitet. Mittlerweile kann ich mir den Geschmack einfach vorstellen. Ich setze also mein Geschmacksbild um. Tigernüsse kannte ich beispielsweise nicht, die habe ich mir schicken lassen. Bei Paradeisern bin ich auch ins Schleudern gekommen, weil es da so viele Formen, Farben und Geschmacksrichtungen gibt.

Wie gelingt es Ihnen, das Design und den Geschmack auf harmonische Weise miteinander zu verbinden?
Ich habe ein gutes Produkt vor mir, auf das ich mich einlassen kann. Das Design ist ja der Vorbote des Inhalts. Dabei darf das Design nicht mehr und nicht weniger versprechen, als der Inhalt zu bieten hat. Damit ist die Harmonie schon hergestellt – dann kann man aus den Stilmitteln und Ausdrucksformen schöpfen. Farbe und Geschmack sind Sinnesempfindungen, deshalb kann ich diese einfach übersetzen. Ich beginne bei jedem Entwurf von neuem, lasse mich auf das Geschmacksbild ein und wähle dann meine Form und meine Sprache. Was ich nicht besonders leiden kann, und was mir widerstrebt, ist die Variation des immer Gleichen, das Turnen in fixen Strukturen, wie es im herkömmlichen Design oft geschult wird. Daher ist mein Bildfeld im schwarzen Rahmen immer frei und zuallererst schlicht weiß. Und eine weiße Fläche ist für einen Künstler immer ein Ansporn.

Weshalb ist Kunst Ihrer Meinung nach ein Grenzverstoß?
Egal wie realistisch oder flüchtig ein Kunstakt ist, Kunst entreißt uns der Alltäglichkeit und hebt uns als Betrachter über die Zeit hinaus – sie wirft uns aus der gewohnten Bahn.

Was gehört für Sie zwingend zu einem gelungenen Kunsterlebnis?
Dass es mich fesselt und nicht mehr loslässt.

Erich Fromm charakterisierte den Haben-Modus der bürgerlichen Gesellschaft: »Es scheint im Gegenteil, als bestehe das eigentliche Wesen des Seins im Haben: Sodass nichts ist, wer nichts hat.« SIND Künstler, weil sie am Wesen hängen und nicht am Schein?

Ja, Kunst hat schon den Anspruch, wesentlich und existenziell zu sein. Aber wenn wir ehrlich sind, wissen wir ja, dass wir leider die Realität nirgends verorten können. Die Bipolarität von Schein und Sein ist ebenso überholt wie das Modell von Gut und Böse. Schein und Sein durchdringen sich. Am prägnantesten erleben wir das in unserer Mediengesellschaft. Die Inhalte der Medien dringen in unsere Realität ein, besetzen dort auch Plätze, die ursprünglich fiktiver Natur waren. Diese Wechselwirkung hätte natürlich auch schon früher auffliegen können, es hat aber ein paar Grenzgänger gebraucht, um die Scheinheiligkeit von Schein und Sein aufzudecken. Prinzipiell stehen Künstler aber sicher immer ein wenig außerhalb der Gesellschaft, um in gebührendem Abstand ihr Tun zu betrachten. Es gibt aber auch sehr bürgerliche Künstler wie Kurt Schwitters. Ein Künstler hat einfach eine sezierende Wahrnehmung und Geisteshaltung – und zwar sowohl dem Haben als auch dem Sein gegenüber. So ist die Selbstgefälligkeit der Tod des Künstlers.

Was muss getan werden, damit sich in Unternehmen ein Gleichgewicht zwischen wirtschaftlicher und ethischer Verantwortung einstellt?

Alles! Es ist schon trist (tragisch), wenn sich die Evolution nur noch auf den Konten einzelner und an der Sterblichkeit anderer fortschreibt. Es gab doch mal diese nette Idee vom erkenntnisbefähigten Menschen. Ich glaube daran und ebenso, dass es ganz wesentlich ist, die Menschen für ethische Verantwortung zu sensibilisieren. Wir brauchen gesellschaftlichen Druck, Nachfrage, Kritik und Erfolgsgeschichten, die jedem Einzelnen im Unternehmen und auf der Straße SEINE Verantwortung bewusst machen. Man muss auch mal die Globalisierung offen begreifen und sehen, dass wir nicht mehr auf autonomen Inseln leben. Unser Tun und vor allem auch unsere Unterlassung haben globale Konsequenzen. Was das Ganze so schwierig macht, ist, dass die Zusammenhänge sehr komplex und weit reichend sind. Die Augen davor zu verschließen, bringt natürlich nichts. Es braucht also auch hier Grenzüberschreiter und Mut. Wir machen heuer eine Kooperation mit dem WWF, um den Amazonas-Regenwald zu schützen. Was mich selbst erstaunt hat, ist, dass ein Hektar Amazonas-Regenwald 1,20 Euro kostet! Grundsätzlich zeichnet sich ethische Verantwortung aber im gesamten Unternehmensbild aus. Also vom Einkauf über Verarbeitung bis hin zum Vertrieb. Einzelne Aushängeprojekte sind zwar wichtig, um ein öffentliches und mediales Echo zu evozieren, aber wesentlicher ist die Verankerung der Ethik in täglichen Arbeitsprozessen. Die Politik und auch die Steuer können natürlich wichtige Impulse setzen, um ethische Verantwortung zu honorieren und zu forcieren.

Weshalb tun sich Großkonzerne noch immer schwer mit dem Öffnen kreativer Nischen?

Ich glaube, dass es sehr viele kreative Prozesse in Konzernen gibt. Wie beispielsweise der Smart, der schon vor Jahrzehnten als Hybridauto geplant war. Allerdings kommt dieser kreative Impuls von Individuen. Auf Konzernebene wird die Idee dann zerrechnet, löst sich in Zahlenspielen auf und wird an Kundenkreisen nivelliert. Sprich: Großkonzerne suchen zu viel Sicherheit, und es gibt zu viele Entscheidungsträger, die die Idee blockieren oder bis zur Unkenntlichkeit verformen können. Als wir mit unserer Kunst- und Schokoladen-Idee gestartet sind, haben uns alle Marketingagenten den Untergang prophezeit, weil sowohl die Schokoladen als auch das Design sehr vielgestaltig und zum Teil abwegig waren. Aber wie die Erfahrung zeigt, werden Konsumenten oftmals stark unterschätzt.

Inwiefern ist Mehrdimensionalität und Vielfalt eine besondere Chance für Unternehmen?
Monokulturen sind anfällig, das zeigt nicht nur das Vorbild der Natur. Natürlich ist Vielfalt eine Chance. Aber auch hier steht und fällt alles mit der Lebenseinstellung. Wenn man auf Vielfalt setzt, muss man diese auch leben und Spaß an Kreativität haben. Man kann Vielfalt nicht als generelles Erfolgskonzept über Unternehmen drüberstülpen. Es gibt eben nicht nur das eine Erfolgskonzept, sondern viele. Als Unternehmer muss man das Konzept wählen, das einem persönlich am nächsten kommt – das authentische. Das ist für die meisten schon schwierig genug. Meine Devise lautet: »Wir sind, wer wir sind, weil wir nicht versucht haben, anders zu sein.«

Welche Bedeutung haben Spuren für Sie?
Leben. Man kann in Spuren lesen und lernen, sie zu lesen. Das bedeutet, sich auf Details einlassen und daraus ein großes Ganzes assoziieren zu können. Ich arbeite sehr viele Spuren, Schichten und Ebenen in meine Bilder ein. Dadurch kann man immer tiefer blicken, etwas entdecken und die Ebenen und Spuren in verschiedenen Sinnzusammenhängen verknüpfen. Und dann taucht wieder das Thema auf, dass nichts ohne Bedeutung, ohne Spuren bleibt und immer eine Konsequenz ist, derer man sich bewusst werden muss, und die es zu deuten gilt.

Nachhaltigkeit heißt für mich:

An morgen denken!

Theo Zwanziger

Dr. Theo Zwanziger, Jahrgang 1945, gehört zu den einflussreichsten Sportfunktionären weltweit. Seine berufliche Karriere begann er als Steuerinspektor des Landes Rheinland-Pfalz, danach folgte das Studium der Rechtswissenschaft in Mainz. 1975 promovierte er in Steuer- und Verfassungsrecht. Von 1976 bis 1980 war Zwanziger Dezernent der Kreisverwaltung des Westerwaldkreises in Montabaur, 1980 bis 1985 Verwaltungsrichter in Koblenz, 1985 bis 1987 Abgeordneter des Landtages Rheinland-Pfalz und von 1987 bis 1991 Regierungspräsident in Koblenz. Von 1991 bis 2004 war er als Rechtsanwalt tätig. Zwanziger war von 1996 bis 2003 Verwaltungsratsmitglied der damaligen SPORT-TOTO GmbH Rheinland-Pfalz, seit 1997 als Vorsitzender des Verwaltungsrates. Stationen seiner Verbandslaufbahn: Vorsitzender des Fußball-Verbandes Rheinland sowie Beauftragter für soziale Integration (1992 bis 2001), Geschäftsführender Vorsitzender des DFB-Sportfördervereins (1995 bis 2001), Schatzmeister des DFB, Präsidiumsmitglied des DFB sowie Vorsitzender des Kuratoriums der DFB-Stiftung Egidius Braun (2001 bis 2004) und OK-Vizepräsident (seit 2003). Ab 2004 lenkte Zwanziger in einer Doppelspitze mit Gerhard Mayer-Vorfelder die Geschicke des Deutschen Fußball-Bundes. 2006 wurde er einstimmig zum (alleinigen) DFB-Präsidenten (bis 2012) gewählt. Er ist verheiratet und hat zwei Söhne. Weiterführende Informationen: www.theo-zwanziger-stiftung.de.

Warum brauchen wir Nachhaltigkeit?

Nachhaltigkeit ist vor allem eine persönliche Grund- und Geisteshaltung, ein innerer Kompass, der mit der tieferen Ebene des persönlichen Gewissens verbunden ist. Alles, was als Voraussetzung gilt, wenn Maßstäbe und Spielregeln überhaupt eingehalten werden sollen.

Der Sport, bei dem es um mehr als nur um die Beachtung von »Regeln« geht, weil er mit seiner großen symbolischen Kraft Nationen, Kulturen und Religionen verbindet, steht zugleich für den Geist und die Werte der Nachhaltigkeit, die immer wieder neu ins Bewusstsein gerufen werden müssen: Augenmaß, Menschenwürde, Glaubwürdigkeit, Teamfähigkeit und Fairness, die sogar biblische Grundlagen hat, und zwar in der sogenannten Goldenen Regel: »Alles, was ihr von anderen erwartet, das tut auch ihnen« (Mt 7,12).

In der gegenwärtigen Nachhaltigkeitsdiskussion wird oft der Ursprung des Nachhaltigkeitsgedankens vernachlässigt: So nimmt Gott den Menschen schon im Paradies in die Pflicht, der Erde mit Ehrfurcht zu begegnen und schonend mit ihr umzugehen. Er übertrug ihm die Aufgabe, den Garten zu pflegen und zu schützen. Mit diesem Gebot ist ein Urtext von Nachhaltigkeit in der Bibel formuliert, in der viele weitere Texte für eine kluge Haushalterschaft werben: Das, was den Menschen von Gott an materiellen Ressourcen anvertraut ist, soll nicht gehortet, sondern zur Sicherung und Pflege des eigenen Lebens und zum Nutzen aller in wirtschaftlicher Weise eingesetzt werden.

Deshalb ist es wichtig, nachhaltige Werte immer wieder neu ins Bewusstsein zu rufen – angefangen in Familie, Kindergarten und Schule. Nachhaltigkeit ist auch ein Erziehungsbeitrag, der Orientierung vermittelt und zur Bildung und Stärkung der eigenen Identität und Persönlichkeit beiträgt. Dafür brauchen Kinder und Jugendliche Anerkennung, Bestätigung, Erlebnis- und Spielräume, in denen sie erfahren, was sie können und was nicht. Darüber hinaus können und müssen sie die Folgen ihrer Entscheidungen tragen lernen und in der Lage sein, Verantwortung für sich selbst und ihre Umwelt zu übernehmen. Denn auf die Fragen des Lebens kann nur antworten, wer auch für das eigene Leben nachhaltig Verantwortung übernimmt und es in Beziehung setzt zu dem, was in der Welt geschieht.

Kraftreserven der Gesellschaft

Wie nur wenige Berufene verkörpert Dr. Theo Zwanziger das, was Nachhaltigkeit neben den drei Säulen Ökonomie, Ökologie und Soziales auch ist: eine Energie, die in die Zukunft wirkt, weil sie stärker ist als die Kraft der Gegenwart. Denn sie kommt von innen, ist unverbraucht und mitreißend wie der Sport. Ohne Menschen wie ihn wäre die Nachhaltigkeits- und Wertedebatte um vieles ärmer, denn sie braucht das lebendige Wort und Wesen, weil Nachhaltigkeit erst dadurch ein unverwechselbares Gesicht erhält, ohne das sie nicht begriffen werden kann.

Kommentare zur Nachhaltigkeit von Theo Zwanziger (Kölner Sportrede 2010):

»Insbesondere in Zeiten der unaufhaltsamen Kommerzialisierung entsteht durch Nachhaltigkeitsmodelle die große Chance, die gesellschaftliche Aufgabe für kommende Generationen zu prägen. Kommerzialisierung und soziales Engagement sind dynamische Begriffe und definieren sich im Zusammenhang der Zeit stets neu.«

»Die hohe Identifikation der Menschen mit dem Fußball muss für uns Verpflichtung und Auftrag sein, soziale Verantwortung wahrzunehmen.«

»Bereits unter den 17-jährigen Mädchen sind ganz erstaunliche junge Persönlichkeiten, die häufiger in die Öffentlichkeit gebracht werden müssen. Sie können für diese Gesellschaft Vorbildcharakter entwickeln.«

Persönliche Ehrungen

2004 Goldene DFB-Ehrennadel
2005 Bundesverdienstkreuz Erster Klasse des Verdienstordens der Bundesrepublik Deutschland
2008 Preis »Gegen Vergessen – Für Demokratie«
2009 Leo-Baeck-Preis
2012 Großes Bundesverdienstkreuz am Bande des Verdienstordens der Bundesrepublik Deutschland

Ashoka Deutschland und BMW Stiftung Herbert Quandt

Gesichter zum nachhaltigen Inspirieren

Stellen Sie sich vor, Sie sind von Menschen umgeben, die nicht von Problemen sprechen, sondern von Lösungen. Menschen, die nicht darauf warten, dass sich etwas ändert, sondern selbst aktiv werden und gesellschaftliche Lösungen erfolgreich entwickeln und verbreiten.

Wir von der BMW Stiftung Herbert Quandt und Ashoka Deutschland haben das große Privileg, von genau diesen Menschen umgeben zu sein. Durch die Vermittlung von pro-bono-Ressourcen, Netzwerkarbeit und finanzielle Unterstützung versuchen wir, diese Menschen und das Wachstum ihrer Ideen zu unterstützen. Denn wenn man sie einmal kennengelernt hat, fällt es schwer, jemals wieder den Satz »Das lässt sich ja doch nicht ändern« über die Lippen zu bringen. Es sind Vorbilder, die einen nicht wieder loslassen.

Wir sind sehr dankbar, dass wir hier die Möglichkeit haben, Ihnen diese außergewöhnlichen Menschen vorzustellen. Lassen Sie sich inspirieren – und vielleicht finden Sie die Idee oder den Kontakt, den es braucht, um sich selbst zu engagieren und das Wachstum eines dieser Projekte zu beschleunigen? http://germany.ashoka.org, www.bmw-stiftung.de

Gesichter zum nachhaltigen Inspirieren

Gergana Aneva
Teach Me to Fish

Heimkinder sollen dieselben Entfaltungsmöglichkeiten haben wie Kinder in ihren biologischen Familien. So sieht es die UN-Kinderrechtskonvention. In Bulgarien wird diese Maxime von der Regierung nur unzureichend umgesetzt. Das liegt nicht unbedingt am fehlenden Geld. Zu viel davon fließt in die materielle Ausstattung von Kinderheimen, zu wenig in pädagogische Konzepte. Außerdem meint Gergana Aneva, die sich seit Jahren auf politischer Ebene mit Jugendpartizipation und -arbeit in Bulgarien beschäftigt, dass zu viele Kinder in Heimen untergebracht werden. Wenn sie diese dann im Alter von 16 bis 18 Jahren verlassen, sind sie auf das Leben draußen nicht vorbereitet. Teach Me to Fish will das ändern. Heimkinder sollen nicht in einer Parallelwelt leben, sondern in einer natürlichen sozialen Umgebung. Ihre Freizeit sollen sie gemeinsam mit Kindern und Jugendlichen vor Ort verbringen, die Älteren von ihnen sollen durch Workshops und Trainings in lokalen Firmen auf eine Berufsausbildung vorbereitet werden.

www.bmw-stiftung.de

Meinrad Armbruster
ELTERN-AG

Meinrad Armbruster bekämpft eine der größten Ungerechtigkeiten in Deutschland: dass Kinder aus armen, bildungsfernen Schichten – rund 20 Prozent jedes Jahrgangs – schlechtere Bildungs- und Berufschancen haben als Kinder aus gutem Elternhaus. Armbrusters Hebel: Der Professor für Pädagogische Psychologie setzt frühzeitig bei den Eltern aus sozial benachteiligten Verhältnissen an. Mit dem Empowerment-Programm ELTERN-AG erreicht er sie tatsächlich und befähigt sie in 20 Treffen, ihre Potenziale als gute Eltern und Erzieher zu entwickeln. Denn die entscheidende Unterstützung in den sensiblen ersten Lebensjahren kann den Kindern vor allem durch ihre Eltern zuteil werden, bevor Kindergarten oder Schule Einfluss nehmen. Die ELTERN-AG baut zwischen Schwangerschaft und erstem Schultag auf die Steigerung der Selbsthilfekräfte, der Selbstwirksamkeit und der sozialen Kompetenz. Darüber hinaus vernetzt sie die Familien untereinander sowie mit Kindergärten, Ämtern und pädagogischen Angeboten und ermöglicht so den Ausbruch aus der gesellschaftlichen Isolation.

www.ELTERN-AG.de

Gesichter zum nachhaltigen Inspirieren

Stephan Augustin
Terracooler

Weltweit leiden mehr als eine Milliarde Menschen an Hunger. Die Gründe dafür sind vielfältig, manchmal erschreckend simpel: Off-Grid, also ohne Stromzugang, fehlen vielen Menschen geeignete Kühlgeräte für Lebensmittel und Früchte. Ihre Vorräte verderben. Hier setzt der Terracooler an: eine doppelwandige, glockenförmige Tonhaube, die mit Wasser gefüllt wird und durch Verdunstungskälte die Temperatur im Inneren um 25 bis 40 Prozent senkt. So kühlt sie Lebensmittel und schützt sie vor Schmutz, Licht und Tieren. Entwickelt hat den Terracooler der Industriedesigner Stephan Augustin. Dafür hat er auf alte Techniken zurückgegriffen und sie weiterentwickelt. Jeder Töpfer kann den Terracooler leicht nachmachen. Das ist sogar ausdrücklich erwünscht und soll eine schnelle Verbreitung ermöglichen. Deshalb hat Stephan Augustin den Terracooler zur Donationware gemacht und testet ihn mit Hilfe von NGOs in Afrika und Asien. Sinnvoll einsetzen lässt sich der Terracooler übrigens auch in der industrialisierten Welt: als ökologische Aufbewahrungsalternative zum Kühlschrank.

http://terracooler.org

Volker Baisch
Väter gGmbH

Volker Baisch weiß, dass viele junge Väter sich unter Druck fühlen: Sie hätten gerne mehr Zeit für ihre Kinder, schrecken aus berechtigter Angst vor Nachteilen im Beruf aber davor zurück. Der Diplom-Sozialwirt und zertifizierte Trainer setzt in Unternehmen genau hier an. Er ändert die Unternehmenskultur, die besagt, dass Männer in Eltern- oder Teilzeit nicht ernst genommen werden und ihre Aufstiegschancen vertun. Überzeugt davon, dass Vaterschaft u. a. beruflich relevante Fähigkeiten wie Multitasking, Empathie, Verhandlungsführung oder Geduld stählt, bringt er Personalabteilungen und Vorstände dazu umzudenken: Sie beginnen, Elternzeit als Qualifikation zu verstehen und aktiv Anreize zu setzen, damit Väter eine Auszeit nehmen können. Um Männern den Zugang zu ihren Kindern zu erleichtern, bringt er die männlichen Mitarbeiter in seinen regionalen Väternetzwerken zusammen; vernetzt sie zusätzlich über seine Internet-Plattform und greift ihre Fragen in seinem »Väter-Buch« und anderen Publikationen und Social Media Kanälen auf.

www.vaeter-ggmbh.de

Gesichter zum nachhaltigen Inspirieren

Till Behnke
betterplace.org

Der ehemalige Leistungssportler und Wirtschaftsinformatiker Till Behnke baut einen neuartigen Online-Philanthropie-Marktplatz auf, der die Beziehung zwischen Geber und Nehmer revolutioniert: Seine Internetplattform betterplace.org ermöglicht einerseits kleinen und größeren sozialen Organisationen, ihre Projekte bekannt zu machen, indem sie unabhängig von ihrer Größe durch Qualität überzeugen können. Auf der anderen Seite hilft es Kleinspendern, ihr Geld strategisch an Hilfsprojekte zu vergeben. Was daran neu ist? Die Website sorgt für radikale Transparenz: Die Projektverantwortlichen sind angehalten, möglichst detailliert zu beschreiben, wofür die Spenden genutzt werden. Mithilfe von Texten, Bildern und Filmen informieren sie außerdem die Spender im Projektblog über den Fortschritt der Projekte. Die Spender wiederum können bei der Spende einen Kommentar hinterlassen, warum sie das Projekt unterstützen, eine Meinung zum Projekt abgeben oder einen Vor-Ort-Bericht schreiben.

www.betterplace.org

Heather Cameron
Boxgirls International

Seit 2005 nutzen die Boxgirls in Berlin Sport als Katalysator für sozialen Wandel durch die nachhaltige Förderung des sportlichen und gesellschaftlichen Engagements von Frauen und Mädchen. Dies erreichen sie durch regelmäßiges, fachlich betreutes Kraft-, Ausdauer- und Boxtraining für Mädchen und junge Frauen mit DOSB-zertifizierten Trainerinnen und durch Workshops zur Erweiterung ihrer sozialen und interkulturellen Fähigkeiten; über 50 Prozent der Boxgirls haben einen Migrationshintergrund. Kern jedes Boxgirls-Projektes ist es, gesellschaftliche Randgruppen und insbesondere Mädchen und Frauen zu inspirieren, zu motivieren und darin zu unterstützen, sich selbstständig, aktiv und mutig in ihren Kiezen und Gemeinden einzusetzen, damit aus ihnen dynamische Orte der Inklusion, Chancengleichheit und Sicherheit werden. Die Gründerin der Boxgirls, Prof. Dr. Heather Cameron, wurde als Juniorprofessorin für Integrationspädagogik an die FU Berlin berufen.

www.boxgirls.org

Gesichter zum nachhaltigen Inspirieren

Amani Eltunsi
Girls Only Radio

Kein Frühling für Ägyptens Frauen. Das Leben in Kairo ist für die Radiomacherin nicht leichter geworden. Seit drei Jahren ist Amani Eltunsi auf Sendung. In ihrem kleinen Studio in Kairo macht sie über das Internet Radio für Mädchen und Frauen. Ihr Anliegen: Stereotype aufweichen, Frauen in ihren Rechten stärken und ihnen eine Stimme in der Öffentlichkeit geben. Das war von Beginn an kein leichtes Projekt: Mal fielen zahlungskräftige Werbekunden aus, mal wichtige Mitarbeiter. Ein Tiefpunkt schien erreicht, als ihr Studio in den Wirren der Revolution geplündert wurde. Doch nur wenig später beflügelte das solidarische Miteinander von Frauen und Männern auf dem Tahrir-Platz und der Rücktritt der Mubarak-Regierung die Fantasie von Amani Eltunsi und ihren Mitstreiterinnen. Der erhoffte schnelle Wandel ist jedoch ausgeblieben und die Regierung behindert die Arbeit von NGOs und Menschenrechtsaktivisten. Dennoch sendet sie weiter täglich mit ihrem Team und durchschnittlich 20.000 Menschen hören zu.

www.banat9bass.com

Gabriela Ender
OpenSpace-Online® Mitmach-Konferenzmethode

Gabriela Ender macht jede Organisation und Interessengruppe zum eigenständigen Changemaker. Ihre bisher in über 60 Ländern eingesetzte Internet Mitmach-Konferenzmethode OpenSpace-Online® löst das Problem, dass Unternehmen oder soziale Organisationen bei dringenden Herausforderungen nicht angemessen über Entfernungen hinweg auf das Know-how und Engagement ihrer Mitarbeiter und Stakeholder zurückgreifen können. Mit Hilfe von OpenSpace-Online treffen sich zeitnah, klimaschonend und datengeschützt Menschen, die ein Interesse an der gemeinsamen Lösung drängender Probleme haben. Mit Hilfe eines virtuellen Begleiters durchlaufen bis zu 125 Personen gemeinsam in Echtzeit einen konstruktiven Schritt-für-Schritt-Austauschprozess auf Augenhöhe. Eine sofort verfügbare Ergebnis-Dokumentation mit Kontaktdaten unterstützt die schnelle Weiterarbeit. Dadurch wird kollektives Wissen sichtbarer, Engagement tiefer, Entscheidungsprozesse werden weitsichtiger und Veränderungsprozesse wertschätzender, demokratischer und nachhaltiger.

www.OpenSpace-Online.com

Gesichter zum nachhaltigen Inspirieren

Bernd Gebert
Das macht Schule

Bernd Gebert stiftet Schüler zu mehr Eigeninitiative an. Er glaubt, eine Gesellschaft kann umso erfolgreicher handeln, je besser jeder Einzelne Initiative, Verantwortung und Gemeinsinn entwickelt. Also Fähigkeiten, die Erfahrungslernen brauchen statt kognitiven Wissens. Die Wirtschaft beklagt schon lange fehlende Eignung von Schulabgängern für die Praxis und selbst die Schüler fordern: Wir wollen fürs Leben lernen! Hier setzt er an und begeistert Schüler, Verantwortung für sich und ihre Schule zu übernehmen, gibt Hilfe zur Selbsthilfe, webbasiert und unbegrenzt skalierbar mit einfachen Schritt-für-Schritt-Anleitungen. Schüler renovieren ihre Klasse, starten Mensa-, Klima-, Medien- oder Finanzierungs-Projekte. Den Erfolg präsentieren sie im Internet, werden so zum Vorbild und können Schule machen. Er ermöglicht Unternehmen, sich dafür bedarfsgerecht an Schulen zu engagieren und sich mit ihren Themen, Kernkompetenzen und Mitarbeitern einzubringen. Von 2007 bis 2012 hat er rund 70.000 Schüler an 1.000 Schulen in allen Schultypen und Klassenstufen in ganz Deutschland erreicht.

www.das-macht-schule.net

Klaas Glenewinkel
Plural Media Services

Klaas Glenewinkel ermöglicht Medien in Krisenregionen langfristige politische Unabhängigkeit, indem er Marktmechanismen für kommerzielle Werbung etabliert. Unabhängige und professionell arbeitende Medien sind in Konflikt- und Postkonfliktländern ein Schlüssel für eine informierte und kritische Gesellschaft. Aus Mangel an politisch unabhängiger Finanzierung verbleiben sie jedoch oft unter dem Einfluss von Regierungen, Parteien oder religiös motivierten Gruppen. Klaas Glenewinkel hat sich in diesen Ländern exzellente persönliche Zugänge und Glaubwürdigkeit bei Journalisten vor Ort erarbeitet. Mit Media in Cooperation and Transition (MICT) schulte er über zehn Jahre lang Journalisten und Medien und erkannte die fehlende Verbindung zwischen dem Marktpotenzial der Postkonfliktgesellschaften und einer möglichen Einnahmequelle für lokale Medien. Mit Plural Media Services etabliert Klaas Glenewinkel die erste private Werbe-Vermittlungsagentur für Zeitungen, Radio und Fernsehen in Krisenregionen.

www.plural-mediaservices.com

Gesichter zum nachhaltigen Inspirieren

Claus Gollmann
Kind in Diagnostik

Claus Gollmann gibt gewaltgeschädigten Kindern neuen Halt durch einen ganzheitlichen Ansatz aus Diagnostik, Therapie, Vernetzung und der Schaffung einer stabilen Alltagswelt. In Deutschland erlebt mindestens jedes zehnte Kind schwere Vernachlässigung oder körperliche, seelische oder sexuelle Gewalt – drei Kinder sterben pro Woche an den Folgen. Oft entwickeln die Betroffenen später eine Vielzahl von Symptomen oder werden selbst zu Tätern. Wenn die Kinder nur auf ihre Störungsbilder reduziert und therapiert werden, durchlaufen sie zu oft einen Irrgarten von Maßnahmen, die nicht nach den zugrundeliegenden traumatischen Ursachen festgelegt werden. Mit Kind in Düsseldorf (KiD) entwickelt der studierte Sozialpädagoge und Kinder- und Jugendpsychotherapeut, der viele Jahre in der Kinderpsychiatrie arbeitete, eine wirkungsvolle Gegenstrategie: In einer stationären Einrichtung findet unter Einbindung aller Akteure eine sechsmonatige Ursachendiagnose statt, die kurzfristige Interventionen und langfristige Betreuung aufeinander abstimmt.

www.kid-facheinrichtung.de

Jürgen Griesbeck
streetfootballworld

Jürgen Griesbeck hat streetfootballworld 2002 gegründet. streetfootballworld verbindet die Akteure im Feld »Entwicklung durch Fußball«: die Basis bildet ein Netzwerk von rund 100 Organisationen in über 60 Ländern, die mit Fußball das Leben junger Menschen verändern. Fußball wird zum Bildungsinhalt, der Fußballplatz zum Workshop zu so unterschiedlichen Themen wie: HIV/Aids-Prävention in Südafrika, Schutz vor Landminen in Kambodscha, Obdachlosigkeit in England, Nachkriegstrauma in Rwanda, Integration in Deutschland, Umweltschutz in Kenia. Die Netzwerkmitgliedschaft ist inzwischen als Qualitätsmerkmal etabliert. Der Fokus richtet sich zunehmend darauf, die anderen Akteure im Umfeld der Fußballbranche in das »Spielkonzept« einzubinden. Seit einigen Jahren berät streetfootballworld die FIFA im Bereich der sozialen Innovation, mit dem Ergebnis, dass ab 2018 alle Fußballweltmeisterschaften ein Konzept zum sozialen Vermächtnis vorlegen müssen. Während der UEFA Europameisterschaften 2008 und 2012 war streetfootballworld für die Sozialprojekte verantwortlich.

www.streetfootballworld.org

Gesichter zum nachhaltigen Inspirieren

Gregor Hackmack
abgeordnetenwatch.de

Gregor Hackmack stärkt demokratisches Staatsbürgersein: Seine Online-Plattformen abgeordnetenwatch.de und kandidatenwatch.de zeigen, dass hinter Parteien Menschen stecken, die Politik machen, und dass es Bürger sind, die diesen Leuten ein Mandat erteilen. Über Onlinemedien wie z. B. Spiegel Online, Die Welt und Die Süddeutsche Zeitung werden Bürger durch Eingabe ihrer Postleitzahl direkt zu ihrem Abgeordneten weitergeleitet. Dort treten sie nicht nur direkt mit Abgeordneten oder Kandidaten aus ihrem Wahlkreis in Dialog. abgeordnetenwatch.de macht auch das Verhalten gewählter Volksvertreter transparent, indem es deren Abstimmungsverhalten und alle Fragen und Antworten von und an Abgeordnete öffentlich dokumentiert. Das ermöglicht es jedem Bürger, per Mausklick zu sehen, inwiefern die Rhetorik eines Politikers langfristig seinen Taten entspricht. Über die Zeit hinweg entwickelt sich so ein kollektives Gedächtnis politischen Verhaltens. Gleichzeitig erhalten Abgeordnete die Möglichkeit, über die Online-Plattformen direkten Kontakt zu einer breiteren Basis zu bekommen.

www.abgeordnetenwatch.de

Andreas Heinecke
Dialogue
Social Enterprise

Andreas Heinecke schafft mit seiner Ausstellung »Dialog im Dunkeln« einen neuen Ansatz der Integration. Die in kompletter Dunkelheit angelegte interaktive Ausstellung lässt Besucher ins Schwarze eintauchen, wo sie von Blinden geführt werden und dabei lernen, neu zu sehen. Anders als im sonstigen Leben stehen die Behinderten mit ihren Fähigkeiten und Kompetenzen im Vordergrund. Die Begegnung schafft Respekt und Bewunderung, macht die Überwindung von Vorurteilen und Ängsten möglich und gibt benachteiligten Gruppen wieder einen Platz in der Gesellschaft. Die Ausstellung wird von Blinden und Schwerbehinderten mitgeleitet und verwaltet, sie werden dort für den ersten Arbeitsmarkt qualifiziert. Mehr als 6 Millionen Besucher in 30 Ländern haben »Dialog« besucht, 6.000 blinde Menschen sind dort beschäftigt gewesen. Am Hauptstandort Hamburg sind 40 Prozent erfolgreich in die Wirtschaft weitervermittelt worden. Inzwischen hat Andreas Heinecke seine internationale Expansion beschleunigt und ist bzw. war u. a. in Mexiko, Brasilien, Asien, den USA und dem Nahen Osten präsent.

www.dialogue-se.com

Gesichter zum nachhaltigen Inspirieren

Johannes Hengstenberg
co2online.de

Johannes Hengstenberg macht Bürger zu Energie- und CO2-Sparern im Alltag. Der Politologe zeigt, dass Klimaschutz nicht nur Sache von Wissenschaft, Regierung und Unternehmen ist, sondern jeder einfach dazu beitragen kann – und dabei sogar Geld spart: Sein co2online-Ratgeber und seine Heizspiegel ermöglichen es, Kosten für privaten Energieverbrauch zu senken. Seine Website berät automatisiert aber individuell, wie energieeffiziente Elektrogeräte oder die Modernisierung des Hauses sich auch finanziell lohnen. Über das pragmatische Argument des Geldsparens holt er auch jene Bürger ab, die nicht primär ökologisch motiviert sind. Mehr als 2,5 Millionen Tonnen CO2 vermeiden die über 2 Millionen Nutzer seit Beginn der Kampagne »Klima sucht Schutz« Mitte 2004 – jede Woche kommen 10.000 Nutzer dazu. Gleichzeitig hilft Johannes Hengstenberg mit seiner gemeinnützigen Firma co2online Energieunternehmen, Herstellern von Heizungs- und Dämmsystemen und Installateurbetrieben, klimafreundliche Angebote schneller im Markt durchzusetzen.

www.co2online.de

Joachim Körkel
KISS

Als Sucht- und Psychotherapeut sowie Professor für Psychologie arbeitet Joachim Körkel seit fast 30 Jahren im Bereich der Behandlung substanzabhängiger Menschen. Sein Ansatzpunkt: Nur 5 Prozent aller Menschen mit Alkohol-, Drogen- oder anderen Suchtproblemen werden durch die etablierten Abstinenzbehandlungen erreicht, d.h. die Mehrzahl scheitert an der Abstinenzhürde. Und: Ein Großteil derer, die eine Abstinenzbehandlung beginnen, brechen diese ab oder werden rückfällig. Deshalb entwickelte Joachim Körkel Selbstmanagementprogramme zur Konsumreduktion für Menschen, die zu einem Leben ohne Alkohol/Drogen nicht bereit oder dazu nicht in der Lage sind. Jeder Konsument entscheidet dabei selbst, wie schnell und wie viel er seinen Konsum reduzieren möchte. Auf diese Weise werden die zu bewältigenden Änderungshürden gesenkt und es können sich realistische Erfolge einstellen. Das Programmportfolio umfasst inzwischen Behandlungsangebote für Alkoholkonsumenten (»Kontrolliertes Trinken«) und mit KISS (»Kompetenz im Selbstbestimmten Substanzkonsum«) nun auch für Konsumenten illegaler Drogen.

www.kiss-heidelberg.de

Gesichter zum nachhaltigen Inspirieren

Judy Korn
Violence Prevention Network

Judy Korn arbeitet mit einer der am meisten herausfordernden Zielgruppen: Die diplomierte Erziehungswissenschaftlerin bewegt extremistisch orientierte jugendliche Gewalttäter dazu aufzuhören, ideologisch motivierte Gewaltverbrechen zu begehen. Sie setzt am Ende der kriminellen Karriere an: im Gefängnis. Ihr Programm »Verantwortung übernehmen – Abschied von Hass und Gewalt« kombiniert Anti-Gewalt-Training mit interaktiver politischer Bildungsarbeit und zeigt den Tätern die Sinnlosigkeit ihrer Ideologie und die Konsequenzen ihres bisherigen Handelns. Durch ein umfassendes Trainings- und Betreuungsprogramm hilft Judy Korn den Personen auch nach ihrer Entlassung, positive Beziehungen aufzubauen und sich in die Gesellschaft einzugliedern. In Brandenburg gestartet, arbeitet sie intensiv an der bundesweiten Ausbreitung ihres Programms und ist bereits in zehn Bundesländern tätig. Gleichzeitig kooperiert sie mit zivilgesellschaftlichen Organisationen in Europa und Amerika. Seit 2011 baut Judy Korn mit ihrer Organisation ein europäisches Deradikalisierungsnetzwerk auf.

www.violence-prevention-network.de

Raul Krauthausen
wheelmap.org

In Deutschland leben mehr als 1,6 Millionen Rollstuhlfahrer. Darüber hinaus sind viele andere auf Mobilitätshilfen wie Rollatoren oder Kinderwägen angewiesen. Raul Krauthausen kennt als Rollstuhlfahrer all die Probleme, mit denen sich Menschen mit Gehbehinderungen im Alltag konfrontiert sehen. Die meisten verlassen aus Mangel an einfach zugänglicher Information über barrierefreie Orte nur ungern das eigene Zuhause und schon gar nicht auf eigene Faust. Aufgrund des jahrelang verfolgten segregativen Ansatzes, mit der einhergehenden Schaffung spezieller, vom Rest der Gesellschaft abgeschotteter Institutionen, haben es Menschen mit Mobilitätseinschränkung daher besonders schwer, sich sozial zu integrieren und ihre Potenziale als Mitglieder der Gesellschaft voll auszuschöpfen. Raul Krauthausen hat eine durchschlagende Lösung für dieses Problem gefunden: die Online-Karte wheelmap.org, auf der jeder Informationen zur Barrierefreiheit öffentlicher Orte eintragen kann. So entsteht ein interaktives Informationsportal für Rollstuhlfahrer, ältere Menschen und Familien mit Kindern.

www.wheelmap.org

Gesichter zum nachhaltigen Inspirieren

Horst Krumbach
Generationsbrücke
Deutschland

Die Nachfrage ist so groß, dass der Pflegeheimleiter den Schritt ins Sozialunternehmertum geht. Ausgerechnet in Amerika ist Horst Krumbach auf die Idee zur Generationsbrücke gestoßen. In chronisch unterfinanzierten Pflegeheimen in Denver, Colorado, bringt eine private Initiative Kinder systematisch mit alten, teilweise demenzkranken Menschen zusammen. Diesen Ansatz hat Horst Krumbach, der in Aachen ein Pflegeheim leitet, 2009 mit nach Hause gebracht und die Generationsbrücke Aachen gestartet. Anders als bei den üblichen »Vorsingbesuchen«, die Kinder und Alte oft gleichermaßen ratlos absolvieren, werden die jungen Teilnehmer sorgsam auf die Begegnungen vorbereitet. Für die monatlichen Besuche bekommt jedes Kind einen festen Partner, sodass eine persönliche Bindung entstehen kann. Der Austausch bringt gleichermaßen Freude in das Leben der Heimbewohner wie in das der Kinder. Dass die Generationsbrücke eine Lücke schließt, zeigt die riesige Nachfrage. Sechzehn Pflegeheime begleitet sie heute, bis 2016 könnten es 150 sein, glaubt Horst Krumbach, der das Projekt seit Jahresbeginn hauptberuflich leitet.

www.generationsbruecke-deutschland.de

Norbert Kunz
iq consult

Norbert Kunz ebnet benachteiligten jungen Erwachsenen und Menschen mit Behinderung erfolgreich den Weg in die Selbstständigkeit, vor allem in Problemquartieren in Berlin und in strukturschwachen Regionen im Osten, wo es wenig Beschäftigung gibt, die Besten weggezogen und die Zukunftsperspektiven düster sind. Überzeugt davon, dass lebenslange Angestelltenverhältnisse Vergangenheit sind, hat er mit seinem Programm enterprise ein umfassendes, regional verankertes Beratungs- und Finanzierungssystem aufgebaut: In Kooperation mit den enterprise-Beratern unterstützen, coachen und begleiten Unternehmer, Betriebe, IHK, Handwerkskammern, soziale Organisationen und Arbeitsämter junge Menschen vor, während und nach der Gründung. Wenn Banken nicht bereit sind, erfolgversprechende Vorhaben zu finanzieren, stellt enterprise die Finanzierung aus dem eigenen Mikrofinanzfonds zur Verfügung. Mehr als 1.000 junge Erwachsene haben bislang ihr eigenes Geschäft aufgebaut. Norbert Kunz verbreitet seine Methoden über die EU in andere Länder und will vor allem nach Osteuropa expandieren.

www.iq-consult.com

Gesichter zum nachhaltigen Inspirieren

Alejandro Litovsky
Earth Security Initiative

Heidrun Mayer
Papilio

Wie wir fruchtbares Land nutzen und in Land investieren, wird über Fortschritt und Sicherheit der Menschheit im 21. Jahrhundert entscheiden. Drei krisenhafte Entwicklungen beeinträchtigen heutzutage die Sicherheit von Volkswirtschaften, Industrien und Nationen: 1.) der Klimawandel und die Häufung extremer Wetterereignisse; 2.) das Problem der Ernährungssicherheit und die Herausforderung, die Nahrungsmittelproduktion zu erhöhen, ohne Wasser, Boden und Biodiversität zu beeinträchtigen; 3.) die steigende Nachfrage nach natürlichen Ressourcen infolge des Wachstums der Schwellenländer und der Weltbevölkerung. All diese Forderungen sind von einer begrenzten Ressource abhängig: Land. Landinvestitionen, wie sie derzeit im Fokus von Investoren stehen, müssen diese drei Bereiche gleichzeitig angehen, um Nachhaltigkeit, Frieden und Wohlstand zu schaffen. Alejandro Litovsky, der Gründer der Earth Security Initiative (ESI), bringt hierfür Wissenschaftler, Investoren, Vertreter von Wirtschaft und Regierung und Akteure der Zivilgesellschaft zusammen.

www.earthsecurity.org

Heidrun Mayer stärkt die sozial-emotionale Kompetenz von kleinen Kindern, um sie davor zu schützen im Jugendalter mit Sucht und Gewalt auf Lebenskrisen zu reagieren. Sucht und Gewalt sind weit verbreitete Probleme unter Jugendlichen. Es ist wissenschaftlich bewiesen, dass in der Kindheit oft die Ursachen für spätere Verhaltensauffälligkeiten liegen. Bisher gibt es jedoch kaum wirksame Präventionsprogramme, die in dieser wichtigen Lebensphase ansetzen. Die ausgebildete Erzieherin und diplomierte Sozialpädagogin hat mit Papilio ein Instrument für den Einsatz in Kindergärten entwickelt, das die soziale und emotionale Kompetenz von kleinen Kindern auf spielerische Weise fördert und erste Verhaltensauffälligkeiten reduziert. Mittlerweile gibt es für Papilio deutschlandweit standardisierte Fortbildungsprogramme für Erzieher/innen, die zusammen mit Partnerorganisationen finanziert und umgesetzt werden. Heidrun Mayer hat sich nun zum Ziel gesetzt, mit ihrem Ansatz auch Kleinkinder zwischen 0 und 3 und Schulkinder zwischen 6 und 8 Jahren zu erreichen.

www.papilio.de

Gesichter zum nachhaltigen Inspirieren

Tri Mumpuni
IBEKA

Fast 40 Prozent aller Indonesier leben ohne Strom – 90 Millionen Menschen. Sie sind die Zielgruppe von Tri Mumpuni. Ihre Organisation IBEKA hilft armen ländlichen Gemeinden, kommunale Kleinstwasserkraftwerke zu bauen und zu betreiben. Die so gewonnene Elektrizität ermöglicht den Menschen nicht nur einen besseren Lebensstil – Kühlschränke, Lampen oder Fernseher – sondern auch eine effizientere Wirtschaftsweise. Ernte beispielsweise kann verarbeitet und gekühlt werden und erzielt einen höheren Preis auf dem Markt. Schulen und Werkstätten können bei Dunkelheit beleuchtet werden und lassen Menschen besser lernen und arbeiten. Manche Dörfer schaffen es, ans nationale Stromnetz angeschlossen zu werden und speisen Strom ein. Das so erwirtschaftete Geld verwaltet die Gemeinde in Fonds, aus denen dörfliche Projekte finanziert werden – neue Straßen werden gebaut, ein Krankenhaus eingerichtet, Stipendien für Schüler gezahlt. Tri Mumpunis Ziel ist es, armen Menschen mehr Möglichkeiten zu geben. IBEKA heißt übersetzt so viel wie Institut für menschenzentrierte Wirtschaft und Unternehmen.

http://ibeka.netsains.net

Michaela Nachtrab
VerbaVoice

Michaela Nachtrab gibt schwerhörigen und gehörlosen Menschen durch einen internetbasierten Dolmetscher-Service die Möglichkeit, aktiver am gesellschaftlichen Leben teilzuhaben. Wer sich nicht verständigen kann, nimmt nicht am gesellschaftlichen Leben teil – das ist das Schicksal von vielen der 300.000 hochgradig hörgeschädigten Menschen in Deutschland, die aufgrund des überall präsenten Dolmetschermangels ohne visuelle Übertragung von Lautsprache in Gebärde oder Schrift nicht an unserer Gesellschaft teilhaben können. Eine verlässliche elektronische Spracherkennung ist nach wie vor ein Zukunftstraum. Die Hörgeschädigten-Pädagogin Michaela Nachtrab hat eine Lösung gefunden, die den Flaschenhals der Gebärden- und Schriftdolmetscher und die fortschreitende Technologie gleichermaßen berücksichtigt. Bei VerbaVoice, einer internetbasierten Vermittlungsplattform für Dolmetscher, werden Dolmetscher per Laptop, Netbook, Tablet-PC oder Smartphone zu einem Gespräch zugeschaltet und übertragen die Sprache direkt in Text oder Gebärde für die Hörgeschädigten.

www.verbavoice.de

Gesichter zum nachhaltigen Inspirieren

Gülcan Nitsch
Yeşil Çember

Vielen Migranten und Menschen aus bildungsfernen Schichten in Deutschland fehlt das individuelle Verantwortungsbewusstsein für den Umweltschutz und oft das praktische Wissen über Möglichkeiten des Energiesparens, Vermeidens von Giftstoffen und des verantwortungsvollen Umgangs mit natürlichen Ressourcen etc. Umweltverbände vernachlässigten Migranten als Zielgruppe ihrer Umwelt-Aufklärung bisher fast völlig, Informationen in der jeweiligen Landessprache, die kulturelle und soziodemografische Eigenheiten widerspiegeln, existierten nicht – die Migrantenverbände wiederum schenkten dem Thema Umweltschutz keine Beachtung.
Die 2006 im BUND, Deutschlands größtem Umweltverband, von Gülcan Nitsch gegründete Initiative »Yeşil Çember« (Grüner Kreis) verfolgt das Ziel, Migranten in Deutschland zu Umweltschützern zu machen und damit gleichzeitig deren Integration zu stärken. Großevents wie der erste Türkischsprachige Umwelttag und die Entwicklung kulturspezifischer Aufklärungs- und Lernmaterialien in türkischer Sprache sind nur einige der Ansätze von Yeşil Çember.

www.yesilcember.eu

Karin Ressel
Berufparcours

Karin Ressel vermittelt Jugendlichen durch eine praxisnahe Berufsorientierung neue Berufsperspektiven. Auf dem deutschen Arbeitsmarkt herrscht eine paradoxe Situation. Bei 10 Prozent Jugendarbeitslosigkeit der 19- bis 25-jährigen im Jahr 2009 in Deutschland beklagen sich Unternehmen über einen zunehmenden Mangel an Fachkräften. Karin Ressel sieht in einer praxisnahen Berufsorientierung den Schlüssel für die Bekämpfung dieses Arbeitsmarktproblems. Sie hat mit dem Berufsparcours besondere Berufsorientierungskurse entwickelt, die aus mobilen, unterschiedlich kombinierbaren Modulen bestehen. Bei der Durchführung der Kurse an Schulen werden gezielt Lehrer mit einbezogen, um sie für die besonderen Bedürfnisse der Schüler zu sensibilisieren. Karin Ressel bietet über ihr Technikzentrum auch Kurse für Unternehmen an, die auf Messen so Interesse an ihren Ausbildungsprogrammen wecken können. Darüber hinaus wurde ein Lizenzierungssystem entwickelt, das bisher 50 Organisationen dazu befähigt, selber Berufsparcours durchzuführen.

www.berufsparcours.de

Gesichter zum nachhaltigen Inspirieren

Manuela
Richter-Werling
Irrsinnig Menschlich

Psychische Probleme sind in unserer Gesellschaft weit verbreitet. Jeder dritte Mensch ist davon im Laufe seines Lebens betroffen, Kinder ebenso wie Erwachsene. Etwa 3 Millionen Kinder leben mit psychisch erkrankten Eltern. Dem gegenüber stehen Stigma, Diskriminierung und Ausgrenzung als nach wie vor größte Hindernisse, mit denen psychisch kranke Menschen zu kämpfen haben und die sie davon abhalten, sich Hilfe zu holen. Dabei ist erwiesen, dass eine frühe Behandlung von psychischen Krankheiten und die Stärkung durch das direkte Umfeld die Chancen einer Heilung drastisch erhöhen. Manuela Richter-Werling kämpft mit dem Schulprojekt »Verrückt? Na und!« in der Zielgruppe der Schuljugendlichen für einen offenen und tabufreien Umgang mit genau diesem Thema. Der Verein nutzt die persönliche Begegnung von Jugendlichen mit Betroffenen als Schlüssel zur Veränderung der eigenen Wahrnehmung von psychischen Krisen und zu Ressourcen seelischer Fitness. In einem offenen Dialog tauschen sich Betroffene, Schüler und Lehrer über ihre Erfahrungen aus.

www.irrsinnig-menschlich.de

Albina Ruiz
Ciudad Saludable

In Slums gleichen Straßen oft stinkenden Müllhalden. Arme Müllsammler durchsuchen die Abfälle nach Brauchbarem, das sie für wenig Geld an Mittelmänner weiterverkaufen. Solchen gesundheitsschädlichen Szenarien setzt Albina Ruiz ein Ende. Die studierte Ingenieurin aus Lima hilft den Müllsammlern, sich zu organisieren und eigene Betriebe zu gründen, die offiziell die Entsorgung und das Recycling in ihren Slums übernehmen. In enger Abstimmung mit den Behörden sorgt Albina Ruiz dafür, dass die Dienstleistungen der neuen Unternehmen dann koordiniert und in den städtischen Rahmenplan miteinbezogen werden. Parallel hilft sie den Betrieben mit technischer Unterstützung wie Mülltrennungssystemen und organisiert Kampagnen, die Bürger über richtigen Umgang mit Abfall aufklären. Ciudad Saludable wurde von Albina Ruiz in Peru gegründet, ist mittlerweile aber auch in Brasilien, Mexico, Chile, Bolivien, Ecuador, der Dominikanischen Republik und Indien tätig.

www.ciudadsaludable.org

Gesichter zum nachhaltigen Inspirieren

Ramazan Salman
Ethno-Medizinisches Zentrum,
MiMi, das Programm mit
Migranten für Migranten

Ramazan Salman integriert Migranten in das öffentliche Leben in Deutschland und sorgt so für nachhaltige Integration. Er bildet erfolgreiche, gut integrierte Migranten zu Mediatoren, Lotsen und Coaches für Integration aus, denen es besser als jedem Einheimischen gelingt, Migranten in Moscheen und Gemeinden zu erreichen. Die Themen Gesundheit, Bildung und Arbeitsmarkt sind dabei die Anfangspunkte für Gespräche und Informationsvermittlung. Jeder Migrant hat zu diesen Themen eine besondere Beziehung, da Migration körperlich und seelisch belastend sein kann und Integrationserfolge stark von Bildungsvoraussetzungen und Teilhabe am Arbeitsmarkt abhängen. Dennoch suchen Betroffene nur selten einen Arzt auf, nutzen das Bildungswesen nicht ausreichend und verfügen über eine höhere Arbeitslosenquote als Einheimische. Die Themen Gesundheit und Bildung als Einstieg nutzend bringt Ramazan Salman Migranten, Deutsche und kommunale Institutionen zusammen. Über Mediatoren, Lotsen und Coaches werden Migranten befähigt, Präventionsangebote zu nutzen.

www.mimi.eu und www.ethnomed.com

Stefan Schabernak
Rock Your Life!

Rock Your Life! hat in den letzten Jahren hunderte Mentoren- und Patenprojekte gestartet. Sie wollen leisten, was das deutsche Bildungssystem nicht leistet: Kinder so fördern, dass nicht Herkunft, sondern Begabung über den Bildungs- und Lebensweg entscheidet. Kaum irgendwo gelingt das so gut wie bei Rock Your Life! Das Programm stellt Hauptschülern studentische Paten an die Seite, um ihnen den schwierigen Übergang von der Schule in das Berufsleben zu erleichtern. Alle zwei Wochen treffen sich Coach und Coachee. Dann sprechen sie über die beruflichen Träume des Schülers oder feilen gemeinsam an einer Bewerbung. In der zweijährigen Beziehung gewinnen beide: Der Schüler findet konkrete Unterstützung und Ermutigung. Der Student wird von Rock Your Life! für die Aufgabe ausgebildet und entwickelt neue soziale Kompetenzen. Und beinahe nebenbei gewinnt auch der gesellschaftliche Zusammenhalt, wenn angehende Akademiker und vermeintliche Bildungsverlierer so gut miteinander klarkommen. Stefan Schabernak ist einer der drei studentischen Gründer von Rock Your Life!

www.rockyourlife.de

Gesichter zum nachhaltigen Inspirieren

Heike Schettler
Science-Lab

Warum ist der Himmel blau? Wie trinken Pflanzen? Wieso kann eine Rakete zum Mond fliegen? Viele Menschen haben Berührungsängste vor Naturwissenschaften. Die Zahl der Absolventen naturwissenschaftlicher Fächer ist gering, in der Schule beginnt der Unterricht erst spät. Die promovierte Chemikerin Heike Schettler hat ein naturwissenschaftliches Programm für 4- bis 10-Jährige entwickelt, das es Kindern erlaubt, spielerisch Chemie, Physik und Biologie zu lernen. Sie werden ermutigt und befähigt, selbstbewusst ihre Umwelt in Frage zu stellen und nach Antworten zu suchen: Der Wissensdrang der Kleinen bestimmt die Richtung des Unterrichts. Gleichzeitig trainiert die von Heike Schettler und Sonja Stuchtey gegründete Organisation Science-Lab Eltern, Lehrer und Erzieher, die Scheu vor Naturwissenschaften zu verlieren und den Wissensdrang aller Kinder zu unterstützen. Sie spricht in vielen Projekten auch sozial benachteiligte Schichten an, ehe das dreigliedrige Schulsystem und damit die soziale Differenzierung einsetzt. Seit 2006 hat Heike Schettler Science Lab in fast 10.000 Kindergärten und Schulen gebracht.

www.science-lab.de

Hildegard Schooß
Mehrgenerationenhäuser
und Mütterzentren

Erhöhte berufliche Flexibilität, erodierende Familien-, Verwandtschafts- und Bekanntschaftsstrukturen, schwindende traditionelle Verbände, Vereine und Kirchengemeinden schwächen die sozialen Unterstützungssysteme unserer Gesellschaft und damit die solidarischen und integrativen Kräfte. Was früher Aufgabe der Nachbarschaft oder Dorfgemeinschaft war, wird heute oft von professionellen Sozialdienstleistern übernommen. Das geht nicht selten zu Lasten der Betroffenen: einkommensschwache Familien, Migranten, ältere Menschen, Kinder und Kranke. Hildegard Schooß hat mit ihren Mütterzentren und Mehrgenerationenhäusern ein innovatives Konzept entwickelt, welches Menschen, unabhängig von Alter, Herkunft und Professionalität, die Möglichkeit gibt, sich gemäß ihrer persönlichen Begabungen in eine moderne Solidaritätsgemeinschaft einzubringen, die ähnlich funktioniert wie früher eine Dorfgemeinschaft. Die von den NutzerInnen selbst verwalteten Häuser basieren auf dem Austausch von haushaltsnahen Dienstleistungen, aber auch Bildungs- und Freizeitangeboten.

www.muetterzentren-bv.de

Gesichter zum nachhaltigen Inspirieren

Sandra Schürmann
Projektfabrik

Stefan Schwal
apeiros

Die Folgen von Langzeitarbeitslosigkeit führen für junge Menschen schnell zu einem sinkenden Selbstwertgefühl, zu sozialer Isolation und somit zu einem Teufelskreis, aus dem im Durchschnitt nur 30 Prozent der jugendlichen Teilnehmer durch klassische Arbeitsbeschaffungsmaßnahmen befreit werden können. Sandra Schürmann hat mit JobAct® ein Konzept entwickelt, das den Jugendlichen Zeit, Raum und Möglichkeiten bietet, zu erfahren, was es bedeutet, sich für eine Sache zu begeistern. In einem 10-monatigen Theater- und Bewerbungsprojekt erarbeiten sie von Themenfindung, über die Texterarbeitung, Bühnenbild, Licht und Ton, Kostüme und Maske bis hin zur Pressearbeit, Planung und Durchführung der Aufführungen alles selbst – stets in Begleitung eines Theater- und eines Sozialpädagogen, die in jeden Einzelnen individuell Vertrauen setzen. Im Bewerbungsmanagement trainieren die Jugendlichen auf ein selbstorganisiertes 5-monatiges Praktikum hin, das nach den Theateraufführungen beginnt. Die Arbeit am Theaterstück und das Bewerbungsmanagement werden durch Biografiearbeit verbunden.

www.projektfabrik.org

Stefan Schwall schafft Lösungsmöglichkeiten für das Problemfeld Schulverweigerung, indem er Lehrer, Schüler, Eltern und Institutionen des Sozialstaats an einen Tisch zusammenbringt und die Ursachen hinter der Schulverweigerung aufdeckt. Schulpflicht hin oder her, zehn Prozent der deutschen Schüler schwänzen so oft, dass Bildungsfortschritte unmöglich werden. Meist haben weder Lehrer oder Eltern noch das Jugendamt das Wissen und die Ressourcen, um angemessen zu handeln, sodass Jugendliche eine fehlende Reaktion auf ihre Abwesenheit als Gleichgültigkeit verstehen. Als Lehrer in einem Problembezirk erlebte Stefan Schwall diese Schwierigkeiten aus erster Hand, bevor er sich gegen die sichere Karriere entschied und aus einem Kinderheim heraus das Institut apeiros gründete. Mit großem Einfühlungsvermögen aufgrund eigener Jugenderfahrungen begründete er eine Methode, mit der Schulverweigerung angemessen begegnet wird: Dutzende Schulen in Wuppertal erfassen zunächst systematisch das Schulschwänzen und reagieren dann in fünf Schritten, gemeinsam mit Eltern, Jugendämtern und Ordnungsbehörden darauf.

www.apeiros.de

Ursula Sladek
Elektrizitätswerke Schönau (EWS)

Marion Steffens
GESINE

Ursula Sladek hat bereits in den neunziger Jahren – vor der gesetzlichen Liberalisierung – durch ihre Bürgerinitiative das Monopol auf dem Energiemarkt und dessen verkrustete Strukturen aufgebrochen. Sie hat gezeigt und vorgelebt, dass Bürger die Verteilung, die Produktion und den Vertrieb von Elektrizität selbst in die Hand nehmen können. Die Elektrizitätswerke Schönau, die sie gemeinsam mit ihrem Mann Michael ins Leben rief, waren und sind der Vorreiter für grüne Energie in Deutschland. Sie beliefern mehr als 135.000 Kunden direkt mit Strom ohne Atom und Kohle und spornen andere Anbieter dazu an, ebenfalls ausschließlich Produkte aus regenerativen Quellen zu offerieren. Anstatt möglichst viel Strom zu verkaufen, hilft Ursula Sladek ihren Kunden, möglichst viel Energie zu sparen. Darüber hinaus verfolgt sie eine große Zukunftsvision: die dezentrale, umweltfreundliche Produktion und Einspeisung von Energie. Sie ermöglicht es Privathaushalten ebenso wie kleinen Betrieben und Kommunen, durch Solaranlagen oder Mikro-Blockheizkraftwerke Selbstversorger zu werden.

www.ews-schoenau.de

Fast jede vierte Frau in Deutschland erlebt im Laufe ihres Lebens häusliche Beziehungsgewalt. Scham, Angst und Stigmatisierung führen jedoch dazu, dass nur ein Bruchteil der Betroffenen die bestehenden Unterstützungsangebote annimmt. Häusliche Gewalt als Ursache einer Reihe von Erkrankungen ist zwar wissenschaftlich erwiesen, jedoch sind sich die wenigsten Ärzte ihrer Schlüsselfunktion in der Diagnose und als Erstkontakt für Opfer bewusst. Marion Steffens unterstützt die relevanten Berufsgruppen im Gesundheitswesen dabei, Folgen häuslicher Gewalt zu erkennen und adäquat zu reagieren – auch wenn die Opfer nicht im unmittelbaren Zusammenhang mit der Gewalterfahrung zu ihnen kommen. Ihr Netzwerk GESINE sensibilisiert durch bedarfsgerechte Weiterbildung und schafft gleichzeitig regionale Netzwerke von Organisationen zur Unterstützung von Opfern häuslicher Gewalt, an die Ärzte und andere Akteure im Gesundheitswesen betroffene Frauen überweisen können. Damit gelingt es ihr, eine deutlich höhere Zahl von Opfern zu erreichen und Hilfe aus einer Hand anzubieten.

www.gesine-intervention.de

Gesichter zum nachhaltigen Inspirieren

Michael Stenger
SchlaU

Michael Stenger hebt eines der verborgensten und meist unterschätzten Potenziale unseres Landes: die Motivation junger Flüchtlinge, ein produktiver Teil unserer Gesellschaft zu werden. Mit der Gründung der SchlaU (Schulanaloger Unterricht) Schule, einer Münchner Privatschule der besonderen Art, erreicht er die wohl chancenlosesten jungen Menschen in Deutschland: Junge Flüchtlinge zwischen 16 und 18, die unter oft traumatischen Bedingungen nach Deutschland gekommen sind und auch hier äußerst schwierige Lebensbedingungen vorfinden. Häufig unter Druck, die zurückgebliebene Familie ernähren zu müssen, driften sie schnell in die Perspektivlosigkeit ab – bis hin zur Illegalität. Ein breites Netzwerk aus Psychologen, Sozialpädagogen, Anwälten und Freiwilligen befähigt SchlaU-Schüler, junge Flüchtlinge aus aller Welt, nicht nur in 2 Jahren deutsch zu lernen, sondern in der gleichen Zeit auch noch einen berufsqualifizierenden Schulabschluss zu erreichen. Hunder Prozent der Absolventen bestanden in den letzten 5 Jahren bei einer externen Prüfung ihren Abschluss.

www.schlau-schule.de

Attila von Unruh
BV INSO

Attila von Unruh bringt von Insolvenz betroffene Menschen zusammen und schafft ein Unterstützungs- und Engagementnetzwerk sowie eine Lobby für eine Kultur der zweiten Chance. In Deutschland sind 6,5 Millionen Menschen überschuldet und die Zahl der Privatinsolvenzen steigt jedes Jahr. 900.000 Menschen befinden sich derzeit in Insolvenzverfahren, jährlich verursachen Insolvenzen wirtschaftliche Schäden von über 50 Milliarden Euro. Attila von Unruh war erfolgreicher Unternehmer – und musste 2005 trotzdem Insolvenz anmelden. Der Verlust der wirtschaftlichen Existenz ging einher mit der Erfahrung, dass Insolvenz immer noch ein Stigma bedeutet. Der Druck, der auf den Betroffenen lastet, führt zu Krankheit, sozialer Ausgrenzung und Isolation. Um diesen Teufelskreis zu durchbrechen, gründete Attila von Unruh 2007 die Gesprächskreise Anonyme Insolvenzler, die erste bundesweit tätige Initiative für Menschen, die von Insolvenz betroffen sind. Zwei Jahre später baute er den Trägerverein BV INSO – Bundesverband Menschen in Insolvenz und neue Chancen e.V. auf.

www.bv-inso.de

Gesichter zum nachhaltigen Inspirieren

Katja Urbatsch
ArbeiterKind.de

In Deutschland nehmen Abiturienten mit nichtakademischer Herkunft im Vergleich mit Abiturienten aus Akademikerfamilien nur halb so oft ein Hochschulstudium auf – bei identischer Qualifikation. Katja Urbatsch zielt mit ArbeiterKind.de auf die wichtigsten Hemmnisse dieser systematischen Bildungsungerechtigkeit, die oft in den Familien selbst liegen: Annahmen über finanzielle Hindernisse, mangelndes Selbstvertrauen und ein oft geringes Ansehen des Studiums selbst. ArbeiterKind.de gibt der Gruppe erstmals eine positive Identität und liefert Informationen über Karriereoptionen, Finanzierungsmöglichkeiten, praktische Hilfe für wissenschaftliches Arbeiten und viele weitere, wichtige Einblicke und Argumentationshilfen für ein Studium. Darüber hinaus erleichtert ein bundesweites Netzwerk von ehrenamtlichen Mentoren mit kostenloser Beratung, lokalen Stammtischen und Ortsgruppen die fehlende Orientierung vor und während des Studiums und ersetzt somit nicht existente soziale Kontakte im akademischen Umfeld.

www.arbeiterkind.de

Rupert Voss
hand in

Rupert Voss' Themen sind Gewalt und Zivilcourage. Er hat ein neues Wiedereingliederungsprogramm für gewalttätige jugendliche Wiederholungstäter entwickelt, das statt der üblichen Erfolgsraten von 10 bis 20 Prozent innerhalb eines Jahres bis zu 80 Prozent der jungen Männer wieder in feste Arbeitsverhältnisse bringt. Kontakt- und Kommunikations-Training über Boxsport und Praktika sind die Hauptbestandteile des »Work and Box« Projekts. Im Gegensatz zur gängigen Praxis wohnen die Jugendlichen weiter in ihrer häuslichen Umgebung und werden geschult, sich den täglich auftretenden Konflikten gelassen und ohne Gewaltanwendung zu stellen. Zudem ermöglicht Rupert so Begegnungen, in denen Menschen lernen, mit Gewalt umzugehen und Zivilcourage zu zeigen. Davon profitieren auch Führungskräfte aus der Wirtschaft, die er mit den ehemaligen Jugendstraftätern zusammenbringt, sodass die Erwachsenen alternative Kommunikationsstrategien von ihnen lernen können. 2008 hat Rupert Voss mit der Gründung einer gemeinnützigen AG eine innovative Möglichkeit für Standorterweiterungen geschaffen.

www.hand-in.de

Gesichter zum nachhaltigen Inspirieren

Murat Vural
Chancenwerk e.V.

Murat Vural geht systematisch dagegen vor, dass insbesondere Migrantenkinder im deutschen Bildungssystem überdurchschnittlich schlecht abschneiden und dadurch weniger gesellschaftliche und berufliche Perspektiven haben. Seine Organisation Chancenwerk (ehemals IBFS) zeigt Kindern mit der Hilfe von realistischen Vorbildern, die erfolgreich integriert sind, dass es möglich ist, in Deutschland etwas zu werden; sie befähigt Kinder, sich Ziele zu setzen (Abitur, Ausbildung), setzt Anreize und gibt schulische Hilfestellung für den Erfolg. Damit schafft Murat Vural in Schulen einen Perspektivwandel hin zu Leistungsorientierung und Teilnahme am gesellschaftlichen Leben. Chancenwerk führt Kinder an das Leben in Deutschland heran, vermittelt zwischen Eltern und Lehrern und sorgt für Verständigung über kulturelle und sozioökonomische Grenzen hinweg. Chancenwerk hat seine Arbeit in Castrop-Rauxel aufgenommen und dehnt seine Initiative im Moment bundesweit aus. Im Laufe der Jahre hat sich so das Projekt »SHS² – Studenten helfen Schülern & Schüler helfen Schülern« etabliert.

www.chancenwerk.org

Falk Zientz
Mikrokreditfonds Deutschland

Falk Zientz schafft nachhaltiges wirtschaftliches Wachstum, indem er für Klein- und Sozialunternehmer den Zugang zu Mikrokrediten verbessert. Er bringt das, was in Entwicklungsländern schon erfolgreich funktioniert und zu nachhaltigem wirtschaftlichen Wachstum geführt hat, jetzt auch nach Deutschland. Er schafft Arbeitsplätze, indem er lokale Förderer dazu befähigt Mikrokredite an die zu vergeben, die sonst keine Chancen hätten über Banken an Kapital zu kommen. Bisher war es für Anbieter von Mikrokrediten schwer, in Deutschland Fuß zu fassen. Sie waren nicht nachhaltig aufgestellt und hatten nicht das Wissen und Ressourcen, um eine auf Vertrauen basierte Beziehung mit den Kreditnehmern einzugehen. Falk Zientz hat eine Plattform geschaffen, die lokale Organisationen zur Förderung von Unternehmern dazu befähigt, ihre spezielle Klientel über Mikrokredite zu beraten, Businesspläne auszuwerten und Kredite über die GLS Bank zu vergeben. Bereits mehr als 50 Organisationen wurden zu Mikrofinanzinstituten gemacht und jährlich über 6.000 Mikrokredite an Unternehmen vergeben, die keinen Zugang zu Bankkrediten haben.

www.mein-mikrokredit.de

Nachhaltigkeit heißt für mich, ein wenig länger nachzudenken.

Kitty Kahane

Kitty Kahane, Jahrgang 1960, ist eine in Berlin lebende Illustratorin, Designerin und Malerin. Nach dem Studium an der Kunsthochschule Berlin-Weißensee ist sie mit Kollektionen für Teppiche (JAB) und Designs für Porzellan (Rosenthal) bekannt geworden. Für ihre ungewöhnlichen Illustrationen zu Geschäftsberichten (Harpen AG, Deutsche Ausgleichsbank) erhielt sie mehrere Preise. Im Mary Hahn Verlag erschien »Kitty Kahanes Funny Fish Food«, ausgezeichnet als eines der »Schönsten Bücher des Jahres 2000«. Weitere Bücher und Kalender erschienen bei den Verlagen Brockhaus (Künstleredition »Großes Meyers Taschenlexikon«), F. A. Ackermanns Kunstverlag, Büchergilde Gutenberg, Jacoby & Stuart, Nicolai Verlag und im chrismon Verlag. Dort erschienen, in der von ihr konzipierten Buchreihe »Geschichte aus dem Alten Testament«, mehrere Kinderbücher. Für die Geschichte der Arche Noah (»Auf der Arche ist der Jaguar Vegetarier«) erhielt sie 2011 ebenfalls ein »Schönstes Buch«. 2012 gestaltete sie die Briefmarke anlässlich »100 Jahre Domowina« Bund der Lausitzer Sorben und zu »50 Jahre Jugend musiziert«. Aktuelles Buchprojekt: »Das müde Glück. Roger Willemsen und Kitty Kahane erzählen eine Geschichte von Hiob«. 2012 entstand ihr erster Animationsfilm. Ausstellungen von Kitty Kahane waren in Berlin, Paris, Hannover, Frankfurt, Köln, Luxemburg und Zürich zu sehen. www.kitty.de

Mit einem eigenen Wald
und einer eigenen Streuobstwiese
habe ich schon früh damit
begonnen nachhaltig zu handeln!

Winfried Rothermel

Winfried Rothermel, Jahrgang 1946, ist Geschäftsführer und Mitinhaber von abcdruck, abcmedien und abcverlag GmbH in Heidelberg. Der Verlag gibt verschiedene Zeitschriften heraus und veröffentlicht mehrere Bücher pro Jahr. Seit 2008 ist er in Peking mit einer Tochtergesellschaft vertreten. Der innovative Unternehmer gehört zu den Gründungsmitgliedern des Golf Club St. Leon-Rot, ist Mitglied der Vollversammlung der IHK Rhein-Neckar und Kuratoriumsmitglied der Europäischen Stiftung Kaiserdom zu Speyer. Das Medienunternehmen abcdruck GmbH ist führender Fullservice-Dienstleister in der Metropolregion Rhein-Neckar. Umweltschutz und nachhaltiges Handeln sind ein wichtiger Bestandteil der Unternehmensverantwortung. Neben dem freiwilligen CO_2-Ausgleich hat das Unternehmen einen bleibenden Wert für Umwelt und Gesellschaft erlebbar gemacht: Auf einer Fläche von über 1000 Quadratmetern hat Winfried Rothermel einen eigenen Mischwald angelegt. Zusätzlich besitzt er über 120 Streuobstbäume mit alten Apfelsorten. Winfried Rothermel ist auch Begründer von MeinWald.org. Hier können Kunden im Auftrag von abcdruck einen eigenen nachhaltigen Mischwald anlegen lassen. Weiterführende Informationen:
www.abcdruck.de, www.meinwald.org, www.streuobstwiesenretter.de

Weiterführende Links

Portale / Plattformen / Medien / öffentliche Einrichtungen / Verbände (Auswahl)

www.BAUMeV.de
www.bmu.de
www.bmas.de
www.bmfsfj.de
www.bne-portal.de
www.cdproject.net
www.change.org
www.corporate-governance-code.de
www.csr-akademie.de
www.csr-directoty.net
www.csreurope.org
www.csrforum.eu
www.csrgermany.de
www.csr-impact.eu
www.csr-in-deutschland.de
www.csr-mittelstand.de
www.csr-news.net
www.csr-unternehmen.de
www.csr-vernetzung.de
www.csrwire.com
www.csr-wissen-mittelstand.net
www.dnwe.de

www.econsense.de
www.eco-news.de
www.ecoreporter.de
www.eco-world.de
www.der-ehrbare-kaufmann.de
www.emas.de
www.enorm-magazin.de
www.environmental-expert.com
www.ethiknet.de
www.forum-ng.de
www.gen.de
www.globalcompact.de
www.globalreporting.org
www.greenbiz.com
www.gruenes-geld.de
www.gute-geschaefte.org
www.handelsblatt.com/nachhaltigkeit
www.ilo.org
www.ioew.de
www.iso.org
www.klimabuendnis.org
www.kompass-nachhaltigkeit.de

www.nachhaltigkeit.info
www.nachhaltiges-investment.org
www.nachhaltigkeitsrat.de
www.nachhaltigwirtschaften.net
www.natur.de
www.oeko.de
www.oekom-research.com
www.sa-intl.org
www.sriworld.com
www.sustainability-index.com
www.sustainability-reports.com
www.ted.com
www.umweltbundesamt.de
www.umweltdialog.de
www.umwelt-online.de
www.unternehmensgruen.de
www.upj.de
www.vbki.de
www.verantwortlich-handeln.com
www.wbcsd.org
www.wupperinst.org

Internetquellen

www.cfoworld.de/gewinn-ist-nicht-alles

www.cfoworld.de/mehr-unternehmen-investieren-nachhaltig

www.cfoworld.de/der-cfo-als-navigator

http://aknu.org/index.php?option=com_content&view=article&id=77:die-unternehmensfuehrung-muss-sich-eindeutig-zur-nachhaltigen-unternehmensfuehrung-bekennen&catid=34:content&Itemid=50

www.cfoworld.de/fuehrungswerte-sind-gefordert

www.cfoworld.de/csr-ist-jetzt-chefsache

www.cfoworld.de/oekonomie-und-oekologie-nicht-trennbar

www.cfoworld.de/wachstum-ist-nicht-alles

http://aknu.org/index.php?option=com_content&view=article&id=336:fuehrung-hat-besondere-verantwortung&catid=34:content&Itemid=50

www.ruter.de/?p=2589

Literaturverzeichnis

Balik, M./Frühwald, C.: Nachhaltigkeitsmanagement. Mit Sustainability-Management durch Innovation und Verantwortung langfristig Werte schaffen. Saarbrücken 2006.

Beard, A./Hornik, R.: Auf dem Weg. In: Harvard Business Manager (Februar 2012), S. 42–53.

Becker-Olsen, K. L./Taylor, C. R./Hill, R. P./Yalcinkaya, G.: A Cross-Cultural Examination of Corporate Social Responsibility Marketing Communications in Mexico and the United States: Stategies for Global Brands, Journal of International Marketing, Vol. 19, No. 2 (2011), S. 30–44.

Behrens, T.: Unternehmen als Gestalter nachhaltiger Märkte. Kulturwissenschaftliche Perspektiven für eine markt- und gesellschaftsorientierte Unternehmensführung im Bereich Mobilität. Marburg 2010.

Beile, J./Feuchte, B./Homann, B.: Corporate Social Responsibility (CSR) und Mitbestimmung. Fünf Unternehmensbeispiele. Düsseldorf 2010.

Benoit-Moreau, F./Parguel, B.: Building Brand Equity with Environmental Communication: An Empirical Investigation in France, EuroMed Journal of Business, Vol. 6, No. 1 (2012), S. 100–116.

Böll, H.: Werke: Band Romane und Erzählungen 4. 1961-1970. Köln 1994, S. 267–269.

Bundesministerium für Arbeit und Soziales (Hg.): Nationale Strategie zur gesellschaftlichen Verantwortung von Unternehmen (Corporate Social Responsibility – CSR) – Aktionsplan CSR – der Bundesregierung. Berlin 2010.

Bundesministerium für Umwelt (BMU), Bundesverband der Deutschen Industrie (BDI) (Hg.), Schaltegger, S., Kleiber, O., Müller, J. & Herzig, C. (Autoren): Nachhaltigkeitsmanagement in Unternehmen. Konzepte und Instrumente zur nachhaltigen Unternehmensentwicklung. Berlin 2007.

Brugger, F.: Nachhaltigkeit in der Unternehmenskommunikation. Bedeutung, Charakteristika und Herausforderungen. Wiesbaden 2010.

Burton, J.: Unternehmensstrategie und Verantwortung. Berlin 2011.

Conrad, C.: Marketingpower für Nachhaltigkeit, forum nachhaltig wirtschaften Nr. 03/2012, S. 116–119.

Conrad, C.: Nachhaltigkeit im Kaufentscheid – Zwischen Egoismus und Altruismus?. In: TheConsumerView/Edelmann. Bremen–Hamburg 2011.

Ekardt, F.: Das Prinzip Nachhaltigkeit: Generationengerechtigkeit und globale Gerechtigkeit. München 2005.

Ekardt, F.: Theorie der Nachhaltigkeit: Rechtliche, ethische und politische Zugänge. Baden-Baden 2011.

Feige, A.: Good Business – Das Denken der Gewinner von morgen. Hamburg 2010.

Grieshuber, E.: CSR als Hebel für ganzheitliche Innovation. In: Schneider, A./Schmidpeter, R.: Corporate Social Responsibility. Berlin, Heidelberg 2012.

Grober, U.: Die Entdeckung der Nachhaltigkeit. Kulturgeschichte eines Begriffs. München 2010.

Grober, U.: Zauberwort Nachhaltigkeit – warum wir sorgsam damit umgehen sollten. In: UNESCO heute 2 (2011), S. 15.

Habisch, A/Schmidpeter, R./Neureiter, M.: Handbuch Corporate Citizenship: Corporate Social Responsibility für Manager. Berlin 2007.

Hardtke, A./Kleinfeld, A.: Corporate Social Responsibility – Gesellschaftliche Verantwortung von Unternehmen: Von der Idee der Corporate Social Responsibility zur erfolgreichen Umsetzung. Wiesbaden 2010.

Hauff, V. (Hg.): Unsere gemeinsame Zukunft. Der Brundtland-Bericht der Weltkommission für Umwelt und Entwicklung. Greven 1987.

von Hauff, M./Kleine, A.: Nachhaltige Entwicklung, München 2009.

Haunshorst, E./Willers, C.: Nachhaltiges Management. Bonn 2011.

Heilmann, E.: Sustainability Management: Im Spannungsfeld von Strategie und Marketing. Anspruch und Wirklichkeit – eine Untersuchung. Dortmund 2008.

Hildebrandt, A.: Die Andersmacher. Unternehmerische Verantwortung jenseits der Business Class. Bielefeld 2008.

Hudetz, K./Eckstein, A.: Informationsverhalten und Informationsbedürfnis des Konsumenten zum Thema Nachhaltigkeit. Institut für Handelsforschung. Köln 2010.

Hutter, C. P., Blessing, K. und Köthe, R.: Grundkurs Nachhaltigkeit. Handbuch für Einsteiger und Fortgeschrittene. München 2012.

Idowu, S. O./Louche, C. (Hg.): Theory and practice of corporate social responsibility. Berlin 2011.

Jonker, J. (Hg.): Corporate Social Responsibility und nachhaltige Entwicklung. Einführung, Strategie und Glossar. Berlin 2011.

Kanter, R.M.: Anders wirtschaften. In: Harvard Business Manager (Februar 2012), S. 27–39.

Kearney, A. T.: Nachhaltige Unternehmen profitieren von geringeren Kapitalkosten (Pressemitteilung vom 27.11.2009).

Kirchhoff, K.R. (Hg.), Das Good Company Ranking – Corporate Social Responsibility Wettbewerb der 120 größten Konzerne Europas. Hamburg 2007.

Knopf, J. ET AL. (Hg.): Nachhaltigkeitsstrategien in Politik und Wirtschaft: Treiber für Innovation und Kooperation. München 2011.

Kulturkreis der deutschen Wirtschaft (Hg.): Unternehmerische Kulturförderung in Deutschland. Ergebnisse einer umfassenden Untersuchung des Kulturkreises der deutschen Wirtschaft im BDI. Berlin 2010.

Küpper, H.-U. (Hg.): Unternehmensethik in Forschung und Lehre. Wiesbaden 2011.

Laszlo, C./Zhexembayeva, N.: Embedded Sustainability. Stanford University Press 2011.

Lenzen, E. (Hg.): Berufsbild CSR-Manager. Münster 2010.

Lorentschitsch, B. und Walker, T.: Vom integrierten zum integrative CSR-Managementansatz. In: Schneider, A./Schmidpeter, R.: Corporate Social Responsibility. Springer Gabler Verlag, 2012.

Meadows, D. B: Our Common Future. Oxford 1987, S. 250 (Zitat WCED).

Mesterharm, M. (Hg.): Nachhaltigkeit in Unternehmen. Konzepte für Organisation und Kommunikation. Berlin 2009.

Müller-Christ, G.: Nachhaltiges Management. Baden-Baden 2010.

Nachhaltigkeit und Shareholder Value aus Sicht börsenorientierter Unternehmen. Ergebnisse einer Umfrage des Deutschen Aktieninstituts e.V. und des Sustainable Business Institute (SBI) e.V. Studien des Deutschen Aktieninstituts. Heft 50. Frankfurt/M. 2011.

Nohlen, D. und Grotz, F.: Kleines Lexikon der Politik, München 2011, S. 216.

Peters, A.: Wege aus der Krise. CSR als strategisches Rückzeug. Gütersloh 2009.

Porter, M. E./Kramer M.: Die Neuerfindung des Kapitalismus. In: Harvard Business Manager (März 2012), S. 14–29.

Porter, M./Kramer, M.: Creating Shared Value. Harvard Business Review (2011).

Pufé, I.: Nachhaltigkeitsmanagement. München 2012.

Rauch, A.: Im grünen Bereich? In: Frankfurter Allgemeine Zeitung (20. Juni 2012), S. B2.

Raupp, J. (Hg.): Handbuch CSR. Kommunikationswissenschaftliche Grundlagen, disziplinäre Zugänge und methodische Herausforderungen. Wiesbaden 2011.

Rommelspacher, M.: Corporate Social Responsibility aus Konsumentensicht. Entstehung der CSR-Beurteilung und ausgewählte Erfolgswirkungen. Wiesbaden 2012.

Ruter, R. X.: Corporate Governance und Corporate Social Responsibility. Handlungspflichten und Empfehlungen für den Aufsichtsrat. Stuttgart 2009.

Ruter, R. X.: Zehn Fragen zur Nachhaltigkeit – Fragenkatalog für Ehrbare Aufsichtsräte. In: DER AUFSICHTSRAT (Juni 2012).

Schäfer, H.: Unternehmen unter dem CSR-Röntgenschirm. In: Absatzwirtschaft Sonderheft 2011, S. 78–80.

Schaltegger, S./Beständig, U.: Corporate Biodiversity Management Handbook. A Guide for Practical Implementation. Berlin, Eschborn, Lüneburg: BMU (Ed.)/GTZ/CSM Leuphana University Lüneburg 2010.

Schewe, G.-Borgstedt, P.-Liesenkötter, B.: Window-Dressing oder nachhaltiges Engagement? Eine empirische Analyse der Nachhaltigkeitsberichterstattung von ausgewählten DAX-30-Unternehmen. Münster 2011.

Schiefelbein, B.: CSR in der Europäischen Union – ein politischer Business Case. Herzogenrath 2011.

Schild, M.: Nachhaltig wirtschaften für maximalen Gewinn. Corporate Social Responsibility und Shareholder Value sind kein Widerspruch. Marburg 2010.

Schmidt, H. J.: Internal Branding. Wie Sie Ihre Mitarbeiter zu Markenbotschaftern machen. Wiesbaden 2007.

Schnabel, U.: Muße. Vom Glück des Nichtstuns. München 2012.

Schneider, A. und Schmidpeter, R. (Hg.): Corporate Social Responsibility. Verantwortungsvolle Unternehmensführung in Theorie und Praxis. Wiesbaden 2012.

Schramm, P.: Corporate Social Responsibility (CSR) und Risikomanagement. Vorschlag eines ganzheitlichen praxisnahen CSR-basierten Risikomanagementsystems. Hamburg 2012.

Schwaiger, M.: Messung der Wirkung von Sponsoringaktivitäten im Kulturbereich – 1.–4. Zwischenbericht über ein Projekt im Auftrag des AKS / Arbeitskreis Kultursponsoring. München 2001.

Senge, P. M.: Die notwendige Revolution. Wie Individuen und Organisationen zusammenarbeiten, um eine nachhaltige Welt zu schaffen. Heidelberg 2011.

Stähler, P.: Geschäftsmodelle in der digitalen Ökonomie. Zürich 2002.

Tian, Z./Wang, R./Yang, W.: Consumer Responses to Corporate Social Responsibility (CSR) in China. In: Journal of Business Ethics Vol. 101 (2011), S. 197–212.

Tichy, R.: Betongrüner Besitzstand. In: WirtschaftsWoche (24.9.2012) Nr. 39, S. 3.

Visser, W.: The Age of Responsibility. CSR 2.0 and the New DNA of Business. New York 2011.

Wani, M./Raghavan, V.: Understanding the impact of internal and external Corporate Social Responsibility: Perspectives on changing dimensions of Global Marketing, Research Paper, Bangalore Management Academy 2012.

Wiebe, F.: Die Gunst der Freiheit. In: Handelsblatt Wochenendausgabe (16./17./18.3.2012) Nr. 55, S. 62 ff.

Walter, B. L.: Verantwortliche Unternehmensführung überzeugend kommunizieren. Strategien für mehr Transparenz und Glaubwürdigkeit. Wiesbaden 2010.

Welzer, H./Wiegandt, K.: Perspektiven einer nachhaltigen Entwicklung: Wie sieht die Welt im Jahr 2050 aus? Frankfurt am Main 2011.

Wieland, J. (Hg.): Die Praxis gesellschaftlicher Verantwortung im Mittelstand. Regionale CSR-Strategien und Praxis der Vernetzung in KMU. Marburg 2010.

Fotonachweis

Rat für nachhaltige Entwicklung (S.14), Roland Berger Strategy Consultants (S. 24), Milan Ringwald/AfB gemeinnützige GmbH (S.32), BTU Cottbus (S. 40), Foto Balsereit, Köln (S.44), Neumarkter Lammsbräu (S. 48), kratz-photographie. de (S. 52), Manuel Krug (S. 60), Jürgen Thomas (S. 66), Brand:Trust GmbH (S. 72), Brand:Trust GmbH (S. 74), Dr. Philipp Goos (S. 82), Jürgen Thomas (S. 86), Nicole Simon (S. 94), Annett Bourquin (S. 100), HiPP Werk Georg Hipp OHG (S. 104), Andy Küchenmeister (S. 108), BMW Stiftung Herbert Quandt (S. 110), Wolfgang Schmid (S. 116), discovering hands® (S. 122), WWF (S. 128), WWF (S. 130), Ellen Klose (S. 134), acatec (S. 140), Julia Brunner (S. 146), Telekom/KMG (S. 150), Cornelia Krieger (S. 156), DEKRA Consulting GmbH (S. 162), PUMA (S. 166), PUMA (S. 168), DENA (S. 178), Krieger + Schramm (S. 182), Siemens AG (S. 186), Mader GmbH & Co. KG (S. 192), Mader GmbH & Co. KG (S. 194), Tchibo GmbH (S. 200), privat (S. 206), Andreas Messner (S. 210), Fotostudio Gallas, Ludwigsburg (S. 218), Deutsche Telekom (S. 224), Deutsche Telekom (S. 226), Ernst & Young (S. 230), Andre Zelck/DIE JUNGEN UNTERNEHMER (S. 234), Otto Group (S. 242), BKK advita (S. 248), Andrea Späth (S. 256), SuperBioMarkt AG (S. 260), Ristic AG (S. 266), privat (S. 272), privat (S. 276), privat (S. 282), privat (S. 286), Dubravko Bulic (S. 290), Dubravko Bulic (S. 292), privat (S. 300), privat (S. 306), Consileon Business Consultancy (S. 310), Büro Deutscher Nachhaltigkeitspreis (S. 316), Daimler AG (S. 320), Nicole Simon (S. 326), Thomas Cook (S. 332), Lorenz Widmaier (S. 336), Jürgen Mai (S. 342), Michael Dannenmann (S. 346), BioRN Cluster Management GmbH (S. 352), stilrad°° (S. 358), wellcome gGmbH (S. 362), Die Welt (S. 368), Carsten Kobow (S. 372), Frankfurt School of Finance & Management (S. 376), WIRSOL SOLAR AG (S. 380), Carsten Kobow (S. 384), Daimler AG (S. 388), zotter (S. 392) DFB (S. 404), Janina Wick (S. 409, links), BMW Stiftung Herbert Quandt (S. 410, links), BMW Stiftung Herbert Quandt (S. 412, links), Janina Wick (S. 418, links), BMW Stiftung Herbert Quandt (S. 419, links), Siemens Stiftung (S. 420, links), Siemens Stiftung (S. 422, rechts), Malte Windwehr (S. 423, rechts), Deutscher Engagementpreis (S. 427, rechts), privat (S. 430), Horst Hamann (S. 432), Peter Stumpf (S.440 links), Ellen Klose (S. 440 rechts).

Alle für das Buch »Gesichter der Nachhaltigkeit« überlassenen Fotos der porträtierten Ashoka-Fellows sind zum Abdruck freigegeben. Die Rechte liegen bei den Fellows bzw. bei Ashoka.

Die Herausgeber haben alle Rechte abgeklärt. Konnten in einzelnen Fällen die Rechteinhaber der Fotos nicht ausfindig gemacht werden, bitten wir darum, bestehende Ansprüche zu melden.

Grafiknachweis

GOOD-Business-Matrix für Marken: Brand:Trust GmbH, Achim Feige in Anlehnung an Ken Wilber (S. 79).

Interviewnachweis

Günther Bachmann (Hildebrandt/Schwiezer), Paul Cvilak (Schwiezer), Katja Gehne (Schwiezer), Elisa Heilmann (Hildebrandt), Michael Herberger (Schwiezer), Alexandra Hildebrandt (Verena Jasper/Johanssen + Kretschmer, das Interview entstand im Rahmen der »Dialoge für die nächste Generation« zum Thema »Verantwortung", BMW Stiftung Herbert Quandt und ENTEGA, 8. November 2012, München), Markus Hipp/Ilsabe von Campenhausen (Schwiezer), Christian Hiß (Schwiezer), Volker Homes (Claudia Marloh, Major Donor Managerin, WWF Deutschland), Dietmar Hopp (Schwiezer), Henning Kagermann (Hildebrandt/Schwiezer), Tatjana Kiel (Hildebrandt), Gesa Köberle (Hildebrandt), Barbara Kux (Hildebrandt/Schwiezer), Werner Landhäußer/Stefanie Kästle (Hildebrandt), Michael Mack (Schwiezer), Max Maier (Schwiezer), Norbert Pasternack/Antje Kühne (Hildebrandt), Michael Radau (Hildebrandt), Peter Ristic (Hildebrandt), Michael Scherer/Christian Meier (Schwiezer), Joachim Schü (Hildebrandt), Ursula Schwarzenbart (Hildebrandt), Hauke Schwiezer (Hildebrandt), Heiner Thorborg (Hildebrandt/Schwiezer), Michael Vogt (Schwiezer), Rose Volz-Schmidt (Hildebrandt/Schwiezer), Josef Zotter (Hildebrandt/Schwiezer).

Alexandra Hildebrandt

Dr. Alexandra Hildebrandt ist Nachhaltigkeits- und Wirtschaftsexpertin und berät Vorstände und Aufsichtsräte bei der Umsetzung von Nachhaltigkeits- und Kommunikationsstrategien. Vom Präsidium des Deutschen Fußball-Bundes (DFB) wurde sie 2010 in die DFB-Kommission Nachhaltigkeit berufen. Sie studierte Literaturwissenschaft, Psychologie und Buchwissenschaft und war viele Jahre in oberen Führungspositionen in der Wirtschaft tätig – bis 2009 als Leiterin Gesellschaftspolitik bei der Arcandor AG (KarstadtQuelle). Den Deutschen Industrie- und Handelskammertag unterstützte sie bei der Konzeption des Zertifikatslehrgangs »CSR-Manager (IHK)«. Sie ist Herausgeberin und Autorin zahlreicher Sachbücher.

Hauke Schwiezer

Hauke Schwiezer arbeitet als Leiter Strategische Geschäftsfeldentwicklung & Nachhaltigkeit für eine Mediengruppe in Heidelberg. Der Diplom-Betriebswirt (DH) war Marketingleiter bei »Anpfiff ins Leben e. V. – Das Dietmar-Hopp-Jugendförderkonzept«. Es folgte eine Station als Marketingleiter der Stadtmarketing Mannheim GmbH. Für diese baute er in seiner Freizeit das ehrenamtliche Netzwerk Gedankenwerk² mit vierzig High Potentials zwischen 20 und 40 Jahren auf. Der leidenschaftliche Sportler ist Mitglied des weltweiten Young Leaders Netzwerkes der BMW Stiftung Herbert Quandt und begeistert sich neben dem Netzwerken auch für gesellschaftliche Innovationen.

Herausgeber: Alexandra Hildebrandt, Hauke Schwiezer
Redaktion: Alexandra Hildebrandt, Hauke Schwiezer
Schlusskorrektur: Franziska Winkler, Berlin

© Bei den Autoren, 2013.

Gesamtgestaltung: Dominique Kahane

Illustrationen: Kitty Kahane, Berlin
www.kitty.de

Verlag: abcverlag GmbH
Waldhoferstraße 19, 69123 Heidelberg
www.abcverlag.de
ISBN 978-3-938833-57-5

Druck und Bindung: abcdruck GmbH, Heidelberg
www.abcdruck.de

Bestellungen unter: gdn@abcverlag.info

Diese Publikation wurde klimaneutral gedruckt. Alle beim Druck und der Papierherstellung entstandenen CO2-Emissionen wurden neutralisiert.

Gedruckt auf 100 % Recyclingpapier, zertifiziert mit dem blauen Umweltengel.

Printed in Germany